DIANA

Das Buch

›Lügner‹ nennt Jean-Claude Carrière Geschichtenerzähler wie auch Schriftsteller. Denn gibt nicht jeder, der etwas weitererzählt, es auf seine Weise wieder? Und sind nicht jene Geschichten die aufrichtigsten, die es mit der Wahrheit nicht so ernst nehmen? Der Sinn einer philosophischen Betrachtung ergibt sich aus der Dunkelheit ihres Ursprungs, und die schönsten unter den Erzählungen gehören niemandem.

In ›Der Kreis der Lügner‹ nimmt uns Carrière mit auf eine Reise ins Land der Philosophie. Sie führt uns zu Menschen und Orten, die allesamt etwas zu erzählen haben: von Gerechtigkeit und Macht, Zeit und Tod, Lachen und Wahrheit. Eine ›Lüge‹ allein ist niemals der Weisheit letzter Schluß, aber mit jeder weiteren nähern wir uns den Wurzeln der Philosophie.

Mal ernst und grausam, dann wieder ironisch und witzig ist das Buch ein reizvolles, unterhaltsames Panoptikum der menschlichen Zivilisation und eine unerschöpfliche Quelle der Inspiration.

Der Autor

Jean-Claude Carrière, 1932 geboren, ist Dramaturg, Roman- und Drehbuchautor und Präsident von FEMIS, der einzigen Filmhochschule Frankreichs. Lange Jahre einer der engsten Mitarbeiter von Luis Buñuel, schrieb er das Drehbuch zu legendären Kinofilmen wie »Die Blechtrommel«, »Die unendliche Leichtigkeit des Seins« und »Cyrano von Bergerac«. Er verfaßte 12 Bühnenstücke, u.a. für Peter Brook, für den er auch Shakespeare übersetzte sowie »Carmen« und das »Mahâbhârata« adaptierte.

Jean-Claude Carrière

Die Welt ist, was sie ist

Ein Weisheitsbuch,
ein Schatz an Bildern,
Farben und Gerüchen

Aus dem Französischen
von Marie Rahn

DIANA VERLAG
München Zürich

Diana Taschenbuch Nr. 62/0182

Die Originalausgabe
»Le Cercle des Menteurs«
erschien bei Plon, Paris

Das Buch ist bereits als
Hardcover-Ausgabe unter dem Titel
»Der Kreis der Lügner« erschienen.

Taschenbucherstausgabe 08/2001

Der Diana Verlag ist ein Unternehmen
der Heyne Verlagsgruppe, München
Printed in Germany 2001

Umschlagillustration: Bildagentur Mauritius /, nonStock
Umschlaggestaltung: Hauptmann und
Kampa Werbeagentur, CH-Zug
Satz: Filmsatz Schröter GmbH, München
Druck und Bindung: Elsnerdruck, Berlin
Gedruckt auf chlor- und säurefreiem Papier

ISBN: 3-453-19010-6

http://www.heyne.de

Hier ist Licht

Ähnlich wie die Würmer, die, so sagt man, die Erde befruchten, welche sie blind durchqueren, gelangen die Geschichten von Mund zu Mund und sagen das, was anders nicht gesagt werden kann. Einige kreisen und rollen sich im Innern eines einzigen Volkes ein. Andere bewegen sich durch die unsichtbaren Mauern zwischen uns, als wären sie aus einem alles durchdringenden Stoff, sie kennen weder Zeit noch Raum und bestehen ganz einfach fort. So kann man jenen wohlbekannten Auftritt eines Narren, der etwas, was er verloren hat, im Umkreis einer Lampe sucht – nicht etwa, weil er es dort verloren hat, sondern »weil dort Licht ist« – sowohl in arabischen als auch in indischen Geschichtensammlungen seit dem zehnten Jahrhundert finden, und vielleicht sogar schon früher. Wir bemerken sogleich, daß diese Geschichte eine versteckte Bedeutung hat, wie der Gegenstand, den man sucht. Sie zeigt uns, abgesehen von der Würze der Anekdote, daß es sich im Licht besser suchen läßt. Denn wenn wir nicht den verlorenen Gegenstand finden, so doch vielleicht etwas anderes; während wir im Dunkeln nichts finden.

Diese Geschichte hat wie tausend andere die Kriege, Invasionen und Untergänge der verschiedensten Reiche überlebt. Die Jahrhunderte haben ihr nichts anhaben können. Sie hat sich ihren Weg durch unsere Erinnerung gebahnt wie eine große Zahl unserer Geheimnisse.

Wenn das Erzählen, diese uralte, weltumspannende Zerstreuung, die wir schon in unserer Kindheit fordern, diese Ausdauer bewahrt, so birgt es zweifellos eine besondere Eigenschaft in sich, ein einzigartiges Prinzip der Beständigkeit. Offensichtlich besteht seine erste Wirkungskraft darin, uns mit Hilfe weniger Worte in eine andere Welt zu versetzen, in eine Welt, in der wir uns die Dinge vorstellen, anstatt sie zu erleiden, eine Welt, in der wir Zeit und Raum beherrschen, wo wir unwahrscheinliche Wesen bewegen, wo wir andere Planeten nach unserem Belieben bevölkern, seltsame Kreaturen unter Wasserpflanzen oder zwischen Eichenwurzeln umherkriechen lassen, wo die gebratenen Würste von den Bäumen hängen, die Flüsse zur Quelle zurückfließen, sprechende Vögel kleine Kinder entführen und ruhelose Tote zurückkehren, um in aller Stille ein Vergehen wiedergutzumachen, eine Welt also ohne Grenzen und Gesetze, in der wir Begegnungen, Gefechte und Leidenschaften anordnen, wie es uns beliebt.

Der Erzähler ist vor allem jemand, der von anderswo kommt, der auf dem Dorfplatz diejenigen versammelt, die das Dorf nie verlassen und durch ihn andere Berge, andere Monde, andere Schrecknisse und andere Gesichter sehen. Er ist der Händler der Metamorphosen.

In diesem Sinne führt sich die Überwindung der Welt, die sogenannte Metaphysik, durch jenes »Es war einmal« jedem Individuum – und vielleicht auch jedem Volk – in seiner Kindheit ein, bohrt eine so starke Wurzel, daß wir unsere menschlichen Phantasien unser ganzes Leben lang für unzweifelhafte Wirklichkeit halten. Nach der Verzauberung und der Überlieferung ist die Geschichte, welche man uns erzählt hat, der eigentliche Grundstock unserer Anschauungen.

Und doch beschränkt sie sich nicht auf diese Überwindung oder auch Grenzüberschreitung. Ganz zwangsläufig, denn ihrem Wesen nach ist sie eine Verbindung zwischen Menschen, bezieht sie sich immer auf die, die sie hören, manchmal sogar – dies weniger offensichtlich – auf den Erzähler persönlich. Sie verhält sich genau wie einer der verzauberten Gegenstände, derer sie sich so häufig bedient, z. B. wie ein sprechender Spiegel.

Die Geschichte ist öffentlich. Sie spricht, indem sie sich erzählt. Narziß, der nur sich selbst reflektiert, kann weder erfinden, noch erzählen. Er verliert sich in seinem stummen Spiegelbild. Der Vortrag einer Geschichte, dieser öffentliche Akt, der zweifellos zum Zusammenhalt der Nationen beiträgt, geschieht heute zuvörderst in allen möglichen Filmen, die das Fernsehen unaufhörlich präsentiert. Sicherlich haben wir in der Vergangenheit nicht eine derartige Menge an Dramen, Komödien, Fortsetzungsgeschichten und historischen Sagen mitansehen können. Was die Menge betrifft, so wetteifert die Geschichte mit der allgegenwärtigen bildlichen Darstellung, mit der sie sich vor hundert Jahren verbündet hat. Doch nur was die Menge betrifft: Was den Rest betrifft, so läßt sich nichts sagen.

Verbreiteter denn je, doch vielleicht auch abgeflachter und allgemeinverständlicher (jedoch nicht immer) besteht die erzählte Geschichte in den modernen Medien fort. Wenn wir uns nach den Gründen fragen, denken wir sofort an die Zerstreuung, die Ablenkung von unseren Gedanken und Sorgen. Geschichten sind dazu da, um uns die blutbefleckte Scheußlichkeit der Welt oder ihre eintönige Dummheit vergessen zu lassen. Sie sind Flucht, sie bringen uns ins Land des Vergessens.

Doch sind sie einfallsreich, führen sie uns rasch in die Welt zurück, von der wir uns befreit wähnten. Der Spiegel zeigt sich. In der Fiktion erkennen wir uns sehr bald selbst wieder.

Mehr noch: Wenn die Geschichten – in einer bestimmten Reihenfolge angeordnete Erfindungen, die man Fiktion, das »Gestaltete« nennt – auch häufig ganz deutlich als solche deklariert werden, so können sie ebenso häufig im geheimen existieren. Sie können sich überall verbergen. Sie können dasein, ohne daß wir es wissen.

Denn alles ist Geschichte, auch die Geschichte. Alles wird wie eine Reihe von Geschehnissen erzählt, wo eines auf das andere folgt, eines das andere in den Schatten stellt, indem es an seine Stelle tritt. Erst war dies, dann war das. Die Informationen in den Zeitungen, die durch den Verfasser, den Erzähler guter und böser Neuigkeiten, gedeutet werden, sind unfehlbar dramatisiert. Jede Geiselnahme, jede schwierige Verhandlung, jeder verfolgte Mörder, jede sportliche Höchstleistung ist eine Geschichte, ein Drama für sich. Den Trojanischen Krieg können wir heute in Direktübertragung sehen, mit Interviews von Achilles auf der einen und Helena auf der anderen Seite. Vielleicht sogar mit Interviews der Götter, wer weiß?

Wir erzählen wie ehedem. Und werden sicherlich auch noch lange so erzählen. Klar ist ebenfalls, daß wir uns gern erzählen hören. Weißt du schon, was mir gestern passiert ist? Nein? Dann hör zu. Und wir hören zu. Wenn wir mit jemandem zusammenleben, hören wir ihm sogar dann geduldig zu, wenn er die gleiche Geschichte mehreren Freunden hintereinander erzählt. Wir bringen dieses liebenswürdige Opfer. Wir wissen, daß er (oder sie) sich gern in den Mittelpunkt einer Erzählung stellt. Und die Aufmerksamkeit auf sich zieht. Denn es ist ein Augenblick echten Lebens.

Wir leben in einer Geschichte, in unserer Geschichte. Und wir leben zudem in der Geschichte der Menschen, die uns nahestehen. Und wir leben in den Geschichten, die wir mit unseren Nachbarn, unserem Volk und manchmal sogar mit der ganzen Welt teilen.

Auch sind wir nie zufrieden mit unseren Erzählern, z. B. mit unseren Drehbuchautoren. Und das ist normal. Kein Spiegel kann ganz zufriedenstellen. Alle Völker waren zu allen Zeiten von ihren Dichtern und Erzählern enttäuscht. Alle wünschten sich bessere Geschichten. Denn aus diesem Stoff sind sie gemacht. Sie erkennen sich wieder, sie identifizieren sich. Sie möchten, daß ihre Geschichten besser sind, weil sie sich danach sehnen, selbst besser zu sein.

Unser Leben setzt sich auch aus anderen Elementen zusammen, das versteht sich von selbst. Wir sind nicht nur Erzählung. Aber ohne Erzählungen, ohne die Möglichkeit zu erzählen, sind wir nichts oder nur wenig. Und so wie eine Geschichte vor allem eine Bewegung von einem Punkt zum anderen ist, die nie die Dinge so läßt, wie sie waren, so leben wir in diesem Verstreichen, in dieser Bewegtheit. Wir haben einen Anfang, wir werden ein Ende haben.

Es heißt – unbewiesenermaßen – daß die große Kunst der Zeit trotzt, die uns mit sich reißt und uns verschlingt, daß die Pyramiden von Gizeh im gleichen Maße an die Ewigkeit gemahnen wie die Verse von Rimbaud und die Deckengemälde in der Sixtinischen Kapelle. Das bezweifle ich. Das hieße alles über einen Kamm scheren, und *le dur désir de durer* (wenn ich schon vergänglich bin, so ist doch zumindest mein Werk unvergänglich) erklärt bei weitem nicht alles.

Die mündlich überlieferten Volksmärchen und -geschichten, deren Urheber man nicht kennt, zielen nicht auf Unvergänglichkeit. Sie leiden nicht darunter, wenn man sie vernachlässigt oder über weite Strecken vergißt. Wenn sie verlorengehen, so ist dies letztlich gleichgültig. Es wird andere geben. Vor allem ist dafür niemand verantwortlich zu machen. Ein sufistischer Dichter sagte einmal vor langer Zeit: »Die Nacht ist vorbei, und meine Geschichte ist noch nicht zu Ende erzählt. Ist die Nacht dafür verantwortlich?«

Eine Geschichte zu erzählen bedeutet neben dem Aufbruch ins Anderswo eine besondere Art, sich in der Zeit zu verlieren und sie gleichzeitig zu verneinen. Fast mühelos hat sich die Zeit der Erzählung im Bett des unbezwingbaren Meisters niedergelassen. Dieser scheint für einen Augenblick seine ganze Macht und Wirkung auf uns verloren zu haben. Wir sind in ihm, auf dem Kamm seiner Welle, wir sind er. Jedes große dramatische Werk, das uns mitreißt, setzt die Zeit außer Kraft – in die uns die Langeweile, jene gewissenhafte Wächterin, zurückführt, wenn es nötig ist.

Das Vergnügen am Drama, diese alte, treibende Kraft, hat wahrscheinlich viel mit dieser impliziten Bestätigung zu tun, zeigt diese doch in jedem Augenblick des Erzählens, wie der Erzähler die Zeit beherrscht.

Ich fragte einmal den Neurologen Oliver Sacks, was in seinen Augen ein normaler Mensch sei. Das war eine abgedroschene Frage, ohne große Bedeutung. Doch in seiner Eigenschaft als Neurologe hat Oliver Sacks einen ganz speziellen Standpunkt. Er zögerte einen Moment, dann antwortete er, daß ein normaler Mensch vielleicht der sei, der in der Lage ist, seine eigene Geschichte zu erzählen. Er weiß, woher er kommt (er hat einen Ursprung, eine Vergangenheit, ein funktionierendes Gedächtnis), er weiß, wo er ist (seine Identität), und er glaubt zu wissen, wohin er geht (er hat Ziele und am Ende den Tod vor sich). Also befindet er sich in der Vorwärtsbewegung einer Erzählung, er ist eine Geschichte, er kann sich mitteilen.

Wenn diese Verbindung Individuum–Geschichte aus einem physiologischen oder mentalen Grund abreißt, so bricht die Erzählung ab, die Geschichte verwirrt sich, und das Individuum wird aus dem Lauf der Zeit geschleudert. Es weiß nichts mehr, weder, wer es ist, noch, was es tun muß. Es klammert sich an ein scheinbares Leben. Aus medizinischer Sicht erscheint das Individuum in diesem Fall haltlos. Auch wenn sein Körper weiterfunktioniert, hat es sich doch verloren, es existiert nicht mehr.

Kann man dies auf eine Gesellschaft übertragen? Manche sind davon überzeugt. Die fehlende Möglichkeit, sich zu erzählen, sich zu identifizieren, sich normal in den Ablauf der Zeit zu situieren, könnte ganze Völker dazu führen, zu verschwinden, da sie in Ermangelung einer sich ständig erneuernden Erinnerung von anderen und vor allem von sich selbst abgeschnitten wären. So geht es heute den afrikanischen und südamerikanischen Völkern. Sie drohen zu verstummen. Sie sind der obersten Zensur ausgesetzt, der wirtschaftlichen, die unter dem Banner des »freien Wettbewerbs« agiert. (Kalifornien und Mali steht es »frei«, beispielsweise auf dem Sektor der Fernsehproduktionen miteinander zu konkurrieren. Und was heißt das wirklich? Nichts anderes, als daß wieder einmal ein freier Fuchs gegen einen freien Hühnerstall antritt.) Heutzutage ist die Zahl der mundtot gemachten Erzähler Legion. Ästhetische und ethnische Reinigung waren schon immer Zwillingsschwestern. Dazu kommt heute noch der sogenannte Liberalismus, der nichts anders heißt als: Seid still.

Aus all diesen Gründen – und aus purer Lust und Laune – entstand die Versuchung, als Erzähler von Berufs wegen einmal eine Sammlung der eigenen Lieblingsgeschichten zusammenzustellen.

Doch welche Geschichten, welche Erzählungen sollten es sein? Wie sollte man sich in diesem Meer festlegen, einige Tropfen auswählen? Gezwungenermaßen und teilweise mit großem Bedauern mußte man aussieben, ausrangieren.

Daher sind die Geschichten, die ich zusammengestellt und auf meine Weise (eine von vielen, für eine bestimmte Zeit und einen bestimmten Ort) erzählt habe, keine mythischen Geschichten. Selbst wenn sie auf die große Sorge um den Ursprung hinweisen, auf die Notwendigkeit, so und nicht anders zu sein, entstammen sie doch nicht diesem riesigen Bereich, der so gründlich genau zu dem Zeitpunkt erforscht wurde, da er unwichtig wurde, diesem Bereich, in dem gewisse Menschen lange Zeit ihre Verwandten und Nachbarn beruhigten, indem sie ihnen im allgemeinen sagenhafte Geschichten darüber erzählten, daß sie weder durch Zufall noch aus einem Irrtum heraus auf dieser Welt seien, sondern daß ein uraltes, übernatürliches Band sie mit diesem Winkel der Erde verbände und diese ganz bestimmte Geburt sie dazu verpflichte, auf eine bestimmte Weise miteinander zu leben: das erste Bewußtsein von Menschlichkeit.

Ich habe nicht aus Mangel an Interesse auf diese mythischen oder mythologischen Geschichten verzichtet, sondern aus Mangel an Platz. Oftmals sind diese Geschichten ziemlich lang und von einer gewissen Undurchsichtigkeit, das ist der berühmte Nebel der Anfänge, in dem wir uns verirren können. Dazu kommt die Tatsache, daß diese Erzählungen vom menschlichen Ursprung bereits in verschiedenen Ländern in hervorragenden Sammlungen zusammengetragen und veröffentlicht wurden.

Gleichermaßen habe ich Märchen, Geschichten von Zauberern, Geistern, schottischen oder chinesischen Gespenstern, von gefährlichen Phantomen, Ungeheuern, bleichen Hexen, schlafenden Prinzessinnen, falschen Fröschen und echten Dämonen außer acht gelassen, welche das stets unvollendete Gebilde bevölkern, in dem unsere Vorstellungskraft eine andere Welt sucht, die die unsere ausdehnt und bedroht.

Wenn diese Geschichten jenseits der Phänomene von Hexerei oder Zauberei, die sie uns präsentieren, einen Sinn haben, so ist dieser verborgen, und das zweifellos selbst für ihre Urheber. Zumindest behaupten das die eingefleischten Analytiker. Unsere wirklichen Ängste sind geheim. Sie drücken sich aus, wie es ihnen möglich ist, ganz nahe an unseren dunklen Wünschen.

Man kann in aller Vorsicht im Kontext dieser Geschichten, die wir phantastisch nennen, das heißt »aus der Phantasie geboren«, von Naivität sprechen, von dem kindlichen Bedürfnis nach Träumen, nach Lücken in der niederdrückenden Sachlichkeit, nach einem subtilen und kontinuierlichen Spiel zwischen Furcht und Glück. Schon lange haben die Historiker die Komplexität ihres Gebiets geltend gemacht. Sie haben erkannt, daß es nicht ausreicht, die Folge von Ereignissen darzulegen, um ein Volk zu erzählen. Unsere Ungeheuer offenbaren uns ebenfalls. Die Wirklichkeit im strengen Sinne, also das, was wir getan haben, und das, was sich hier und dort ereignet hat, kann nicht Rechenschaft darüber ablegen, was wir waren, wenn unsere aufeinanderfolgenden und notgedrungen verwickelten Vorstellungen sie nicht erhellen.

All diese Ansätze sind ergiebig. Das Kind in uns wird beständig reinkarniert, beständig gewiegt und bezaubert. Doch der Fluß des Phantastischen ist so breit, daß es einen großen Zug von Büchern voraussetzte, um eine angemessene Auswahl zu präsentieren. Und die andere Welt könnte auf Dauer ebenso widrig wie die unsere werden.

Gleichermaßen habe ich bis auf ein Dutzend Fälle die kurzen Geschichten ausgesondert, die mir auf eine Moral abzuzielen schienen, auf die Empfehlung einer Allerweltsklugheit. Dies waren vor allem aber die Fabeln, die zu einem bestimmten Zweck erdacht worden waren, nämlich um einen Schluß zu ziehen, einen Rat zu geben, einen kleinen Entwurf von Anstand oder gesundem Menschenverstand darzulegen. Trotz des weltumspannenden Erfolgs der Fabeln vom *Pañcatantra* bis La Fontaine scheinen Fabeln mir den Geist zu schließen statt zu öffnen. Meist gefallen sie mir nicht. Sie langweilen mich, sie überraschen mich nicht. Das Leben, das sie entwerfen, ist eng.

Ihre Moral erschien mir immer künstlich, fragwürdig und in jedem Fall unnütz. Die Weisheit der Völker ist umsichtigerweise widersprüchlich. Man findet alles und das Gegenteil von allem. *Wer rastet, der rostet* und *Reisen bildet* oder auch *Morgenstund hat Gold im Mund* und *Das Glück kommt im Schlaf.* Alle Sprichwörter sind wie Handschuhe. Sie lassen sich umdrehen. Und selbst die Gegensprichwörter geraten in die Falle, die sie stellen. *Was auf der einen Seite der Pyrenäen wahr ist, ist auf der anderen Seite falsch.* Da hat Pascal etwas Wahres gesagt. Doch von welcher Seite der Pyrenäen aus?

Als ich dieses Buch zusammenstellte, was mich mehr als fünfundzwanzig Jahre kostete, bemerkte ich nach und nach, daß ich eine andere Art Erzählungen und Geschichten suchte, die zwar fast überall zu finden, aber so schwierig einzuordnen sind, daß ich nicht wußte, wie ich sie nennen sollte. Geschichten der Weisheit? Das ist so platt wie eine Preisverleihung. Geschichten der Lebenskunst? Lehrreiche Geschichten? Unterhaltsame und unterweisende Geschichten, wie man sie früher bezeichnet hätte? Komische Geschichten? Das klingt eher nach einer Witzesammlung. Erzählungen von Zeit und Raum? Von hier und anderswo? Von gestern, heute und morgen? Nichts wollte mir gefallen.

Als ich auf die Erzählungen zurückgriff, die mir wirklich liegen, sah ich, daß sie zwar immer in dieser Welt angesiedelt sind, diese Welt jedoch häufig überschreiten und umstürzen. Sie bieten eine Deutung oder sogar mehrere versteckte Deutungen hintereinander. Es handelt sich um wohlüberlegte, durchgestaltete Geschichten, die gemacht sind, um beim Leben und gegebenenfalls auch beim Sterben behilflich zu sein, erdacht und erzählt in geordneten und gefestigten Gesellschaften, die sich für unvergänglich und sozusagen zivilisiert hielten.

Diese Geschichten – bei denen für immer ungeklärt sein wird, welches verkannte Genie sie einstmals erfand – sind wie geschaffen, um Zweifel zu säen, um die Gesetze zu stärken oder zu erschüttern, um unsere familiären und gesellschaftlichen Beziehungen zu veredeln und zu verderben, um die Politik irrezuführen und um ständig das Jenseits herauszufordern, das sich wohl hütet, darauf zu antworten. Sie sind eine Zugabe des Unerwarteten, des Seltsamen und Beunruhigenden im Wohlbehagen. Sie tanzen anmutig um alle Punkte der menschlichen Frage wie die Funken um ein einziges Feuer. Mir scheint, sie verdienen die Bezeichnung »philosophische Erzählungen«.

Oft erstaunen uns Geschichten, bringen uns zum Lachen, was eine Technik ist, uns in erhöhte Aufmerksamkeit zu versetzen und uns gleichzeitig zu entwaffnen. Wer lacht, nimmt leichter das Unannehmbare und sogar das Anmaßende, Fragwürdige an.

Oft enden sie in einer unbestimmten Bemerkung, welche jegliche Schlußfolgerung zu verweigern scheint, unseren Blick erweitert und die Situation bis an die Grenzen des Rätsels ausdehnt. Oft kann man nicht mehr über sie sagen, als daß sie schön sind, doch ihre Schönheit ist vor jeder anderen Eigenschaft offenkundig philosophisch.

Sie unterscheiden sich in ihrem Alter sehr stark voneinander, und ihr Ursprung ist in der Regel unbekannt, da sie ein Gut sind, das die Völker einander stehlen. Ohne das geringste Zögern habe ich Parabeln aus der Antike neben seltsame Geschichten aus der heutigen Zeit gesetzt, von denen einige wie zum Vergnügen die gewöhnlichen Strukturen des Geistes verwirren.

Sicher werden diejenigen, die nicht wahrhaben wollen, daß das Uralte täglich in uns lebt und uns zur Tat drängt, diese Anordnung künstlich finden. Und doch ist es so. Wir haben einen sehr weiten Weg hinter uns. So wie man in der Astrophysik ein vorzeitliches Licht beobachten kann, das seit der Entstehung des Weltalls leuchtet, kann man hier und dort, wenn man die Ohren weit aufsperrt, das Murmeln uralter Zeiten hören.

Die Träume von damals sind verwandt mit den unsrigen. Wenn fast alle von Zeit zu Zeit träumen, im Schlaf urplötzlich in die Tiefe zu fallen, dann könnte das, so sagt man, aus einer weit zurückliegenden Zeit rühren, in der wir noch eine Art Affen oder Halbaffen waren, die nachts auf Bäumen schliefen und fürchten mußten, jeden Moment im aufgerissenen Maul eines Raubtieres zu landen. Wer weiß, ob sich auf den folgenden Seiten nicht einige Geschichten befinden, die schon in prähistorischen Höhlen erzählt wurden, wo sie Gelächter oder Angst hervorriefen, damals, vor dreihundert oder noch mehr Jahrhunderten, als noch kein Staat, keine Gesellschaft wie die unsere existierte, die Felsmalerei jedoch bereits in einem hellen Licht erstrahlte.

Wenn man also diesen Geschichten eine gesellschaftliche, man könnte auch sagen: geistige Qualität zuerkennt, sind wir gehalten, uns unbeholfen auf unseren langsamen und langen und so schwer zu ergründenden Anfang zurückzubesinnen. Auf welcher Stufe beginnt eine Zivilisation? An welchen Zeichen erkennt man sie? Vielleicht an diesem klar auszumachenden Punkt: Ein Mann oder eine Frau, oder auch eine Gruppe von Männern und Frauen, entfernt sich zu einem bestimmten Zeitpunkt von der mythischen Überlieferung, von der Wiederholung der ersten Wahrheiten, und *erfindet* eine Situation, verschiedene Personen, eine gegliederte Handlung, ein Schlußwort, eine *Geschichte*.

Der Verfasser ist geboren, auch wenn er noch anonym ist. Er ist der erste kollektive Lügner (und wir werden noch Millionen andere kennenlernen). Seine Geschichte ist eine Unwahrheit, ein Phantasiegebilde. Doch sie hat gefallen, man erzählt sie sich wieder und wieder, und sie wird mühelos in das alltägliche Leben eindringen, aus dem man sie nie wieder herausreißt. Die Lüge, in einer erzählenden Form, wird so zum Verbündeten aller, zum Lehrmeister des Lebens, zum unauflöslichen Bindeglied.

Der Mythos genügte ebenso wenig wie die Fabel und das Heldenepos. Aus ihren Elementen entsteht eine neue Art von Geschichten, die man auch metaphysische Geschichten nennen könnte, da sie uns gleichermaßen dazu zwingen, diese Welt zu verformen, zu würzen, zu verlassen, um besser als vorher zurückzukommen, ganz so, als wäre die einzige Möglichkeit, sie zu verstehen und zu beherrschen, die, sie für einen Augenblick aus der Ferne zu betrachten und in ihr nichts als einen schwachen Abglanz einer anderen Sache zu sehen, ein verlorengegangenes Modell, ein verfehltes Ideal. Genau in dem Moment, da die Zivilisation sich verfestigt, da sie ihren Ruhm in Stein einmeißelt, sagt uns etwas in ironischer und versteckter Form, daß wir nur einen Entwurf oder auch einen Ausschuß in Händen halten.

Die wahre Gefahr in der Kunst, Geschichten zu erfinden ist, das kann nicht oft genug wiederholt werden, daß man am Ende die andere Welt dieser hier vorziehen könnte. Man könnte sich flüchten – wer kennt nicht zahllose Beispiele dafür? – flüchten in die Gesellschaft von Engeln oder Feen, jede Nacht Gespenster bei sich empfangen oder mit fernen Welten plaudern. Man kann auch wirklich und wahrhaftig die Welt verlassen, wie wir es am Ende dieses Jahrhunderts mehrfach gesehen haben, man kann einen vorbeifliegenden Kometen besteigen und die endgültige Ruhe auf dem weit entfernten Sirius suchen.

Am äußersten Punkt fällt unser Geist auf sich selbst zurück, und wir glauben an die Realität unserer eigenen Träumereien. Unsere Phantasie ist so groß und stellenweise so bestimmt, so klar, daß sie schließlich die täuschende und maskierte Wirklichkeit ersetzt und für sich, die Nebelhafte, die höchste, unerschütterliche und gebieterische Wahrheit beansprucht. Die Götter, oder Gott, diese wandelbaren Gestalten menschlicher Geschichte, entthronen schließlich ihre Erfinder, und wir werfen uns vergeblich vor unseren Hirngespinsten zu Boden. Wir sind wie Balzac, von dem behauptet wird, daß er auf seinem Totenbett eine seiner Figuren zu Hilfe rief, Horace Bianchon, den einzigen Arzt, zu dem er Vertrauen hatte.

Glücklicherweise sind die Geschichten, die wir uns erzählt haben, sich häufig dieser Umkehrung, dieser Verirrung bewußt. Wenn sie immer offen bleiben, wie ein angelehntes Fenster, durch das in einer Sommernacht die Gerüche des Gartens und der gedämpfte Widerhall eines Festes dringen, dann können sie uns, wenn es nötig ist, zu uns selbst zurückführen, können sie sich streng oder lachhaft zeigen. Zu jeder Minute halten sie uns ihre Täuschung im Bewußtsein und die Illusion, zu der sie fähig sind.

Sie kommen lebendig, verwirrend, leichtfüßig daher. Sie sind wie die Blumen oder Süßigkeiten, die Gäste sich lächelnd am Ende eines Festmahls reichen – ohne Anspruch auf Gedankentiefe, weit entfernt von Predigt, Schwere, Didaktik. Montaigne sagte, daß er erzähle, nicht unterweise. Der Erzähler, der am Anfang der *Kaidara* sein Werk ankündigt, warnt uns leise: Ich bin geringfügig, nützlich, lehrreich.

Sie sind wie das Kleingeld, das von einer Hand in die nächste wandert und am Ende einen Schatz ergibt.

Woher kommen die Geschichten?

Bestimmte Völker haben die Geschichten mit einer solchen Leidenschaft geliebt, daß sie den größten Teil ihrer Sorgfalt und folglich ihrer Lebenskunst darauf verwandten.

In diesem Buch tauchen an erster Stelle Geschichten aus dem Zenbuddhismus und der sufistischen Tradition auf, denn in beiden Fällen wurden Geschichten als das Werkzeug der Erkenntnis angesehen. Ganz offensichtlich zielen diese speziell erdachten und erzählten Geschichten auf Erkenntnisse auf mehreren Ebenen ab. Um dies zu erreichen, regen sie den Geist an und enttäuschen ihn dann oftmals.

Doch diese zwei Quellen sind relativ neu, sie schöpfen aus noch älteren Reservoirs, die hier sehr zahlreich vertreten sein werden: zunächst aus der indischen Tradition, die man manchmal (absurderweise) für den Ursprung aller bekannten Geschichten hielt, und dann auch aus der afrikanischen und chinesischen Tradition. Nicht nur im Sufismus hat die islamische Welt die Kunst des Erzählens in wundersamer Weise ausgefeilt, verschnörkelt, ausgeschmückt und mit Gold und Umbra verziert.

In der jüdischen Welt nehmen dieselben Geschichten unter anderen Einflüssen und durch einen anhaltenden, durch das Exil und die Selbstbetrachtung entstandenen Humor einen anderen Ton und damit einen anderen Sinn an. Hier ist die Art, die Geschichte zu erzählen (und zwar selbst wenn sie heilig ist), mindestens ebenso wichtig wie die Geschichte selbst. Die jüdische Tradition vermutet häufig hinter den Wörtern und ihrer Anordnung, ja selbst hinter den Buchstaben, eine Art geheimer Struktur, eine dort von irgend jemandem versteckte Botschaft, eine andere Bedeutung, welche die wahre ist, so als wäre das Äußere der Erzählung nur eine Maske.

Europäische und indianische Überlieferungen sind hier ebenfalls vertreten. Wenn die christlichen Geschichten nur spärlich auftauchen, so liegt das daran, daß sie meistens in Form erbaulicher Geschichten überliefert sind mit dem Zweck, zu überzeugen und zu bekehren. Das Verwirrende, Unvollendete fehlt ihnen gänzlich – und das gleiche gilt für die Heiligenlegenden, wo auch immer man sie verfaßt hat.

Das einzige Bestreben eines Erzählers ist es, notwendig zu erscheinen. Wie ein Bauer oder ein Bäcker. Nicht mehr und nicht weniger. Denn die Geschichten, die er erzählt, enthüllen bestimmte Seiten des Geistes, die sonst nicht erkennbar sind. Sehr mächtige Zivilisationen haben die Erzähler in die Mitte eines Platzes, manchmal sogar in die Mitte des Palastes gestellt, und ihre Schutzheilige ist natürlich eine Frau, die berühmte Scheherazade, die mit jeder Erzählung ihren Kopf riskierte, die umsichtig in der Nacht bezauberte und beim Anblick der Morgenröte träumerisch verstummte.

Dies zeigt die Wichtigkeit einer gut gelenkten Erzählung. Sie spielt mit dem Leben und mit dem Tod. Vielleicht – kommen wir darauf zurück – sind wir selbst nur eine Geschichte mit einem Anfang und einem Ende. Doch wer erzählt sie dann?

Ein anderes allegorisches Bild, das uns noch einmal begegnen wird, zeigt den Erzähler, wie er auf einer Klippe steht und dem Meer, das vor ihm liegt, seine Geschichten erzählt. Das Meer hört ihm zu, bewegt sich nur leicht, ist gebannt. Kaum ist eine Geschichte beendet, muß eine neue beginnen, denn ein letztes Wort gibt es nicht. Und die Allegorie sagt uns mit Nachdruck: Wenn der Erzähler eines Tages schweigt oder man ihn zum Schweigen bringt, kann niemand sagen, was das Meer tun wird.

Diese exponierte Stellung setzt eine Bedingung voraus, die die meisten unserer Zeitgenossen unangenehm finden: Der Erzähler darf niemals von sich selbst sprechen. Dies ist eine goldene Regel. Gegen sie zu verstoßen hieße, dem Ozean zu gestatten, die nichtswürdige Klippe hinwegzufegen, auf der ein Mann sich eines Tages für wichtig genug hielt, erzählt zu werden. Der wahre Erzähler ist fast wie ein Nebel oder wie ein hoher Turm mit zufällig angeordneten Durchbrüchen.

Die Winde, die Überbringer ferner Botschaften, verfangen sich in ihm, und der Turm erklingt im Durchzug der Winde, so daß man zu Zeiten eine Stimme zu erkennen glaubt.

Es ist ein weit verbreiteter Irrtum zu glauben, man könnte einer Geschichte mehr Nachdruck verleihen, wenn man sie in der Wirklichkeit ansiedelt. Genau das Gegenteil ist der Fall. Viele unserer Freunde und sicher auch wir selbst beginnen mit den Worten: »Meinem Onkel – oder jemandem, den ich kenne – ist etwas ganz Merkwürdiges passiert.« Und dann erzählen sie, in einer seltsam wahrheitsgetreuen Lüge, eine jahrhundertealte Geschichte, von der man weder weiß, wer sie erlebt, noch, wer sie erfunden hat.

Die Schönheit einer Geschichte rührt fast immer aus ihrer Unergründlichkeit. Die großen Geschichtenerzähler sind unbekannt. Wer hat die Bibel geschrieben, oder das Mahâbhârata? Was für ein Mensch war Shakespeare? Wenn wir eine erheiternde Geschichte hören, die uns heute noch zum Lachen und manchmal auch zum Nachdenken bringt, dann fragen wir uns fast immer: Wer hat so etwas Wunderbares erfinden können? Die Antwort liegt wie die meisten Antworten im verborgenen. Wir erzählen uns sicher die Geschichten, die wir brauchen, und sie entstehen in diesem oder jenem Mund, aus einer fast schwarzen, unerforschlichen, uns allen gemeinsamen Schwingung heraus, in der das Wort »Phantasie« keine Bedeutung mehr hat. Deshalb gehören die besonders schönen Geschichten in Wahrheit niemandem. Kein Erzähler kann behaupten: Das ist meine Geschichte. Der Schattenmund spricht für alle. Die ungeheure Popularität, der Gipfel des Ruhms ist entschieden anonym.

Da Geschichten nur dazu da sind, um den, der spricht, und die, die zuhören, miteinander in Verbindung zu setzen und mit ihnen den Stoff selbst, der sie verbindet, und die Bewegung, die sie mitreißt, wechseln Geschichten wie andere Gebilde (vielleicht) die Farben und Formen, sie wechseln sogar ihren Namen je nach der Zeit, die sie erzählt. Manchmal wird selbst ihr Sinn geheimnisvollerweise verfälscht. Als Victor Hugo in einem Gedicht mit dem Titel *Überlegenheit* aus der Sammlung *Die Sage von den Jahrhunderten* die *Upanischaden* adaptiert, verändert er absichtlich das Ende und schwächt die Macht des Gottes Indra gegenüber dem Unbekannten, der ihn herausfordert. Aktive oder passive Entstellung? Das ist nicht zu sagen. Hugo schrieb aus sich selbst, und seine Zeit schrieb in ihm. Er war in einem Zeitalter, da die Winde wehten, einer der Türme im Hochgebirge.

Aus Achtung vor der Unergründlichkeit habe ich diese schönen Geschichten mit keinerlei Kommentar belastet. Ich gebe nur einfach, und mit allem Vorbehalt, die vermutliche Herkunft an. Ich habe die Gelehrsamkeit verbannt, die den Wind so gern katalogisieren möchte.

Auch wenn berühmte Schriftsteller, von denen man im folgenden noch lesen wird, sich, ohne zu zögern, seiner bemächtigen, so ist doch der Ausdruck eines Volkes, entstanden in einer bestimmten Erwartung, in einem unbestimmten Bedürfnis aus der gewundenen Bewegung der Menge, genau das, was sich einer Etikettierung, einer Analyse entzieht, genau das, was seinem Wesen nach flüchtig, wandelbar und manchmal bis zur Zusammenhangslosigkeit vieldeutig ist, mit einem Wort: lebendig. Jede systematische Einordnung – nach Epoche, nach Volk, nach Thema, nach Stil – drohte diese so kostbare Unvollkommenheit zu ersticken.

Es ist nicht sicher, daß die Geschichte sich wiederholt. Über dieses Phänomen ist häufig diskutiert worden. Doch Geschichten lieben es, sich unablässig zu wiederholen. Wir kennen das alle: Wenn wir etwas gehört haben, was uns gefällt, dann verspüren wir die Notwendigkeit, wie eine kleine Pflicht, es weiterzugeben. Hier gibt es weder Geheimnistuerei noch eifersüchtige Bewachung. Sobald am Ende eines Mahls einer der Gäste eine Geschichte zum besten gibt, antwortet ihm ein anderer in dem Bestreben, ihn zu übertreffen, und so geht es weiter. Das kann die ganze Nacht dauern. Dies ist ein sicherlich sehr alter Austausch, der einem anpassungsfähigen Ritual ähnelt, bei dem sich die erzählte Geschichte mit jedem Mal verkürzt, verändert, manchmal in sich zusammensinkt oder sich erweitert.

Die Wiederholung der Geschichten erinnert an die immer wieder begonnene Erzählung der Mythen, als wären wir in beiden Fällen gefährdet zu vergessen. Der Mythos bezeichnet sich als wahr, die Geschichte bezeichnet sich als unwahr: So kann man sie kurz gefaßt unterscheiden. Aber beide werden wiederholt, weil beide bedroht sind. Wahrheit und Lüge kommen regelmäßig über unsere Lippen, beide sind, daran besteht kein Zweifel, unverzichtbar.

Eine große Anzahl der nun folgenden Geschichten ist mir hier und dort erzählt worden. Den größten Teil aber habe ich in Büchern gefunden (mehr als zweitausend). Ich habe versucht, sie ganz einfach, so wenig literarisch wie möglich wiederzugeben, indem ich mich bemüht habe, zu verschwinden, so wie es Brauch ist, um die Erzählung vor den Erzähler zu stellen. Jede Transkription solcher Erzählungen ist notwendigerweise fehlerhaft. Denn sie sind nicht zum Lesen gedacht. Ich hoffe, meine einfache Darbietung ermöglicht anderen Erzählern, sie – mündlich – auszuschmücken, davon abzuschweifen, damit zu spielen, sie auf ihre Art zur Verführung einzusetzen.

Dennoch war eine Ordnung vonnöten. Was man auch tut, eine Ordnung ist nötig. Selbst eine Zickzacklinie hat einen Anfang und ein Ende.

Da erinnerte ich mich an mein altes und hartnäckiges Unvermögen, einen *Leitfaden der Philosophie* zu lesen oder auch nur den Sinn dieser seltsamen Bezeichnung zu verstehen. Und ich erinnere mich, zu mir gesagt zu haben: Warum soll ich nicht eines Tages versuchen, einen eigenen Leitfaden zu schreiben, der nur aus Geschichten bestünde? Hier von Philosophie zu sprechen wäre zweifelsohne unangebracht, anmaßend und ziemlich beschränkt zugleich. Nennen wir es doch einen Leitfaden für alles und nichts, doch eher für alles als für nichts, in dem auf diesem ungewöhnlichen Wege die Fragen, die wir uns manchmal stellen, auftauchen, die Lichter, die uns locken, die Überraschungen, die uns unterhalten, die Trugbilder, die uns irreführen, kurz, unser ebenso zerbrechliches wie notwendiges Verhältnis zur Welt im Verlauf dieser kurzen Öffnung eines Fensters zwischen dem einen Nichts und dem anderen, die wir Leben nennen.

Ich habe Geschichten angeordnet und so Kapitel zusammengestellt, ich habe die Kapitel mit Überschriften versehen, dann habe ich lange Zeit mit den Teilen dieses ungeheuren Spiels gespielt, das ich mir selbst angefertigt hatte. Was sollte ich behalten und was verwerfen? Was wo anordnen? Unsere Wahrnehmung der Welt folgt keiner erkennbaren Ordnung, und unsere Reaktionen sind chaotisch. Selbst unsere Kultur ist ein einziges Durcheinander.

Ich sagte zu mir: Stecken wir doch alle Geschichten in einen Sack, und wenn wir eine gute Frage haben, ziehen wir wie beim Lotto eine heraus. Diese Geschichte nehmen wir dann als Antwort.

Schließlich habe ich versucht, mit der Reihe der ausgewählten Geschichten eine Art unbefestigten Weg abzustecken, der weit davon entfernt ist, geradlinig zu sein, und der kürzer ist, als anfangs angenommen, einen Weg mit schattigem Laubwerk und Rastplätzen, mit steilen Böschungen und dürren Gegenden, mit ergötzlichen und weniger ergötzlichen Begegnungen, mit Brücken, Furten, schlecht ausgeschilderten Abzweigungen und von Sträuchern halb verdeckten Marksteinen.

Doch ein Weg, so schön er auch manchmal erscheinen mag und so sicher wie eine befestigte Straße, stößt jenseits der Länder, wo er sich vorwärtsbewegt und die er verbinden soll, auf kein großes Interesse. Die großen, modernen Straßen, die nun elektronisch sind, bewirken sogar, daß sie für immer die Gebiete verschandeln, die sie durchqueren. Man hat den Respekt verloren, auch den für die Landschaft, und dies für die eigenen wie für die fremden Länder. Der Weg, den ich versucht habe zu skizzieren, hätte sich endgültig im Unterholz verlieren wollen, unbenutzbar. Er ist am Ende nur ein Angebot an den Reisenden. Diesen ermutige ich nachdrücklich, die Gräben zu überwinden und die Zäune niederzureißen.

1

Die Welt ist, was sie ist

Das Los des Zickleins

Rabindranath Tagore hat diese kurze, wahrscheinlich der indischen Volkstradition entstammende Geschichte erzählt.

Das Zicklein begab sich zu Brahma, dem Schöpfer, und beklagte sich bitter über sein Los.

»Alle Kreaturen«, sagte es, »wollen mich fressen. Wie kommt es, mächtiger Brahma, daß ich ihnen nur als Nahrung diene? Findest du das gerecht?«

Brahma hörte ihm zu und antwortete:

»Was soll ich sagen, mein Sohn? Wenn ich dich sehe, läuft mir das Wasser im Munde zusammen.«

Die Belehrung des Buckligen

Ein Prediger liebte es, auf seiner Kanzel zu beweisen, daß das Werk Gottes ohne Fehl sei.

Die Geschichte, welche europäisch, wahrscheinlich französisch ist, will es, daß ein Buckliger dem Prediger zuhörte und Mühe hatte, ihm zu glauben. Eines Tages wartete er am Ausgang der Kirche auf ihn und sagte:

»Ihr behauptet, daß Gott alles, was er gemacht hat, gut gemacht hat, doch seht doch, wie ich gewachsen bin!«

Der Prediger betrachtete ihn einen Moment, dann antwortete er:

»Aber lieber Freund, was habt Ihr zu klagen? Als Buckliger seid Ihr sehr wohlgeraten!«

Die Stütze der Welt

Als der große Euklid eines Tages unterrichtete und verschiedene Themen behandelte, kam er auch auf die Welt zu sprechen. Der junge Ptolemäus – unbestritten der beste Schüler der Klasse – hob die Hand und fragte ihn, worauf die Welt ruhe.

»Sie ruht«, antwortete Euklid, »auf den Schultern eines ungeheuren Riesen.«

Ptolemäus senkte den Kopf, und der Unterricht ging weiter.

Einen Augenblick später hob der junge Ptolemäus aufs neue den Kopf und erlaubte sich die Frage, worauf denn der Riese ruhe.

»Er ruht«, antwortete Euklid, »auf dem Panzer einer riesigen Schildkröte.«

Und ohne erst eine weitere Frage seines Schülers abzuwarten, fügte Euklid, indem er streng die Stimme erhob, hinzu: »Und darunter sind nichts als Schildkröten!«

Der Hahn, der Elefant und der Baumstumpf

Eine Geschichte aus Afrika, genauer: aus Ruanda, erzählt, daß einige Lebewesen eines Tages begannen, sich zu beklagen.

Zuerst hörte man die Klagen des Hahns, der folgendes sagte:

»Ich, der ich die Zeit für alle Völker einteile, für die

Männer, die Frauen und sogar für den König, ich, der jeden Morgen die Sonne ruft, ich, der große Ordner und Gebieter der Zeit, warum muß ich eigentlich meine Nächte auf einem Baum verbringen, und das sogar bei einem Unwetter, wo doch die Ziegen im Haus schlafen dürfen? Und warum, frage ich, warum geschieht es, wenn ich auf einem Feld einige frischgekeimte Getreidekörner picke, um wieder zu Kräften zu kommen, warum geschieht es also, daß alle Welt, jeder Mann, jede Frau und jedes Kind, mich mit Steinen bewirft?«

Zutiefst verärgert machte sich der Hahn auf den Weg, um sich beim großen Gott Imana zu beschweren. Unterwegs traf er den Elefanten, dem er seine lange Klagerede vorbrachte.

Der Elefant beklagte sich seinerseits und sagte folgendes:

»Sieh doch mal mich an! Wie kommt es, daß ich, das mächtigste der Tiere, so erhaben, so wundervoll gebaut, daß ich also nur ein Junges auf einmal bekommen kann? Findest du es normal, daß die Henne, wenn sie empfangen hat, bis zu zwanzig oder fünfundzwanzig Küken auf die Welt bringt? Daß eine Katze fünf, sechs oder sogar sieben Junge wirft? Findest du es akzeptabel, daß die Ziege, die so unendlich viel häßlicher und schwächer ist als ich, zwei oder drei Zicklein bekommt? Und ich nur ein Junges auf einmal auf die Welt bringen kann? Warte, ich mach mich rasch fertig und komme mit dir.«

Unterwegs sahen sie einen Baumstumpf am Wegesrand, und der Baumstumpf fragte sie nach dem Grund ihrer Reise, denn ein Hahn und ein Elefant zusammen auf einer Straße waren ein seltener Anblick.

Für den Baumstumpf äußerten die beiden Tiere ein weiteres Mal die Gründe ihrer Beschwerden.

Und der Baumstumpf beklagte sich ebenfalls und sagte folgendes:

»Dann seht doch mich an. Ich verbringe mein Leben am Rand dieses Weges, in einer reizlosen Gegend. Ich verlange weder Nahrung noch Wasser von jemandem. Ich gebe mich mit dem Regen zufrieden, der vom Himmel fällt, und verlange auch nicht, daß man mich zuschneidet oder meine Rinde entfernt. Wenn ein Mann vorbeikommt, versetzt er mir mit dem Fuß einen Tritt. Wenn eine Frau vorbeikommt, versetzt sie mir einen Schlag mit ihrem Werkzeug und hackt mich entzwei. Wenn ein Kind vorbeikommt, tut es das gleiche, es reißt mir ein Stück weg oder schlägt mich mit einem Stein. Was habe ich verbrochen, daß ich so behandelt werde? Wartet, ich komme mit euch, denn auch ich muß mich bei Imana beschweren.«

Als sie vor den Gott getreten waren, legten sie ihm weitschweifig die Gründe ihrer Unzufriedenheit dar und sagten ihm, warum sie sich benachteiligt fühlten.

Imana traf drei Entscheidungen. Er schickte den Baumstumpf an seinen Platz zurück und sagte zu ihm, daß er ihn wieder zu sich rufen würde. Er brachte den Elefanten in einem Speicher unter, wo die Lebensmittelvorräte für die gesamte Bevölkerung gelagert waren. Dem Hahn aber ließ er ein komfortables Zimmer zuweisen, nebst Bediensteten, die ihm sein Bett bereiten sollten.

Kaum war der Elefant im Speicher angekommen, stürzte er sich, ausgehungert von der Reise, auf die Lebensmittel. Innerhalb von zwei Tagen fraß er alle Vorräte auf. Am dritten und vierten Tag hatte er nichts zu essen. Imana sagte zu ihm:

»Sieh doch! Du hast alles sehr schnell aufgegessen. Und du willst statt eines Sprößlings zwei haben? Aber wo willst du denn einen Wald finden, der euch ernähren würde? Siehst du nicht, daß deine Art aussterben würde? Wenn du nur ein Junges bekommst, dann geschieht dies aus einer besonderen Gunst heraus, damit deine Art weiterbesteht. Ich hoffe, das hast du begriffen. Verschwinde.«

Der Elefant kehrte in seinen Wald zurück.

Imana gab einem seiner Bediensteten einen Korb und sagte ihm folgendes:

»Du gehst zum Baumstumpf und sammelst sorgfältig alle Stückchen Nagel und Haut ein, selbst die allerkleinsten, die er den vorbeigehenden Menschen entrissen hat.«

Der Bedienstete blieb die dazu nötige Zeit bei dem Baumstumpf und kam mit einem fast vollen Korb zu Imana zurück. Imana ließ den Baumstumpf rufen und sagte ihm mit äußerster Strenge folgendes:

»Du beklagst dich über die Fußtritte, die du im Vorübergehen bekommst, als würde man sie dir mit der Absicht versetzen, dich zu verletzen. Doch was ist mit dir? Entreißt du nicht Mensch und Tier die Nägel, wenn sie dich packen wollen? Und Stücke ihrer Haut? Verletzt du sie nicht mitleidslos? Verschwinde.«

Der Baumstumpf kehrte ohne Widerrede zu seinem Weg zurück.

Der Hahn aber verlor schon in der ersten Nacht, als er in seinem Bett sorgsam gehätschelt wurde, jegliches Zeitgefühl und wußte nicht mehr, ob es Tag oder Nacht war. Er vergaß ganz einfach aufzuwachen und die anderen zu wecken.

Imana ließ ihn zu sich bringen. Und diese gestrengen Worte sagte er zum Hahn:

»Ich habe dir ein bequemes Bett bereiten lassen, und du hast es seit Wochen nicht mehr verlassen! Du hast nicht ein einziges Mal gekräht, dabei ist es doch deine

Aufgabe, der Natur den neuen Tag anzukündigen! Es ist mir gesagt worden, daß du deine Exkremente im und um das Bett herum verteilst. Schämst du dich denn nicht? Du bist zu schmutzig, um in Gesellschaft anderer zu leben! Geh auf deinen Baum zurück! Trotze dem Unwetter in der Nacht! Und komm dich nie wieder beklagen, sonst lasse ich dich zur großen Freude meiner Bediensteten braten!«

Der eingeschüchterte Hahn entfleuchte in aller Eile, stieg auf den Ast seines Baumes und wartete auf die Sonne.

Eine große Zahl von Tieren aber, die dem Beispiel des Hahns, des Elefanten und des Baumstumpfs hatten folgen wollen, zogen es vor, von ihren Klagen abzusehen.

Wo wohnt Gott?

Ein großer Lehrmeister der chassidischen Tradition, Yitzhak Meir, war noch ein Kind, als jemand spaßeshalber zu ihm sagte:

»Ich gebe dir einen Gulden, wenn du mir sagst, wo Gott wohnt.«

»Und ich«, antwortete das Kind, »ich gebe dir zwei Gulden, wenn du mir sagst, wo er nicht wohnt.«

Das Wunderkind

Die chinesische Tradition liefert uns eine andere Geschichte vom Wunderkind – dieser Lieblingsfigur aller Traditionen, aus deren Mund die Wahrheit gesprochen wird, so daß in Indien diese Wahrheit sogar manchmal schon vor der Geburt verkündet wird, im Bauch der

Mutter, und es also erlaubt ist, von einem weisen Fötus zu sprechen.

Eines Tages traf Konfuzius auf einer seiner Reisen ein Kind, das mitten auf dem Weg eine Zitadelle aus Erde und kleinen Steinen baute.

Konfuzius ließ die Pferde anhalten und fragte das Kind:

»Warum weichst du nicht vor meinem Wagen aus?«

»Es ist mir immer gesagt worden«, antwortete das Kind mit Bestimmtheit, »daß die Wagen die Städte umfahren und die Städte nicht vor den Wagen ausweichen.«

Verblüfft stieg Konfuzius aus, näherte sich dem Kind und fragte:

»Warum bist du trotz deiner Jugend so weise?«

Das Kind antwortete:

»Drei Tage nach seiner Geburt kann ein Kind seinen Vater von seiner Mutter unterscheiden. Drei Tage nach seiner Geburt kann ein Hase über die Felder laufen. Drei Tage nach seiner Geburt kann ein Fisch im Fluß schwimmen. Das ist ganz natürlich. Darin liegt keinerlei Weisheit.«

»Wer bist du? Wo wohnst du?«

»Ich habe keinen Namen«, antwortete das Kind. »Ich wohne im Haus des Windes.«

»Ich möchte einen Augenblick mit dir spazierengehen. Einverstanden?«

»Bei mir zu Hause«, sagte das Kind (das keine Bedenken hatte, sich zu widersprechen), »habe ich einen ehrwürdigen Vater, dem ich dienen muß, eine Mutter, die ich ernähren muß, einen älteren Bruder, dessen Ratschlägen ich folgen muß, und einen jüngeren Bruder, den ich beschützen und unterweisen muß. Wo sollte ich die Zeit hernehmen, mit dir spazierenzugehen?«

»Ich finde dich außerordentlich«, sagte Konfuzius. »Wollen wir zusammen die Welt nivellieren?«

»Warum sollten wir die Welt nivellieren? Wenn wir die Gebirge einebneten, dann hätten die Vögel keine Zuflucht mehr. Wenn wir die Flüsse und Seen zuschütteten, hätten die Fische keine Abgründe mehr, in die sie sich zurückziehen könnten. Wenn wir die Herrscher verjagten, würde das Volk endlos diskutieren, um herauszubekommen, was gut ist und was schlecht. Wenn wir die Götter verjagten, kämen sie zurück. Die Welt ist so groß. Wie sollte man sie nivellieren?«

Sie plauderten noch lange Zeit. Konfuzius stellte dem Kind eine Menge Fragen und bekam überraschende Antworten. Das Kind seinerseits fragte ihn:

»Wie viele Sterne gibt es am Himmel?«

»Ich kann über nichts sprechen, was ich nicht vor Augen habe.«

»Na dann, wie viele Haare hast du auf deinen Augenbrauen?«

Konfuzius lächelte und antwortete nicht. Er sagte zu seinen Begleitern:

»Die Jugend ist zum Fürchten. Die neuen Generationen sind den alten vielleicht ebenbürtig.«

Nach anderen Überlieferungen ist er fluchend in seinen Wagen gestiegen und sagte:

»Die frühreifen Kinder bringen später nichts Gutes zustande.«

Der Geschmack der Melone

Ein Zenmeister bietet einem Schüler eine Melone an und fragt ihn:

»Wie findest du diese Melone? Schmeckt sie gut?«

»Ja, sie hat einen sehr guten Geschmack«, antwortet der Schüler.

»Wo befindet sich dieser Geschmack?« fragt da der Meister. »In der Melone oder auf deiner Zunge?«

Der Schüler denkt nach und beginnt, sich in komplizierten Erklärungen zu ergehen:

»Der Geschmack rührt aus einer gegenseitigen Abhängigkeit zwischen der Melone und meiner Zunge, denn meine Zunge, ohne Melone, könnte nicht ...«

Der Meister unterbricht ihn brüsk:

»Du Vollidiot! Was willst du suchen? Die Melone ist gut. Das genügt.«

Die Nachtigall

Eine andere japanische Geschichte, die man nachts erzählen sollte, führt zwei Männer zusammen. Der eine sagt zum anderen:

»Jede Nacht zum neuen Jahr singt die Nachtigall.«

Als die Nachtigall dies hört, ruft sie:

»Wie sollte ich wissen, daß das neue Jahr angebrochen ist? Ich singe, das ist alles.«

Die Freude der Fische

Da wir gerade bei der Evidenz der Welt sind, hier folgender berühmter Dialog, den man schon bei Tchuangtseu findet und der alle östlichen Traditionen durchlaufen hat. In Korea, wo er sehr bekannt ist, stellt er zwei Weise, Zhuangzi und Huizi, einander gegenüber. Auf einer gemeinsamen Reise überquerten sie eine Brücke über einem Bach und sahen Fische, die aus dem Wasser sprangen.

Zhuangzi blieb einen Moment stehen, um zu seinem Begleiter zu sagen:

»Sieh mal, wie die Fische vor Freude springen!«

»Du bist doch kein Fisch«, sagte Huizi. »Wie kannst du also wissen, was Fischen Freude macht?«

»Und du bist nicht ich«, sagte Zhuangzi. »Wie kannst du also wissen, daß ich nicht weiß, was Fischen Freude macht?«

»Es stimmt, daß ich nicht du bin«, sagte Huizi, »und daß ich nicht weiß, was du weißt und was nicht. Aber eins weiß ich, nämlich, daß du kein Fisch bist. Und folglich weißt du auch nicht, was Fischen Freude macht.«

»Ich komme auf deine erste Frage zurück«, sagte da Zhuangzi. »Du hast mich gefragt: ›Wie kannst du wissen, was Fischen Freude macht?‹ Als du mir diese Frage stelltest, hast du schon eingeräumt, daß ich die Antwort weiß.«

»Ja und, wie konntest du es wissen?« fragte Huizi.

»Das ist doch ganz einfach: indem ich die Brücke überquerte!«

Das Kind des Teufels

Aus der arabischen Tradition ist überliefert, daß Adam und Eva, aus dem Paradies vertrieben, irgendwo Zuflucht fanden.

Jeden Morgen ging Adam auf die Jagd. Eva blieb allein zurück.

Eines Tages suchte der Teufel sie auf und übergab ihr sein Kind, Khannas geheißen, mit der Bitte, einen Moment darauf aufzupassen.

Als Adam von der Jagd zurückkam und das Kind des Teufels erblickte, rief er zornig: »Warum hast du ein Kind des Teufels aufgenommen? Schon wieder hast du dich von seinen Lügen täuschen lassen!«

Er tötete das Kind, zerstückelte es und brachte die Körperteile in die Wüste, um sie dort zu zerstreuen. Doch der Teufel kannte die notwendigen Zaubersprüche, setzte seinen zerstückelten Sohn wieder zusammen und brachte ihn am nächsten Tag erneut zu Eva.

Khannas weinte so herzzerreißend, daß Eva nicht widerstehen konnte und ihn erneut zu sich nahm. Bei seiner Rückkehr wurde Adam derart von Zorn und auch von Furcht vor den Flammen der Hölle gepackt, die ihnen wegen dieses Teufelskindes drohten, daß er ein großes Feuer entzündete und Khannas trotz seiner Schreie hineinwarf.

Dann verstreute er die Asche in alle vier Winde. Doch Satan erschien aufs neue mit tausend Zauberformeln. Auf sein Geheiß flogen die Ascheteilchen aus allen Richtungen herbei und fügten sich wieder zusammen. Das Kind war wieder unversehrt, und der Teufel überredete Eva mit klagender Stimme, es zu hüten und nicht ein drittes Mal zu töten.

»Ich habe im Augenblick keine Zeit, um mich um ihn zu kümmern«, sagte er, »doch komme ich bald zurück und hole ihn mir.«

Und er verschwand.

Adam kehrte zurück. Beim Anblick des Kindes zitterte er vor Zorn, beschuldigte seine Gefährtin, einen Pakt mit dem Teufel eingegangen zu sein, und tötete das Kind ein drittes Mal. Aus seinem Fleisch bereitete er eine Mahlzeit zu. Diese teilte er mit Eva. Danach ging er wieder zur Jagd.

Der Teufel erschien. Eva war allein. Der Teufel begann, laut nach seinem Kind zu rufen, und dieses antwortete. Der Teufel erkannte, daß die Stimme seines Sohnes aus dem Leib der Frau entstieg.

»Dann ist es gut«, sagte er. »Mein Ziel ist erreicht. Bleibe dort, wo du bist.«

Das Ohr von Ch'hâ

In den Traditionen des Nahen Ostens trifft man auf die gleichzeitig unerträgliche und köstliche Figur, die allgemein Nasreddin Hodja genannt wird. Die (unzähligen) Geschichten über ihn werden überall erzählt, von der Türkei bis nach Persien, von Syrien bis nach Ägypten, wo er Goha genannt wird. Dieselben Geschichten finden sich in der jüdischen Volkstradition, wo die Figur Ch'hâ heißt, und in Nordafrika, wo sie unter dem Namen Djeha bekannter ist. Ihre Spur läßt sich bis nach Polen verfolgen, wo ihr Name Srulek lautet.

Dieser Mann bietet eine erstaunliche Mischung von Naivität, ja sogar Dummheit, und äußerster Gerissenheit. Zwar wirft er mit Ratschlägen nur so um sich, doch hütet er sich, sie zu befolgen und geht mit allen menschlichen Fehlern durchs Leben: Er ist geizig, verlogen, mißgünstig, eifersüchtig, feige und unerbittlich selbstsüchtig. Das Leben erscheint ihm sinnlos, daher gleicht er sein Verhalten dieser Sinnlosigkeit an. Diesen Primus der volkstümlichen Denkweise setzt Gurdjeff in *Belzebubs Geschichten für seinen Enkel* an die Spitze der menschlichen Weisheit.

Eingeführt wird diese wichtige Persönlichkeit, die wir noch häufig unter verschiedenen Namen antreffen werden, zunächst in ihrer jüdischen Form.

Also, als man Ch'hâ fragte: »Wo ist dein Ohr?«, da griff er mit seiner rechten Hand über seinen Kopf, berührte sein linkes Ohr und sagte: »Es ist hier.«

»Aber warum nimmst du deinen rechten Arm?« fragte man ihn. »Warum nimmst du nicht deine linke

Hand, die sich doch auf derselben Seite befindet wie dein linkes Ohr?«

»Wenn ich es machte wie alle anderen«, antwortete Ch'hâ, »dann wäre ich nicht mehr Ch'hâ.«

Wie man den Regen herbeilockt

Da wir immer noch bei der offensichtlichen Ordnung der Welt sind, bleiben wir einen Augenblick bei dieser Persönlichkeit, doch dieses Mal ist ihr sehr berühmter Name Nasreddin Hodja.

In Persien erzählt man sich, daß eines Tages, in einer Zeit langandauernder Dürre, eine Delegation zu ihm kam, um ihn zu fragen, ob er ein Mittel kenne, den Regen herbeizulocken.

»Natürlich«, sagte er, »ich kenne eins.«

»Rasch, sag uns, was man tun muß.«

Nasreddin verlangte, daß man ihm eine Wanne voller Wasser bringe, was auch geschah, allerdings unter großen Mühen. Als er die Wanne hatte, zog er sein Gewand aus und machte sich zum Erstaunen aller daran, es zu waschen.

»Wie!« schrien sie. »Wir haben alles Wasser genommen, was uns noch geblieben ist, und du wäscht dein Gewand damit!«

»Regt euch nicht auf«, antwortete Nasreddin, »ich weiß, was ich tue.«

Er ließ sich Zeit, trotz der Beschimpfungen und Drohungen. Er wusch sorgfältig sein Gewand und sagte dann:

»Nun brauche ich noch eine zweite Wanne mit Wasser.«

Die Mitglieder der Delegation schrien noch lauter. Wo sollte man Wasser für eine zweite Wanne zusammenbekommen? Und was sollte damit geschehen? Hatte er den Verstand verloren?

Nasreddin blieb ruhig und beharrlich.

»Ich weiß genau, was ich tue«, sagte er.

Man suchte überall nach Wasser, man drückte die Ziegel der Brunnen aus, man stahl sogar das Wasser der Kinder, und so brachte man ihm schließlich die zweite Wanne.

Nasreddin tauchte sein Gewand hinein und spülte es sorgfältig aus.

Die anderen sahen stumpfsinnig zu. Sie hatten noch nicht einmal die Kraft, aufzuschreien.

Schließlich bat er sie, ihm zu helfen, sein Gewand auszuwringen, damit es möglichst viel Wasser verlöre. Danach brachte er es in seinen kleinen Hof und hängte es zum Trocknen an eine Leine.

Fast unmittelbar darauf bildeten sich große Wolken, zogen heran, und ergiebiger Regen fiel hernieder.

»Das wär's«, sagte Nasreddin bedächtig. »Es ist doch immer das gleiche, wenn ich meine Wäsche aufhänge.«

Die Saat der Zwietracht

Eines Abends sah ein afrikanischer Bauer, wie die Zwietracht auf seinem Feld ihre Saat verteilte.

Er hütete sich einzuschreiten und beobachtete sie nur. Als sie fertig und gegangen war, verbrachte er die ganze Nacht damit, die gefährliche Saat im Schein einer Lampe wieder einzusammeln.

Er füllte einen Sack damit und brachte ihn in seine Hütte, ohne seiner Familie ein Wort davon zu sagen.

Am nächsten Tag gab er seinen Hühnern im Hühnerhof eine Handvoll davon, um sie loszuwerden.

Doch kaum hatten sie die Saatkörner aufgepickt, begannen sie, sich fürchterlich zu streiten, und gingen sich an die Gurgel. Der Bauer mußte jedes Huhn in einen Einzelkäfig sperren, und das war ein sehr unangenehmes Unterfangen. Seine Arme und Hände waren übersät von schlimmen Schnabelhieben.

Er suchte eine andere Möglichkeit, die Saat loszuwerden, und warf eine Handvoll in den Fluß. Doch die Fische, die Aale und selbst die Nilpferde fingen sofort an, sich zu zerfleischen, während riesige Wellen den sonst so ruhigen Fluß ansteigen ließen, so daß ein Teil des Flachlandes überschwemmt wurde.

Da beschloß der Bauer, einen Teil der Saat zu verbrennen. Doch der Rauch, der dem Feuer entstieg, schoß spiralförmig in die Höhe wie eine richtige Windhose, wie ein wütender Taifun, und verwüstete fast die Hälfte des Dorfs.

Der Bauer wußte nicht, was er mit diesen Saatkörnern machen sollte, doch kam er eines Tages auf die Idee, eine Handvoll davon zu mahlen und seine Frau zu bitten, ihm daraus einen Pfannkuchen zu machen, ohne ihr zu sagen, woraus das Mehl war.

Er machte sich daran, diesen Pfannkuchen zu essen. Doch kaum hatte er den ersten Bissen heruntergeschluckt, den er schlecht zubereitet und versalzen fand, da fing er schon an, seiner Frau Vorwürfe zu machen.

Diese hatte ebenfalls gerade ihren ersten Bissen vom Pfannkuchen gegessen und schrie unverhältnismäßig zornig zurück, daß sie den Pfannkuchen wie immer zubereitet hätte und wenn ihr Mann ihn schlecht und versalzen fände, bedeute das nur, daß er ein Schwachkopf sei, was sie schon immer gewußt habe.

Der Bauer schmiß ihr einen Gegenstand ins Gesicht, sie schrie vor Schmerz auf, beide stürzten sich trotz der

Anwesenheit ihrer Kinder aufeinander, und ihre Nachbarn mußten rasch einschreiten, um sie zu trennen und auf Distanz zu halten.

Einige Wochen vergingen. Nach und nach beruhigten sie sich, doch der Bauer, dem Schlaf und Lächeln vergangen war, dachte nur noch an die restlichen Saatkörner. Er überlegte, ob er nicht in ein fernes Land reisen und sie dort irgendwo am Wegesrand oder in einem ungenutzten Brunnen loswerden sollte. Doch hatte er das Herz eines anständigen Mannes und sagte sich, daß die fernen Länder schon genug eigene Saat der Zwietracht hätten und auf seine verzichten könnten. Er dachte sogar daran, zum Meer zu gehen, um seinen Körnersack dort hineinzuwerfen, doch fürchtete er, ein Unwetter heraufzubeschwören, das seinesgleichen nicht hätte. Also gab er diesen Gedanken aus denselben guten Gründen auf.

Überdies mußte er sich um sein Feld kümmern und konnte nie die Zeit finden, zu verreisen.

Als die ersten Triebe erschienen, sah er zufrieden, daß sich eine außerordentliche Ernte ankündigte. Auf den benachbarten Feldern mühten sich die anderen Bauern ab, um das Unkraut zu entfernen. Er hingegen hatte nichts zu tun. Die Ernte wuchs prächtig und gesund. Jeden Morgen beobachtete er, wie sie gedieh. Er hatte nichts zu tun. Er nutzte die freie Zeit sogar, um seine Vettern zu besuchen, die zwei oder drei Tagesmärsche entfernt wohnten.

Bei seiner Rückkehr wurde er von den Klagen seiner Frau und seiner Kinder empfangen. Innerhalb weniger Stunden hatte ein vorbeifliegender Schwarm Vögel sein Feld verwüstet. Ihm war nicht eine einzige Pflanze geblieben.

Die Weisen des Dorfs fanden rasch den Grund für dieses außerordentliche Unglück. Auf den anderen

Feldern, sagten sie (die anderen Felder waren von den Vögeln verschont worden), war immer jemand bei der Arbeit gewesen, hatte sich bewegt und mit seinem Werkzeug Geräusche verursacht. Daher hatten sich die Vögel zu dem einzigen Feld begeben, das menschenleer war. Übrigens ein prachtvolles Feld.

Der Bauer wartete nachdenklich den Einbruch der Nacht ab. Als seine Frau und seine Kinder eingeschlafen waren, erhob er sich geräuschlos und nahm aus dem kleinen Versteck, das nur er kannte, den Sack, der die letzten Samen der Zwietracht enthielt. Er ging zu seinem Feld und steckte mitten in der Nacht die Saatkörner in seinen eigenen Boden, eins nach dem anderen, in gleichmäßigen Abständen.

Als er zum Dorf zurückkehrte, sah er von ferne, wie die Zwietracht ihre Saat in einem kleinen Wäldchen verteilte, das einem seiner Freunde gehörte. Einem Freund, den er sehr mochte und den er wohlweislich nicht warnte.

Was der Löwe braucht

Eine andere afrikanische Geschichte, die aus dem Senegal stammt, berichtet, daß alle Tiere aus dem Busch eines Tages beschlossen, sich zu versammeln und unter dem Vorsitz des Löwen miteinander zu verhandeln, um die Lösung für ein grundlegendes Problem zu finden. Die Tiere hatten nämlich festgestellt, daß sie sich seit Generationen und Generationen gegenseitig auffraßen. Da sie diesen Zustand unannehmbar, grausam, sinnlos und alles mögliche mehr fanden, versammelten sie sich und begannen zu sprechen.

Jeder brachte seine Beschwerden vor, der eine, weil er von einem anderen gefressen worden war, der andere, weil er von wieder einem anderen gefressen worden war – sogar der Elefant sagte:

»Obwohl ich nur Pflanzen fresse, tun sich die Stechmücken an mir gütlich! Und manchmal sogar die Mäuse, die in meinen Rüssel schlüpfen!«

Worauf die winzigen Insekten, die in Büschen und Bäumen leben, antworteten:

»Du sagst, du frißt nur Pflanzen! Aber wir leben verborgen in den Pflanzen, und du frißt uns mit, ohne uns zu bemerken.«

Kurz, alle beklagten sich. Und alle waren sich einig darin, daß sie sich nicht mehr gegenseitig fressen wollten.

Als jedoch der Löwe an die Reihe kam, sagte er, daß alle es hörten:

»Ich verstehe sehr gut, daß ihr euch beklagt, und ich stimme euch zu. Aber ich weiß genau, was ich brauche. Und ich brauche nun einmal Fleisch. Ich kann keine Pflanzen fressen. Ich kann nur Fleisch fressen.«

Da erlaubte sich der Elefant folgenden Hinweis:

»Aber alles Fleisch ist Fleisch von Tieren! Wie willst du Fleisch fressen, ohne ein Tier zu verzehren?«

»Das weiß ich auch nicht«, antwortete der Löwe. »Aber ich weiß genau, was ich brauche. Und ich brauche nun einmal Fleisch.«

Die Tiere brachten erneut ihre Argumente vor, was lange Zeit dauerte. Der Löwe wiederholte unaufhörlich, daß er nur Fleisch fressen könne, und die anderen Tiere protestierten heftig.

Plötzlich sagte der Löwe:

»Mir scheint, diese Diskussion dauert schon Stunden?«

»Warum sagst du das?« fragte jemand.

»Weil ich langsam Hunger bekomme.«

Ein Zittern lief durch den großen Kreis der Unterhändler.

»Ja«, setzte der Löwe wieder an, »ich habe Hunger, das merke ich daran, daß mein Magen sich zusammenzieht. Wenn ich Hunger habe, geht es mir wie allen, ich muß etwas fressen. Zum Fressen brauche ich Fleisch. Also werde ich jetzt jemanden verschlingen. Einen von denen, die hier um mich versammelt sind.«

Er hatte noch nicht mal seinen Satz beendet, da hatten die anderen schon Reißaus genommen. Sie kletterten auf Bäume, flüchteten sich in die Erde oder stürzten sich bis zum Horizont in den Staub.

So allein gelassen, begab sich der Löwe auf die Jagd.

Der Löwe, der sich für ein Schaf hielt

Eine andere Löwengeschichte kommt aus Indien.

Ein verlassenes Löwenjunges wurde von Schafen aufgenommen, die es in ihrer Art aufzogen. Das Löwenjunge bemühte sich, Gras zu fressen, was ihm nicht sehr behagte, und zu blöken, was ihm schwerfiel.

Als sich ein Schakal der Herde näherte, floh der Löwe voller Entsetzen wie die anderen Schafe.

Eines Tages tauchte ein ausgewachsener Löwe auf einem Felsplateau auf und überblickte die Ebene. Alle Schafe flohen und der Löwe mit ihnen.

Der andere Löwe verfolgte die Herde und packte das Löwenjunge am Genick. Er brachte es fort. Der kleine Löwe zitterte vor Angst und sah sich schon im Magen des anderen Löwen.

Sie kamen ans Ufer eines Flusses. Der Löwe setzte das Löwenjunge dort ab und stupste es bis zum Wasser. Dann setzte er sich neben es und senkte seinen Kopf über das Wasser des Flusses.

Löwe und Löwenjunges spiegelten sich Seite an Seite im Wasser. Da sah das Löwenjunge, daß es dem Löwen ähnelte. Und es beruhigte sich.

Die beiden Tiere erfrischten sich am Wasser und gingen dann gemeinsam fort.

Die Aufteilung Gottes

An einem anderen Ort in Indien streiten sich zwei Bauern. Die Äpfel eines Baumes, der dem ersten Bauer gehört, sind auf ein Stück Land gefallen, das dem anderen Bauer gehört. Die altbekannte Situation: Jeder der beiden Männer behauptet, die Äpfel gehörten ihm.

Da kommt ein Brahmane vorbei, den die Aura von Heiligkeit umgibt. Die beiden Männer bitten ihn zu entscheiden.

Der heilige Mann fragt sie:

»Wollt ihr eine Aufteilung nach menschlichem oder nach göttlichem Ermessen?«

Beide Bauern antworten wie aus einem Munde:

»Nach göttlichem Ermessen.«

»Und ihr versprecht, die Entscheidung nicht anzufechten?«

»Versprochen.«

Da sammelt der Brahmane die Äpfel ein. Er türmt auf der einen Seite einen großen Haufen auf und legt auf die andere Seite nur einen einzigen Apfel. Danach gibt er, ohne hinzusehen, dem einen Bauern den Haufen, dem anderen aber nur den einen Apfel.

Und geht, ohne ein weiteres Wort zu verlieren, davon.

Die Häsin und die Löwin

Eine andere, wahrscheinlich sehr alte Löwengeschichte ist uns durch den Fabeldichter Loqman überliefert.

Eine Häsin trifft auf eine Löwin und sagt:

»Jedes Jahr werfe ich viele Junge, und du wirfst nur ein einziges!«

»Das stimmt«, antwortet die Löwin. »Ich werfe nur eines. Aber es ist ein Löwe.«

So ist es eben

Eine amerikanische Geschichte aus dem zwanzigsten Jahrhundert macht uns mit einem ziemlich armen Bauern bekannt, der jeden Tag mit seiner Kuh aufs Feld geht. Es ist ein anständiger Mann, der sich abmüht, Frau und Kinder zu ernähren. Eines Tages reißt der Himmel auf, ein Unwetter bricht los, und der Blitz tötet seine einzige Kuh.

»Warum geschieht das mir?« schreit der Bauer zu Gott hinauf. »Was habe ich dir getan? Warum schlägst du mich so? Geht es mir nicht schon schlecht genug?«

Gott gibt keine Antwort.

Die Monate und Jahre gehen ins Land. Der Bauer, der immer mehr verarmt, arbeitet allein mit seinen zerschundenen Händen auf dem Feld. Ab und an hilft ihm seine Frau. Sie bringt ihm eine kärgliche Mahlzeit. Da wühlt erneut ein Unwetter den Himmel auf, der Blitz durchbohrt die Wolken und tötet die Frau.

Der Bauer ringt verzweifelt die Hände und schreit mit Blick zum Himmel:

»Warum nur! Was habe ich dir denn getan? Ich bin sehr arm und sehr fromm. Warum hast du meine Frau erschlagen? Antworte! Was habe ich dir getan?«

Da öffnen sich die Wolken einen Spalt breit, ein ungeheures Licht erstrahlt, und die Stimme Gottes verkündet:

»Du hast mir nichts getan. Aber von Zeit zu Zeit gehst du mir auf die Nerven.«

Gohas Erklärung

Nachdem viele andere erklärt hatten, warum die Welt so ist, wie wir sie vor uns sehen, fragte eines Tages der Ägypter Goha, genannt Goha der Einfältige, seine Begleiter:

»Wißt ihr, warum Allah, der Höchste – geehrt und gepriesen sei er! – dem Kamel und dem Elefanten keine Flügel gegeben hat?«

»Nein, das wissen wir nicht«, antworteten sie lachend. »Aber du wirst es uns sagen, damit wir es wissen.«

»Ja, ich werde es euch sagen. Wenn das Kamel oder der Elefant Flügel hätten, dann könnten diese Flügel sie nicht tragen. Und dann würden sie auf die Blumen in euren Gärten fallen und sie zerquetschen.«

Die Erbsen und die Schoten

Der japanische Schriftsteller Urabe Kenkô hat diese philosophische Geschichte erzählt.

Ein Mönch mit sehr reinem Herzen kam auf einer Reise eines Abends zu einer Herberge. Müde näherte sich dem Feuer. Er sah, daß dort Erbsen gekocht wurden und das Feuer mit den Erbsenschoten in Gang gehalten wurde.

Ein seltsames Geräusch drang zu ihm. Er brachte

sein Ohr nahe an die Flammen und hörte, da er eine reine Seele hatte, wie die Erbsen zu den Schoten sagten:

»Wir sind doch keine Fremden für euch – brr, brr – warum seid ihr denn so verbiestert, daß ihr uns kochen müßt? Woher – brr, brr – diese Bosheit?«

Und der Mönch hörte, wie die Schoten antworteten:

»Glaubt ihr etwa – zss, zss – daß es uns Freude macht, euch zu kochen? Seht ihr denn nicht, daß wir verbrennen? Und unglücklicherweise nichts dagegen tun können?«

Die zwei Mörser

In einer alten, ebenfalls japanischen Sammlung von Geschichten, dem Shasekishu, können wir nachlesen, daß ein Mönch eines Tages zu seinen Schülern sagt: »Die Bewohner dieser Welt sind einfältig und achten wenig darauf, was sie tun. Ich zum Beispiel habe mir ein sehr interessantes Verfahren ausgedacht, Getreide in zwei Mörsern, aber mit nur einem Stößel zu zermahlen.«

»Und wie soll das gehen?« fragt ein Schüler.

»Ganz einfach. Der eine Mörser wird wie gehabt auf den Boden gestellt, der andere wird darüber aufgehängt, aber umgedreht. So trifft man, wenn man den Stößel hebt und senkt, beide Mörser gleichzeitig.«

»Ja«, sagt ein anderer Schüler. »So könnte man in der Tat vorgehen, nur müßte das Getreide im oberen Mörser an seinem Platz bleiben.«

»So ist es«, sagt der Meister. »Genau das ist das Problem.«

Die Bambuspflanzen

Immer noch in Japan, aus der reichen Zentradition, wo die Geschichten durch ihre Kürze oft so erscheinen, als blieben sie in der Schwebe, erzählt man sich, daß ein Schüler seinen Lehrer nach der wahren Bedeutung des Buddhismus fragte.

»Warte, bis wir allein sind«, sagte der Meister, »dann werde ich dir antworten.«

Als sie allein waren, brachte der Schüler erneut seine Frage vor. Der Meister gab ihm ein Zeichen, daß er ihm folgen solle, und führte ihn in einen Garten. Schweigend zeigte er ihm ein Bambuswäldchen.

Der Schüler begriff immer noch nicht. Da sagte der Meister zu ihm:

»Hier siehst du eine lange Bambuspflanze und dort eine kurze.«

Der Frosch und der Skorpion

Die folgende Geschichte ist sicherlich die berühmteste, die die afrikanische Tradition uns überliefert hat. Wir erinnern uns, daß Orson Welles sie uns in seinem Film *Herr Satan persönlich* erzählte:

Ein Skorpion, der einen Fluß überqueren wollte, wandte sich an einen Frosch:

»Nimm mich auf deinen Rücken.«

»Auf meinen Rücken soll ich dich nehmen?« antwortete der Frosch. »Aber denk doch mal nach! Wenn ich dich auf meinen Rücken nehme, wirst du mich stechen und töten!«

»Sei doch nicht dumm«, sagte da der Skorpion. »Wenn ich dich steche, dann sinkst du auf den Grund des Wassers und ich mit dir. Und da ich nicht schwimmen kann, werde ich ertrinken. Siehst du das denn nicht?«

Die zwei Tiere stritten so noch eine Weile, dann erwies sich der Skorpion als so überzeugend, daß der Frosch einverstanden war, ihn über den Fluß zu bringen. Er lud den Skorpion auf seinen glitschigen Rücken, wo dieser sich festklammerte, und sie begannen, den Fluß zu überqueren.

Als sie in der Mitte des Flusses angekommen waren, wo das Wasser am tiefsten ist, stach der Skorpion plötzlich den Frosch. Der fühlte, wie sich das tödliche Gift in seinem Körper ausbreitete, und schrie, während er sank und den Skorpion mit sich riß:

»Siehst du! Was habe ich dir gesagt! Was hast du getan?«

»Ich kann nichts dafür«, antwortete der Skorpion, bevor er in den trüben Fluten versank. »So bin ich eben.«

Man könnte anmerken, daß diese Geschichte schon in alten indischen Fabeln zu finden ist, die man Bidpai zuschreibt. Doch in der indischen Fabel hat man es mit einer Schildkröte statt mit einem Frosch zu tun. Der Skorpion versucht, sie zu stechen, und sagt dabei, daß er eben nicht gegen seine Natur angehen könne, aber sein Stachel vermag nicht den Panzer der Schildkröte zu durchdringen.

Da tadelt ihn die Schildkröte, taucht dann unter und ertränkt ihren Angreifer.

Die Antwort des Glühwürmchens

Sa'di, der persische Dichter, erzählt folgendes:

Ein wissensdurstiger Spaziergänger fragte ein Glühwürmchen:

»Warum glühst du nur in der Nacht?«

Das Glühwürmchen gab ihm in seiner unnachahmlichen Weise diese glänzende Antwort:

»Ich bleibe Tag und Nacht draußen, doch wenn die Sonne am Himmel steht, bin ich nichts dagegen.«

Der Einsiedler und die Maus

Diese Geschichte von einer Maus entstand zweifellos in Indien und mußte die Welt umrunden (man findet sie im Pañcatantra): Ein Einsiedler, dessen Geist durch die Einsamkeit und Askese unvergleichliche Macht gewonnen hatte, meditierte mit offenen, dem Himmel zugewandten Händen in der Wüste, wo er sein langes Leben verbrachte.

Ein Geier flog über ihn hinweg und ließ in eine seiner Hände eine kleine, graue Maus fallen. Der Einsiedler betrachtete diese Maus mit fast naiver Verwunderung. Sie fing an, ungezwungen über seine Arme, seine Schultern und sogar über seinen Kopf zu laufen, und er sagte zu sich:

»Sieh an, ein lebendes Wesen, das der Himmel mir zur Gesellschaft schickt. Ich muß die Wünsche des Himmels deuten. Da ich zu alt bin, um mir eine Frau zu nehmen, ist mir zweifellos gerade eine Tochter in meine Hand gefallen. Ja, ich habe nie Kinder gehabt, was der schwerste aller Fehler ist, und der Himmel läßt mich dies wissen. Diese Maus wird meine Tochter.«

Er sammelte alle Macht seines Geistes, sprach die

ihm bekannten Formeln, denen sich selbst die Materie nicht widersetzen kann, und die Maus verwandelte sich in ein blühendes junges Mädchen, das dem Einsiedler die Füße küßte und ihn sofort »mein Vater« nannte.

Sie fing an, ihm zu dienen. Der alte Mann sah ihr mit Freude zu, wie sie umherging, Wasser und Holz herbeibrachte, die aufdringlichen Fliegen verscheuchte und sich für eine Weile auf die Erde setzte, um ihm die Haare zu kämmen oder die Nägel zu schneiden.

Als zwei Jahre ins Land gegangen waren, bemerkte der Einsiedler einen traurigen Zug im Gesicht der jungen Frau und begriff, daß es Zeit war, ihr einen Ehemann zu suchen. Doch da ihre Herkunft übernatürlich und sie vom Himmel geschickt war, mußte es ein besonderer Ehemann sein. Der Einsiedler dachte nach und sagte zu ihr:

»Es ist die Zeit gekommen, dich zu verheiraten.«

Darüber war sie so froh, daß ihre Augen strahlten.

»Wen soll ich dir zum Mann geben? Möchtest du die Sonne? Soll ich dich mit der Sonne verheiraten?«

Das junge Mädchen schirmte seine Augen ab und sah hinauf zur Sonne, dann sagte es mit einer Grimasse:

»Ach, die Sonne ist weit weg, sie ist feurig und würde jede Nacht verschwinden. Nein, ich möchte einen Mann, der stärker ist als die Sonne!«

»Stärker als die Sonne?« sagte der Einsiedler und dachte angestrengt nach. »Nun gut, möchtest du, daß ich dich mit der Wolke verheirate? Denn die Wolke stellt die Sonne in den Schatten.«

»Die Wolke«, sagte das junge Mädchen schmollend, »ist grau, kalt und feucht. Manchmal reißt der Blitz sie auseinander, dann grollt sie, und ich bekomme Angst. Nein, ich möchte einen Mann, der stärker ist als die Wolke.«

»Der einzige, den ich dann noch wüßte, ist der Wind«, sagte der alte Mann, »denn der Wind treibt die Wolken auseinander und jagt sie in die Ferne. Möchtest du, daß ich dich mit dem Wind verheirate?«

»Nein«, sagte das junge Mädchen, »der Wind gefällt mir nicht. Er ist rücksichtslos und aufdringlich. Manchmal wird er von unglaublichen Wutanfällen geschüttelt. Er ist unbeständig und trügerisch. Ich möchte einen Mann, der stärker ist als der Wind.«

»Der Berg«, sagte der Einsiedler. »Ja, der Berg ist stärker als der Wind, weil er ihn aufhält. Ich werde dich mit dem Berg verheiraten.«

Das junge Mädchen machte eine Geste des Abscheus und sagte zu seinem Vater:

»Der Berg ist schwerfällig und unbeweglich. Er ist trübsinnig. Ich finde ihn sogar ziemlich dumm. Ich möchte einen Mann, der mich versteht, der lachen und mit mir reisen kann. Ich möchte einen Mann, der stärker ist als der Berg.«

Dieses Mal wußte der Einsiedler keine Antwort mehr, solange er auch nachdachte. So gedemütigt machte er sich auf den Weg zu einem anderen Einsiedler, der in einiger Entfernung von ihm in derselben Wüste lebte. Er legte ihm sein Problem dar:

»Ich weiß nur noch eins, was stärker ist als der Berg«, sagte der andere Einsiedler, nachdem er sehr lange nachgedacht hatte.

»Und was ist das? Bitte, sag mir die Antwort.«

»Die Maus«, antwortete ihm der andere Einsiedler, »denn sie kann Gänge in den Berg graben und von ihm leben, ohne daß der Berg sie daran hindern könnte.«

Der Einsiedler kehrte nach Hause zurück. Es war Nacht. Das junge Mädchen schlief mit einem leichten Lächeln, liebkost von den Strahlen des Mondes, die es noch schöner aussehen ließen. Der Einsiedler betrachtete es eine Weile, dann versetzte er sich in Trance, sammelte die Kräfte seines Geistes und sprach die notwendigen Formeln.

Im Schlaf wurde aus dem jungen Mädchen wieder eine kleine, graue Maus, die sofort über den Sand und die Steine lief. Am folgenden Tag fand sie ein Männchen. Sie lebten ihr Mauseleben ganz in der Nähe des Einsiedlers, der so miterleben konnte, wie sie zahlreiche Junge bekamen, die von den Geiern gejagt wurden.

2

Die Welt ist nicht, was sie ist

Die Stille der Nacht

Irgendwo in Arabien gingen ein Meister und sein Schüler mitten in der Nacht langsam über eine Terrasse.

Plötzlich sagte der Schüler mit gedämpfter Stimme: »Welch eine Stille …«

»Sag nicht: ›Welch eine Stille‹«, riet ihm der Meister. »Sag: ›Ich höre nichts‹.«

Die Form des Schnees

Srulek, der polnische Nasreddin oder Goha, begab sich eines Tages zu einem Blinden und setzte sich neben ihn.*

Der Blinde sagte zu ihm:

»Srulek, sag mir, wie der Schnee ist.«

»Er ist weiß«, antwortete Srulek.

»Aha«, sagte der Blinde.

Nach einem Moment fragte er weiter:

»Und wie ist weiß?«

»Weiß«, sagte Srulek und suchte nach Worten, »weiß ist wie Milch.«

»Aha«, sagte der Blinde.

Und einen Moment später fragte er:

* Diese Geschichte aus Polen kann man schon in alten indischen Geschichtensammlungen finden.

»Und wie ist Milch?«

»Milch«, sagte Srulek, »also, Milch ist wie die Vögel auf dem Fluß, weißt du, die Schwäne ...«

»Aha«, sagte der Blinde.

Und einen Moment später fragte er Srulek:

»Sag mal, Srulek, wie ist ein Schwan?«

»Tja, das ist ein stattlicher Vogel mit großen Flügeln, einem langen, gebogenen Hals und so einem Schnabel ...«

Und Srulek beugte seinen Arm und bog das Handgelenk so nach unten, daß es aussah wie ein Schwan. Der Blinde streckte die Hand aus, strich langsam und aufmerksam über Sruleks Arm und Hand und sagte dann lächelnd:

»Ah, jetzt weiß ich, wie Schnee ist ...«

Ein Drachen nach der Natur

Als der Vorsteher des Tempels von Myoshin-ji in Japan einen Drachen auf die Zentraldecke des Tempels malen lassen wollte, empfahl man ihm, sich an den Maler Tanyu zu wenden, der den Kaiser selbst in der Malerei unterwies. Es wurde gesagt, daß die von Tanyu gemalten Drachen außerordentlich echt aussähen. Es hieß sogar, daß eines Tages eine Decke eingestürzt sei, da der Maler dem Schwanz des Fabelwesens einen perfekten Schwung verliehen hätte.

Der Vorsteher des Tempels begab sich zum Haus des Malers, betrachtete seine Arbeiten und sagte zu ihm:

»So weit, so gut, aber ich möchte, daß der Drachen für den Tempel von Myoshin-ji nach der Natur gemalt wird.«

»Das verblüfft mich«, antwortete der Maler, »und

ich muß zugeben, daß ich noch nie einen lebendigen Drachen gesehen habe.«

»Tatsächlich?«

»Tatsächlich. Daher sehe ich mich gezwungen, deinen Auftrag abzulehnen.«

»Das verstehe ich. Es wäre sehr unvernünftig, von jemandem das Bild eines Drachens zu verlangen, der noch nie einen gesehen hat. Doch warum versuchst du nicht, einen zu Gesicht zu bekommen?«

»Wo könnte ich einen Drachen sehen?« rief der Maler aus. »Wo leben sie denn?«

»Bei uns zum Beispiel, dort gibt es viele. Möchtest du uns besuchen, um sie zu sehen?«

»Ich komme sofort mit«, sagte der Maler.

Die beiden Männer machten sich auf den Weg. Im Tempel angekommen bat der Maler, die Drachen gezeigt zu bekommen. Der Vorsteher wandte seinen Kopf in alle Richtungen und sagte zum Maler, der sich mit ihm in einem Raum aufhielt:

»Aber hier sind doch schon viele. Siehst du sie nicht?«

»Nein«, antwortete der Maler. »Ich sehe sie nicht.«

»Das ist aber schade. Dann wirst du wohl etwas Geduld haben müssen.«

Der Maler verbrachte zwei Jahre im Tempel und übte sich unablässig in der Kunst des Zen. Eines Morgens stürzte er zitternd vor Aufregung zum Vorsteher und sagte:

»Ich habe einen lebendigen Drachen gesehen! So ist es! Ich habe ihn gesehen!«

»Bist du sicher?«

»Ich bin sicher! Ich habe ihn so gesehen, wie ich jetzt dich sehe!«

»Das ist sehr gut. Ich wußte, daß du ihn eines Tages sehen würdest. Und sag: Wie fandest du seinen Schrei?«

Noch mal Drachen

Der Maler hatte natürlich nicht den Schrei des Drachen gehört. Er brauchte ein weiteres Jahr Übung, um dies zu erreichen. Endlich konnte er seinen Drachen sehen und hören. Er sah sogar noch weitere und konnte sie ab und zu auch hören. Er malte also auf die Zentraldecke des Tempels einen Drachen, der das Abbild des Lebens selbst war.

Nicht alle Drachengeschichten haben so viel Realitätseinfluß. Zhuangzi, ein chinesischer Dichter, erzählt, daß sich ein gewisser Zhu Pingman zu einem berühmten Meister begab, um zu lernen, wie man Drachen tötet. Er arbeitete drei Jahre lang hart und opferte sein gesamtes Vermögen, um die Kunst des Drachentötens zu erlernen.

Unglücklicherweise traf er nach seiner Ausbildung nie wieder einen Drachen.

Das Geheimnis des Bildhauers

Eine zeitgenössische, wahrscheinlich aus Frankreich stammende Geschichte* zeigt uns einen Bildhauer, der sich einen großen Steinblock liefern läßt und sich an die Arbeit macht.

Einige Monate später hat er ein Pferd aus Stein gemeißelt.

Da fragt ihn ein Kind, das ihm bei der Arbeit zugesehen hat:

»Woher wußtest du, daß ein Pferd im Stein steckte?«

* Sie wurde mir vom Maler André François erzählt.

Der Landschaftsmaler

Einige chinesische Geschichten haben einen Maler als Protagonisten. Marguerite Yourcenar hat sich vortrefflich von einer dieser Geschichten für die erste ihrer *Nouvelles orientales* inspirieren lassen. Übrigens ist bekannt, daß die anspruchsvolle Malerei einen außerordentlichen Ruf genießt und siegreich mit der Wirklichkeit in Konkurrenz tritt. Ein Kaiser ließ auf einem Bild in seinem Schlafzimmer einen Wasserfall entfernen, da das Geräusch des Wassers ihn daran hinderte, einzuschlafen.

Ein hochtalentierter Maler wurde vom Kaiser in eine ferne, unbekannte, gerade erst eroberte Provinz geschickt. Er sollte von ihr ein paar Bilder anfertigen und diese mitbringen. Der Kaiser wollte so die Provinz kennenlernen.

Der Maler war lange Zeit unterwegs und besuchte alle Ecken und Enden der neuen Territorien, doch kam er ohne ein einziges Bild, ja ohne eine Skizze in die Hauptstadt zurück.

Der Kaiser war sehr erstaunt, ja sogar verärgert darüber.

Da verlangte der Maler, daß man ihm im Palast eine große Wandfläche zur Verfügung stelle. Auf diese Wand malte er das ganze Land, das er bereist hatte. Als das Werk beendet war, kam der Kaiser das große Bild besichtigen. Mit einem Zeigestock in der Hand erklärte ihm der Maler alle Einzelheiten der Landschaft, die Berge, die Flüsse und die Wälder.

Als die Erläuterung beendet war, näherte sich der Maler einem schmalen Pfad, der im Vordergrund des Bildes seinen Anfang nahm und im Raum zu verschwinden schien. Die Gehilfen hatten den Eindruck, daß der Körper des Malers sich in den Pfad integrierte, daß er sich langsam in der Landschaft vorwärtsbewegte und immer kleiner wurde. Bald entzog ihn eine Biegung des Pfades ihren Blicken. Die ganze Landschaft verschwand in demselben Augenblick, und zurück blieb nur eine weiße Wand.

Der Kaiser und sein Gefolge aber gingen schweigend wieder in ihre Gemächer.

Der gerettete Maler

Eine andere chinesische Geschichte:

Da ein großer Maler sich der Anmaßung gegenüber dem Kaiser schuldig gemacht hatte, wurde er dazu verurteilt, an seinen beiden großen Zehen aufgehängt zu werden. Als letzte Gunst bat der Maler darum, an nur einem Zeh aufgehängt zu werden, was ihm gewährt wurde.

Der Kaiser und sein Gefolge zogen sich zurück, da sie sicher waren, daß der Tod lang auf sich warten lassen und daher qualvoll sein würde.

Als der Maler allein war, gelang es ihm, obwohl er mit gefesselten Händen kopfüber hing, den Boden mit seinem anderen großen Zeh zu erreichen. Mit der Spitze seines Zehennagels zeichnete er in den Sand unter sich ein paar Mäuse. Diese waren so wirklichkeitsgetreu, daß sie das Seil hinaufkletterten und solange daran nagten, bis es zerriß.

Der Maler wußte, daß der Kaiser so bald nicht zurückkäme. Also entfernte er sich ohne große Hast und nahm die Mäuse mit sich.

Der Mann im Fresko

Der auf die magische Wirkung der Wirklichkeitstreue zurückzuführende Übergang in eine andere Welt findet sich auch in dieser dritten chinesischen Geschichte.

Zwei Männer besichtigten unter der Führung eines alten Mönchs ein Kloster. Die Wände des Klosters waren bemalt mit hervorragenden Fresken, und auf einem der Fresken sah man in der Mitte einer Gruppe feenhafter Gestalten eine junge, wunderschöne Frau. An ihren langen, aufgelösten Haaren erkannte man, daß sie noch ein junges Mädchen war, denn in dieser Zeit mußten die Frauen nach ihrer Heirat die Haare zu einem Knoten zusammenbinden.

Einer der beiden Männer blieb vor diesem Bild stehen und betrachtete es. Ihm war, als verlöre sein Körper alle Schwere und er erhebe sich, wie von einer Wolke getragen, in die Lüfte. Dann fand er sich auf der anderen Seite der Wand wieder, mitten in einer unbekannten Landschaft.

Dort erblickte er die junge Frau, die lachend davonlief. Er folgte ihr und gelangte zu einem neuartig gebauten Haus, und die junge Frau lud ihn mit Blicken und Gesten dazu ein, in dieses Haus einzutreten. Dort wurden sie auf der Stelle Mann und Frau und erlebten eine Zeit voller Glück.

Nach dieser Zeitspanne (deren Länge unbekannt ist) erschienen die Gefährtinnen der jungen Frau und machten ihre Freundin darauf aufmerksam, daß sie nun die Frisur einer verheirateten Frau, den Haarknoten, tragen müsse. Dies tat sie, mit Hilfe von Haarnadeln und Bändern.

Da hörte man außerhalb des Hauses schwere Schritte, eine laut rufende Stimme und Kettengerassel. Die junge Braut wirkte außerordentlich erschrocken und sagte zu dem jungen Mann, er solle sich unverzüglich unter dem Bett verstecken. Es erschien ein schwarzes, bedrohliches Wesen in einer Rüstung aus Gold, das Ketten und Peitschen trug. Die jungen Frauen umringten das Wesen, und dieses fragte sie, ob sich etwa ein Sterblicher bei ihnen eingeschlichen hätte.

»Seid ihr vollzählig?« fragte es.

»Ja, wir sind vollzählig.«

Der frischgebackene Ehemann unter dem Bett wagte kaum zu atmen. Er hörte, wie sich die Schritte des Besuchers entfernten, und auch, wie Leute von allen Seiten herbeiliefen und hin und her gingen, als suchten sie etwas (oder jemanden). Er lag ganz gequetscht in seinem engen Versteck, und ihm taten die Ohren und Augen weh.

Doch hatte der Freund des Bräutigams gemerkt, daß dieser aus den Wandelgängen des Klosters verschwunden war. Er sprach darüber mit dem alten Mönch, der zu ihm sagte:

»Ach, der ist gegangen, um das Gesetz zu verkünden.«

»Und wo?«

»Sicher nicht sehr weit von hier.«

Dann wandte sich der alte Mönch zum Fresko und sagte:

»Was hält dich so lange zurück?«

Da sah man im Fresko von der anderen Seite der Wand her einen Schatten auftauchen. Man sah die Silhouette des Verschwundenen, der durch die Wand zu horchen schien, als der Mönch sagte:

»Dein Freund wartet auf dich und wird langsam ungeduldig.«

Da kam der Mann mit starrem Blick und steifen, zitternden Beinen aus der Wand. Er sagte, daß er von seinem Versteck aus einen ungeheuren Krach gehört hätte, ähnlich wie ein Donnerschlag, und daß er unter dem Bett hervorgekrochen sei, um die Ursache dieses Krachs herauszufinden.

Die drei Männer bemerkten, als sie zum Fresko blickten, daß die junge, schöne Frau, die noch immer an ihrem Platz war, ihre Frisur geändert hatte und nun den Knoten der verheirateten Frau trug.

Der Mann, der aus dem Fresko gekommen war und dessen Leib von Angst geschüttelt schien, wollte wissen, warum sich die Frisur geändert hatte. Doch der alte Mönch antwortete ihm mit leichtem Schulterzucken:

»Die Vision entsteht im Betrachter. Was also könnte ich dir erklären?«

Dann stiegen die Besucher die lange Treppe des Tempels hinab und gingen schweigend fort.

Die besten Maler

Wir bleiben bei den Malern und lassen uns von den Persern erzählen, daß eines Tages ein Malwettbewerb zwischen zwei Künstlergruppen organisiert wurde. Die eine Gruppe bestand aus Chinesen, die andere aus Byzantinern. Sie lebten beide am Hofe eines Fürsten und rivalisierten ständig miteinander.

Der Fürst beschloß daher, einen Wettstreit zwischen ihnen zu veranstalten.

Die beiden Malergruppen wurden in einen Saal geführt, der durch einen Vorhang in zwei gleich große Räume eingeteilt worden war. Dort sollten sie die beiden gegenüberliegenden Wände verzieren.

Die Chinesen verlangten eine Unmenge großer und kleiner Pinsel und Farben aller Art.

Die Byzantiner verlangten zur allgemeinen Verwunderung gar nichts.

Am Tag der Präsentation kam der König mit seinem gesamten Hofstaat. Man enthüllte zunächst die chinesischen Fresken, und jedermann war hingerissen. Man sah ein unübertreffliches Werk.

Dann wurde die Wand der Byzantiner enthüllt, und man sah auf dieser Wand, allerdings seitenverkehrt, dieselben Figuren und dieselben Farben wie auf der Wand der Chinesen. Die Byzantiner hatten sich einfach darauf beschränkt, unablässig ihre Wand zu polieren, bis sie wie ein blanker Spiegel aussah.

Die Malerei der Chinesen spiegelte sich auf dieser Wand wider, ohne durch die Unebenheiten der Mauer und die unvermeidlichen Materialschwächen beeinträchtigt zu werden. Die Bilder erlangten dadurch eine unerreichbare Reinheit, Anmut und Leichtigkeit.

Der Bettler und der König des Goldes

Die andere Welt zieht manchmal einfach nur vorbei und dies sogar ziemlich rasch, wie eine indische Volksgeschichte uns zeigt.

Ein armer Mann, der im Elend lebte und bettelnd von Tür zu Tür zog, erblickte eines Tages einen goldenen Karren, der in das Dorf fuhr. Und auf diesem Karren saß ein prächtiger, lächelnder König.

Der Bettler sagte sofort bei sich: Endlich ist mein Elend zu Ende, endlich ist mein Leben in Armut vorbei. Dieser König mit goldenem Gesicht ist nur wegen mir gekommen, das spüre ich. Er wird mich mit Krümeln seines Reichtums bedecken, und ich werde von nun an ohne Sorgen leben.

Tatsächlich ließ der König, als wäre er eigens zum Bettler gekommen, den Karren bei ihm anhalten. Der Bettler, der sich auf die Erde geworfen hatte, erhob sich wieder und betrachtete den König, überzeugt, daß die Stunde des Glücks endlich für ihn geschlagen hatte. Da streckte der König unvermittelt eine Hand aus und fragte den Bettler:

»Was hast du für mich?«

Der Bettler war verblüfft und enttäuscht und wußte nicht, was er sagen sollte. Ist dies ein Spiel, fragte er sich, das der König mit mir spielen will? Macht er sich über mich lustig? Ist dies eine neue Strafe?

Dann, als er das anhaltende Lächeln des Königs, seinen leuchtenden Blick und die ausgestreckte Hand sah, griff er in seinen Bettelsack, der einige Handvoll Reis enthielt. Er nahm ein Reiskorn heraus und hielt es dem König entgegen. Dieser bedankte sich und verschwand sofort, gezogen von den erstaunlich schnellen Pferden.

Am Ende des Tages fand der Bettler, als er seinen Sack leerte, ein Körnchen Gold darin.

Er fing an zu klagen und sagte:

»Warum habe ich ihm nicht den ganzen Reis gegeben?«

Wie tief?

Ein Koan – eine kurze Geschichte zum Nachdenken – der Tchao-Tchan zugeschrieben wird, erzählt folgendes:

Ein Schüler fragt seinen Meister, wie tief der Fluß Zen sei.

»Drei Zoll«, antwortet der Meister.

Da fragt der Schüler: »Wer kann denn in diesem Fluß schwimmen?«

»Die Berge.«

Das bißchen Vertrauen

Diese andere Welt, die manchmal wie aus Versehen in unsere gerät, ist nicht immer unwiderlegbar überzeugend, wie folgende jüdische Geschichte aus unserer Zeit beweist:

Ein Jude ist zu Geld gekommen.

Er beschließt, zum ersten Mal in seinem Leben Urlaub im Schnee zu machen und sogar Ski zu fahren.

Ungeübt und ungeschickt, wie er ist, kommt er von der Piste ab und fällt in eine Schlucht. Durch ein Wunder kann er sich im letzten Moment an einem dürren Busch festhalten, der zwischen den Felsen wächst. Unter ihm warten Abgrund und Tod. Seine Hände klammern sich um den Busch, doch lange können sie ihn nicht mehr halten. Außerdem knackt der Busch. Seine Wurzeln lösen sich.

Der Jude erhebt in höchster Angst seine Augen zum Himmel und ruft:

»Ist da jemand? Ist da jemand?«

»Ich bin hier, mein Sohn«, ertönt eine salbungsvolle Stimme. »Fürchte dich nicht und laß den Busch los. Meine Engel werden dich tragen und sanft auf dem Boden aufsetzen.«

Der Jude denkt einen Moment nach und ruft dann:

»Ist da noch jemand?«

Der Himmel des Sperlings

Dies ist eine türkische Geschichte.

Da gab es einen winzig kleinen Sperling, der sich auf den Boden warf und die Krallen in die Höhe streckte, als es bei einem Unwetter donnerte.

»Warum machst du das?« fragte ihn ein Fuchs.

»Um die Erde zu schützen, die so viele Lebewesen trägt«, antwortete der Sperling. »Wenn unglücklicherweise der Himmel plötzlich herunterfällt, was meinst du wohl, was geschieht? Also hebe ich meine Beine, um ihn abzustützen.«

»Deine mageren Beinchen sollen den riesigen Himmel stützen?« fragte der Fuchs.

»Jeder auf dieser Welt hat seinen eigenen Himmel«, sagte der Sperling. »Verschwinde, du Schwachkopf, das verstehst du eh nicht.«

Die Harfe ohne Saiten

In der oft subtilen und hermetischen Erzählkunst des Sufismus gibt es eine Geschichte von einem Einsiedler mit ungeheurem Ruf und unvergleichlichen Fähigkeiten, der zurückgezogen in der Wüste lebte.

Eines Tages, als er wie immer unbeweglich an einem Platz stand, sah er eine Staubwolke am Horizont auftauchen. Diese Staubwolke wuchs und wuchs, und der Einsiedler erkannte rasch, daß ein Mann auf ihn zurannte und dabei Staub aufwirbelte.

Der noch junge Mann erreichte den Einsiedler und warf sich vor ihn auf den Boden. Er schnappte nach Luft. Der Einsiedler ließ ihn erst mal zu Atem kommen und fragte ihn dann:

»Was willst du?«

»Meister«, antwortete ihm der junge Mann, »ich bin gekommen, um dich die Harfe ohne Saiten spielen zu hören.«

»Wie du wünschst«, antwortete der Einsiedler.

Der heilige Mann wechselte nicht die Stellung. Er nahm kein Instrument zur Hand, tat einfach nichts. Einsiedler und eifriger Schüler standen unbeweglich

»eine gewisse Zeit« einander gegenüber, und diese »gewisse Zeit« dauerte je nach Laune und Herkunft des Erzählers einige Stunden, einige Tage oder sogar einige Jahre. Das ist übrigens ohne Bedeutung.

Nach dieser »gewissen Zeit« ließ der junge Mann, vielleicht durch eine Geste, durch ein Wanken oder ein Hüsteln, einen Anflug von Müdigkeit erkennen.

»Was hast du?« fragte ihn der Einsiedler.

Der junge Mann zögerte mit seiner Antwort. Er stammelte. Man verstand nicht so recht, was er sagen wollte. Um ihm zu helfen, beugte sich der Einsiedler ein Stück zu ihm und fragte:

»Du hast nichts gehört?«

»Nein«, antwortete der junge Mann in schuldbewußtem Tonfall.

»Na«, fragte der Eremit, »warum hast du mich dann nicht gebeten, lauter zu spielen?«

Die beiden Schneider

Zwei jüdische Schneiderlein in einem armen Londoner Viertel arbeiteten seit dem Ende des Zweiten Weltkriegs miteinander. Sie saßen sich gegenüber, schnitten und nähten unaufhörlich und plauderten zuweilen über dies und das.

Der eine fragte den anderen:

»Wirst du dir dieses Jahr einen Urlaub gönnen?«

»Nein«, antwortete der zweite, nachdem er einen Moment lang nachgedacht hatte.

Sie schwiegen wieder. Später sagte der zweite plötzlich:

»Ich habe 1964 Urlaub gemacht.«

»1964 hast du Urlaub gemacht?« fragte der erste sehr erstaunt.

»Ja.«

Der erste Schneider, der sich nicht daran erinnern konnte, daß sein Compagnon je verreist war, fragte also:

»Und wo hast du Urlaub gemacht?«

»In Indien.«

»In Indien?«

»Ja. Ich bin auf Tigerjagd gegangen.«

»Du hast einen Tiger gejagt? Du?«

Die beiden Männer hielten bei ihrer Arbeit inne und blickten sich an. Da ergriff der zweite Schneider, der vollkommen gelassen wirkte, das Wort und erzählte folgendes:

»Ich brach in der Morgendämmerung auf einem prächtigen Elefanten auf, den ein mächtiger Fürst mir geliehen hatte. Ich hatte vier Gewehre mit Silberkolben und eine Eskorte von Treibern bei mir und wagte mich in ein abgelegenes Gebirge. Plötzlich richtete sich ein riesiger Tiger vor meinem Reittier auf und brüllte, es war der größte Tiger, den man je in dieser Gegend von Bengalen gesehen hatte. Mein Elefant erschrak, taumelte rückwärts, ich fiel ins dornige Gebüsch, und der Tiger stürzte sich auf mich und verschlang mich.«

»Er verschlang dich?« fragte der erste Schneider, der mit großem Erstaunen zugehört hatte.

»Er verschlang mich vollständig, bis auf das letzte Stückchen Fleisch.«

»Aber was erzählst du denn da! Dich hat kein Tiger gefressen! Du lebst doch noch!«

Da nahm der zweite Schneider Nadel und Faden wieder auf und sagte zum ersten:

»Nennst du das leben?«

Ein guter Schutz

Nasreddin Hodja umgab eines Tages sein Haus mit einem Ring von Brotkrümeln. Ein vorbeigehender Mann blieb stehen und fragte ihn nach dem Grund für dieses seltsame Verfahren.

»Das ist zum Schutz vor Tigern«, antwortete Nasreddin.

»Aber es gibt hier keine Tiger!«

»So ist es«, antwortete Nasreddin. »Du siehst, es wirkt.«

Der Wunschbaum

Und noch eine Tigergeschichte, diesmal aus Indien.

Ein todmüder Reisender läßt sich im Schatten eines Baumes nieder, ohne zu ahnen, daß er auf einen Zauberbaum gestoßen ist, einen Baum, der Wünsche wahr macht.

Wie er so auf der harten Erde sitzt, denkt er, daß es doch sehr angenehm wäre, jetzt in einem weichen Bett zu liegen. Sogleich erscheint dieses Bett neben ihm.

Verblüfft legt er sich hinein und sagt zu sich, der Gipfel des Glücks wäre erreicht, wenn ihm jetzt ein junges Mädchen die müden Beine massieren würde. Das junge Mädchen erscheint und massiert ihn auf angenehmste Weise.

»Ich habe Hunger«, sagt da der Mann, »und wenn ich jetzt essen könnte, wäre dies sicher ein Hochgenuß.« Da erscheint ein Tisch, der reich mit köstlichen Speisen gedeckt ist. Der Mann tut sich daran gütlich. Er ißt und trinkt. Dann schwirrt ihm ein wenig der Kopf. Seine Lider werden unter dem Einfluß des Weins und der Müdigkeit schwerer und schwerer. Er streckt sich in seinem Bett aus und denkt noch einmal über diese wundersame Begebenheit an diesem besonderen Tag nach.

»Ich werde eine oder zwei Stunden schlafen«, sagt er zu sich. »Sofern nicht ein Tiger auftaucht, während ich schlafe.«

Der Tiger erscheint auf der Stelle und verschlingt ihn.

Utankas Wolken

Die folgende lange Geschichte kommt aus dem Mahâbhârata. Sie findet sich im letzten Gesang des großen indischen Gedichts.

Am Ende der großen Schlacht von Kurukshetra, in der sich die Pandawas und ihre Vettern, die Kaurawas, achtzehn Tage bekämpft hatten und die die Pandawas wegen der listigen Ratschläge von Krischna gewannen, begab sich eben dieser Krischna auf den Weg nach Hause. Er ging mit seinem Gefolge zu seinem Wohnsitz Dwarka am Ufer des Meeres.

Als er die Wüste durchquerte, erinnerte er sich, daß dort ein berühmter Einsiedler mit Namen Utanka lebte, der durch besonders schwierige Askesepraktiken mit der Zeit eine gewaltige Geistesmacht gewonnen hatte.

Krischna beschloß, einen Umweg zu machen, um dem Einsiedler seine Ehrerbietung zu erweisen. Dieser erinnerte sich, daß Krischna einige Zeit zuvor als Botschafter bei den Kaurawas vorstellig geworden war, um den Frieden zu bewahren, und fragte ihn:

»Und? Hattest du Erfolg mit deiner Mission? Leben die Pandawas und ihre Vettern dank deiner Bemühungen in Frieden miteinander?«

»Bist du nicht auf dem laufenden?« fragte der erstaunt wirkende Krischna.

»Inwiefern auf dem laufenden?«

»Aber wir haben Krieg gehabt!«

»Krieg?«

»Einen schrecklichen, entsetzlichen Krieg. Man sagt, es habe mehr als hundertsechzig Millionen Tote gegeben. Verheerende Waffen sind eingesetzt worden. Hunderte von Königen sind gefallen. Das ganze Universum ist von Todesgefahr gezeichnet gewesen.«

»Hundertsechzig Millionen Tote«, rief Utanka aus. »Und du hast dieses Gemetzel nicht verhindert!«

»Weder Klugheit noch Mühe, noch die Macht des Geistes können das Schicksal abwenden. Das solltest du wissen, großer weiser Mann.«

Utankas Gesicht war plötzlich zornesrot. Er rief:

»Wie? Du hast nichts getan, um all diese Toten zu vermeiden?«

»Ich habe getan, was in meiner Macht lag«, sagte Krischna.

»Ach du! Du, der diesen Krieg verhindern konnte, hast all das Blut fließen lassen. Mich hat die Wut gepackt, ich werde dich verfluchen! Denn du hättest sie retten können, doch in deinem Herzen, das weiß ich, hast du die Kaurawas verdammt.«

»Ich wollte den Sieg der Pandawas«, sagte Krischna, »weil ich zu denen gehöre, die das Leben gegen die Zerstörung verteidigen. Für diesen Sieg habe ich alles getan. Ich bin vor nichts zurückgeschreckt, weil mein Einsatz das war, was ich vor allem verteidige. Aber ich habe nie den Krieg gewollt.«

»Du lügst!« schrie Utanka außer sich. »Du lügst schon wieder! Und ich werde dich jetzt verfluchen!«

Der Einsiedler hob seinen Arm und öffnete den

Mund, um den Fluch zu sprechen. Und die Kraft seines Fluchs ließ alle Wesen erzittern.

Krischna trat rasch einige Schritte zurück und sagte zu Utanka:

»Halt! Hör mir zu! Du wirst den größten Fehler deines Lebens begehen!«

Der Einsiedler hielt einen Moment seinen Zorn zurück.

»Ich weiß, welch unbezwingbare Geistesmacht du seit deiner Jugend in dieser Einsamkeit erworben hast«, sagte Krischna. »Und ich möchte nicht, daß du sie durch einen verfehlten Fluch verlierst. Deshalb werde ich jetzt etwas tun, was ich nur sehr selten tue. Ich werde dir zeigen, wer ich bin. Sieh mich an.«

Und dann zeigte Krischna, der sich nicht bewegte, die Augen halb geschlossen und den Mund halb geöffnet hatte, Utanka seine alles umfassende Gestalt. Utanka sah alle Kreaturen in einer, sah Licht und Stille, Leben und Tod, sah die unbegreiflichen Windungen der Zeit, sah die ganze Welt an einem Ort.

»Ich bin geblendet«, sagte der Einsiedler und fiel auf die Knie. »Ich bin geblendet und besänftigt. Ich danke dir.«

»Ich möchte dir eine Gunst gewähren«, sagte da Krischna, der seine angenehme, liebenswürdige Gestalt wieder angenommen hatte. »Was wünschst du dir?«

»Ich wünsche mir nichts. Dich zu sehen, genügt mir vollkommen.«

»Ich sagte«, beharrte Krischna nicht ohne Nachdruck, »daß ich dir eine Gunst gewähren werde. Sag mir dein Begehr.«

Der Einsiedler, der eine Falle witterte, dachte einen Moment nach und sagte dann:

»Nun gut, ich lebe, wie du siehst, in einer öden Gegend, und manchmal habe ich kein Wasser. Ich möchte immer Wasser finden, wenn ich Durst habe.«

»Es sei dir gewährt«, sagte Krischna.

Und ging seines Weges.

Einige Jahre später, als Utanka mit vor Durst rauher Kehle durch die Wüste ging, erinnerte er sich an Krischnas Versprechen und rief ihn herbei.

Sofort ertönte ein schreckliches Geräusch, und vor sich sah er eine furchterregende Gestalt auftauchen, eine Art Jäger, der offensichtlich der untersten Kaste angehörte. Er war vollkommen nackt, über und über behaart, bis an die Zähne bewaffnet, vor Dreck starrend, mit Schweiß und Geifer bedeckt, und seine Augen funkelten rötlich. Umgeben war er von einer Meute kläffender Hunde.

Dieser Mann hielt in einer Hand sein riesiges Glied, aus dem im Überfluß Urin floß.

Er betrachtete Utanka und sagte lachend zu ihm:

»Du hast Durst? Da, trink.«

»Was?« rief der Einsiedler und erschauerte am ganzen Körper.

»Ich habe Mitleid mit dir«, sagte der wilde Mann lachend. »Nimm dieses Wasser.«

Utanka fühlte, wie er von ungeahnter Wut erfaßt wurde, in die sich große Scham mischte.

»Du bietest mir deinen Urin an?« fragte er mit zitternder Stimme.

»Ja, weil du Durst hast.«

Da gab Utanka seinem Jähzorn nach. Gepackt von einer alles umfassenden Raserei stieß er unerhörte Schimpfworte aus und stampfte mit den Füßen auf die Erde. Aber der Jäger brach nur in Gelächter aus und verschwand mit seinen kläffenden Hunden.

Unfähig, sich zu beruhigen, nahm der Einsiedler mit glühender Kehle seinen Weg wieder auf. Nach einer kurzen Strecke, hinter der Windung einer Düne, sah er auf einmal Krischna, der lächelnd auf ihn zukam, und er überschüttete ihn mit bitteren Vorwürfen.

»Wie konntest du dein Versprechen brechen? Wie konntest du dich so über mich lustig machen und mir den Urin eines gemeinen Jägers anbieten?«

»Ich war dieser Jäger«, antwortete Krischna ihm sanft, »aber du hast mich nicht erkannt. Und dieses Getränk, das ich dir anbot, war der Göttertrank der Unsterblichkeit. Aber du bist ein Sterblicher, Utanka. Und ein Sterblicher kann nicht unsterblich werden. Daher konntest du mich nicht begreifen. Du hast mich zurückgewiesen und mit mir den Göttertrank. Leb wohl, Utanka. Du wirst nie wieder Durst haben, weil ich es versprochen habe, aber du wirst dem Tod unterworfen bleiben.«

Und Krischna ging davon.

Utanka sollte ihn niemals wiedersehen. Er lebte noch lange Jahre und durchlief seltsame Abenteuer. Aber tief in seinem Herzen war er für immer untröstlich, denn er wußte, daß die Gelegenheit verstrichen war. Doch wohin er auch ging, er war ständig gefolgt von dicken, schwarzen Wolken, die ihm Regen brachten, sobald er es wünschte. Man nannte sie »Utankas Wolken«, und die Menschen schrien vor Freude auf, wenn sie am Wüstenhimmel erschienen.

Der Bauch des Kindes

Diese Welt ist mehrmals verschwunden und wieder erschienen. So sagen es die zyklischen Traditionen wie zum Beispiel die indische.

Das Mahâbhârata berichtet, daß vor langer, langer Zeit, am Ende einer langen weltgeschichtlichen Zeitspanne, die man in Indien Jugas nennt, alle Kreaturen wieder einmal zugrunde gegangen waren. Diese Welt, in der wir leben, die Erde, war nur noch ein grauer, dunstiger und kalter Morast. Einzig ein alter Mann war aus unbekannten Gründen verschont worden. Er hieß Markandeya. Er ging und ging lange Zeit erschöpft in dem dunklen Wasser und fand nirgendwo eine Zuflucht, eine Stimme oder die Spur eines Lebewesens. Er ging, ohne sich auszuruhen, mit verzweifelter Seele und vor Angst zugeschnürter Kehle.

Plötzlich blieb er, ohne zu wissen, warum, stehen, drehte sich um und sah einen Baum, der ganz in seiner Nähe aus dem Sumpf aufgetaucht war. Es war ein Feigenbaum, und am Fuß dieses Baumes saß ein sehr anziehendes, lächelndes Kind.

Markandeya betrachtete atemlos und unschlüssig dieses Kind, dessen Auftauchen er sich nicht erklären konnte. Da sagte das Kind, ohne sein Lächeln zu verlieren:

»Ich sehe, daß du Ruhe suchst. Geh in meinen Leib.«

Als der alte Mann diese Worte hörte, fühlte er plötzlich, wie Verachtung gegen ein langes Menschenleben in ihm aufstieg. Das Kind öffnete den Mund. Sofort erhob sich ein heftiger Wind, ein unwiderstehlicher Luftzug, und Markandeya fühlte, wie er zu dem geöffneten Mund gezogen, getragen wurde. Er trat wider Willen hinein und fiel in den Bauch des Kindes. Dort angelangt blickte er sich um und sah einen Bach, Bäume, Viehherden und Frauen, die Wasserkrüge trugen. Er erhob sich, ging ein Stück und sah eine Stadt, Straßen, Menschenmengen und Flüsse. Im Bauch des Kindes sah er zu seiner großen Verwunderung die ganze Erde, friedlich und schön, er sah das Meer und sah den grenzenlosen Himmel.

Er setzte sich in Bewegung und ging eine lange Zeit,

mehr als hundert Jahre, ohne je das Ende dieses Körpers erreicht zu haben. Dann erhob sich der mächtige Wind von neuem. Markandeya fühlte, wie er in die Höhe gezogen wurde, und er trat aus dem Mund des Kindes aus, das er dann unter dem Feigenbaum sah.

Das Kind blickte ihn lächelnd an und sagte:

»Ich hoffe, du bist jetzt ausgeruht.«

Buddhas Finger

Eine chinesische Geschichte erzählt, daß der Affe eines Tages über seine eigene Beweglichkeit aus dem Häuschen geriet.

»Ich springe in bewundernswerter Weise von Ast zu Ast, ich renne schnell wie der Wind, ich hüpfe in die Höhe und habe für kurze Zeit fast den Eindruck, daß ich fliege.«

Ein Mann, der gerade vorbeiging – es war Buddha in einer Verkleidung, aber der Affe konnte ihn nicht erkennen, weil er zu sehr mit sich selbst beschäftigt war –, hörte die Worte des Tieres und sagte zu ihm:

»Siehst du diesen großen Pfosten, der dort drüben in die Höhe ragt?«

Der Affe blickte in die von dem Mann angegebene Richtung und sah tatsächlich einen klar erkennbaren, hoch aufragenden Pfosten.

»Ich schlage ein Wettrennen vor«, sprach der Mann weiter. »Es gilt, so schnell wie möglich zu diesem Pfosten zu rennen und dann wieder zurückzukommen.«

»Darf ich auch die Bäume benutzen?« fragte der Affe.

»Natürlich. Du kannst zum Pfosten gelangen, wie du willst. Aber damit wir beide sicher sein können, daß die Spitze des Pfostens erreicht wurde, müssen wir unser Zeichen, unsere Signatur dort anbringen. Bist du einverstanden?«

»Wir laufen bis zum Pfosten«, sagte der Affe vorsichtig und listig, »wir klettern hinauf, wir bringen unser Zeichen dort an, und der erste, der wieder hier ist, hat gewonnen?«

»So ist es.«

Der Affe dachte einen Moment nach und betrachtete den Mann, der betagt und etwas dicklich war.

»Einverstanden«, sagte er schließlich.

Zwar witterte er eine Falle, doch wußte er nicht, worin sie bestehen sollte.

Das Startzeichen wurde gegeben. Der Affe schwang sich mit wunderbarer Schnelligkeit, so als würde er von der Luft getragen, von Baum zu Baum. Er erreichte den Pfosten, kletterte ohne das geringste Anzeichen von Mühe hinauf, brachte dort sehr behende sein Zeichen an, kletterte wieder hinunter und kam hüpfend zum Startpunkt zurück.

Dort traf er den Mann an, der sich nicht bewegt zu haben schien und ihn lächelnd erwartete.

»Ich habe gewonnen!« sagte der Affe.

»Nein«, sagte der Mann. »Du hast verloren.«

»Wie das? Ich habe den Pfosten in weniger als drei Atemzügen erreicht, ich bin hinaufgestiegen, habe mein Zeichen dort angebracht und bin wieder hierher zurückgekehrt. Und du hast dich in der ganzen Zeit nicht einmal bewegt!«

»Warum sollte ich mich auch bewegen?« fragte der Mann.

Der Affe wußte nichts darauf zu antworten. Er stand dort, trotz allem ein wenig außer Atem und ziemlich verwirrt.

»Sieh mal«, sagte da Buddha in seiner menschlichen Verkleidung und zeigte ihm einen seiner Finger.

Der Affe betrachtete diesen Finger und sah auf seiner Spitze ein deutliches Zeichen.

Da er nicht begriff, blickte der Affe dorthin, wo noch einen Augenblick zuvor der große Pfosten gestanden hatte.

Aber der Pfosten war verschwunden.

3

Wenn alles nur ein Traum ist,
wer träumt ihn dann?

Der Traum des Schmetterlings

Die Idee, daß jede Existenz fragwürdig ist, jede Wahrnehmung trügerisch sein kann, jedes Urteil umgekehrt werden kann, jede scheinbar objektive Bestätigung einen geheimen Anteil der Willkür in sich hat, diese Idee geistert durch die Welt, seit das Denken seine ersten Spuren hinterlassen hat.

Die folgende chinesische Geschichte ist sehr berühmt und zielt genau auf diese Unschlüssigkeit des Geistes ab. Tchuang-tseu hat sie uns überliefert.

Ein Mann träumt, daß er ein Schmetterling ist. Er fliegt leicht von Blume zu Blume, öffnet und schließt seine Flügel ohne die geringste Erinnerung an sein menschliches Dasein.

Als er erwacht, bemerkt er erstaunt, daß er ein Mensch ist. Aber ist er ein Mensch, der geträumt hat, ein Schmetterling zu sein? Oder ein Schmetterling, der träumt, ein Mensch zu sein?
Es heißt, daß er niemals diese Frage hat beantworten können.

Der geträumte Wein

Eine andere chinesische Geschichte stellt uns einen Mann vor, der schläft und in seinem Traum eine Flasche Reiswein findet. Überglücklich – da er in der Realität zu arm ist, um sich Alkohol leisten zu können –

sucht er einen Kocher, zündet ihn an und erhitzt den Wein, wie es sich gehört.

Plötzlich wacht er auf.

»Ich hätte ihn kalt trinken sollen«, sagt er.

Ch'hâs Traum

Eine ähnliche Struktur findet sich in vielen Geschichten, z. B. auch in dieser jüdischen.

Eines Nachts träumte Ch'hâ, daß ihn ein Unbekannter besuchte und ihm ohne jede Erklärung neun Geldstücke gab.

Aber Ch'hâ wies sie zurück und sagte:

»Warum neun? Gib mir noch eins mehr, dann ist es wenigstens eine runde Summe!«

Der Mann schüttelte den Kopf und lehnte dies ab. Er wollte ihm nur die neun Geldstücke geben. Ch'hâ bestand auf zehn, diskutierte, jammerte, flehte und mühte sich so ab, daß er schließlich aufwachte. Da sah er, daß es sich um einen Traum gehandelt hatte. Seine Hand war leer.

Zwei Sekunden später legte er sich wieder hin, schloß die Augen und murmelte beim Einschlafen:

»Also gut, einverstanden, dann gib mir eben neun Geldstücke.«

Der Schatz des Rabbiners

Noch eine berühmte jüdische Geschichte, die möglicherweise aus Polen stammt.

Ein alter Rabbiner mit dem Namen Eisik, Sohn des Jekel, lebte in Krakau und hatte eines Nachts einen Traum, in dem ihm klar und deutlich befohlen wurde, sich nach Prag zu begeben. Dort würde er unter der großen Brücke, die auf das Schloß des Königs zuläuft, einen Schatz entdecken.

Der Rabbiner widersetzte sich diesem Traum und versuchte, ihn zu vergessen. Aber der Traum verfolgte ihn hartnäckig, so daß sich der Rabbiner schließlich auf den Weg machte. In Prag wurde die große Brücke Tag und Nacht so gut von furchterregenden Wachtposten bewacht, daß der Rabbiner nicht wagte, den Schatz zu suchen. Aber da er an der Brücke herumlungerte, wurde schließlich ein Hauptmann auf ihn aufmerksam, der ihn streng fragte, was er da mache.

Ziemlich unbedarft erzählte der Rabbiner den Grund für seine Reise, das heißt den hartnäckigen Traum. Der Offizier legte den Kopf in den Nacken, brach in Gelächter aus und machte sich über den Rabbiner lustig.

»Ein Traum!« rief er aus. »Du hast die ganze Mühe wegen eines Traums auf dich genommen?«

»Ja«, sagte der Rabbiner. »Wegen eines Traums.«

»Und wenn ich dir sagte«, fuhr der Hauptmann immer noch lachend fort, »daß ich auch einen Traum hatte?«

»Was für einen Traum?«

»Eine Stimme befahl mir, nach Krakau zu gehen, dort würde ich einen riesigen Schatz im Haus eines Rabbiners finden.«

»Im Haus eines Rabbiners?«

»Ja, eines gewissen Eisik. In der Nähe des Ofens.«

»Eisik, Sohn von Jekel?«

»Kennst du ihn?« fragte der Hauptmann.

Aber der Rabbiner antwortete nicht. Er hatte sich schon davongemacht und reiste schnell nach Krakau zurück.

Ob er aber in der Nähe des Ofens einen Schatz fand oder umsonst suchte, bleibt dem Gutdünken des Erzählers überlassen. Das hängt von der Stimmung des Augenblicks, vom Funkeln in den Augen der Zuhörer und den unsichtbaren Schwingungen der Luft ab.

Das geträumte Geld

Nasreddin Hodja wählte auf seine Art zwischen Traum und Wirklichkeit. Eines Tages sagte sein Sohn zu ihm:

»Ich habe diese Nacht geträumt, daß du mir hundert Dinar gegeben hast.«

»Schön«, sagte sein Vater. »Weil du ein braver Junge bist, kannst du die hundert Dinar behalten und dir davon kaufen, was du willst.«

Die Prinzessin und der Sklave

Das Leben ein Traum: Eine schöne persische Geschichte inszeniert diese geheime Furcht unseres Geistes.

Während eines Spaziergangs erblickte eine Prinzessin von sehr hohem Rang einen außergewöhnlich schönen Sklaven. Sogleich verlor sie ihr Herz, und ihr Verlangen ließ sie alles andere vergessen.

Eine schlaue Dienerin, die sie überallhin begleitete, bemerkte ihre plötzliche Verwirrung und fragte nach dem Grund.

»Ich bin von der Liebe beherrscht«, sagte die Prinzessin. »Ich habe weder Willen noch Widerstand. Ich bin bereit, meiner Ehre und meinem Leben zu entsagen.«

»Liebe zu einem Sklaven?« fragte die Dienerin.

»Ja, ich weiß. Es ist mir verboten, ihn zu treffen. Aber der Anblick dieses Mannes verzehrt mich. Wenn ich nicht mit ihm sprechen kann, muß ich elendig sterben.«

»Was wünschst du genau?«

Die Prinzessin dachte einen Moment lang nach und antwortete dann: »Ich möchte seine Gegenwart genießen, aber ohne daß er es weiß.«

»Wir werden ihn dir heute nacht heimlich zuführen«, sagte die Dienerin, »und selbst er wird nichts davon wissen.«

Als die Nacht hereingebrochen war, zog sich die Dienerin verführerisch an, parfümierte sich und begab sich zum Sklaven, als wollte sie sich mit ihm vergnügen. Da er sah, daß sie jung und begehrenswert war, forderte er sie auf, sich zu ihm zu setzen. Sie bat ihn um zwei Becher Wein, die er herbeibrachte. Sie goß in den Becher des Sklaven ein Betäubungsmittel, das er, ohne es zu wissen, zu sich nahm.

Sofort verlor er das Bewußtsein. Es tauchten Männer auf, die ihn heimlich zur Prinzessin brachten. Man badete ihn, hüllte ihn in Seide, schmückte seinen Kopf mit Perlen und setzte ihn auf einen goldenen Thron.

Um Mitternacht öffnete er die Augen. Er sah sich erstaunt um, und als eine unsichtbare Nachtmusik erklang, fragte er:

»Wo bin ich? Was ist das für ein Palast? Woher kommen diese Teppiche und diese nach Ambra duftenden Kerzen? Und diese Musik?«

In diesem Augenblick trat die Prinzessin ein. Sie näherte sich ihm und schloß ihn in ihre Arme.

»Ich bin fassungslos«, sagte der Sklave. »Ich habe Vernunft und Leben verloren. Ich bin nicht mehr in dieser Welt und doch nicht in einer anderen.«

Die Prinzessin öffnete ihre köstlichen Lippen, zeigte ihre vollkommenen Zähne und fragte:

»Hast du Durst?«

»Brennenden Durst.«

»Hier ist Wein.«

Sie bot ihm einen Becher mit kühlem Wein dar, der nach Nachtblumen duftete. Die ganze Nacht kreiste die Sonne des Weins im Kerzenschein. Die ganze Nacht haftete der gebannte Blick des Sklaven am Gesicht der Prinzessin. Die ganze Nacht liebte sie ihn heißblütig und weinte dabei.

Der Sklave verblieb bis zur Morgenröte in dieser Vision. Dann betäubte ihn ein neues Pulver im letzten Becher Wein, und man zog sein Liebesgewand aus und brachte ihn in die Unterkunft der Sklaven, wo er herkam.

Als er aufwachte, schrie er vor Angst auf. Die anderen Sklaven wunderten sich.

»Wo sind wir?« schrie er.

»Was soll das heißen: Wo sind wir?«

»Was ist passiert? Helft mir!«

»Die Nacht ist vorbei. Warum also schreien? Wovor hast du Angst?«

»Was ich gesehen habe, wird niemand, niemand je sehen!«

»Was hast du denn gesehen? Erzähle!«

Der Sklave, der auf seinen Armen noch Spuren von den Düften der Nacht roch, versuchte, sein außerordentliches Abenteuer zu erzählen. Aber ihm fehlten schon die Worte, um es genau zu beschreiben. Er konnte nur stammeln:

»Ich kann euch nicht sagen ... Ich bin verwirrt ... Was ich gesehen habe, habe ich aus einem anderen Körper heraus gesehen. Ich habe nichts gehört, obwohl ich alles gehört habe ... Ich habe nichts gesehen, obwohl ich alles gesehen habe.«

»Du hast geträumt!« sagte ein anderer Sklave.

»Ich weiß nicht, ob ich geträumt habe. Ich weiß nicht, ob ich betrunken war.«

Mit diesen Worten stand der Sklave auf und ging zur Tür. Seine Gefährten fragten ihn:

»Wohin gehst du?«

»Ich weiß nicht, wohin ich gehe. Aber gehen muß ich. Gehen muß ich.«

Er hatte nicht das Recht, den Palast und den Dienst bei seinem Prinzen zu verlassen. Doch niemand hielt ihn auf, als er den Hof überquerte und durch das Haupttor ging. Vielleicht hatte die Prinzessin der Morgenwache geheime Befehle gegeben.

Er verschwand. Er ging lange Zeit, verbrachte den Rest seines Lebens damit, von Land zu Land zu wandern. Die Reisenden, die ihm begegneten, beschrieben ihn als »fassungslosen Mann«. Er sprach von der Zeit, »da er lebendig war«, und fügte hinzu, daß er eine ganze Nacht mit einer Prinzessin verbracht hatte, die ihresgleichen nicht fände.

»Ich habe sie gesehen und doch nicht gesehen«, sagte er. »Ich habe sie berührt und doch nicht berührt. Ich habe sie geliebt und doch nicht geliebt. Nichts auf der Welt ist wundersamer als etwas, was weder klar noch unklar ist.«

Das war alles, was man aus seinem Munde vernehmen konnte. Er ging dahin und hielt an seinem Wahn fest. Er wußte nicht einmal mehr, was er eigentlich suchte.

Der Traum vom Halwa

Noch eine islamische Geschichte, die man im Mesnewi von Rumi findet, die aber, stets in ergötzlicher Form, ihren Eingang in alle Traditionen gefunden hat.

Ein Christ, ein Jude und ein Muselmane, die zusammen reisten, machten in einer Herberge Rast, wo ihnen jemand Halwa brachte. Der Jude und der Christ hatten keinen Hunger. Sie sagten zum Muselmanen:

»Wir essen es morgen.«

»Aber warum morgen?« rief der Muselmane aus, dem der Magen knurrte. »Teilen wir das Halwa doch in drei Teile, dann kann jeder mit seinem Teil machen, was er will.«

»Kommt nicht in Frage«, sagten die anderen. »Wer Gottes Werk teilt, verdient, in die Hölle zu kommen.«

Sie legten sich schlafen.

Am Morgen nach dem Gebet kamen sie wieder zusammen und beschlossen, sich ihre Träume zu erzählen. Derjenige, der den schönsten Traum gehabt hatte, sollte den Teil vom Halwa bekommen, dessen Traum am schwächsten gewesen war.

Der Jude begann:

»Ich habe geträumt, daß ich auf meinem Weg Moses traf. Ich folgte ihm bis zum Berg Sinai. Ein außerordentliches Licht umgab uns, dann sah ich, wie sich der Berg in drei Teile teilte. Ein großer Teil des Berges fiel ins Meer, ein anderer Teil auf die Erde, wo Bäche zu fließen begannen ...«

Und der Jude erzählte von seinen Begegnungen mit den Propheten und wunderbaren Engeln und von anderen Wundern.

Danach ergriff der Christ das Wort:

»Jesus ist mir erschienen«, sagte er. »Mit ihm bin ich bis zur Sonne geflogen. Doch was ich gesehen habe, kann ich euch nicht beschreiben, da es auf der Welt nichts Vergleichbares gibt ...«

Also wandten sie sich zum Muselmanen, damit dieser seinen Traum erzähle.

»O meine Freunde«, sagte er, »mein Sultan Mustapha ist mir erschienen. Er sagte: ›Einer deiner Reisegefährten hat sich zum Berg Sinai begeben. Das Wort

Gottes geleitet ihn. Er ist umgeben von Liebe und Licht. Der andere ist im Himmel, wohin ihn Jesus in all seiner Pracht gebracht hat. Also, steh auf. In dieser Nacht sind deine Freunde außerordentlich begünstigt worden. Sie genießen die Gesellschaft der Engel und Sterne. Dann genieße du wenigstens das Halwa. Verlier keine Zeit.‹«

»Und dann?« fragten die beiden anderen.

»Wie hätte ich mich diesem heiligen Befehl widersetzen können? Ich bin aufgestanden und habe das Halwa gegessen.«

Der Traum vom Brot

Die sufistische Tradition erzählt dieselbe Geschichte auf andere Weise:

Drei Wanderer wurden auf einer beschwerlichen Reise zu Freunden. Sie teilten Freud und Leid miteinander.

Als sie mühevoll eine Wüste durchquerten, bemerkten sie, daß sie nur noch ein Fladenbrot und eine halbvolle Feldflasche mit Wasser hatten. Wer sollte das Brot essen und das Wasser trinken? Der Geist der Zwietracht ergriff sie. Sie versuchten, das Brot und das Wasser zu teilen, doch dann gaben sie es auf, da es für drei zu wenig war.

Als die Nacht hereinbrach und ihre Mägen knurrten, beschlossen sie, sich hinzulegen und zu schlafen.

»Wenn wir aufwachen«, sagten sie, »werden wir uns unsere Träume erzählen. Derjenige, der den schönsten Traum hat, wird uns seine Lösung vorschlagen.«

Und die anderen würden ihm gehorchen.

Sie standen am nächsten Morgen bei Aufgang der Sonne auf, die die Wüste erhellte.

»Hört meinen Traum«, sagte der erste Wanderer. »Ich reiste mühelos in unbeschreiblichen Gegenden, deren Schönheit friedlich und ergreifend war. Dort begegnete ich einem Mann mit strahlendem Blick, der mir die Weisheit selbst zu sein schien und der zu mir sagte: ›Du verdienst das Brot, weil dein vergangenes und dein zukünftiges Leben die Bewunderung der Menschen verdienen.‹«

»Na, das ist seltsam!« rief der zweite Wanderer aus. »Denn in meinem Traum habe ich mein vergangenes und mein zukünftiges Leben gesehen, und in diesem zukünftigen Leben traf ich direkt nach meiner Geburt einen sehr weisen Mann, der zu mir sagte: ›Du verdienst das Brot mehr als deine Gefährten, denn du bist gelehrter und geduldiger. Das Schicksal hat dich auserwählt, andere Menschen zu führen. Es ist wichtig, daß du gut genährt bist.‹«

Da sagte der dritte Wanderer:

»In meinem Traum habe ich nichts gesehen, nichts gehört und nichts gesagt. Ich habe weder mein vergangenes noch mein zukünftiges Leben gesehen. Auch hat kein weiser Mann das Wort an mich gerichtet. Aber ich habe eine allmächtige, unwiderstehliche Präsenz gefühlt, die mich gezwungen hat, aufzustehen, das Brot zu suchen, das Wasser zu suchen und beide zu mir zu nehmen. Und das habe ich getan.«

Die Tänzerin und das Verlangen

Eine arabische Geschichte präsentiert uns eine hinreißende Tänzerin, die gerade den sinnlichsten der Tänze beendet hatte, den der vier Wonnen, dem kein Mann widerstehen kann. Mit zurückgelegtem Kopf, halbgeöffnetem Mund, ausgebreiteten Armen und geschickt entblößtem Leib hatte sie vor den Augen der Prinzen alle Wogen der Liebe durchlaufen.

Nachdem der Tanz beendet war, verließ sie schweißbedeckt und atemlos den Saal, ließ sich im Garten an einem Becken nieder, in dem Rosen schwammen, und lehnte ihre heiße Stirn gegen den kühlen Marmor.

Da näherte sich ihr ein Mann, der von körperlichem Verlangen erfüllt und ihr daher gefolgt war, sagte einige anerkennende Worte über ihren vollkommenen Tanz und fragte sie mit leiser Stimme, ob sie die Sinnenlust liebe.

»Ich weiß nicht«, antwortete sie, »was das Wort bedeutet.«

Der chinesische Spiegel

Ein häufig im Traum vorkommendes Accessoire ist der Spiegel.

Ein chinesischer Bauer ging in die Stadt, um Reis zu verkaufen. Seine Frau sagte zu ihm:

»Bitte bring mir einen Kamm mit.«

In der Stadt verkaufte der Bauer seinen Reis und trank mit Gefährten Alkohol. Als er wieder aufbrechen wollte, kam ihm seine Frau in den Sinn. Sie hatte ihn um etwas gebeten, aber worum? Er konnte sich nicht mehr erinnern. Also kaufte er in einem Geschäft für Frauen einen Spiegel und kehrte ins Dorf zurück.

Er gab seiner Frau den Spiegel und verließ das Zimmer, um aufs Feld zu gehen. Seine Frau betrachtete sich im Spiegel und fing an zu weinen. Ihre Mutter sah, wie sie weinte, und fragte sie nach dem Grund.

Da hielt ihr die Frau den Spiegel hin und sagte:

»Mein Mann hat eine zweite Frau mitgebracht.«

Die Mutter nahm den Spiegel, blickte hinein und sagte zu ihrer Tochter:

»Kein Grund zur Sorge, sie ist schon ziemlich alt.«

Melca, der Unsichtbare

Eine indianische Geschichte aus Nordamerika stellt uns einen Unsichtbaren vor, von dem man alles verlangen konnte. Es kam nur auf die richtige Fragestellung an.

In einem vom Unglück heimgesuchten Dorf beschloß ein Schamane, diesen Unsichtbaren zu suchen und ihn um Hilfe zu bitten. Auf dem Weg begegnete er einem einäugigen Frosch und fragte ihn, wo der Unsichtbare zu finden sei.

»Ich weiß nicht genau, wo er lebt«, antwortete der Frosch. »Aber nicht weit von hier findet Ihr zwei Gänsefrauen, die es Euch sagen können.«

Der Schamane verbrachte die Nacht bei dem einäugigen Frosch und machte sich am nächsten Morgen wieder auf den Weg. Die Gänsefrauen wiesen ihm ohne weitere Schwierigkeiten den Weg zum unsichtbaren Wesen und sagten ihm auch seinen Namen. Es hieß Melca.

Als er bei der Wohnstatt des Unsichtbaren angekommen war, fragte eine Stimme:

»Was willst du?«

»Ich habe Euch gesucht«, sagte der Schamane. »Könnt Ihr mit mir kommen?«

»Ist es weit?«

»Drei Tagesmärsche entfernt.«

»Ich muß mich noch fertigmachen. Warte bei den beiden Gänsefrauen auf mich. Hier kannst du nicht bleiben. Wenn diejenigen, die hier wohnen, dich finden, fressen sie dich auf.«

Der Schamane, der vergeblich zu allen Seiten nach dem Unsichtbaren Ausschau gehalten hatte, kehrte zu den beiden Gänsefrauen zurück, die ihm etwas zu essen gaben. Als er noch aß, erschien ein Mann und sagte zu ihm:

»Ich bin Melca. Wir wollen die Nacht hier verbringen und morgen aufbrechen.«

Am nächsten Morgen brachen beide auf und gelangten bis zum Ufer eines Flusses. Dort lag ein Kanu, und Melca schlug vor, dies zu nehmen.

»Aber man wird uns sehen!« wandte der Schamane beunruhigt ein.

»Nein, man wird uns nicht sehen«, antwortete Melca.

Sie fuhren in dem Kanu davon, das den Menschen gehörte, die am Ufer des Flusses lebten. Ein Kind, das vor der Schwelle seines Hauses spielte, lief zu seinen Eltern hinein und sagte:

»Da ist ein altes Kanu auf dem Fluß, dessen Paddel sich bewegen, obwohl niemand darinsitzt.«

Die Eltern gingen schnell hinaus und sahen, genau wie das Kind, ein leeres Kanu, dessen Paddel sich bewegten. Sie liefen eine Weile hinter dem Kanu her, doch dann kehrten sie um.

Als der Schamane mit Melca in seinem Dorf ankam, fragten die Menschen:

»Hast du ihn gefunden?«

»Ja, hier ist er.«

»Wo?«

»Hier, neben mir im Kanu.«

»Sag ihm, er soll aussteigen.«

Der Schamane stellte fest, daß Melca für die Einwohner des Dorfs unsichtbar war. Nur er konnte ihn sehen. Er ließ ihn aus dem Kanu aussteigen und führte ihn zu seinem Haus, wo seine Frau eine Mahlzeit bereitet hatte. Dann sagte er:

»Von nun an wirst du bei uns bleiben.«

Melca lebte nun als wohltätiger Geist im Dorf. Das Holz stapelte sich von selbst hinter den Häusern, die Feuer gingen von selbst an, und die Fische waren sofort nach dem Fang schon ausgenommen und zum Trocknen vorbereitet.

So vergaß das Dorf sein Unglück.

Dann starb Melca. Nach seinem Tod konnten alle seinen Leichnam sehen. Und es war nur ein ganz kleiner Mann.

Ein nasser Traum

Eine kurze Geschichte aus dem Zen zeigt uns einen Mann, der sich leidenschaftlich wünschte, reich zu sein. Sein ganzes Leben lang dachte er nur an Geld, und er betete auch nur um Geld. An einem Wintertag, als er vom Tempel zurückkam, sah er eine dicke Geldbörse unter der Eisschicht auf dem Weg.

Er dachte, daß seine Gebete endlich erhört worden waren, und versuchte erfolglos, an die Geldbörse zu kommen. Sie war umschlossen von Eis und ließ sich nicht aufheben. Da urinierte der Mann auf die Geldbörse, um das Eis zum Schmelzen zu bringen.

Und er erwachte in einem völlig durchnäßten Bett.

Der Mann, der keine Geschichte erzählen konnte

Eine alte irische Geschichte führt uns auf andere Weise in das Reich der Illusion.

Es war einmal ein Mann mit Namen Brian. Er schnitt Schilf und flocht Körbe daraus. Doch eines Tages in einem schlechten Jahr gab es in seinem Umkreis kein

Schilf. Das einzige Schilf war in diesem Jahr in einem Tal zu finden, das von gefährlichen Wesen bewohnt sein sollte.

Brian faßte einen Entschluß. Er bat seine Frau, ihm Proviant zuzubereiten, und brach zu diesem abgelegenen Tal auf. Es dauerte nicht lang, da schnitt er schon ein großes Bündel Schilf, doch als er es binden wollte, stieg dichter Nebel um ihn herum auf. Brian beschloß zu warten. Er setzte sich hin und aß seinen Proviant. Die Luft um ihn herum war so undurchdringlich, daß er noch nicht mal die Hand vor Augen sehen konnte.

Sehr verängstigt stand er auf. Er blickte nach Osten, er blickte nach Westen und sah dort ein Licht. Stolpernd und strauchelnd ging er auf dieses Licht zu. Er sah ein langgestrecktes Haus. Durch die geöffnete Tür und das Fenster drang freundliches Licht.

Brian steckte den Kopf durch die Tür. Im Haus sah er einen alten Mann und eine alte Frau, beide saßen. Sie begrüßten ihn mit seinem Namen und luden ihn ein, am Feuer Platz zu nehmen.

Brian setzte sich zwischen sie. Dann sagte der alte Mann zu ihm:

»Erzähl uns eine Geschichte.«

»Das kann ich nicht«, antwortete Brian. »Wenn es etwas gibt, das ich noch nie in meinem Leben gemacht habe, dann ist es Geschichtenerzählen.«

»Du kennst keine Geschichte?«

»Keine einzige.«

Der alte Mann und die alte Frau wechselten rasch einen Blick, dann sagte die alte Frau zu Brian:

»Du kannst dich nützlich machen. Hol einen Eimer Wasser aus dem Brunnen.«

»Ich mache alles«, sagte Brian, »Hauptsache, ich brauche keine Geschichte zu erzählen.«

Er nahm einen Eimer und ging zum Brunnen, um

ihn zu füllen. Danach stellte er den Eimer auf dem Rand des Brunnens ab, damit das Wasser vom Außenrand ablaufen konnte. In diesem Moment hob eine ungeheure Windböe Brian in die Lüfte. Er wurde nach Osten getragen, er wurde nach Westen getragen, und als er wieder auf den Boden fiel, konnte er weder den Brunnen noch den Eimer sehen.

Er sah ein Licht. Stolpernd und strauchelnd ging er auf dieses Licht zu. Er sah ein langgestrecktes Haus, viel größer als das erste, und zwei Lichter im Innern und ein Licht vor der Tür.

Brian steckte den Kopf durch die Tür. Er sah ein Zimmer, in dem eine Totenwache abgehalten wurde: Eine Reihe Menschen saß an der Rückwand, eine Reihe Menschen saß an der Vorderwand. Vor dem Feuer saß auf einem Stuhl ein junges Mädchen mit dunklen, lockigen Haaren. Es begrüßte Brian mit seinem Namen und lud ihn ein, neben ihm Platz zu nehmen.

Ängstlich setzte sich Brian neben das junge Mädchen. Aber einen Augenblick später erhob sich ein dicker Mann, der zur Gesellschaft gehörte, und sagte:

»Dies ist aber eine ziemlich trostlose Nachtwache heute Abend. Wir müssen einen Fiedler holen. Der wird uns zum Tanz aufspielen.«

»Ach was«, sagte das Mädchen mit den dunklen, lockigen Haaren. »Ihr müßt keinen Fiedler holen, denn heute abend haben wir den besten Fiedler Irlands bei uns. Er ist es, Brian.«

»Das kann ich nicht!« rief Brian aus. »Wenn es etwas gibt, das ich noch nie in meinem Leben gemacht habe, dann eine Melodie auf einer Geige spielen.«

»Du kannst nicht Geige spielen?«

»Weder Geige noch ein anderes Instrument. Ich kann überhaupt nicht musizieren. Auch nicht singen.«

Das Mädchen aber blieb hartnäckig:

»Nun laß mich nicht wie eine Lügnerin dastehen«, sagte es. »Du bist der Fiedler, den wir brauchen. Ich weiß es.«

Plötzlich hielt Brian eine Geige und einen Bogen in seinen Händen, und er spielte so gut, daß alle im großen Saal tanzten und sagten, daß sie noch nie zu so schwungvoller Musik getanzt hätten.

Dann unterbrach der dicke Mann unvermittelt den Tanz und sagte:

»Nun müssen wir einen Priester suchen, der uns die Messe liest, denn dieser Tote muß vor Morgengrauen beerdigt werden.«

»Ach was«, sagte das junge Mädchen mit den dunklen, lockigen Haaren, »ihr müßt keinen Priester mehr suchen, denn wir haben heute abend den besten Priester von Irland hier. Er ist es, Brian.«

»Ich habe absolut nichts mit einem Priester gemein!« rief Brian aus. »Und ich habe keine Ahnung von seiner Arbeit!«

»Los, los«, sagte es. »Du wirst das genauso gut meistern wie alles andere.«

Plötzlich stand Brian vor einem Altar und hatte zwei Akolythen mit Meßgewändern neben sich.

Er las die Messe und sprach danach sogar einige Gebete. Und alle Anwesenden erklärten, daß sie noch nie eine vergleichbare Messe in Irland erlebt hätten.

Dann legte man den Toten in einen Sarg, und vier Männer luden den Sarg auf ihre Schultern. Drei der Männer waren ziemlich klein. Der vierte aber war so groß, daß der Sarg hin- und herschwankte.

»Wir müssen dringend«, sagte der Mann, der die Anordnungen gab, »einen Arzt suchen, der dem vierten Mann ein Stück von den Beinen absägt. Dann bewegen sich alle auf gleicher Höhe.«

»Ach was«, sagte das Mädchen mit den dunklen,

lockigen Haaren, »ihr braucht keinen Arzt zu suchen, denn heute abend haben wir den besten Arzt von Irland bei uns. Er ist es, Brian.«

»Wenn es etwas gibt, was ich noch nie in meinem Leben gemacht habe«, versicherte Brian, »dann ist es, als Arzt zu praktizieren. Ich habe ja noch nicht mal theoretische Kenntnisse!«

»Los, los«, sagte das Mädchen. »Das wirst du genauso gut meistern wie alles andere.«

Plötzlich hielt er eine Säge und die Operationsmesser in Händen. Er schnitt dem Mann unter den Knien ein Stück von seinen Beinen ab, setzte alles wieder ordnungsgemäß zusammen, und die vier Sargträger schritten nun auf gleicher Höhe.

Sie schritten vorsichtig nach Westen bis zum Friedhof. Eine hohe Steinmauer ohne Pforte umgab den Friedhof. Sie mußten einer nach dem anderen die Mauer hinauf- und auf der anderen Seite wieder hinuntersteigen. Der letzte, der die Mauer überstieg, war Brian.

Da hob eine ungeheure Windböe Brian in die Lüfte. Er wurde nach Osten getragen, er wurde nach Westen getragen, und als er wieder auf den Boden fiel, konnte er weder den Sarg noch den Trauerzug sehen. Er war wieder in der Nähe des Brunnens. Er sah den Eimer und die Wassertropfen auf dem Brunnenrand, die noch nicht getrocknet waren.

Er nahm den Eimer und ging zum Haus zurück. Die beiden Alten saßen noch dort, wo er sie zurückgelassen hatte. Er stellte den Eimer Wasser ab und nahm erneut seinen Platz zwischen den beiden ein.

»Nun«, sagte da die alte Frau. »Bist du immer noch nicht in der Lage, eine Geschichte zu erzählen?«

Die Offensichtlichkeit der Lüge

Eine koreanische Geschichte erzählt folgendes:

In einer Zeit, da der Tiger noch Pfeife rauchte, wohnte ein blinder, alter Mann in einem Haus ohne Dach. Selbst im kältesten Winter trug er nur Leinenkleider. Während der Blinde Tabak in eine Pfeife ohne Stiel stopfte, betrachtete er die Landschaft. Auf dem Berg gegenüber sah er Bäume ohne Wurzeln und Elstern ohne Flügel, die ihren Jungen ohne Schnabel Nahrung brachten. Der Blinde sah auch ein Reh ohne Hufe vorbeilaufen. Da nahm er sein Gewehr ohne Lauf, lief zum Berg und erlegte das huflose Reh. Dann verschnürte er das tote Tier und betrachtete erneut den Berg, dessen Sonnenseite mit schwarzem Schnee bedeckt war. Er wollte mit seiner klingenlosen Sichel Kräuter schneiden, als plötzlich eine kopflose Schlange in die Sichel biß. Aus der gebissenen Sichel floß das Blut in Strömen. Der Alte riß ein Stück Baumwolle aus seiner Leinenweste, verband die blutende Sichel, schnitt die Kräuter und lud sie auf den Rücken des toten Rehs. Gefolgt von dem Tier stieg er auf den Berg, da er einen wasserlosen Fluß überqueren wollte. Doch der Fluß riß das tote, mit Heu beladene Reh mit sich fort.

Der blinde Alte rief verzweifelt aus:

»Hilfe! Hilfe! Mein totes Reh ertrinkt im wasserlosen Fluß! Mein totes Reh wird sterben!«

Auf diesen lautlosen Ruf antwortete als erster ein Tauber. Er bat einen gelähmten Krüppel, sich in den Fluß zu stürzen, um das tote Reh, das sterben würde, zu retten. Genau in diesem Moment erschien ein Stummer und rief:

»Laßt doch, laßt doch! Es ist ganz einfach! Ihr werdet sehen, ich kümmere mich darum!«

Gesagt, getan, sprang er in den Fluß und brachte das

tote Reh zurück. Kaum lag es am Ufer, stellte es sich auf alle vier Beine, machte Luftsprünge hierhin und dorthin und sagte:

»Das ist doch eine pure Lüge! Das ist eine pure Lüge.«

Erstaunt bemerkten da die anderen, der blinde Alte, der Taube und der Stumme, daß alles tatsächlich nur eine Lüge war.

Der Traum vom Hirsch

Lie Tsen hat eine Geschichte erzählt, die vortrefflich das Spiel zwischen Gedanke und Wahn entwickelt.

Ein Mann spürte im Wald einen Hirsch auf und tötete ihn. Um ihn zu verstecken, legte er ihn in einen mit Gezweig bedeckten Graben und kehrte nach Hause zurück. Da es Winter war, würde das Fleisch des Hirsches nicht verderben.

Einige Tage später vergaß der Mann, wo das Versteck war. Er begann sich sogar zu fragen, ob alles nur ein Traum gewesen war. Und er erzählte seine Geschichte.

Einem anderen Mann, der zugehört hatte, gelang es, den Hirsch zu finden. Er sagte zu seiner Frau: »Ein Mann hat geträumt, einen Hirsch gejagt zu haben. Ich habe ihn aber gefunden. Sein Traum war also wahr.«

»Und wenn es genau umgekehrt war?« fragte die Frau. »Wenn du im Traum einen Mann gesehen hast, der einen Hirsch tötete? Das ist doch auch möglich. Dann ist dein Traum wahr und nicht seiner.«

»Ich habe einen Hirsch gefunden«, sagte der Mann. »Habe ich ihn also geträumt? Oder hat ein anderer ihn geträumt? Einerlei: Ich habe einen Hirsch gefunden.«

Der erste Mann, der wirklich den Hirsch gejagt hatte, sah dann im Traum die Stelle, wo er den toten Hirsch versteckt hatte. Und er träumte auch von dem Mann, der ihn gefunden hatte. Am folgenden Tag suchte er ihn auf, verlangte den Hirsch, und ein heftiger Streit entbrannte zwischen den beiden Männern. Man führte sie vor den Richter.

Dieser erklärte, er sei nicht in der Lage, eine Entscheidung zu treffen, zumal da die Frau des ersten Mannes unaufhörlich behauptete, ihr Mann hätte alles von Anfang an geträumt.

»Wer hat geträumt?« fragte sich der Richter. »Hat der erste, der geträumt zu haben glaubt, wirklich den Hirsch getötet? Oder hat er das auch nur geträumt? Der zweite sagt, daß er den Hirsch nicht getötet hat. Er sagt, daß er es einfach nur geträumt hat. Wäre es möglich, daß er ihn doch getötet und es dann vergessen hat?«

Der Richter dachte lange ohne jedes Ergebnis nach und befahl, den Hirsch in zwei Hälften zu teilen: Jeder der beiden Männer sollte eine Hälfte bekommen.

Ein Prinz, der das Urteil gehört hatte, fragte: »Und wenn der Richter nur geträumt hätte, daß er den Hirsch geteilt hat?«

Da es sich um einen Prinzen handelte, wurde noch einmal heftig diskutiert. Doch ohne Ergebnis.

»Niemand kann wirklich zwischen Traum und Wirklichkeit unterscheiden. Die Weisen von damals waren dazu vielleicht in der Lage. Aber sie gibt es nicht mehr.«

Also teilte man den Hirsch.

Wer bist du?

In der Zentradition in Japan wird berichtet, daß ein Schüler den Meister Tchao-Tchan fragte, wie man sich vom ewigen Kreislauf von Geburt und Tod befreien könne.

Der Meister schloß die Augen, hob seine Tasse Tee und fragte:

»Wer bist du?«

»Ich bin Ts'en-Tchên.«

»Also bist du kein Trugbild.«

»Das ist möglich.«

»Du bist ein Trugbild.«

»Das ist möglich.«

»Also bist du kein Trugbild.«

Eine Stimme in der Nacht

Ein kurzer persischer Vers sagt uns:

»Letzte Nacht flüsterte mir eine Stimme ins Ohr:

›Eine Stimme, die dir nachts ins Ohr flüstert, gibt es nicht.‹«

4

Das Ich ist hartnäckig, unklar, verabscheuungswürdig und vielleicht sogar inexistent

Der Geschmack des Honigs

Von all den Erzählungen, Dialogen, Reflexionen, die die Natur des Menschen und die Existenz (oder Nichtexistenz) des Ich zum Gegenstand haben, können wir als erstes Beispiel einen klassischen indischen Text wählen, der unzählige Male erzählt und kommentiert wurde und ebenfalls dem Mahâbhârata entstammt.

Ein Mann schlug sich allein durch einen finsteren Wald, in dem wilde Tiere lebten. Ein riesiges Netz umgab den Wald, doch der Mann wußte dies nicht, da das Netz für menschliche Augen unsichtbar war.

Eine rotäugige Frau überwachte alle Dinge, die in verschiedenen Intervallen einem unvermeidlichen Ende entgegenstrebten.

Der Mann konnte nichts anderes tun, als diesen Wald zu durchqueren.

Plötzlich packte ihn beim Gebrüll der wilden Tiere die Angst. Er fing an zu rennen und fiel auf einmal in einen dunklen Brunnen. Durch ein Wunder konnte er sich mit beiden Händen an ein Gestrüpp klammern, Wurzeln, die sich am Rand verwickelt hatten.

Unter sich spürte er den heißen Atem einer Riesenschlange, die am Grunde des Brunnens ihren Rachen aufriß. Er fühlte, daß er gleich fallen und in diesem entsetzlichen Rachen versinken würde. Über sich hörte er, wie ein Riesenelefant näherkam und dabei Bäume umriß, wie er sein Bein hob, um ihn zu zermalmen. Weiße und schwarze Mäuse tauchten auf und fingen an, die

Wurzeln anzunagen, an denen der Mann hing. In diesem Augenblick flogen gefährliche Bienen über die Brunnenöffnung und ließen Honigtropfen fallen.

Da löste der Mann eine Hand und streckte langsam und vorsichtig einen Finger aus. Er streckte den Finger aus, um die Honigtropfen aufzufangen.

Bedroht von so vielen Gefahren, am Rande des Todes, war er doch nicht gleichgültig, sondern beseelt vom Geschmack des Honigs.

Wer ist da?

Eine andere, ebenfalls berühmte und oft erzählte Geschichte kommt aus dem japanischen Zenbuddhismus.

Ein Schüler, der seinen Meister sehen und mit ihm sprechen wollte, hatte an dessen Tür geklopft.

»Wer ist da?« fragte der Meister.

»Rinzo.«

»Verschwinde!« rief der Meister laut.

Diesen Befehl ergänzte er sogar um ein Schimpfwort.

Rinzo ging verstört fort, kam einige Stunden später jedoch zurück und klopfte erneut, diesmal aber schüchterner, an die Tür.

»Wer ist da?«

»Rinzo ...«

»Verschwinde!«

Und der Meister schickte ihm verächtlich mehrere Schimpfwörter hinterher.

Rinzo ging tief betrübt und ratlos fort. Er verbrachte die ganze Nacht in Schmerz und Nachdenklichkeit. Als der nächste Morgen anbrach, ging er mit geschwollenen Augen und schwankendem Herzen ein drittes Mal zur Tür des Meisters, welcher fragte:

»Wer ist da?«

»Niemand ...« antwortete der Schüler kraftlos.

»Ah, Rinzo!« sagte da der Meister. »Öffne die Tür und komm herein.«

Der Mann, der einen Ebenbürtigen suchte

Die folgende Geschichte stammt aus Afrika. Sie entstand anscheinend in der Tradition der Malinke.

Ein Mann, der sehr stolz auf seine Kraft war, nahm einen dreijährigen Stier, setzte ihn unter seine Kappe und ging auf der Suche nach einem Ebenbürtigen in die Welt hinaus.

Wenn er irgendwo ankam, rief er:

»Ich suche einen Ebenbürtigen!«

»Einen Ebenbürtigen?«

»Ja, ich suche einen Mann, der einen dreijährigen Stier unter seine Kappe setzen kann.«

»Hier findest du keinen Ebenbürtigen«, antwortete man ihm dann.

So zog er durch siebenundsiebzig Dörfer, ohne einen Ebenbürtigen zu finden. Im achtundsiebzigsten Dorf traf er eine alte Frau an, die etwas im Mörser zerstampfte. Er sagte ihr, daß er einen Ebenbürtigen suche.

»Meine drei Söhne sind im Busch«, sagte die alte Frau. »Du kannst auf sie warten, sie kommen gleich. Aber sprich in ihrer Gegenwart nicht von einem Ebenbürtigen!«

»Gut.«

Er setzte sich und wartete. Die alte Frau schlug so heftig mit dem Stößel, daß er auffuhr und gegen die Mauer gepreßt wurde. Plötzlich sah er eine große Staubwolke auf das Dorf zukommen.

»Was ist das für eine Wolke?« fragte er.

»Das ist der Staub, der von meinen Söhnen aufgewirbelt wird«, antwortete die Frau. »Sie kommen.«

»Was sagst du?«

»Das ist der Staub von ihren Füßen.«

»Holla!«

Als die drei Söhne herankamen, wies die Alte ihren Besucher an, sie zu begrüßen. Aber der erste sagte:

»Sprich mit meinen Brüdern.«

Und der zweite sagte:

»Sprich mit meinem kleinen Bruder.«

Der kleine Bruder hielt einen seiner Schuhe in der Hand, der durchlöchert war. Als er den Besucher erblickte, der ihn willkommen hieß, übergab er ihm seinen Schuh. Dieser Schuh allein drückte den jungen Mann, der doch auf seinem Kopf einen dreijährigen Stier trug, zu Boden. Er bekam keine Luft mehr und konnte nicht aufstehen.

Die drei Männer setzten sich und fragten ihre Mutter:

»Wer ist dieses Kind, das uns begrüßt hat?«

»Ich habe ihm meinen Schuh gegeben«, sagte der jüngste, »und höre nichts mehr von ihm.«

»Hebe schnell deinen Schuh auf«, sagte die Mutter, »sonst wirst du das Kind einer anderen Frau töten.«

Der jüngste Bruder hob seinen Schuh auf. Der Mann, der einen Ebenbürtigen suchte, stand auf und kam mit seinem dreijährigen Stier näher. Es war Zeit, zu Abend zu essen. Die Mutter gab die Mahlzeit in eine Schüssel, die so groß war wie eine Gruppe von siebzehn Menschen.

Die drei Brüder und die Mutter begannen zu essen. Der Mann, der einen Ebenbürtigen suchte, kam noch nicht einmal an die Schüssel heran. Die anderen packten ihn und hoben ihn auf den Rand. Seine Füße hingen in der Luft. Dann rutschte er ab und fiel in die Schüssel. Er tauchte im Essen unter.

Aus Versehen nahm ihn der jüngste Bruder und steckte ihn in den Mund, ohne auch nur zu bemerken, daß er einen Mann mit einem dreijährigen Stier verschluckte.

Als sie ihre Mahlzeit beendet hatten, fragte die Mutter:

»Und das Kind? Wo ist es?«

»Ich weiß nicht.«

»Es wird ihn doch nicht jemand verschluckt haben?«

»Ach ja, vielleicht«, sagte der jüngste Bruder. »Ich habe ein kleines Staubkorn in meinem Essen bemerkt. Das könnte das Kind gewesen sein.«

»Aber wenn es nicht sofort deinen Magen verläßt, wirst du es töten!« sagte seine Mutter.

Der jüngste ging also hinaus, um sein Essen zu erbrechen.

So wurde der Mann mit dem dreijährigen Stier unter der Kappe wieder an die Luft gesetzt.

Als es Schlafenszeit war, sagte die Mutter zu ihren drei Söhnen:

»Er wird bei euch schlafen.«

Der Mann mit dem dreijährigen Stier legte sich mit ihnen hin. Aber jedes Mal, wenn einer der Brüder atmete, wurde er bis zum Nasenloch des Betreffenden gezogen und dann, wenn dieser wieder ausatmete, heftig zurückgestoßen und gegen die Wand geworfen.

»Wenn er hierbleibt, wird er sterben!« sagte einer der Brüder.

Also gaben sie ihm eine Matte und schickten ihn zum Schlafen in die Hütte ihrer kleinen Schwester. Sie schlief auf dem Rücken. Ohne es zu wissen, trat der Mann mit dem dreijährigen Stier in das Geschlechtsteil des jungen Mädchens, legte sich hin und verbrachte dort die Nacht.

Bei Tagesanbruch suchte man ihn.

»Wo ist das Kind?« fragten die Brüder ihre Schwester. »Wir haben es zum Schlafen in deine Hütte geschickt.«

»In meine Hütte? Unmöglich! Ich habe niemanden gesehen!«

Sie suchten ihn überall, doch fanden sie ihn nicht. Die drei Brüder machten sich wieder auf den Weg in den Busch. Das junge Mädchen aber ging Wasser lassen, und der junge Mann fiel auf die Erde.

»Verschwinde, aber schnell!« sagte die Mutter. »Geh! Du darfst in dieser Welt keinen Ebenbürtigen suchen! Denn einen Ebenbürtigen zu suchen heißt, das Unglück zu suchen. Und geh nicht diesen Weg, er ist glitschig. Diesen Weg nehmen meine Söhne, wenn sie sich entleeren.«

»Ich gehe den Weg, den ich will«, sagte der Mann.

Er ging mit seinem dreijährigen Stier unter der Kappe, fiel hin und versank in den Exkrementen der drei Brüder, so daß nur noch sein Schädel herausragte und ein Hahn auf Nahrungssuche den Mann mit dem dreijährigen Stier packte und ins Stroh warf.

Der junge Mann machte sich davon.

Als die drei Brüder zurückkamen, sagte ihre Mutter:

»Ich wollte es euch eigentlich nicht sagen, aber der junge Mann, der hier war, suchte nach einem Ebenbürtigen.«

»Einem Ebenbürtigen?«

»Ja!«

»Das hättest du uns sagen sollen!«

Wütend machten sie sich an seine Verfolgung, liefen und liefen lange Zeit, und schließlich trafen sie einen Mann, der webte. Kurze Zeit zuvor war der junge

Mann mit seinem dreijährigen Stier bei dem Weber erschienen, und der Weber hatte alle beide, Mensch und Tier, in eine Tabaksdose gesteckt, die er in seiner Kalebasse verbarg.

Die drei Brüder grüßten den Weber, doch dieser antwortete nicht. Er sagte nur in dem regelmäßigen Rhythmus seines Schiffchens:

»Ich webe und antworte niemandem.«

»Ich webe und antworte niemandem.«

Einer der drei Brüder kam drohend näher.

»Was sticht mich da?« rief der Weber aus. »Hier sind aber große Moskitos!«

Als der zweite Bruder näher kam, sagte der Weber: »Ah! Hier sind aber viele Tsetsefliegen!«

Er streckte seine Hand aus, nahm den großen Kapokbaum, unter dem er in der Mitte des Dorfplatzes saß, entwurzelte ihn, ließ ihn über seinem Kopf kreisen und benutzte ihn dann als Wurfgeschoß. Der Kapokbaum flog durch die Luft und fiel in einen Fluß.

Eine Kröte verschluckte ihn mit all seinen Ästen.

Da verzichteten die drei Brüder darauf, weiter nach dem jungen Mann mit dem dreijährigen Stier zu suchen.

Sie kehrten zu ihrer Mutter zurück, die zu ihnen sagte:

»Wer du auch bist, du stehst immer in der Mitte. Stets gibt es Menschen über dir und Menschen unter dir.«

Ein Spiegel in der Wüste

Der persische Dichter, den wir Rumi nennen, erzählt im Mesnewi die Geschichte von einem Mann, der unvorstellbar häßlich ist und zu Fuß die Wüste durchquert.

Im Sand sieht er etwas glänzen. Es ist ein Stück von einem Spiegel. Der Mann bückt sich, hebt den Spiegel auf und betrachtet ihn. Er hat noch nie einen Spiegel gesehen.

»Ekelhaft!« schreit er. »Kein Wunder, daß man das einfach weggeworfen hat!«

Und er schleudert den Spiegel zurück in den Sand und geht seines Weges.

Der Affe und das Messer

Noch eine kurze, sufistische Geschichte.

Ein Mann rennt aufgeregt zu einem Derwisch, reißt die Tür auf und ruft:

»Schnell! Schnell! Wir müssen etwas tun! Ein Affe hat sich gerade ein Messer genommen!«

»Keine Angst!« sagt der Derwisch. »Solange es kein Mensch ist ...«

Der allmächtige Guru

Ein Schüler hatte zu einem Guru – denn in Indien spielt die Geschichte – ein solch allumfassendes, unerschütterliches Vertrauen, daß er die höchsten Berge erklimmen und auf dem Wasser gehen konnte, einfach, indem er immer wieder den Namen seines Meisters sagte.

Dieser, der gesehen hatte, wie sein Schüler einen Fluß überquerte, sagte bei sich:

»Mein Name ist wirklich allmächtig. Mir ist die Kraft des Universums zuteil geworden.«

Am nächsten Tag warf er sich auf die Oberfläche eines tiefen Flußes und rief einfach: »Ich! Ich!«

Und er ertrank, da er nicht schwimmen konnte.

Der Mann mit dem unerklärlichen Leben

Eine andere Geschichte, die zur sufistischen Tradition gehört, gibt ein weiteres Beispiel für dieses unmittelbare Vertrauen und versucht die geheimen Antriebe eines Schicksals zu erhellen, wohl wissend, daß dies unmöglich ist.

Ein Mann, den nichts von den anderen unterschied, ein gewisser Mojud, lebte im verborgenen. Er arbeitete im Eichamt. Eines Tages sah er, wie sich in einem Garten deutlich die Silhouette von Khidr, dem geheimnisvollen Führer der Sufis, vor ihm aufrichtete. Und Khidr sagte zu ihm:

»Gib deine Arbeit auf. Suche mich in drei Tagen am Ufer des Flusses auf.«

Sofort teilte Mojud seinem Chef diese Entscheidung mit. Er würde seine Arbeit aufgeben. Jeder in der Stadt glaubte, er sei verrückt geworden. Seine Freunde und seine Familie versuchten vergeblich, ihn von seinem Vorhaben abzubringen. Aber sehr schnell vergaß man ihn, da zahlreiche Bewerber für seinen Posten auftauchten.

Am festgesetzten Tag traf Mojud am Fluß die Gestalt von Khidr, die zu ihm sagte:

»Zerreiß deine Kleider. Spring ins Wasser.«

Mojud gehorchte, ohne auch nur nachzudenken. Da er schwimmen konnte, ertrank er nicht. Er wurde von einem Fischer aufgelesen, der ihn in sein Boot hob und zu ihm sagte:

»Du hast den Kopf verloren! Was hattest du vor?«

»Ich weiß nicht genau«, sagte Mojud.

Mojud blieb bei dem Fischer. Er brachte ihm Lesen und Schreiben bei und half ihm bei seiner Arbeit. Einige Monate verstrichen. Dann richtete sich Khidrs Gestalt an Mojuds Bett auf und sagte zu ihm:

»Steh auf und geh fort.«

Mojud verließ auf der Stelle das baufällige Haus des Fischers und ging bis zu einer großen Straße. Bei Tagesanbruch traf er einen Bauer, der mit seinem Esel auf den Markt ging. Der Bauer sagte zu ihm:

»Wenn du Arbeit suchst, komm mit mir. Ich brauche jemanden, der mir hilft.«

Mojud folgte ihm, ohne zu zögern, und arbeitete fast zwei Jahre bei dem Bauern. Er lernte eine Menge über Ackerbau und Viehzucht.

Eines Nachmittags, als er gerade Wolle verpackte, erschien ihm Khidr und sagte zu ihm:

»Gib diese Arbeit auf. Geh bis zur Stadt Mossul, und eröffne mit deinen Ersparnissen ein Ledergeschäft.«

Das tat Mojud. Drei Jahre lang handelte er in Mossul erfolgreich mit Leder. Er hatte eine hübsche Summe Geld angespart und dachte schon daran, sich ein Haus zu kaufen, da erschien ihm Khidr und sagte zu ihm:

»Verschenk all dein Geld, und eröffne einen Lebensmittelladen in Samarkand.«

Mojud verließ Mossul auf der Stelle, um in Samarkand einen Lebensmittelladen zu eröffnen. In dieser Zeitspanne seines Lebens zeigten sich die ersten Anzeichen seiner Erleuchtung. Er pflegte Kranke und stellte sich in den Dienst anderer. Tiefer und tiefer drang er in das strenge Geheimnis der Welt ein.

Derwische und Dichter besuchten ihn und fragten:

»Wer war dein Meister? Wer hat dich unterrichtet?«

»Das ist schwierig zu sagen«, antwortete Mojud.

»Wie hast du dein Leben begonnen?«

»Ich war Angestellter im Eichamt.«

»Und du hast deine Arbeit aufgegeben, um dich zu kasteien?«

»Nein, nein. Ich habe entsagt, das ist alles.«

Die Menschen verstanden ihn nicht.

»Erzähl uns dein Leben«, sagten sie zu ihm. »Was genau hast du gemacht?«

»Ich bin in einen Fluß gesprungen, wurde Fischer, dann verschwand ich mitten in der Nacht. Ich habe wie ein Bauer die Erde bearbeitet. Dann verpackte ich Wolle und ging nach Mossul, wo ich Lederhändler wurde. Ich sparte Geld an, das ich weggab. Danach kam ich nach Samarkand, wo ich einen Lebensmittelladen eröffnete. Das ist alles.«

»Dein unerklärliches Verhalten«, sagten seine Besucher, »wirft keinerlei Licht auf das Entstehen deiner Fähigkeiten.«

»Ich weiß«, sagte Mojud. »Aber so ist es.«

Sie waren unfähig, den Anteil der unsichtbaren Welt im Leben von Mojud zu erkennen, dieser Welt, die heimlich alle Dinge durchdringt und die Geschehnisse unerklärlich macht. Man glaubt, die Ursachen der Geschehnisse zu kennen, sagte Mojud bei sich, jeder behauptet, den Grund der Dinge zu kennen, und niemand sieht, daß eine unsichtbare Welt uns bewegt und determiniert.

Er starb in Samarkand, umgeben von einem seltsamen Ruhm, und jedem, der es hören wollte, sagte er:

»Ich habe dies und das gemacht. So ist es und nicht anders.«

Nach seinem Tod schrieben die Biographen ihm ein besseres und schrecklich spannendes Leben zu. Denn die Heiligen müssen das Leben von Heiligen führen. Dies ist der Wunsch des Lesers, der stets über die geheime Wirklichkeit des Lebens triumphiert.

Der Hausbesuch

Eine zeitgenössische Geschichte – in den siebziger Jahren in den Vereinigten Staaten erzählt – nimmt geschickt ein altes Thema wieder auf und entwickelt es mit modernen Akzenten.

Zwei Freunde, die sich nach der Schule aus den Augen verloren hatten, treffen sich wieder. Der eine ist ein bescheidener Lehrer der Literatur, der andere ein unglaublich erfolgreicher Geschäftsmann.

»Du mußt mich unbedingt besuchen«, ruft der Geschäftsmann aus. »Sieh mal, mein Auto!«

Er zeigt auf einen eindrucksvollen, glänzenden Rolls-Royce. Ein Chauffeur nähert sich ihnen mit der Schirmmütze in der Hand.

»Das ist mein Chauffeur«, sagt der reiche Mann. »Steig ein.«

Die beiden Freunde setzen sich in den Fond des sagenhaften Wagens. Einen Moment später sind sie schon vor einem großen Gittertor, das sich automatisch öffnet.

»Mein Park. Meine Bäume. Sieh mal.«

Der Lehrer blickt bewundernd um sich, während der Wagen über die Alleen eines Riesenbesitzes fährt.

»Mein Tennisplatz. Mein Golfplatz. Da hinten sind meine Pferde.«

Der Wagen bleibt schließlich vor der monumentalen Fassade eines viktorianischen Wohnsitzes stehen. Ein Dienstbote stürzt heraus, um seinen Herrn zu empfangen, welcher mit den Worten aussteigt:

»Dies ist mein Haus. Hier meine Rosensträucher. Mein Rasen. Meine Schwimmbäder. Meine Garagen.«

Die beiden Männer betreten das Haus, und der Geschäftsmann fährt fort:

»Meine Halle, meine Treppe. Hier mein Chagall und

mein Renoir. Meine Porzellansammlung. Meine Teppiche.«

Er zieht den Lehrer bis zu einer riesigen Bibliothek, deren Wände vollständig mit seltenen, prachtvoll gebundenen Büchern bedeckt sind.

»Meine Bibliothek, meine Inkunabeln, meine Maroquins aus dem siebzehnten Jahrhundert, meine illuminierten Manuskripte.«

Danach besichtigen sie das erste Stockwerk.

»Meine Wandteppiche, meine italienischen Zeichnungen ...«

Der reiche Mann legt die Hand auf einen Türgriff und sagt:

»Mein Schlafzimmer.«

Er öffnet die Tür. Drinnen befinden sich auf einem zerwühlten Bett ein Mann und eine Frau in einer leidenschaftlichen Umarmung. Sofort schnellen sie auseinander, während der Geschäftsmann, leicht aus der Fassung gebracht, zu seinem Freund sagt:

»Meine Frau ...«

Dann zeigt er auf den nackten Mann, der auf dem Bett sitzt, und fügt hinzu:

»Und das da bin ich.«

Die Leere in Wut

Ein berühmter japanischer Draufgänger, der sich als Anhänger des Zen bezeichnete, kam zum Meister Dokuon und sagte zu ihm, nicht ohne einen gewissen Triumph, daß nur die Leere existiere und das Nichts keinen Unterschied mache zwischen dir und mir. Der Meister hörte ihm einen Augenblick lang schweigend zu, dann nahm er seine Pfeife und schlug dem Soldat damit kräftig auf den Kopf.

Der Mann sprang auf, nahm sein Schwert und bedrohte den Mönch.

»Nun«, sagte dieser seelenruhig, »die Leere wird aber leicht wütend.«

Der schwierige Kampf

Als ein Zenmeister erfuhr, daß einer seiner Schüler seit drei Tagen nichts gegessen hatte, fragte er ihn nach den Gründen für sein Fasten.

»Ich versuche, gegen mein Ich zu kämpfen«, erklärte der Schüler.

»Das ist schwierig«, sagte der Meister und schüttelte den Kopf. »Und es muß noch schwieriger sein mit einem leeren Magen.«

Die Erziehung der Schlange

Eine indische Geschichte zeigt uns – wie viele andere auch – die eigentliche Natur der Schlange und wahrscheinlich auch des Menschen.

Nicht weit von einem vielbegangenen Weg lebte eine furchterregende Schlange, die alle totbiß, welche ihr zu nahe kamen. Die Bewohner der Gegend sandten eine Delegation zu einem weisen Mann, um sich über die Grausamkeit des Tieres zu beschweren, das keineswegs so viel morden mußte, um zu überleben.

Der weise Mann begab sich zur Schlange und erreichte, daß sie ihm zuhörte. Der ehrwürdige Mann machte dem Tier lange Vorhaltungen und erklärte ihm, daß es für sein Verhalten keinerlei Rechtfertigung gebe, in keiner der drei Welten, und daß sein Verhalten folglich nur ein beklagenswerter Ausdruck der zerstörerischen Kräfte sei, die allzu häufig die Erde heimsuchen und in Trauer versetzen.

Der Weise fand so zu Herzen gehende Worte und so eindrucksvolle Bilder, daß die Schlange erschüttert war. Sie hatte ein Einsehen und schwor, daß sie nie wieder unnötig töten und überhaupt eine andere Schlange werden würde.

Und sie hielt Wort.

Das furchterregende Reptil wurde zu einem schlaffen, abgemagerten Wurm ohne jede Energie, der es noch nicht einmal wagte, ein Insekt zu fressen. Die Dorfbewohner lachten über diese Schwäche, vergaßen schnell die Vergangenheit und sagten: »Wozu ist eine Schlange eigentlich gut? Wozu hat sie Gift und Zähne?« Und die Kinder warfen lachend mit Steinen nach ihr.

Nachdem einige Zeit dieses enthaltsamen Lebens verstrichen war und die Genugtuung des Geistes und der Frieden des Herzens nicht die extreme körperliche Schwäche und all die Verletzungen hatten aufwiegen können, schleppte sich die Schlange zur Hütte des Weisen und erzählte ihm ihre neue Lage.

»Ich habe all das getan, was du mir befohlen hast«, sagte die Schlange. »Ich habe meinem frevelhaften Leben entsagt. Doch ich habe den Eindruck, nicht mehr ich selbst zu sein, weil ich in den Herzen der Menschen keine Furcht mehr errege. Da man mich nicht mehr fürchtet, verachtet und schlägt man mich. Ich fühle mich elend. Was rätst du mir?«

»Was ich dir rate, ist ganz einfach«, antwortete der Ehrwürdige. »Ich habe dir verboten, ohne Grund zu töten und den Kampf mit jedermann aufzunehmen. Aber habe ich dir verboten zu zischen?«

Die letzte Frage ist die beste

Eine chassidische Geschichte erzählt, daß Rabbi Zousya am Ende seines Lebens folgende Worte sprach:

»In der kommenden Welt wird die Frage an mich nicht lauten: ›Warum warst du nicht Moses?‹ Nein, die Frage an mich wird lauten: ›Warum warst du nicht Zousya?‹«

Das Wesentliche

Ein alter Araber von erbärmlichem Äußeren, der sich sein täglich Brot erbettelte, ging durch die Straßen einer Stadt. Niemand schenkte ihm die geringste Aufmerksamkeit. Ein Passant sagte sogar mit richtiggehender Verachtung zu ihm:

»Was machst du hier? Du siehst doch, daß dich niemand hier kennt!«

Der arme Mann betrachtete gelassen den Passanten und antwortete:

»Was kümmert es mich? Ich kenne mich selbst, und das genügt mir. Das Gegenteil wäre furchtbar: wenn alle mich kennen würden und ich nichts von mir wüßte.«

Kein Wunder

Ein Mann verkündete allerorten, er sei ein Prophet und könne Wunder vollbringen. Ein Händler, der dies nicht mehr hören konnte, rief ihn zu sich und sagte:

»Öffne ohne einen Schlüssel das komplizierte Schloß dieser Tür.«

»Habe ich behauptet, ein Schlosser zu sein?« entgegnete der Mann.

Die Sklaven und die Freiheit

Dies ist eine Weltgeschichte. Man findet sie in fast allen Kulturen wieder.

Der Herr sagte eines Tages zu seinen Sklaven: »Ihr seid frei.«

»Wie?« riefen die Sklaven. »Das hast du doch gar nicht zu entscheiden! Der Entschluß muß von uns ausgehen, sonst zählt es überhaupt nicht!«

»Na dann«, sagte der Herr, »entschließt euch.«

»Wie?« riefen da die Sklaven. »Du willst uns befehlen? Was ist dann unsere Freiheit wert?«

Die Diskussion, die einen so ungünstigen Ausgangspunkt hatte, wurde schnell zu einem Streit. Es entwikkelte sich darauf ein langer Krieg. So lange dauerte er, daß diejenigen, die sich heute daran beteiligen, schon die Gründe vergessen haben, aus denen er entstanden war.

Selbst-Verleugnung

Der so weit verbreitete Ich-Kult hat sehr häufig seinen Ursprung in der Verleugnung des Ich. Dies zeigt eine zeitgenössische jüdische Geschichte, die in Israel erzählt wird.

Drei Rabbiner sitzen im Fond eines Taxis. Der erste seufzt und sagt:

»Wenn ich an Gott denke, dann muß ich sagen, daß ich wirklich sehr wenig wert bin.«

Da sagt der zweite Rabbiner zum ersten:

»Wenn du sehr wenig wert bist, was bin ich dann? Ich bin ein Nichts.«

Da sagt der dritte Rabbiner zum zweiten:

»Wenn du ein Nichts bist, was bin ich denn dann?

Ich bin weniger als nichts. Ich rangiere unter allem anderen!«

In diesem Moment dreht sich der Taxifahrer, ein Schwarzer, um und sagt zu ihnen:

»Wenn Sie so sprechen, wenn Sie sagen, daß Sie nichts sind, weniger als nichts, was bin ich denn dann? Dann gibt es ja noch nicht mal ein Wort, um mich zu beschreiben. Dann existiere ich ja gar nicht!«

Da sehen sich die drei Rabbiner an und sagen:

»Was glaubt er, wer er ist?«

Die Unreinheit des Storchs

Eine chassidische Geschichte übermittelt uns eine Antwort von Yaakov Yitzhak.

Er wurde gefragt:

»Es heißt im Talmud, daß der Storch auf hebräisch Hassida heißt, was ›gottesfürchtig‹ oder ›zärtlich‹ bedeutet, und daß er seinen Namen hat, weil er seine Jungen liebt. Warum hat man ihn dann in die Kategorie der unreinen Tiere gesteckt?«

Er antwortete:

»Weil er seine Liebe nur seinen Jungen gibt.«

Der Gesang der Boa

Die Fortdauer des Ich ist (so trügerisch sie auch sein mag) vielleicht niemals mit größerer Suggestivkraft erzählt worden als in dieser afrikanischen Geschichte:

Kurz nach der Entstehung der Zeit lebte eine sehr alte Boa, die in einem Wald sang. Gras wuchs auf ihrem Rücken, und die Vögel bauten dort ihr Nest. Ihr vertrauter und nie unterbrochener Gesang war das

Wiegenlied der Welt. Selbst der Wind ehrte sie. Insekten liefen über ihren Körper. Der Stimme der Boa schrieb man alle Heilungen und Geburten zu.

Da drangen zwei fremde Jäger in den Wald ein und verkündeten, daß sie die Boa töten würden. Einen Grund gaben sie nicht an, die Boa hatte ihnen nichts getan, doch allein ihre Anwesenheit, so behaupteten sie, stelle eine Beleidigung für den Mut der Menschen dar.

»Der Mensch muß jagen und töten«, sagten die beiden Jäger. »Das ist seine Bestimmung. Und er muß vor allem das töten, was nicht zum Töten bestimmt ist. Was angeblich nicht getötet werden kann.«

Die Einwohner des Waldes waren dieser Denkweise nicht zugänglich und versuchten, die Boa zu retten, welche seit so langer Zeit Teil ihres Lebens war. Aber die beiden fremden Jäger machten eine wahre Frage der Ehre daraus, sie zu töten. Sie behaupteten sogar, ihr Gesang sei eine unerträgliche Provokation.

So drangen sie mit ihren Waffen in den Wald ein. Als sie die Boa fanden, blickte diese sie fest an und begann, mit sanfter Stimme zu singen. Ihr Gesang lautete: »Töte nicht diese Schlange. Wenn du mich tötest, werde ich immer bei dir sein. Denn die Erde ist mein Kopfkissen, und die Sterne sind meine Kinder.«

Die Jäger töteten die Boa, wie sie es angekündigt hatten. Es wird erzählt, daß der Wald im Augenblick der Tat erschauerte, der Wind heulend floh und die Gewässer zu fließen aufhörten.

Die Jäger bemühten sich, der Schlange die Haut abzuziehen, doch der Körper des toten Tieres begann wieder zu singen. Der Gesang lautete immer gleich: »Töte nicht diese Schlange. Wenn du mich tötest, werde ich immer bei dir sein. Denn die Erde ist mein Kopfkissen, und die Sterne sind meine Kinder.«

Die Jäger mißachteten die Stimme, häuteten die Schlange, schnitten das Fleisch in kleinere Stücke und bereiteten es zum Trocknen zu, um es später auf dem Markt zu verkaufen. Während es trocknete, näherte sich keine einzige Fliege dem Fleisch, und kein Vogel erschien am Himmel.

Auf dem Markt legten die beiden Jäger das Fleisch der Schlange auf einen Tisch und warteten. Aber sobald sich ein Käufer zeigte, begannen die getrockneten Fleischstücke das Lied der alten Boa zu singen. Die Käufer flohen entsetzt, so daß die beiden Jäger, die sich vor nichts zu fürchten schienen, beschlossen, die Schlange selbst zu essen.

Sie kochten das Fleisch – nicht ohne Mühe, denn das Wasser wollte nicht kochen und der Wind das Feuer nicht entfachen – und luden Freunde ein. Aber sobald die Freunde eine Hand zum Teller ausstreckten, begannen die gekochten Fleischstücke das Lied der alten Boa zu singen, das stets gleich lautete: »Die Erde ist mein Kopfkissen, und die Sterne sind meine Kinder. Iß mich nicht.«

Die Gäste flohen selbstverständlich so schnell sie konnten, so daß den beiden Jägern nichts anderes übrigblieb, als die ganze Schlange allein zu essen. Das taten sie. Danach stießen sie heftig auf und legten sich zu einem ausgiebigen Mittagsschlaf hin.

Als sie wieder erwachten, hatten sie heftige Magenschmerzen und konnten nichts mehr von ihrer Umgebung erkennen. Von diesem Tag an waren sie blind. Man sah sie häufig mit ausgestreckter Hand an einer Straße sitzen. Mit leiser Stimme sangen beide das fast nicht mehr zu erkennende Lied der alten Schlange.

Das Eulenjunge

Ein Eulenmännchen, das irgendwo in Afrika gerade Vater geworden war, sagte zu einem anderen Vogel:

»Ich habe ein Junges bekommen! Es ist schön! Es ist wunderbar!«

Da sagte der andere Vogel:

»Wart, bis es hell ist, dann werden wir ja sehen!«

Der Löwe und der Mann

Loqman erzählt in einer seiner Fabeln, daß eines Tages ein Mann einem Löwen begegnete. Die beiden begannen eine Diskussion über ihre jeweiligen Verdienste, und der Löwe prahlte mit seiner Kraft und Grausamkeit, die er als unvergleichlich schilderte.

In diesem Moment kamen sie an einem Bild vorbei, auf dem ein Mann zu sehen war, der einen Löwen mit bloßen Händen erwürgte.

Da zeigte der Mann auf das Bild und fing an zu lachen.

»Pah«, sagte das Tier, »wenn Löwen malen könnten …«

Der Wolf in der Schule

In einer kurzen Passage aus *Geschichten aus Tausendundeiner Nacht* wird von einem Wolf erzählt, den man zur Schule schickte, damit er lesen lerne. Der Lehrer bat ihn zunächst, die ersten Buchstaben des Alphabets nachzusprechen: »A, B, C«. Aber der Wolf sagte immer nur: »Schaf, Ziege, Kalb …«, da diese Fleischlieferanten seinen Geist bewohnten und er sie nicht daraus vertreiben konnte.

Eine gute Tat

Eine alte indische Geschichte stellt uns einen Mann vor, der lange Zeit in einem Dickicht schwarzer Gedanken lebte. Er verfluchte in einem fort die menschliche Rasse mit ihrer Gier und Gewalttätigkeit. Eines Tages beschloß er plötzlich, seinem Leben ein Ende zu machen. Er sprang vom Flachdach eines Hochhauses. Ein Freund, der bei ihm war, als er in den Tod sprang, versicherte, daß er zum ersten Mal seit Jahren in Gelächter ausbrach und rief: »Zumindest gibt es jetzt einen weniger!«

5

Das Menschliche ist zuweilen allzu menschlich

Das Gesetz der Gastfreundschaft

Selbst wenn alle Aspekte der Pflicht und Schicklichkeit gewahrt zu sein scheinen, geht in bestimmten Fällen doch das rechte Maß verloren. Das Verhalten nimmt dann nicht wünschenswerte extreme Züge an.

Eine indische Geschichte, die in unterschiedlichen Formen schon häufig erzählt worden ist, berichtet von einem Vogelfänger, einem geschickten Fallensteller. Dieser fing lebende Vögel ein und verkaufte sie auf dem Markt.

Eines Tages entdeckte er unter seinem Fang ein Taubenweibchen, das er in einen Bambuskäfig steckte. Während er auf dem Nachhauseweg durch einen dichten Wald ging, brach ein ungewöhnlich heftiges Unwetter los. Es war unmöglich, weiterzugehen. Der Mann mußte unter einem riesigen Baum Schutz suchen. Er lehnte sich gegen den Baum und stellte neben sich auf den Boden den Käfig mit dem Taubenweibchen und einen anderen Käfig, in dem weitere Vögel flatterten.

Es fügte sich aber, daß dieser Baum die Wohnstatt des Taubenweibchens war, das hier, bevor es vom Fallensteller gefangen worden war, mit seinem Männchen gelebt hatte. Dieses, das sich bei dem Unwetter in den Höhlungen des Baumes verbarg, hörte die Klagen seiner Gefährtin. Furchtsam verließ es die Höhlung und sah sie unter sich, gefangen in einem Käfig. Die beiden Tauben begannen, in ihrer Sprache miteinander zu sprechen, die der Vogelhändler trotz seiner Vertrautheit mit den Wäldern nicht verstehen konnte. Und die anderen Vögel schrien dem Taubenmännchen zu:

»Schnell! Komm herunter und befreie uns!«

»Er ist eingeschlafen! Keine Angst! Komm!«

In der Tat ließ der Vogelfänger seinen Kopf auf die Brust sinken und gab sich dem Schlaf hin.

Das Taubenmännchen flog herbei und bearbeitete mit Schnabelhieben und Tritten die Bänder, die den Käfig des Weibchens zusammenhielten.

»Was machst du da?« fragte dieses ihn.

»Ich versuche, die Bänder zu lösen.«

»Warum? Du hast Wichtigeres zu tun.«

»Und was?«

»Dieser Mann friert. Du mußt ihn wärmen.«

Das Männchen wirkte äußerst erstaunt und sagte zu dem gefangenen Taubenweibchen:

»Unseren Feind wärmen? Diesen Mann, der dich gefangen hat und auf dem Markt verkaufen will? Hast du im Wind deinen Verstand verloren?«

»Nein«, antwortete das Weibchen bestimmt. »Mein Verstand ist klar, selbst hier im Käfig. Vielleicht sogar noch klarer denn je.«

Doch die anderen Vögel flatterten aufgeregt in ihrem Käfig und schrien:

»Hör nicht auf diese Wahnsinnige! Befreie uns! Jedes Zögern wäre dumm!«

Verwirrt durch die Haltung seines Weibchens fragte das Männchen:

»Was willst du mir sagen?«

»Du hast vergessen, was du weißt«, antwortete sie. »Unser Feind hat sich diesen Baum ausgesucht, damit er im Unwetter zum Hort seiner Müdigkeit werde, und dieser Baum ist unsere Wohnstatt. Also ist dieser Mann bei uns, er ist unser Gast. Das Schicksal, das man auch Zufall nennt, hat ihn in dieser Nacht zu uns geführt. Selbst im dunklen Land des Schlafs, mit gesenktem Kopf und schwachen Armen, ist er mehr wert als wir. Wir schulden ihm Respekt und Hilfe.«

»Hör nicht auf sie!« schrien die anderen Vögel. »Entscheide dich nicht für die falsche Pflicht! Gehorche diesem Gesetz nicht! Ein Gesetz, das man zu eng auslegt, wird sinnlos!«

»Das Schicksal hat dieses Unwetter ausgelöst«, sagte ein anderer Vogel. »Das Schicksal hat diesen Jäger hierhergeführt.«

»Ja! Damit du uns befreist!«

»Und das Schicksal hat ihm den Schlaf gebracht!«

»Mach schnell, bevor er wieder aufwacht!«

»Willst du, daß deine Frau versklavt wird?«

Doch das Taubenmännchen hockte unbeweglich vor dem Käfig seines Weibchens. Und dieses sagte ihm ruhig und bestimmt:

»Höre nicht auf die Rufe der anderen Vögel. Sie sind Gefangene ihrer Not. Laß banales Mitleid außer acht. Eine höhere Ordnung befiehlt uns heute Nacht. Verschließe dich nicht dieser Ordnung. Sieh weiter als bis zu mir. Suche trockenes Holz, um den Mann zu wärmen, und beeile dich, denn er zittert schon.«

Das Männchen flog in den Wald. Es war nicht einfach, mitten im Gewitter trockenes Holz zu finden. Der Vogel mußte unzählige Male hin und her fliegen und Reisig, Borkenstückchen und Moos herbeibringen, die er am Fuß des Baumes aufschichtete, damit sie nicht naß wurden, während der Fallensteller vollkommen erschöpft schlief.

Als dem Taubenmännchen der Haufen groß genug erschien, flog es trotz der entrüsteten Schreie der anderen Vögel und ermutigt durch das Weibchen los, um Feuer zu suchen. Er drang unter Einsatz seines Lebens in verschiedene Bauernhäuser ein, wo ein Feuer im Ofen knisterte. Er versteckte sich, schlich sich an und schaffte es, einen kleinen, glimmenden Scheit zu pakken und in seinem Schnabel davonzutragen. Er versteckte den Scheit unter einem Flügel, um ihn vor dem Regen zu schützen, wobei er sich die Federn verbrannte. Doch trotz seiner Bemühungen verlosch die Glut.

Er versuchte es wieder, einmal, zweimal, dreimal, viermal. Beim fünften Versuch, als er schon am Ende seiner Kraft war, gelang es ihm, das Feuer in der Nähe des Jägers zu entzünden. Schon brach die Nacht herein. Der Vogel setzte sich, erschöpft von sechs Stunden Anstrengung, auf einen Ast. Der Jäger erwachte und hielt seine Hände über die Flamme. Er warf neues Holz ins Feuer.

Das Unwetter wollte nicht abklingen. Die beiden Tauben, die den Jäger beobachteten, sahen, wie er eine Hand auf den Magen legte.

»Er hat Hunger«, sagte das Weibchen zu ihrem Gefährten.

»Ja, er hat Hunger«, sagte das Männchen. »Er ist unser Gast. Wir müssen ihm etwas zu essen geben.«

»Du hast recht«, sagte sein gefangenes Weibchen. »Wir müssen ihm etwas zu essen geben. Das ist unsere Pflicht.«

Sie hatten einander verstanden. Zu dieser späten Stunde war es unmöglich, im Wald nach Nahrung für den Jäger zu suchen. Alles war dunkel und feindlich. Da legte das Taubenmännchen seine Flügel an und ließ sich mitten in die Flammen unter ihm fallen, vor den Augen des erstaunten Jägers. Innerhalb einer Sekunde brannten seine Flügel, briet sein Fleisch und endete sein Leben.

Der Jäger, der die Bedeutung dieser Geste vollständig erfaßte, war zu Tränen gerührt. Er öffnete die Käfige, gab dem Taubenweibchen und den anderen Vögeln die Freiheit zurück und bat sie um Verzeihung.

Aber das Weibchen flog nicht in den Wald zurück, sondern schloß sich sofort ihrem Gefährten an und verbrannte neben ihm im Feuer.

Die neuen Blumen

Ein Gärtner aus Hedjaz hörte, wie ein Reisender von wunderbaren Blumen schwärmte, die er weit entfernt, in den Gärten von Mossul, hatte bewundern können. Der Gärtner bat den Reisenden, ihm diese unbekannten Blumen genau zu beschreiben. Danach machte er sich ans Werk.

Drei Jahre später verkündete er, man könne in seinem Garten neue, prächtige Blumen bewundern. Die Besucher kamen in Scharen und waren entzückt. Auch der Reisende kam und sagte zum Gärtner, daß die Blumen seiner Meinung nach genauso aussähen wie die aus den Gärten von Mossul.

Der Gärtner beschloß hoch erfreut, sich auf die Reise zu machen, um seine Blumen mit ihren Schwestern im unbekannten Land zu vergleichen.

Einige Monate später fanden drei junge Mädchen eines Morgens in einem der Gärten der Stadt einen Fremden, der sich erdolcht hatte.

Die Blumen der heiligen Helene

Man erzählt sich eine Geschichte von einer christlichen Heiligen, die im Mittelalter in Ungarn lebte und Helene hieß. Seit ihrer frühesten Kindheit lebte sie inmitten von Blumen und entwickelte für sie eine wahre Leidenschaft. Sie bewunderte sie, sie roch an ihnen, sie pflückte sie, sie flocht sie – sie widmete ihnen ihr ganzes Leben.

Später entsprach sie den Wünschen ihrer Eltern – und ihrer eigenen Frömmigkeit – und trat in einen Orden ein. Sie lernte dort sogleich, daß Gott von jedem Menschen, der sich ihm weiht, verlangt, auf die weltlichen Freuden zu verzichten, auf die Freuden also, die man die materiellen nennt. Nun hatte die junge Helene nur eine einzige Freude: Blumen. Sie beschloß also, ihr ganzes Leben eingeschlossen in einer dunklen Zelle zu verbringen.

Einige Zeit später empfing Helene die Stigmata, die sichtbaren Zeichen der Leiden Christi, auf den Händen und Füßen. Doch als wollte die göttliche Weisheit Helene durch einen seltsamen Umweg zu verstehen geben, daß totale Entsagung unvernünftig, unmäßig und wohlmöglich schlimmer ist als die Freude, die sie auslöschen will, sah man um die Stigmata herum bunte Flecken, die genauso aussahen wie Blumen, wie Rosen und Veilchen.

Helene, die sich von Auswüchsen ihres Verlangens heimgesucht wähnte (vielleicht fürchtete sie auch die stets heimtückischen Anwandlungen von Eitelkeit), kratzte diese Flecken ab, riß sie aus und warf sie weg.

Doch ihre Gefährtinnen, die anderen Nonnen, hatten das Phänomen bemerkt, sammelten die Blumen von Helenes Haut ein und hüteten sie wie einen Schatz.

Die Ameisen von Damaskus

Es sind viele christliche Asketen bekannt, die sich in die Wüste zurückzogen und tausend Überspanntheiten hingaben. Einer war vollständig mit Ketten bedeckt und hatte seinen Blick stets nach Osten gewandt. Ein anderer hatte sich in einem hohlen Baum niedergelassen. Eine findige Anordnung von scharfen Nägeln, die durch die Rinde geschlagen worden waren, hinderte ihn am Schlafen, da sein Kopf jedesmal auf die Nägel fiel, wenn der Schlaf ihn überwältigte. Andere wie der Heilige Symeon Stylites, der Jüngere, verbrachten Jahrzehnte mitten in der Wüste auf einer Säule, um der Erde ferner und dem Himmel näher zu sein. Wieder andere lebten den größten Teil ihres Lebens in einem kleinen, vollkommen dunklen Zimmer. Einer dieser Heiligen war derart schmutzig und skrofulös, daß Maden in seinen Mundwinkeln lebten. Und immer wenn eine dieser Maden herunterfiel, nahm sie der Heilige und setzte sie an ihren Platz zurück.

In der arabischen Tradition, wo man manchmal auf die gleichen Beispiele trifft, kannte man einen heiligen Mann, der zu Fuß von Damaskus nach Bagdad gehen mußte. Bevor er nach Damaskus aufbrach, nahm er einige Handvoll Getreide von einem Freund an und ernährte sich davon auf dem Weg.

Als er in Damaskus ankam und die letzten Getreidekörner aus seinem Bettelsack schüttelte, sah er ein paar Ameisen.

»So ein Unglück!« sagte er. »Ich habe mit dem Getreide aus Versehen diese Ameisen mitgenommen. Ich habe sie ihrer Heimat und ihrer Familie entrissen. Das darf nicht sein.«

So machte er sich unverzüglich auf den Weg, um die Ameisen nach Damaskus zurückzubringen.

Die Augen und die Tränen

Ein anderer arabischer Asket mit Namen Sabet verbrachte sein ganzes Leben in Tränen aufgelöst. Er weinte so ausgiebig und so heftig, daß seine Augen sich entzündeten.

Es wurde ein Arzt gerufen, der sich Sabets Augen ansah und sagte:

»Ich kann dir keine wirksame Behandlung vorschlagen, wenn du mir nicht etwas versprichst.«

»Was soll ich dir versprechen?« fragte der Asket.

»Du mußt mir versprechen, nicht mehr zu weinen«, sagte der Arzt.

Da wurde der Asket wütend und verjagte den Arzt mit den Worten:

»Wozu sollten mir meine Augen dienen, wenn nicht zum Weinen?«

Der Raub des Stiers

Dies ist eine Geschichte aus dem Maghreb.

In der dunkelsten Nacht beschloß ein Mann, sich einen wunderbaren Stier aus einem Stall des Nachbarstamms anzueignen. Er begab sich zum Stall, lenkte den wachsamen Hund mit einem Klumpen Schafeingeweide ab, entfernte das dornige Gestrüpp der Umzäunung, öffnete leise die Tür, schlang einen Strick um den Hals des Stiers und nahm ihn mit.

Fügsam ließ der Stier sich fortführen. Der Dieb ging durch ein Wadi, erkletterte einen dunklen Hügel und trat in einen Eichenwald ein. Plötzlich, als er den Rand des Waldes erreicht hatte, bemerkte er durch die Äste ein rötliches Licht. Kein Zweifel: Dieses Licht konnte nur von einem sehr heiligen Mann stammen, von Sidi

El Rerib, der seine karge Hütte in dieser Gegend des Waldes gebaut hatte.

Der Dieb war verwirrt und zögerte. Er hatte von den seltsamen Kräften des Einsiedlers gehört, der, so hieß es, die Geheimnisse des Herzens lesen und der leblosen Materie gebieten konnte. Daher wagte er nicht, den Wald an dieser Stelle zu verlassen. Er hoffte, der Stier würde keinen Laut von sich geben, schlug eine andere Richtung ein und ging lange durch das Dunkel in eine ihm bekannte Richtung, auf einem Weg, der sehr viel unbequemer war als der, den er zunächst eingeschlagen hatte. Er stieß sich von Zeit zu Zeit an Baumstämmen und hörte den Atem des gestohlenen Stieres hinter sich.

Als er wiederum den Saum des Waldes erreichte, sah er dasselbe rote Licht. Dem Dieb schlug das Herz ein wenig rascher, und er dachte: »Vielleicht ist dies das Auge des Heiligen.« Dann beruhigte er sich, dachte nach und sagte sich schließlich, daß er in der Dunkelheit im Kreis gegangen sei, ohne es zu merken, und deshalb an der gleichen Stelle wie vorher ausgekommen war.

Er machte sich wieder auf den Weg in die dunkle Tiefe des Waldes. Er folgte unbekannten Pfaden, zerriß sich die Kleider an den Dornen, er verletzte sich, befand sich plötzlich am Rand einer tiefen Schlucht, die Steine rollten unter seinen Füßen weg, daß er sich am Strick des Stiers festhalten mußte, um nicht in den Abgrund zu rutschen, er ging wieder zurück, glaubte zwischen den Bäumen einen Berg zu sehen, den er kannte, wurde unruhig, erblickte schließlich den Saum des Waldes – und dort sah er wie gehabt das rote Licht des Heiligen leuchten.

Von Panik ergriffen drang er erneut, ohne den Strick des Stiers loszulassen, keuchend, verstört und verloren im Mysterium in die Tiefe des Waldes ein. Er berührte sich am Kopf und an den Armen, um sich zu versichern, daß er nicht träumte und noch lebte, dann fing er trotz der vielen Schlingen um ihn herum an zu rennen, um seiner Angst zu entkommen. Da hörte er ganz nahe hinter sich eine Stimme, die ihn fragte:

»Wohin rennst du?«

Er hatte nicht den Mut, sich umzudrehen. Ohne den Strick loszulassen, rannte und rannte er, bis er am Ende seiner Kräfte war. Blut floß aus seinen zerkratzten Gliedmaßen. Als er außer Atem stehenblieb, hörte er dieselbe ruhige Stimme ganz in seiner Nähe, die ihn fragte:

»Wohin rennst du? Wovor hoffst du zu fliehen?«

Dieses Mal blieb der Dieb einen Moment lang unbeweglich stehen und blickte starr in die Dunkelheit. Er wußte, daß er nicht weiter konnte. Er wußte auch, daß ihn etwas Außergewöhnliches umgab, dem er sich nicht entziehen konnte. Langsam wandte er sich um.

Er sah hinter sich den Heiligen mit gekreuzten Armen stehen. Der Strick des Stiers hing um seinen Hals. Ein rotes Licht lag in seinen Augen.

Der Dieb fiel auf die Knie. Seine Hand ließ den Strick los.

Am nächsten Tag fand man seinen Leichnam. Sein Bauch schien an zwei Stellen aufgeschlitzt worden zu sein. Wie von Jagdspießen, sagte man, oder auch von mit Eisen beschlagenen Stäben.

Oder auch, sagte einer, wie von den Hörnern eines Stiers.

Um eine Geburt zu feiern

In den dreißiger Jahren feierte ein Mexikaner mit einigen Freunden die Geburt seines ersten Sohnes.

»Ich bin so glücklich«, sagte er, »daß ich vor Freude sterben könnte.«

»Das könntest du nicht«, sagten seine Begleiter, wie um ihn zu einer Wette herauszufordern.

Da griff der Mann nach einem Revolver und schoß sich in den Kopf.

Die beiden Armbänder

Tagore erzählt die Geschichte von Govinda, dem großen Prediger der Sikhs, der gerade auf einem Felsen an einem Wildbach saß und Schriften las, als sein reicher Schüler Raghunath sich vor ihm verneigte und ihm als Geschenk zwei schöne Goldarmbänder mit Edelsteinen präsentierte.

Govinda nahm eins der Armbänder und ließ es durch seine Finger gleiten. Plötzlich rutschte ihm der Schmuck aus der Hand, rollte über den Felsen und verschwand in den Strudeln des Wildwassers.

Raghunath stieß einen Schrei aus und sprang in den Bach. Lange suchte er nach dem Armband, während Govinda sich wieder seiner Lektüre zugewandt hatte.

Der Tag ging schon zur Neige, als der Schüler erschöpft und durchnäßt ans Ufer kletterte.

»Wenn du mir nur zeigen könntest, wohin es gefallen ist«, sagte er zu seinem Meister, »dann könnte ich es sicher wiederfinden.«

Da nahm Govinda das zweite Armband, warf es in die Strudel des Baches und sagte: »Es ist dorthin gefallen!«

Die Nonne, die zu schön war

In einem japanischen Kloster lebte eine überaus schöne Nonne mit Namen Ryonen. Ihre religiösen Übungen waren streng, und sie war für ihren Tiefsinn bekannt. Da ihre Schönheit alle Mönche verwirrte, nahm sie später ein Messer und zerschnitt sich das Gesicht.

Vor dieser Tat strahlte Ryonen geradezu vor Schönheit. Ein junger Mann führte sie eines Nachts, getrieben von Verlangen, in sein Schlafgemach. Ryonen ließ sich mit ihm einschließen. Doch als er davon sprach, mit ihr zu schlafen, antwortete sie ihm: »Morgen. Heute kann ich nicht.«

Da ließ der Mönch sie gehen.

Am nächsten Tag war ein hoher Feiertag. Eine große Menge Menschen füllte den Tempel, als die schöne Nonne Ryonen plötzlich zum jungen Mönch trat. Sie ließ ihre Kleider fallen, präsentierte sich inmitten der Leute vollkommen nackt und sagte zum Mönch: »Da bin ich, ich bin bereit. Wenn du mit mir schlafen willst, dann hier und jetzt.«

Da rannte der Mönch aus dem Tempel.

6

Und der Tod ist unsere letzte Rolle

Heute abend in Samarkand

Die berühmteste Geschichte über den Tod ist persischen Ursprungs. Fariduddin Attar erzählt sie so:

Eines Morgens sah der Kalif einer großen Stadt seinen Großwesir in heller Aufregung auf ihn zulaufen. Er fragte nach dem Grund für diese sichtliche Unruhe, und der Großwesir sagte zu ihm:

»Ich flehe dich an, laß mich noch heute die Stadt verlassen.«

»Aber warum?«

»Als ich heute Morgen auf meinem Weg zum Palast den Platz überquerte, stieß jemand gegen meine Schulter. Ich drehte mich um und sah den Tod, der mich starr anblickte.«

»Den Tod?«

»Ja, den Tod. Ich habe ihn sofort erkannt, er war ganz in schwarz mit einem roten Schal. Er ist hier und hat mich angestarrt, um mir Angst zu machen. Denn er will mich holen, da bin ich sicher. Laß mich auf der Stelle die Stadt verlassen. Ich nehme mein bestes Pferd und kann heute abend noch in Samarkand sein.«

»Und es war wirklich der Tod? Du bist sicher?«

»Vollkommen sicher. Ich habe ihn so vor mir gesehen, wie ich jetzt dich sehe. Ich bin sicher, daß du du bist, und ich bin sicher, daß er er war. Laß mich gehen, ich bitte dich!«

Der Kalif, der seinem Großwesir herzlich zugetan war, ließ ihn ziehen. Der Mann ging zu seinem Haus, sattelte sein bestes Pferd und ritt im Galopp durch eines der Stadttore, Richtung Samarkand.

Einen Augenblick später beschloß der Kalif, den ein unterschwelliger Gedanke quälte, sich zu verkleiden, wie er es manchmal tat, und seinen Palast zu verlassen. Ganz allein begab er sich auf den großen Platz, auf den geräuschvollen Markt, und suchte mit seinen Augen nach dem Tod, bis er ihn entdeckte, erkannte. Der Großwesir hatte sich nicht geirrt. Es war der Tod, groß und mager, ganz in schwarz, das Gesicht halb verborgen unter einem roten Baumwollschal. Er ging, ohne daß man ihn bemerkte, auf dem Markt von einer Gruppe zur anderen und streifte hier mit dem Finger die Schulter eines Mannes, der seine Auslage arrangierte, dort den Arm einer mit Minze beladenen Frau und wich einem Kind aus, das auf ihn zurannte.

Der Kalif ging auf den Tod zu. Dieser erkannte ihn auf der Stelle, trotz seiner Verkleidung, und verneigte sich zum Zeichen seines Respekts vor ihm.

»Ich habe eine Frage an dich«, sagte der Kalif mit leiser Stimme.

»Ich höre.«

»Mein Großwesir ist ein noch junger Mann, kerngesund, tüchtig und wahrscheinlich redlich. Warum hast du ihn heute morgen, als er zum Palast kam, angestoßen und erschreckt? Warum hast du ihn drohend angesehen?«

Der Tod wirkte leicht überrascht und antwortete dem Kalifen:

»Ich wollte ihn nicht erschrecken. Ich habe ihn auch nicht drohend angesehen. Aber als wir uns zufällig in der Menge anrempelten und ich ihn erkannte, da konnte ich einfach mein Erstaunen nicht verbergen, was er wahrscheinlich für einen drohenden Blick gehalten hat.«

»Warum warst du erstaunt?«

»Weil«, antwortete der Tod, »ich nicht erwartet hatte, ihn hier zu sehen. Denn heute abend habe ich mit ihm eine Verabredung in Samarkand.«

Die Vorwarnungen

Diese chinesische Geschichte erzählt uns von den nicht erkannten Vorwarnungen des Todes, die auf eine gewisse Art seine Sprache sind.

Eines Tages kniete ein junger Mann am Ufer eines Flusses. Er tauchte seine Arme in das Wasser, um sich das Gesicht zu erfrischen, da sah er plötzlich das Bild des Todes vor sich.

Er richtete sich äußerst erschrocken wieder auf und fragte:

»Was willst du von mir? Ich bin jung! Warum willst du mich ohne Vorwarnung holen?«

»Ich bin nicht wegen dir gekommen«, antwortete die Stimme des Todes. »Beruhige dich und geh nach Hause, denn ich warte hier auf jemand anderen. Ich werde nicht kommen, ohne dich vorzuwarnen, das verspreche ich.«

Der junge Mann ging glücklich nach Hause. Er wurde zum Mann, heiratete, hatte Kinder und folgte dem ruhigen Lauf seines Lebens. Eines schönen Sommertags ging er wieder am Fluß entlang und blieb stehen, um sich zu erfrischen. Und erneut sah er das Gesicht des Todes. Er grüßte und wollte sich wieder aufrichten. Doch eine schreckliche Kraft hielt ihn am Ufer des Wassers. Er bekam Angst und fragte:

»Was willst du?«

»Dich will ich«, antwortete die Stimme des Todes. »Heute bin deinetwegen gekommen.«

»Aber du hast doch versprochen, mich nicht ohne Vorwarnung zu holen! Du hast dein Versprechen nicht gehalten!«

»Ich habe dich vorgewarnt«, sagte der Tod.

»Du hast mich vorgewarnt?«

»Auf tausend verschiedene Arten. Jedes Mal, wenn du in den Spiegel gesehen hast, hast du auch gesehen, wie deine Falten tiefer und deine Haare weißer wurden. Du hast gespürt, wie du kurzatmiger wurdest und deine Gelenke langsam einrosteten. Wie kannst du also sagen, ich hätte dich nicht vorgewarnt?«

Und er zog ihn bis zum Grund des Wassers.

Der vergessene Mast

Ein alter irischer Fischer hat diese Geschichte erzählt.

Ein Fischerboot lief zum Fischfang zwischen den Felsen des Meeres aus. Als die Fischer sich dem ersten Felsen näherten, bemerkten sie, daß sie einen Mast an Land vergessen hatten, weil es noch Nacht war.

Sie kehrten an Land zurück, um den Mast zu holen. Am Quai stand ein Mann, der für den besten Felsenfischer der ganzen Küste gehalten wurde – denn es gibt immer einen, der besser ist als die anderen, für jede Tätigkeit, selbst wenn es nur darum geht, einen Hammer zu benutzen. Sie nahmen den Mann mit und fuhren wieder aufs Meer hinaus.

Dann setzten sie je einen Mann ihrer Gruppe auf einem Felsen ab und fischten den ganzen Tag. Am Abend fuhr das Boot wieder alle Felsen ab, um die Männer an Bord zu holen. Doch nirgendwo konnte man den besten Fischer der Küste finden.

Eine Welle hatte sich aus dem Meer erhoben und ihn mitgerissen, denn seine Zeit war gekommen.

Und die Männer sagten, während das Boot mit der Nacht in den Hafen einfuhr:

»Heute morgen dachten wir noch, wir würden zurückfahren, um den Mast zu holen. In Wirklichkeit aber holten wir den Mann.«

Der Tod von Abraham

Die arabische Tradition überliefert Abrahams Tod so:

Der Herr hatte Abraham versprochen, ihm erst das Leben zu nehmen, wenn er selbst es wollte. Aber Abraham zeigte keinerlei Verlangen, die Welt zu verlassen, obwohl er schon ungeheuer alt war. Da griff der Herr zu einer List. Er schickte einen seiner Engel als alten, schwachen Mann auf die Erde. Dieser zittrige Alte kam zu Abrahams Pforte, und Abraham öffnete ihm selbst.

»Abraham«, sagte der Alte, während ihm gelbliche Spucke aus beiden Mundwinkeln lief, »gib mir etwas zu essen.«

»Du ißt noch?« fragte Abraham.

»Ja, ich esse noch.«

»Wäre es nicht besser, du würdest sterben, als in einem derart elendigen Zustand der Zerrüttung weiterzuleben?«

»Nein«, sagte der Alte, »weil ich noch leben möchte.«

Abraham zuckte mit den Schultern und gab dem verkleideten Engel von der Speise, die er stets für hungrige Wanderer bereit hielt. Es war eine Suppe mit Kichererbsen und Brot. Der Alte setzte sich direkt vor Abrahams Haus auf den Boden und fing an zu essen. Aber da seine Hände so stark zitterten, goß er die Hälfte der Suppe auf seine Knie. Reste von Brot und Erbsen fielen in seinen schmutzigen Bart. Er schlürfte, er spuckte aus, er furzte, und der Rotz lief ihm aus der Nase.

»Abraham«, sagte er mit schwacher Stimme, »hilf mir essen.«

Da Abraham ein barmherziger Mann war, konnte er sich dieser Bitte nicht widersetzen. Er nahm die Schale des Bettlers und führte sie bis an seine zitternden Lippen. Gleichzeitig griff er mit seiner rechten Hand nach den Kichererbsen und schob sie in den zahnlosen Mund. Er sah aus nächster Nähe die rissige Haut, die Wunden, die milchigen Augen und den von Krämpfen geschüttelten Körper.

Unvermittelt fragte er:

»Wie alt bist du?«

Der Alte hob sein verschwommenes Gesicht zu Abraham, sah ihn einen Moment lang an und sagte ihm ein Alter, das nur um wenige Monate höher war als das Abrahams. Da rief dieser aus:

»Herr, nimm mich zu dir, bevor ich so werde wie dieser Mann!«

Er starb noch im selben Augenblick.

Der Tod von Moses

Dieselbe Tradition erzählt uns Mose Tod so:

Der Todesengel mußte bei Moses ebenfalls eine List anwenden, um zum Ziel zu gelangen. Er stieg von Himmel hernieder und grüßte ihn respektvoll.

»Wer bist du?« fragte ihn Moses. »Ich kenne dich nicht, habe dich noch nie gesehen.«

»Ich bin der Engel des Todes.«

»Und was willst du?«

»Ich bin gekommen, um deine Seele zu holen.«

»An welcher Stelle willst du sie mir aus dem Leib

ziehen?« fragte Moses, der nicht in der Stimmung war zu sterben.

»Aus deinem Mund«, antwortete der Engel des Todes.

»Mit meinem Mund habe ich mit dem Herrn gesprochen.«

»Dann aus deinen Augen.«

»Mit meinen Augen«, sagte Moses, »habe ich das strahlende Antlitz des Herrn erblickt.«

»Dann ziehe ich sie dir aus den Ohren.«

»Mit meinen Ohren habe ich die Stimme und die Worte des Herrn vernommen.«

»Durch deine Hände.«

»Mit meinen Händen habe ich die Gesetzestafeln gehalten, die der Herr mir gegeben hat.«

»Dann ziehe ich sie dir durch deine Füße.«

»Mit meinen Füßen habe ich aufrecht vor dem Herrn gestanden und mit ihm in aller Vertrautheit gesprochen.«

Da sagte der Engel des Todes zu Moses:

»Mir scheint, du hast ein bißchen zuviel Wein getrunken, denn du sprichst, als wärst du betrunken.«

Da ärgerte sich Moses und rief:

»Wie kannst du es wagen zu behaupten, ich hätte Wein getrunken? Es gibt keinen Menschen, der nüchterner wäre als ich. Komm her und rieche meinen Atem!«

Moses öffnete den Mund. Der Engel des Todes neigte sich zu ihm, und Moses hauchte ihm mit aller Kraft seinen Atem ins Gesicht.

Dies nutzte der Engel des Todes, um seine Seele durch den Atem zu ergreifen und weit weg zu bringen.

Der Todestanz

Die arabische Tradition überliefert auch eine Geschichte von einem fast unmerklichen Tod.

Zwei Fürsten standen einander in einer grausamen Schlacht gegenüber. Der eine der beiden, welcher sich gegen den anderen erhoben hatte, wurde besiegt und in Gefangenschaft gebracht. Er wußte, daß ihm der Kopf abgeschlagen werden würde, um die Gesetze des Reichs aufrechtzuerhalten. Doch da es sich um einen Fürsten von hohem Rang handelte, brachte ihn der Sieger aufs prächtigste in einem seiner Paläste unter und ließ ihn seiner Stellung entsprechend behandeln. Diener, Musiker und Tänzerinnen bemühten sich um ihn, und seine Gefangenschaft schien wie das reine Glück.

Doch der gefangene Fürst, der wußte, daß er sterben mußte, blieb auch inmitten aller Feste traurig. Wochen und Monate vergingen so, bis der zum Tode verurteilte Rebell dem Sieger eine Nachricht zukommen ließ, in der er um einen raschen Tod bat.

Am nächsten Tag lud der Sieger den Besiegten in seinen eigenen Palast ein. Die Speisen, die Musik und die Tänze erschienen allen Gästen unvergleichlich – nur dem Gefangenen nicht, der weiterhin traurig dreinblickte und plötzlich ausrief:

»Wann endlich schenkst du mir den Tod?«

»Er kommt«, antwortete der Sieger. »Sieh, hier ist mein bester Henker.«

Ein imposanter, maskierter Mann, der in der rechten Hand einen funkelnden Säbel hielt, trat in den großen Saal und begann zu tanzen. Er tanzte mit außerordentlicher Kraft und Eleganz. Anmutig wirbelte sein Schwert durch die Luft. Gebannt sahen ihm alle zu, selbst der gefangene Fürst, an dem der Henker mehrere Male vorbeitanzte.

Der wundersame Tanz dauerte so lange, daß der Gefangene schließlich aus seiner Verzauberung erwachte und zum siegreichen Fürsten sagte:

»Wie lange dauert dieser Tanz denn noch? Wann läßt du mir den Kopf abschlagen?«

Da lächelte der Sieger und antwortete:

»Aber dein Kopf ist bereits abgeschlagen. Wenn du dich ein wenig nach vorn neigst, wirst du sehen, daß er fällt.«

Der Junge, der sich umbringen wollte

Eine afrikanische Geschichte aus Sana erzählt folgendes:

Ein Junge stand eines Tages auf und sagte, er wolle sich umbringen. Er verließ das Haus, ging und ging, blieb schließlich vor einem Affenbrotbaum stehen und sagte zu ihm:

»Laß dich auf mich fallen, junger Baobab! Laß dich auf mich fallen!« Aber ein Vogel fing ganz in der Nähe an zu singen:

»Nein, hör nicht auf ihn, Baobab! Hör nicht auf ihn! Er meint es nicht so!«

Der Junge jagte den Vogel so weit weg, wie er nur konnte, dann wandte er sich erneut an den Affenbrotbaum und bat ihn, sich auf ihn fallen zu lassen. Doch der Vogel kam in Windeseile zurück und begann wieder zu singen:

»Nein, hör nicht auf ihn, Baobab! Hör nicht auf ihn, er meint es nicht so!«

Das wütende Kind tötete den Vogel und bat den Baum erneut um den Tod. Doch der tote Vogel, der am Fuß des Baumes lag, rief aus: »Er meint es nicht so! Er meint es nicht so!« Da verbrannte der Junge den toten

Vogel und verlangte erneut vom Affenbrotbaum, auf ihn zu fallen und ihn zu töten.

Doch die Asche des toten Vogels rief immer noch: »Er meint es nicht so!«

Da sammelte das Kind die Asche des Vogels auf, den es getötet hatte, und lief zum Fluß, um sie hineinzuwerfen, ohne zu bemerken, daß ein winziger Ascherest unter einen Busch gefallen war. Der Junge setzte sich erneut unter den Affenbrotbaum und bat ihn, auf ihn zu fallen und ihn zu zerquetschen.

Doch der Ascherest, der vom Wind herbeigetragen worden war, ließ eine Stimme ertönen, die sagte:

»Hör nicht auf ihn, Baobab! Er meint es nicht so.«

Das Kind sammelte sorgfältig den Ascherest ein und warf ihn in den Fluß. Dann kam es zum Baum zurück und bat ihn, sich fallen zu lassen.

Dieses Mal war keine Stimme zu hören.

Da neigte sich der Affenbrotbaum, fiel und zerschmetterte den Kopf des Kindes.

Wenn das Kind an diesem Tag nicht den Vogel getötet hätte, würde heute jedesmal, wenn ein Mensch beschließt, sich umzubringen, ein Vogel erscheinen, um ihn daran zu hindern.

Jesus und der Geschmack des Wassers

Aus Persien stammt allem Anschein nach dieser kurze Dialog mit Jesus.

Es war ein Sommertag.

Jesus trank Wasser aus einem klaren Bach und fand es köstlich. Da kam eine Frau, schöpfte Wasser aus diesem Bach und goß es in einen Krug. Jesus, der immer noch Durst hatte, bat die Frau um einen Schluck Wasser. Sie ließ ihn aus dem Krug trinken.

Dieses Mal fand Jesus das Wasser bitter. Darüber wunderte er sich:

»Das Wasser aus dem Bach und das Wasser aus dem Krug sind dasselbe. Warum erscheint mir das Wasser aus dem Bach süß und bitter das Wasser aus dem Krug? Wo ist des Rätsels Lösung?«

Da begann der Krug zu sprechen und sagte:

»Es liegt daran, daß ich alt bin. Die Erde, aus der ich gemacht bin, ist seit der Entstehung der Welt tausendmal bearbeitet worden. Ich war eine Vase, ein Teller und ein Becher. Und man könnte mir in den folgenden Jahrhunderten noch tausend Formen geben, ohne daß ich jemals die Bitterkeit verlieren würde, die du in meinem Wasser schmeckst: die Bitterkeit des Todes.

Tag des Schmerzes

Immer noch in Persien sah man eines Tages einen jungen Mann, der seinen Vater verloren hatte und klagte:

»Ich habe solchen Kummer! Ich leide! In meinem ganzen Leben habe nicht solchen Schmerz empfunden wie heute.«

Ein alter Freund, der gerade vorbeikam, gab ihm zu bedenken:

»Und was soll man über deinen Vater sagen?«

Ein Gesicht mit Säbelhieben

Urabe Kenkô, der japanische Schriftsteller, überliefert uns folgendes:

Es gab einen sehr berühmten Wahrsager, dessen Spezialgebiet die Physiognomie war. Eines Tages empfing er den Vorsteher eines Ordens, der ihn fragte:

»Sieh dir genau mein Gesicht an. Ist dies ein Gesicht, das Säbelhiebe bekommen könnte?«

Der Wahrsager studierte rasch die Gesichtszüge des Bonzen und antwortete:

»Ja, so ist es.«

»An welchen Anzeichen in meinem Gesicht kannst du das erkennen?«

»Das ist ganz einfach«, antwortete der Wahrsager. »Dein religiöser Status, den du gewählt hast, müßte dich jeder Furcht entheben, angegriffen und im Gesicht verletzt zu werden. Doch du hast daran gedacht, und sei es auch nur für einen Moment. Dieser eine Gedanke, der sich bei dir eingeschlichen hat, macht dich anfällig für eine Verletzung.«

In Wirklichkeit wurde der Mönch kurz danach durch einen Pfeil getötet.

Die falsche Person

Eine klassische jüdische Geschichte, die schon Gegenstand etlicher Variationen war, erzählt von einem traurigen Irrtum.

Ein kleiner jüdischer Händler mit Namen Simon hatte nur ein einziges Ziel: reich zu sein. Er sparte Pfennig für Pfennig, knauserte mit einer außerordentlichen Beharrlichkeit an seiner Wohnung, an seinen Kleidern und seiner Nahrung. Alles erschien ihm zu aufwendig und zu teuer. Selbst das Notwendigste hielt er für überflüssig. Er führte ein elendes Leben.

Nachdem er etwa dreißig Jahre so gelebt hatte – das Ganze ereignete sich am Ende des letzten Jahrhunderts – war Simon, wie er es vorausgesehen hatte, reich. Und von einem Moment zum anderen änderte er sein Leben: Er hörte auf zu arbeiten, ging zum Friseur und zur

Maniküre, kaufte sich äußerst luxuriöse Kleider bei den besten Pariser Schneidern und reiste an die Côte d'Azur.

Als er an seinem ersten Tag in Nizza mit makellosen Schuhen, enger Hose, einer neuen Weste aus bestem schottischem Tweed, mit Krawatte, Spazierstock und Hut aus einem sehr großen Hotel trat und auf die *Promenade des Anglais* ging, wurde er von einer Kutsche angefahren.

Der Schock war tödlich. Simon lag auf der Straße, atmete kaum noch, lag im Sterben. Sofort umringten ihn mitleidige Gaffer.

Da hob Simon, gezeichnet vom Schmerz, die Augen, die mit besonders bitteren Tränen gefüllt waren, zum Himmel und rief aus:

»Warum? ... Warum hast du mich heute mit dem Tod gestraft?«

Und zum großen Erstaunen der Gaffer öffneten sich die Wolken einen Spalt, und die Stimme Gottes antwortete:

»Um die Wahrheit zu sagen, Simon, ich habe dich nicht erkannt.«

Nach dem Tod

Kurzer Dialog aus dem Zen:

»Meister, was geschieht mit dem erleuchteten Menschen nach seinem Tod?«

»Das weiß ich nicht.«

»Seid Ihr kein erleuchteter Mensch?«

»Doch. Aber ich bin nicht tot.«

Noch ein Irrtum

Die folgende Geschichte stammt aus Spanien. Ein Mann fällt aus dem dreißigsten Stock in die Tiefe. Im Fall ruft er:

»Heiliger Antonius! Heiliger Antonius! Rette mich!«

Da dringt eine mächtige Hand durch die Wolken und ergreift ihn.

»O danke, Heiliger Antonius!« ruft der Mann.

»Heiliger Antonius von?« fragt eine unsichtbare Stimme.

»Heiliger Antonius von Padua!«

»Ah, dann habe ich mich geirrt«, sagt die Stimme.

Die Hand öffnet sich, und der Mann zerschmettert auf der Straße.

Der gerettete Arzt

Nasreddin Hodja konnte natürlich in den Geschichten, die den Tod in Szene setzen, kein Unbekannter bleiben. Er erscheint hier auf seine unnachahmliche Weise in einer Geschichte, deren Ursprung zweifellos in der Türkei liegt.

Nasreddin Hodja befand sich auf einer Reise und hatte großen Hunger. Er gelangte in eine Stadt, und die Einwohner fragten ihn nach seinem Beruf. Er antwortete, er sei Arzt.

Sofort führte man ihn zum Sohn des Bey, der sehr krank wirkte und den alle Ärzte schon aufgegeben hatten.

Nasreddin untersuchte kurz den jungen Kranken.

»Welche Behandlung ordnest du für meinen Sohn an?« fragte der Vater.

»Gibt es hier Brot, Butter und Honig?«

»Natürlich.«

»Dann soll man es mir bringen.«

Man brachte das Brot, das Nasreddin in Scheiben schnitt. Die Scheiben bestrich er mit Butter und Honig. Er begann dies zu essen, als wäre es eine ausgezeichnete Medizin, die er probieren müsse. Er aß das ganze Brot mit Butter und Honig auf.

Einen Augenblick später lief eine Frau herbei und sagte:

»Was machst du denn da, Arzt? Das Kind ist tot.«

»Wenn ich nicht gegessen hätte«, antwortete Nasreddin, »dann wären wir jetzt beide tot.«

Gespräch mit einem Totenkopf

Der Tod – als Totenkopf oder als Skelett – erscheint auch als Person. Hier zunächst ein Beispiel aus China.

Tchuang-Tseu erblickte auf seinem Weg einen Totenkopf und fragte ihn:

»Wie bist du hierhergekommen? Hast du im Lebensdurst deinen Verstand verloren?«

Der Totenkopf antwortete nicht. Der Weise sagte:

»Hast du den Untergang deines Landes verursacht und bist dafür geköpft worden?«

Der Totenkopf antwortete nicht.

»Bist du wegen deines liederlichen Lebenswandels gestorben? Hast du Frau und Kinder mit Schande bedeckt? Oder bist du am Elend, an Kälte und Hunger gestorben?«

Und da der Totenkopf immer noch nicht antwortete, fügte der Weise hinzu:

»Oder bist du an Altersschwäche gestorben? Oder vielleicht auch an einer Krankheit?«

Die Nacht brach herein. Tchuang-Tseu nahm den Totenkopf, bettete sein Haupt darauf und schlief ein. Mitten in der Nacht erschien ihm der Totenkopf im Traum und sagte zu ihm:

»Du hast nur leere Worte gesprochen. Die Fragen, die du geäußert hast, betreffen nur die Lebenden, nicht die Toten. Soll ich dir etwas von den Toten erzählen?«

»Gern«, antwortete der schlafende Tchuang-Tseu.

»Die Toten«, setzte der Totenkopf wieder an, »haben weder Herren noch Diener. Sie haben weder Jahreszeiten noch Arbeit, noch Ehegatten oder Kinder. Sie ruhen in Frieden. Sie haben dasselbe Alter wie Himmel und Erde.«

»Wenn ich beim Herrscher über das Schicksal erwirkte«, fragte der Weise, »daß er dir das Leben mit deinem Körper, deinen Knochen, deinem Fleisch, mit deiner Mutter, deiner Familie und allen Freunden des Dorfes zurückgäbe: Würdest du das zurückweisen?«

Die leeren Augen des Totenkopfs starrten den schlafenden Weisen an und bedeuteten ihm:

»Sollte ich auf mein erhabenes Glück verzichten, um all das menschliche Elend wiederzuerlangen?«

Als der Weise erwachte, nahm er den Totenkopf, auf dem er geschlafen hatte, in die Hand und sagte:

»Wer ist glücklich? Und wer ist unglücklich? Nur du und ich wissen, daß es kein Leben und keinen Tod gibt.«

Das Reden

Um Reden und Schweigen dreht sich alles in der folgenden afrikanischen Geschichte:

Ein Fischer fand an einem Strand einen Totenkopf und fragte ihn aus reiner Spottlust, was ihn denn hierhergeführt hätte.

Aus den Kieferknochen ertönte eine Stimme und antwortete:

»Das Reden.«

Der erschrockene Fischer rannte in sein Dorf zu seinem König. Er erzählte ihm von der seltsamen Begegnung.

»Ein sprechender Totenkopf?« fragte der König, der glaubte, daß der Mann entweder zuviel getrunken oder ein paar Schläge auf den Kopf bekommen hatte. »Ich warne dich: Wenn du mir Unsinn erzählt hast, dann wehe deinem Kopf!«

Der Fischer führte höchst redselig den König und sein gesamtes Gefolge zum Totenkopf an den Strand. Aber dieses Mal weigerte sich der Totenkopf hartnäckig zu sprechen. Trotz aller Bemühungen, trotz aller Bitten des Fischers sagte er kein Wort, blieb stumm wie ein ganz gewöhnlicher Totenkopf.

Da zog der König seinen Säbel und schlug dem Fischer den Kopf ab. Dann kehrte er mit seinem Gefolge zum Dorf zurück.

Da fragte der alte Totenkopf den frisch abgeschlagenen Kopf, der neben ihn in den Sand gefallen war:

»Was hat dich denn hierhergeführt?«

»Das Reden«, antwortete der Kopf.

Die Weisheit der Friedhöfe

In einer Episode aus dem Leben der Wüstenprediger, aus den Anfängen der christlichen Tradition, trifft man auf folgende Erzählung:

Ein Mann suchte Makarios, den Ägypter, auf und bat ihn um einen wirklich klugen Ratschlag.

»Geh auf den Friedhof«, sagte Makarios, »und schmähe die Toten.«

Der Mann ging auf einen Friedhof, schmähte ausgiebig die Toten und bewarf die Gräber mit Steinen. Dann kam er zu Makarios zurück und erzählte ihm, was er getan hatte.

»Haben die Toten etwas gesagt?« fragte Makarios.

»Nein.«

»Kehre auf den Friedhof zurück und lobe die Toten.«

Der Mann ging wieder auf den Friedhof und machte den Toten Komplimente. Er bezeichnete sie als rechtschaffen, klug und wohltätig, rühmte ihre Schönheit und pries ihren Ruhm.

Dann kam er zu Makarios zurück, der zu ihm sagte:

»Haben die Toten etwas gesagt?«

»Nein.«

»Dann höre meinen Rat. Geh über Verachtung und Lob hinweg. Sei wie ein Toter.«

Das letzte Elend

Diese kurze Geschichte ist uns aus der arabischen Tradition überliefert:

Ein bettelarmer Mann und sein kleiner Sohn sahen, wie Männer einen Leichnam in die Erde legten.

»Wohin kommt dieser Tote?« fragte das Kind.

»An einen Ort, wo es nichts zu essen und zu trinken gibt. An einen Ort, wo es weder Decke noch Feuer, weder Teppich noch Matte gibt.«

»Dann kommt er sicher zu uns«, sagte das Kind.

7

Wenn die Dinge auch sind,
wie sie sind, kann man doch
das Wissen wählen: Das ist schwierig.
Oder man wählt die Unwissenheit:
Das ist noch schwieriger

Die Blinden und der Elefant

Die berühmteste Geschichte, der man allerorten begegnet, sobald man im Reich der Erkenntnis landet, ist sicher indischen Ursprungs. Doch die Sufis und danach andere Traditionen haben sie wiederaufgegriffen und adaptiert.

Die Geschichte spielt in einem Dorf, dessen Einwohner alle blind waren. Nicht weit von dort zog ein König mit prächtigem Gefolge vorbei. Der König trhonte auf dem Rücken eines Elefanten, der in diesem Teil der Erde unbekannt war.

Als sich die Nachricht von einem unbekannten, offensichtlich verblüffenden Tier verbreitete, begaben sich einige Blinde als Delegation des Dorfes zum König und seinem Gefolge. Man erlaubte ihnen, den Elefanten zu berühren, der sich dies gefallen ließ.

Als die Delegation ins Dorf zurückkehrte, versammelte sich eine große Anzahl von Blinden um sie und verlangte nach einer Beschreibung des außergewöhnlichen Tieres.

Der erste Blinde, der nur das Ohr des Elefanten berührt hatte, sagte:

»Es ist ein großes, plattes Tier, das sich etwas rauh anfühlt wie ein alter Teppich.«

Der zweite, der den Rüssel berührt hatte, sagte zu den anderen Blinden:

»Es ist lang, beweglich und hohl. Und es hat große Kraft.«

Der dritte Blinde, der einen Fuß berührt hatte, sagte: »Es ist kräftig und stabil wie eine Säule.«

Die Einwohner des Dorfes waren natürlich nicht sehr zufrieden und verlangten weitere Einzelheiten, doch die drei Blinden konnten sich einfach nicht einigen. Die Diskussion wurde immer hitziger.

Schließlich schlugen sie mit Fäusten und Stöcken aufeinander ein und fügten sich gegenseitig einige Verletzungen zu.

Da machten ein paar Blinde, die vernünftiger waren als die anderen, den Vorschlag, eine neue Delegation zum König zu schicken, um eine umfassendere Beschreibung seines Reittiers zu bekommen. Bei der umständlichen Aufstellung dieser Delegation wurden nur die klügsten unter den Blinden ausgewählt.

Doch als sie den König und sein Gefolge aufsuchen wollten, stellten sie fest, daß diese schon weitergezogen waren.

Das Behältnis der Spinne

Eine afrikanische Geschichte aus dem Togo behandelt auf andere Weise das Erwerben – und Weitergeben – von notwendigem Wissen.

Die Spinne mit Namen Yevi hatte sich lange Zeit für das weiseste aller Wesen gehalten, für das große Genie des Geistes. Doch als die Zeitalter sich aneinanderreihten und die Spinne mit geduldiger Aufmerksamkeit das Geschehen auf der Erde beobachtete, geriet sie immer mehr darüber in Erstaunen, welche außerordentliche Entwicklung die Intelligenz bei Mensch und Tier machte.

»Eines Tages«, sagte sie zu sich, »werden sie so klug sein wie ich, und dann nehmen sie meinen Platz ein.«

Sie besorgte sich eine Art kleine Flasche und begann durch Saugen und Abpumpen Klugheit und Wissen aller Lebewesen (sich selbst ausgenommen) aufzunehmen. Auch Instinkt, Vorstellungskraft und Reflexionsvermögen vergaß sie nicht. All diese Fähigkeiten gab sie in ihre Flasche, verschloß sie sorgfältig und befestigte eine kleine Schnur daran.

Dann suchte sie einen Platz, wo sie diesen unvergleichlichen Schatz verstecken konnte.

»Im Wasser? Unter der Erde? Nein, höher, auf dem Wipfel dieses riesigen Baumes.«

Sie schlang die Schnur der Flasche um ihren Hals und begann, den Baum hinaufzuklettern, indem sie mit ihren Beinen um den Stamm faßte. Doch die Flasche war so schwer, daß sie ständig hin und her schwankte und die Spinne auf den Boden zurückfiel. Einmal, zweimal, dreimal: Die Spinne fiel immer wieder herunter. Doch hartnäckig versuchte sie es weiter, trotz ihrer Schmerzen.

Da fing auf dem Wipfel dieses Baumes eine Turteltaube an zu gurren. Und die Spinne, die das Geheimnis des Vogelgesangs kannte, verstand, daß die Turteltaube dies zu ihr sagte:

»Befestige die Flasche auf deinem Rücken! Befestige die Flasche auf deinem Rücken!«

Sofort erkannte die Spinne: »Diese arme Turteltaube hat recht. Auch wenn sie nur eine Turteltaube ist und ich ihre Klugheit geraubt habe, hat sie recht. Sie ist klüger als ich. Daran besteht kein Zweifel. Ich schäme mich über meinen Hochmut und die Vorstellung, die ich mir von mir und meinem Können gemacht habe.«

Die Spinne ließ die Flasche los, welche sich im Fall öffnete. All das freigesetzte Wissen verbreitete sich in der Luft und strömte zu den anderen Lebewesen zurück.

Und die Turteltaube gurrte vom höchsten Ast zur Spinne hinunter:

»Keiner weiß nichts, und keiner weiß alles.«

Der Fischer und der Geist

Zur ach so klassischen Begebenheit mit dem Fischer, der einen Flaschengeist fischt, hier die sufistische Variante.

Ein Fischer zog in seinem Netz eine Kupferkanne mit Bleiverschluß ein. Diese Flasche beherbergte einen allmächtigen Geist, der von König Salomon dort eingeschlossen worden war, wovon der Fischer aber nichts wußte. Er sah nur die Flasche, die ihm ungewöhnlich vorkam. »Vielleicht sind Diamanten darin«, sagte er zu sich. Er mißachtete, daß der Mensch nur das nutzen soll, dessen Funktionsweise er kennt, und ließ den Bleiverschluß aufspringen.

Zunächst glaubte er, die Flasche sei leer. Er drehte sie um: Nichts fiel heraus. Dann sah er, wie sich außerhalb der Flasche ein kleiner Rauchfaden bildete und sich verdichtete, bis er zu einer furchterregenden Gestalt geworden war, die mit schrecklicher Stimme zum Fischer sagte:

»Ich bin der Oberste aller Dschinnis. Ich kenne das Geheimnis der Wunder. Ich habe mich gegen Salomon erhoben, der mich in dieser Flasche eingesperrt hat. Jetzt werde ich dich vernichten.«

Der entsetzte Fischer warf sich auf den Sand und rief:

»Du vernichtest den, der dir die Freiheit geschenkt hat?«

»Ja, denn Gewalttätigkeit ist meine Natur! Und wenn ich auch mehrere Millionen Jahre in Reglosigkeit gelebt habe, so bin ich doch geschaffen, um zu zerstören.«

»Aber du bist doch nie im Leben in dieser Flasche gewesen!« rief plötzlich der Fischer. »Sie ist ja viel zu eng für dich!«

»Du wagst es, das Wort des Obersten aller Dschinnis in Zweifel zu ziehen?«

»Ich kann es einfach nicht glauben«, sagte der Fischer.

»Aber ich kann alles! Ich habe es dir gesagt: Ich kenne das Geheimnis der Wunder!«

»Du kannst nicht«, sagte der Fischer, »in dieser Flasche leben.«

»Dann sieh gut zu!« brüllte die ungeheure Kreatur.

Der Geist begann sich rasch aufzulösen. Er wurde wieder zu einer Rauchschliere, die in die Flasche strömte. Sofort drückte der Fischer den Bleiverschluß wieder darauf (die List ist klassisch) und warf die Flasche, so weit er nur konnte, in die Tiefen des Meeres.

Jahre und Jahre vergingen bis zu dem Tag, da ein anderer Fischer, der Enkel des ersten, dieselbe Flasche einholte. Er wollte sie schon öffnen, da kam ihm ein Gedanke. Er erinnerte sich an einen Satz von seinem Vater, den dieser von seinem Vater hatte, einen Satz, der besagte: Der Mensch soll nur das nutzen, dessen Funktionsweise er kennt.

Der Geist, der durch die Bewegungen der Flasche aufgewacht war, fing an zu rufen:

»Sohn Adams, wer du auch seist, entferne diesen Verschluß und laß mich heraus! Ich bin der Oberste aller Dschinnis! Ich kenne das Geheimnis der Wunder!«

Doch der Fischer war auf der Hut, legte die Flasche in eine Höhle und erklomm die nächstgelegene Steilküste, um den Einsiedler aufzusuchen, der sich in dieser Abgeschiedenheit niedergelassen hatte. Er beschrieb ihm die Situation.

»Der Satz vom Vater deines Vaters ist vollkommen richtig«, sagte der Einsiedler. »Was du auch tun mußt, du mußt es selbst tun. Und du mußt wissen, wie man es tut.«

»Aber was muß ich tun?« fragte der Fischer.

»Hast du nicht das Bedürfnis, etwas zu tun?«

»Doch natürlich. Ich möchte den Dschinn befreien, damit er mir das Geheimnis der Wunder schenkt oder einen Berg Gold oder auch ein Meer von Smaragden.«

»Ich nehme an, dir ist nie die Idee gekommen«, setzte der Einsiedler wieder an, »daß der Dschinn dir diese Reichtümer verweigern könnte? Oder daß er sie dir gewähren und dann wieder entreißen könnte, weil du nicht die Mittel hast, sie zu halten?«

»Was soll ich tun? Sag es mir!«

»Verlange vom Dschinn einen Beweis dessen, was er vollbringen kann. Suche ein Mittel, diesen Beweis zu hüten und auch zu erproben. Strebe nach Wissen und nicht nach Besitz, denn Besitz ohne Wissen ist die Ursache unserer chaotischen Verhältnisse.«

Rege und findig erdachte der junge Fischer einen Plan. Er ging zur Höhle zurück, klopfte auf die Kupferflasche, und die schreckliche Stimme des Dschinns verlangte von ihm erneut die sofortige Freiheit.

Der junge Fischer sagte zu ihm:

»Ich habe nachgedacht. Ich glaube nicht, daß du der bist, der du vorgibst zu sein. Ich glaube nicht, daß du die Fähigkeiten besitzt, mit denen du dich brüstest.«

»Du glaubst mir nicht?« ertönte die brüllende Stimme des Dschinns. »Weißt du nicht, daß ich unfähig bin zu lügen?«

»Nein, das weiß ich nicht.«

»Wie könnte ich dich dann überzeugen?«

»Indem du mir einen Beweis lieferst. Könntest du eine deiner Fähigkeiten durch das Kupfer der Flasche hindurch unter Beweis stellen?«

»Ja«, sagte der Dschinn. »Aber ich kann mich nicht selbst befreien.«

»Sehr gut«, sagte der junge Fischer. »Gib mir die Fähigkeit, das Problem zu lösen, welches in diesem Augenblick meinen Geist umtreibt.«

Im selben Moment verstand der junge Fischer durch das wundersame Wirken des Dschinns den tieferen Sinn des Satzes, den er von seinem Vater und den dieser wiederum von seinem Vater hatte. Er konnte auf einmal die ganze uralte Begebenheit von der Befreiung des Geistes sehen. Er konnte auch sehen, wie er anderen die notwendigen Kniffe beibringen konnte, um von Dschinnis einige Vorteile zu erlangen.

Aber er verstand auch, daß diese Vorteile genau da ein Ende hatten, daß man weiter nichts bekommen konnte, weder einen Berg Gold noch ein Meer von Smaragden.

Da nahm er die Flasche und warf sie mit derselben Bewegung wie sein Großvater zurück ins Meer.

Den Rest seines Lebens verbrachte er damit, anderen den Sinn eines sehr einfachen Satzes beizubringen: Der Mensch soll nur das nutzen, dessen Funktionsweise er kennt.

Nach seinem Tod, als Begegnungen mit eingeschlossenen Dschinnis selten geworden waren, verzerrten die Nachfolger des Fischers seine Lehren und entstellten seine Taten. Eine Religion entstand. Man schloß in prächtigen Tempeln erzene Flaschen in Tabernakel ein, und von Zeit zu Zeit hoben Priester diese Flaschen in die Höhe und tranken aus ihnen. Wegen des ungeheuren Respekts, den man dem Andenken des Fischers zollte, bemühte sich jedermann, so zu sein und zu handeln wie er.

Über die Jahrhunderte hinweg blieb die Flasche das Symbol der Wahrheit, das Objekt des Mysteriums. Die Anhänger dieser Religion versuchten, einander zu lieben, und zwar aus dem einzigen Grunde, daß sie den Fischer liebten. An der Stelle, wo er einst in seiner Schilfhütte gelebt hatte, errichteten sie einen unvergleichlichen Tempel, wo sie einen seltsamen Kult in schönen, schweren Gewändern praktizierten.

Die Schüler des Einsiedlers leben noch, doch die Priester kennen sie nicht.

Die Nachfahren des Fischers leben ebenfalls noch, doch die Priester kennen auch sie nicht.

Die Kupferflasche aber, in der der große Geist schlummert, ruht irgendwo auf dem Grund des Meeres.

Der beste Wunsch

Eine Variante zum selben Thema:

Der befreite Geist sagte zum Fischer:

»Du hast drei Wünsche frei, und ich werde sie dir erfüllen. Wie lautet dein erster Wunsch?«

»Er lautet so«, sagte der Fischer. »Ich möchte, daß du mich so klug machst, daß meine beiden anderen Wünsche vollkommen sind.«

»Es sei dir gewährt«, sagte der Geist. »Und nun? Wie lauten die beiden anderen Wünsche?«

Der Fischer dachte einen Moment nach und antwortete:

»Danke. Ich habe keine Wünsche mehr.«

Der Tod eines Einfaltspinsels

Als Gegensatz eine armenische Geschichte, die von der Reise eines Mannes erzählt, dessen Intelligenz abgestumpft war.

Ein armer Mann, der Tag und Nacht arbeitete, beschloß, sich bei Gott über sein Schicksal zu beschweren. Er machte sich auf den Weg und begegnete einem Wolf, der ihn nach seinem Ziel fragte.

»Ich beschwere mich bei Gott«, sagte der Mann. »Er hat mich sehr ungerecht behandelt.«

»Kannst du mir einen Gefallen tun?« fragte der Wolf. »Ich laufe von morgens bis abends und sogar in der Nacht in der Gegend herum, um etwas zum Fressen zu finden. Frage Gott doch mal: ›Warum hast du den Wolf erschaffen, wenn du ihn verhungern läßt?‹«

Der Mann versprach, diese Frage zu stellen, und machte sich wieder auf den Weg. Ein wenig später traf er ein junges, bezauberndes Mädchen. Sie fragte ihn nach dem Ziel seiner Reise, worauf er wie gehabt antwortete.

»Ich bitte dich«, sagte sie zu ihm, »wenn du Gott siehst, dann erzähle ihm von mir. Sag ihm, du hättest auf der Erde eine junge, bezaubernde, sanftmütige, schöne, reiche und kerngesunde Frau kennengelernt, die dennoch unglücklich ist. Was soll ich tun, um glücklich zu werden?«

»Ich werde ihm diese Frage stellen«, sagte der arme Mann.

Ein wenig später hielt er an, um sich am Fuß eines Baumes auszuruhen. Nun war aber dieser Baum, obwohl er auf fruchtbarer Erde stand, verkümmert und fast ohne Blätter. Er fragte den Mann nach seinem Ziel und sagte dann zu ihm:

»Wenn du Gott siehst, könntest du ihm dann von

mir erzählen? Sag ihm, daß ich mein Schicksal nicht verstehe. Sieh nur, diese Erde ist fruchtbar, und doch sind sommers wie winters meine Äste nackt. Was soll ich tun, um wie die anderen Bäume grüne Blätter und auch Früchte zu bekommen?«

Der Mann versprach dem Baum, Gott von ihm zu erzählen. Und dann ging er weiter.

Nach einem langen Marsch und weiteren, nicht bekannten Erlebnissen kam er zu Gott, grüßte ihn und legte ihm seine Bitte vor.

»Du behandelst alle Menschen gleich«, sagte er zu ihm. »Doch sieh mich an: Ich arbeite Tag und Nacht, so hart ich kann, ich versage mir alles und führe ein Leben in Elend. Ich kenne andere, die viel weniger als ich arbeiten und ein Leben in Freuden führen. Kannst du mir sagen, wo da die Gleichheit ist? Und die Gerechtigkeit?«

»Ich gebe dir eine Chance«, antwortete Gott. »Ergreife sie, dann wirst du reich und glücklich. Geh nach Hause zurück!«

Bevor er sich verabschiedete, legte der Mann Gott noch den Fall des Wolfs, des jungen Mädchens und des dürren Baumes dar. Gott gab ihm die nötigen Antworten. Dann brach der Mann auf.

Auf dem Rückweg traf er den Baum und sagte zu ihm:

»Gott hat mir offenbart, daß eine große Menge Gold unter deinen Wurzeln versteckt ist. Deshalb kannst du dich nicht richtig entwickeln. Wenn dieses Gold geborgen wird, wirst du grünende Äste haben.«

»Wundervoll!« rief der Baum. »Schnell, grab zwischen meinen Wurzeln, und nimm das Gold!«

»Nein, nein, ich kann nicht. Gott hat mir eine Chance gegeben. Ich muß nach Hause und sie nutzen.«

Der Mann ging weiter. Er begegnete dem unzufriedenen jungen Mädchen, das ihn fragte:

»Und? Was hat Gott dir gesagt?«

»Er hat gesagt, um das Glück zu erfahren, mußt du einen Ehemann finden, der Freud und Leid mit dir teilt.«

»Heirate mich!« sagte das junge Mädchen. »Heirate mich, dann werden wir zusammen glücklich!«

»Ich kann nicht, ich habe keine Zeit. Gott hat mir eine Chance gegeben, und ich muß nach Hause und sie nutzen! Leb wohl! Such dir einen anderen Mann!«

Und er ging fort.

Ein klein wenig später traf er den hungrigen Wolf, der ihn fragte:

»Und? Hast du Gott von mir erzählt?«

»Laß mich dir zuerst erzählen, was mir passiert ist«, antwortete der Mann. »Ich bin einem jungen, unglücklichen Mädchen begegnet und habe ihr die Antwort Gottes übermittelt: Sie muß einen Mann finden. Ich bin einem Baum ohne Blätter begegnet, dem Gott ausrichten ließ, daß ein Goldschatz seine Wurzeln beengt. Das junge Mädchen wollte mich heiraten, der Baum wollte, daß ich den Goldschatz hebe, aber selbstverständlich habe ich beides abgelehnt. Gott hat mir eine Chance gegeben, so hat er es gesagt, und ich muß nach Hause, um sie zu nutzen.«

»Und ich?« fragte der Wolf. »Hat Gott dir die Lösung meines Problems verraten? Antworte, bevor du wieder aufbrichst.«

»Ja«, sagte der Mann. »Gott hat folgendes gesagt: ›Der hungrige Wolf wird solange durch die Welt streifen, bis er einen Einfaltspinsel trifft, der seinen Hunger stillt.‹«

»Wo sollte ich einen größeren Einfaltspinsel finden als dich?« fragte der Wolf.

Worauf er sich auf den Mann stürzte und ihn verschlang.

Die erste Lektion

Ein junger japanischer Mönch kam zum Meister Ummon, um dort Erkenntnis zu erlangen.

»Zeig mir deinen Gehorsam«, sagte der Meister Ummon.

Der junge Mönch verneigte sich. In dem Moment, da er sich wieder aufrichtete, vollführte der Meister eine sehr heftige Bewegung, als wolle er ihn schlagen. Der Mönch machte einen Satz nach hinten.

»Blind bist du also nicht«, sagte der Meister. »Komm näher.«

Der junge Mönch kam näher.

»Taub bist du auch nicht«, sagte der Meister. »Du verstehst?«

»Was soll ich verstehen?« fragte der Mönch.

»Du bist auch nicht blöd«, sagte der Meister.

Die Reihenfolge der Seiten

Diese afrikanische Geschichte von den Bambara könnte man fast »Die zweite Lektion« nennen.

Ein Peul und ein Bambara, die sich eine Zelle im Gefängnis teilten, erfuhren von ihrem Wächter, daß einer von beiden auf Befehl des Königs kastriert und der andere geköpft werden sollte.

Der Peul, der listiger war als der Bambara, fing auf der Stelle an zu klagen, ihm täten die Hoden weh, so weh, daß er Erleichterung bräuchte. Er schrie so laut, daß der Wächter, bewaffnet mit einem spitzen Säbel, herbeilief und ihn von den beiden Objekten seines Schmerzes befreite. Der Peul hatte den Rest der Nacht zwar grausame Schmerzen, doch im Grunde seines Herzens freute er sich, seinen Kopf gerettet zu haben.

Neben ihm schlief der Bambara tief und fest.

Am nächsten Morgen ließ der König die beiden rufen und verkündete ihnen, sie seien frei. Ihre Strafe war aufgehoben.

Da fing der Peul des langen und breiten an zu fluchen und zu klagen: »Der Bambara hat sein Leben zurückbekommen«, schrie er, »und ich habe meine Hoden verloren!«

Da sagte der König: »Man sollte nie die Seite 5 vor der Seite 4 lesen.«

Das gewählte Schweigen

Ein Zenmeister traf einen seiner Schüler, der im Garten arbeitete, und sagte zu ihm:

»Es ist gut, schon bei Tagesanbruch das Schweigen zu wählen.«

»Woher weißt du, daß ich das Schweigen gewählt habe?« fragte der Schüler.

»Ich habe dich gehört«, antwortete der Meister.

Die Lektion des buddhistischen Königs

Das Wissen, welches notwendigerweise zu Toleranz führt (sonst ist es kein echtes Wissen), kann oft nur durch Prüfungen erlangt werden, wie diese indische Geschichte zeigt.

In einer Stadt, wo ein buddhistischer König namens Kalingadatta regierte, lebte ein buddhistischer Kaufmann. Dieser hatte einen Sohn, der leidenschaftlicher Verfechter der alten Religion war und seinem Vater heftige Vorwürfe wegen seines schändlichen Übertritts zum Buddhismus machte. Der wahre Glaube, so der

Sohn, sei der brahmanische. Die einzig wahre Religion sei die wedische.

»Die buddhistischen Mönche sind niedrigster Herkunft. Sie haben die rituelle Reinigung aufgegeben. Sie essen zu jeder Tageszeit. Sie rasieren sich den ganzen Kopf, sogar das heilige Haarbüschel!«

Der Vater versuchte, dem Sohn zu erklären, daß es mehrere Religionen gebe und der Buddhismus Mitleid mit allen Lebewesen und auch den Frieden lehre. Wie könne eine solche Religion schlecht sein?

Doch der Sohn verweigerte jegliche Toleranz und hörte nicht auf, seinem Vater heftige Vorwürfe zu machen. Dieser führte ihn schließlich zum König, und als der König über den Streit in Kenntnis gesetzt worden war, zeigte er plötzlich einen erbarmungslosen Zorn.

»Ich verurteile Deinen Sohn zum sofortigen Tode!« rief er aus. »Denn er ist eine Gefahr für unser Volk!«

Der Vater bettelte und flehte so inständig, daß der König dem jungen Fanatiker eine Frist von zwei Monaten gewährte, um sein Leben zu verändern. »Was habe ich verbrochen, daß ich den Tod verdienen soll?« fragte sich der Sohn des Händlers. »Ich habe doch nur die wahre Religion verteidigt! Warum also soll ich hingerichtet werden?«

Er verlor jeglichen Appetit, er konnte nicht mehr schlafen und nicht mehr lachen. Nach zwei Monaten führte der Vater seinen abgezehrten, verhärmten Sohn vor den König, der ihn fragte:

»Warum bist du so ungeheuer mager? Habe ich dir etwa verboten zu essen?«

»Essen?« fragte der junge Mann. »Wie hätte ich denn essen können? Seit du mich zum Tode verurteilt hast, habe ich nur an den Tod gedacht und an nichts anderes. Der Tod hat jeden anderen Gedanken und jedes andere Interesse verdrängt.«

»Alle Lebewesen haben Angst vor dem Tod«, sagte der König. »Daher frage ich dich: Gibt es eine bessere Religion als die, die den Menschen von dieser Todesangst erlösen möchte?«

Der junge Mann wußte darauf nichts zu antworten. Er war sehr schwach und zitterte.

»Sieh, wie dein Tod kommen wird«, sagte der König zu ihm. »Nimm diese bis zum Rand mit Öl gefüllte Schale. Du wirst diese Schale in deinen Händen halten und damit die ganze Stadt durchqueren. Mein Henker wird dir auf dem Fuße folgen. Wenn du auch nur einen Tropfen Öl verschüttest, wird er dir auf der Stelle den Kopf abschlagen.«

Der junge Mann brach langsam auf, die Augen starr auf die Schale mit Öl in seinen Händen gerichtet. Ein riesiger Henker, der ein funkelndes Schwert hielt, ging direkt hinter ihm. Sie gingen überall hin, in die Straßen, durch die Menschenmengen, am Fluß entlang, um die Tempel herum und über den Marktplatz. Der riesige Henker folgte dem Händlerssohn, ohne ein Wort zu sagen.

Dieser vergoß nicht einen Tropfen Öl.

Als er bei Einbruch der Nacht den Palast wieder erreichte, sagte der König zu ihm:

»Was hast du heute in der Stadt gesehen?«

»Nichts«, antwortete der junge Mann, »und ich habe auch nichts gehört.«

»Du hast nichts gesehen, und du hast nichts gehört«, sagte der König, »weil du nur die Ölschale in deinen Händen gesehen hast. Vielleicht hast du heute durch die Kraft der Konzentration die wahre Religion entdeckt. Denn du hast sogar den Tod vergessen, der ständig hinter dir war.«

Der beste Sohn

Eine äthiopische Geschichte präsentiert uns einen alten Mann, der auf dem Sterbebett seine drei Söhne zu sich rief und ihnen sagte:

»Ich kann meinen Besitz nicht in drei Teile teilen. Dann würde zu wenig für jeden von euch übrigbleiben. Daher habe ich beschlossen, alles dem zu vererben, der sich als der tüchtigste und klügste erweist. Mit anderen Worten: meinem besten Sohn. Ich habe für jeden von euch ein Geldstück auf den Tisch gelegt. Nehmt es. Derjenige, der mit diesem Geldstück etwas erwirbt, womit er die ganze Hütte füllen kann, wird alles bekommen.«

Sie gingen. Der erste Sohn kaufte Stroh, doch damit konnte er die Hütte nur bis zur Hälfte füllen. Der zweite Sohn kaufte Säcke mit Federn, doch dadurch wurde die Hütte auch nicht voller. Der dritte Sohn – welcher die Erbschaft bekam – kaufte nur einen einzigen, kleinen Gegenstand. Eine Kerze. Er wartete, bis es Nacht war, zündete die Kerze an und erfüllte die Hütte mit Licht.

Das Niesen des Geistes

Wenn man möchte, daß der Weg der Erkenntnis alles umfaßt, muß man auch den seltsamsten Zeichen Aufmerksamkeit widmen, wie uns diese Geschichte aus Korea zeigt:

Ein Student verließ sein Dorf, um in der Hauptstadt eine Prüfung in Literatur abzulegen. Es war eine lange und mühsame Reise dahin. In einem Wald hörte er plötzlich ein Niesen, das aus einem Dickicht in der Nähe kam. Der Student blieb stehen, untersuchte das

Dickicht und konnte nichts sehen. Doch ertönte das Niesen ein zweites Mal, ganz in der Nähe.

Da befahl der Student seinem Diener, die Erde um das Dikkicht herum umzugraben. Sie fanden einen Totenschädel voller Erde. Efeuwurzeln waren durch seine Nasenlöcher gewachsen, und der Student sagte bei sich, daß diese Wurzeln die Nasenlöcher verstopften und das Niesen daher rühre. Er legte den Totenschädel frei, wusch ihn unter klarem Wasser, wickelte ihn in ein Stück Papier und legte ihn auf seinen vorherigen Platz zurück, nicht ohne ein kleines Opfer auf die aufgehäufte Erde zu legen und ein Gebet zu sprechen.

In der folgenden Nacht erschien ihm der Geist im Traum, verriet ihm das Thema der Prüfung und rezitierte sogar noch ein herrliches Gedicht, das zum Thema paßte. Der Student wurde mit allen Ehren als erster nominiert.

Die Moral, die uns der Erzähler dieser Geschichte nahebringen möchte, ist die, daß man für Niesgeräusche ohne sichtbaren Urheber immer ein Ohr haben sollte.

Der Reiter und der Sufi

Eine weitere außergewöhnliche Geschichte, die sufistischen Ursprungs ist und sich, wie es normal ist, für verschiedene Deutungen anbietet.

Ein Reiter sah eine giftige Schlange genau in dem Moment, da sie in den offenen Mund eines schlafenden Mannes glitt. Was tun? Wenn er den Mann schlafen ließe, würde die Schlange ihn früher oder später beißen und damit töten.

Also schlug der Reiter den Mann mit aller Kraft. Er weckte ihn brutal mit einem Peitschenschlag, schleppte ihn in einen Schuppen, wo sich ein Haufen verfaulter Äpfel befand. Mit gezücktem Schwert zwang er den vor Wut heulenden Mann, eine Unmenge dieser Äpfel zu essen. Dann ließ er ihn literweise Brackwasser trinken, ohne auf sein Geheul zu achten.

»Was habe ich dir getan, du Menschenfeind, daß du mich so behandelst?«

Nach mehreren Stunden voller Schmerzen, Beschimpfungen und Tränen sackte der Mann auf dem Boden zusammen. Er erbrach die Äpfel, das Wasser und die Schlange. Beim Anblick des Tieres verstand er, was der Reiter getan hatte, bat ihn um Entschuldigung für seine Beleidigungen und dankte ihm.

»Warum hast du mich gerettet?« fragte er ihn schließlich.

»Das Wissen ist die Mutter der Verantwortung.«

»Was willst du damit sagen?«

Der Reiter schwieg. Er half dem Mann, wieder aufzustehen und seine Kleider zu reinigen. Dieser sagte noch:

»Wenn du mir von der Schlange in meinem Magen erzählt hättest, hätte ich ohne zu Murren deine Behandlung über mich ergehen lassen.«

»Das glaube ich nicht«, sagte der Reiter.

»Warum nicht?«

»Wenn ich dich gewarnt hätte, hättest du mir nicht geglaubt. Oder die Angst hätte dich gelähmt. Oder du wärst davongelaufen. Oder du hättest dich einfach umgedreht und im Schlaf Vergessen gesucht.«

Dann sprang der geheimnisvolle Reiter auf sein Pferd und ritt rasch davon.

Das Auge des Elefanten

Ein Elefant durchquert einen Fluß, so berichtet eine Geschichte aus Kamerun. Plötzlich löst sich eines seiner Augen und fällt auf den Grund des Wassers.

Außer sich fängt der Elefant überall an zu suchen, doch vergeblich. Das Auge scheint wirklich und wahrhaftig verloren.

Als er so in der Mitte des Flusses herumtobt, rufen die Wassertiere, die Fische, die Frösche, aber auch die Vögel und die Gazellen am Ufer ihm zu:

»Beruhige dich! Ganz ruhig, Elefant! Beruhige dich!«

Doch der Elefant hört sie nicht und sucht weiter, ohne sein Auge zu finden.

»Ruhig!« rufen die anderen. »Ganz ruhig!«

Da hört er sie schließlich, rührt sich nicht mehr und sieht sie an. Und im Flußwasser senkt sich langsam Schlick und Schlamm, die er durch seine Plantscherei aufgewirbelt hat. Als er zwischen seine Beine sieht, entdeckt er plötzlich im klar gewordenen Wasser sein Auge.

Er nimmt es und setzt es an seinen Platz zurück.

Die Sprache der Tiere

Es gibt auch einige Geschichten, allerdings nicht so zahlreich wie die anderen, die die Gefahren des Wissens hervorheben und sogar so weit gehen, das Unwissen zu preisen. Als man zum Beispiel Nasreddin Hodja fragte, was man tun müsse, um nicht krank zu werden, antwortete er:

»Das ist ganz einfach. Man muß seine Füße warm, seinen Kopf kühl und seine Kleider intakt halten und vor allem nicht zuviel nachdenken.«

Eine persische Geschichte warnt davor, gewisse Geheimnisse zu entschlüsseln.

Wie man weiß, kannte Salomon die Sprache der Tiere. Ein von Neugier gequälter Mann nun wollte diese Sprache lernen, aber Salomon warnte ihn:

»Gib diese Idee auf. Es würde dir nur Kummer und Elend bringen.«

Doch der Mann war hartnäckig, versuchte es jeden Tag wieder und sagte schließlich:

»Dann bring mir wenigstens die Sprache meines Hahns und meines Hundes bei.«

Salomon war einverstanden, und der Mann kehrte höchst zufrieden zu seinem Haus zurück.

Am nächsten Morgen sah er, wie der Hahn sich ein kleines Stück Brot aneignete und der Hund hinter ihm herrannte. Dieser sagte:

»Du hast doch so viele Körner, wie du willst, was stiehlst du mir also mein Brot?«

»Hör auf, dich zu beklagen, und freu dich lieber«, antwortete ihm der Hahn, »denn morgen stirbt der Esel von unserem Herrn, dem Khoja, und du wirst soviel Fleisch haben, wie du willst.«

Daraufhin führte der Khoja sofort seinen Esel zum Markt und verkaufte ihn. Zwei oder drei Tage später erfuhr er, daß der Esel tot war. Und so belauschte er weiterhin aufmerksam die beiden Tiere.

Eines Tages nannte der Hund den Hahn einen Lügner. Und der Hahn sagte zum Hund:

»Ich bin kein Lügner. Der Esel ist wirklich tot. Er ist nicht bei unserem Herrn gestorben, das ist wahr. Aber keine Sorge, heute abend wird sein Pferd sterben, das ist fetter als der Esel. Dann kannst du soviel essen, wie du willst.«

Der Khoja beeilte sich also, sein Pferd zu verkaufen, das tatsächlich noch am selben Abend starb.

Wütend begann der Hund, den Hahn zu beschimpfen. Dieser aber antwortete:

»Was ich vorausgesagt habe, ist eingetroffen. Der Esel ist gestorben, und das Pferd ist gestorben. Ich verstehe nur nicht, warum unser Herr, der Khoja, sie verkauft hat. Doch sei nicht traurig, morgen stirbt sein geliebter Sklave, und bei der Beerdigungsfeier werden wir die köstlichsten Dinge zuhauf bekommen.«

Der Khoja, der dies gehört hatte, verkaufte in aller Eile seinen Sklaven, der tatsächlich starb. Zwei oder drei Tage vergingen. Der Khoja saß auf seinem Hof und hörte, wie sich der Hund beim Hahn beklagte:

»Ich hasse dich, du lügst ständig, verschwinde, du bringst mir Unglück!«

»Ich lüge nie«, antwortete der Hahn mit großer Bestimmtheit. »Ich führe die Gläubigen zum Morgengebet, ich bin der Muezzin Gottes, ich verkünde die Rückkehr des Tages, das Nahen der Sonne, und alle hören mir zu. Ich habe mich noch nie geirrt. Wie könnte ich also lügen? Höre gut zu: Der Khoja selbst wird sterben, und dieses Mal kann er nicht durch einen Verkauf dem Tod ein Schnippchen schlagen. Eigentlich waren der Esel, das Pferd und der Sklave der Preis, den er dem Schicksal zahlen mußte, um am Leben zu bleiben. Doch dieser dumme Mann hat es nicht begriffen: Er hat geglaubt, einfach etwas Geld verdienen zu können, dabei hat er darauf hingearbeitet, alles zu verlieren, sogar sein Leben. Also freu dich, Hund, denn während der vierzig Trauertage werden wir Essen im Überfluß haben.«

Verstört rannte der Khoja zu Salomon, um ihn um Hilfe zu bitten.

»Dies ist göttlicher Beschluß«, antwortete ihm der Prophet, »und kann nicht beeinflußt werden.«

Am folgenden Tag aber, als der Hahn wieder einmal

krähte und die Sonne sich über einem klaren Himmel erhob, war der Khoja gestorben.

Freunden, Verwandten und anderen Gästen wurde Essen im Überfluß gereicht. Der Hahn aber sagte zum Hund, während sie die Reste fraßen:

»Glaubst du mir nun?«

Doch niemand konnte verstehen, was sie sprachen.

Die Last des Kamels

Eine Geschichte selben Ursprungs – Rumi erzählt sie uns – läßt Intelligenz und Idiotie eine ganz kurze Strecke gemeinsam gehen.

Ein Beduine, der auf einem mit zwei Säcken beladenen Kamel ritt, begegnete einem Mann, der in seine Richtung ging und ihn fragte:

»Was trägt dein Kamel?«

»Auf der einen Seite einen Sack Getreide«, antwortete der Beduine, »und auf der anderen einen Sack Sand.«

»Wozu der Sack Sand?«

»Um das Gewicht auszugleichen.«

»Es wäre doch besser, das Getreide auf zwei Säcke zu verteilen«, sagte der Mann. »Dann hätte dein Kamel nicht so schwer zu tragen.«

Der Beduine war durch diesen klugen Rat wie vor den Kopf geschlagen.

»Du hast recht!« rief er aus. »Du hast tausendmal recht! Der Gedanke ist scharfsinnig, geradezu brillant! Komm, steig auf mein Kamel!«

Der Beduine ließ den Mann auf das Kamel steigen und sagte:

»Wer bist du? Ein kluger Mann wie du muß doch ein Sultan oder zumindest ein Wesir sein!«

»Nein, ich bin nichts dergleichen.«

»Aber reich bist du doch?«

»Nein. Sieh meine Kleider an.«

»Was für ein Geschäft hast du? Wo ist dein Haus, wo ist dein Laden?«

»Ich habe weder Laden noch Haus.«

»Und deine Kamele? Deine Kühe?«

»Ich habe keine.«

»Aber du bist doch so klug, was hast du denn?«

»Ich habe nichts, das sagte ich bereits, ich habe noch nicht mal ein Stück Brot. Sogar meine Kleider sind Lumpen.«

»Dann runter von meinem Kamel«, schrie der Beduine. »Verschwinde! Halte mir deine gefährliche Intelligenz vom Leibe, denn meine Idiotie ist mir heilig!«

Die beiden Männer trennten sich für immer, und der Beduine setzte seinen Weg mit einem Sack Getreide auf der einen Seite und einem Sack Sand auf der anderen Seite des Kamels fort.

Auf das Wesentliche reduziert

Um auf das Wissen zurückzukommen – welches notwendig ist, doch bis zu welchem Punkt? Und zu welchem Preis? –, hier folgende arabische Geschichte:

Ein Herrscher ließ einen Mann kommen, der als der weiseste aller bekannten Länder galt, und bat ihn, ein Werk zu verfassen, das alle wesentlichen Erkenntnisse enthielte.

Der Gelehrte machte sich an die Arbeit, und zwölf Jahre später gab er dem Monarchen eine ganze Reihe von Bänden.

»Das ist zuviel«, sagte der Herrscher. »Schreibe die wesentlichen Erkenntnisse in einem einzigen Buch nieder.«

Der Mann gehorchte und kam vier oder fünf Jahre später mit einem einzigen Buch zurück.

»Das ist immer noch zu lang«, sagte der Herrscher. »Ich bin ein vielbeschäftigter Mann und habe mich um die Belange des Reichs zu kümmern. Schreib auf ein paar Seiten das nieder, was du für wesentlich hältst, und bring mir dann die Seiten.«

Der Weise machte sich wieder an die Arbeit. Innerhalb von zwei, drei Jahren gelang es ihm, die Quintessenz seines Wissens auf einigen Seiten unterzubringen, die er dem Monarchen überreichte. Der aber war an diesem Tag besonders beschäftigt und verlangte eine letzte Anstrengung: eine einzige Seite.

Mehrere Jahre Arbeit waren abermals notwendig, bis der Mann sein Wissen auf einer einzigen Seite darlegen konnte.

»Das ist mir immer noch zu lang«, sagte der Herrscher zu ihm. »Ich mache dir einen Vorschlag: Schreibe nichts mehr. Fasse das Wesentliche von dem, was du weißt, in einem einzigen Wort zusammen, und sage mir dann dieses Wort. Ich werde dich dafür belohnen.«

Der Mann zog sich auf eine karge Hochebene zurück und dachte einige Zeit nach. Am Ende, als er das Wort gefunden hatte, das alle Gedanken umfaßte, bat er um Audienz beim Herrscher, der mittlerweile ein alter Mann war.

»Hast du das Wort gefunden?« fragte er den Gelehrten.

»Ja, Majestät. Ich habe es gefunden.«

»Dann komm näher. Sag es mir ins Ohr, rasch.«

Der Weise näherte sich dem Herrscher, neigte sich zu seinem Ohr und flüsterte ein einziges Wort. Nur der Herrscher hörte es, und der rief:

»Aber das wußte ich doch schon!«

Die Schmetterlinge und die Kerze

Es gebührt Fariduddin Attar, dem persischen Autor von *Die Sprache der Vögel*, mit einer wunderbaren Nachtparabel dieses Kapitel zu schließen:

Eines Abends versammelten sich die Schmetterlinge, welche vom Verlangen gequält wurden, sich mit der Kerze zu vereinigen. Ein Schmetterling flog bis zu einem fernen Schloß und erblickte im Innern das Licht einer Kerze. Er flog zurück und erzählte genau, was er gesehen hatte. Doch der weise Schmetterling, welcher die Versammlung leitete, sagte, daß sie das keinen Schritt weiter brächte.

Ein zweiter Schmetterling flog in das Schloß und näherte sich der Kerze. Er flog um sie herum, berührte mit seinen Flügeln sogar die Flamme, und die Kerze siegte. Er kam mit verbrannten Flügeln zurück und erzählte von seinem Abenteuer.

Doch der weise Schmetterling sagte:

»Deine Erläuterung ist auch nicht genauer.«

Da erhob sich, trunken vor Liebe, ein dritter Schmetterling. Er flog ins Schloß, ließ sich auf dem Rand des Kerzenhalters nieder, stellte sich auf die Hinterbeine und stürzte sich ungestüm auf die Flamme. Seine Glieder wurden rot wie das Feuer. Er verschmolz mit der Flamme.

Da sagte der weise Schmetterling, der alles von weitem beobachtet hatte:

»Er hat erfahren, was er wissen wollte. Aber nur er begreift es, niemand sonst.«

8

Ein guter Lehrer kann brauchbar sein oder auch unbrauchbar

Die Lektion des Diebs

Alle Traditionen gehen davon aus, daß die Übertragung von Wissen und sogar von Weisheit nur durch die Vermittlung eines Lehrers geschehen kann. Doch gibt es tausend verschiedene Ansätze, die Identität und Persönlichkeit dieses Lehrers zu definieren.

Hier zunächst eine Lektion, die ein König aus dem Süden Indiens von einem Dieb erteilt bekam.

Ein König wollte alle Geheimnisse des Stehlens kennenlernen, und zwar nicht in der Absicht, selbst zu stehlen, sondern um besser Recht sprechen zu können, und daher ließ er einen berühmten Dieb zu sich rufen und bat ihn um Unterweisung.

Der Mann erschien aufs Höchste erstaunt, ja sogar empört.

»Ich soll ein Dieb sein? Wer hat dir denn so etwas weismachen können? Ich habe immer äußerst ehrenhaft gelebt: Wie könnte ich dich da im Stehlen unterweisen?«

Der Mann beteuerte dermaßen seine Unschuld und zeigte sich so entrüstet über die Böswilligkeit seiner Nachbarn, die ihn zweifellos nur deshalb angezeigt hätten, um seinen guten Ruf zu zerstören, daß er entlassen wurde.

Doch einige Minuten, nachdem er gegangen war, bemerkte der König, daß ein kostbarer Ring an seiner Hand fehlte. Er ließ den Mann verhaften, man durchsuchte ihn, ohne den Ring zu finden – da er ihn bereits einem Komplizen hatte zustecken können. Aber dieses Mal wurde der Mann wegen Majestätsbeleidigung ins Gefängnis geworfen und dazu verurteilt, am nächsten Tag gepfählt zu werden.

In dieser Nacht konnte der König nicht schlafen. Voller Unruhe erinnerte er sich an die Unschuldsbeteuerungen, die der Mann sowohl im Palast als auch bei seiner Verhaftung von sich gegeben hatte. Mitten in der Nacht erhob sich der König und stieg bis in den Kerker hinab. Man ließ den dunklen, schweigsamen Mann hinein, und er hörte, wie der Gefangene in seiner finsteren Zelle inbrünstig betete, leise weinte und nicht abließ, seine Unschuld zu beteuern. Der König – den der Gefangene nicht bemerken konnte – zog sich betroffen und ohne ein Geräusch zu verursachen zurück und beschloß, den Gefangenen freizulassen, da er von seiner Unschuld überzeugt war. Danach konnte er ruhig einschlafen.

Am nächsten Tag wurde der Freigelassene zum Herrscher geführt. Er legte rasch seine Hände zusammen und ließ den Ring des Königs erscheinen. Dann nahm er ihn mit seinen Fingern und gab ihn mit allen Zeichen des Gehorsams und Respekts zurück.

Der verblüffte König fragte ihn nach den Gründen für sein Verhalten.

»Du hast mich um Unterweisung gebeten«, antwortete der Dieb. »Hier also die erste Lektion: Ein Dieb muß sich immer wie ein ehrenwerter Bürger benehmen, der die Gesetze und Gebräuche achtet. Und die zweite Lektion: Es ist absolut wesentlich, daß er seine Unschuld beteuert, selbst wenn er sich in höchster Not befindet. Sollen wir gleich einen Termin für die dritte Lektion ausmachen?«

Das wahre Wissen

In einer klassischen arabischen Geschichte ist der Lehrer ein bescheidener Schmied.

In einer Stadt, wo alle Wissenschaften gelehrt wurden, lebte ein junger, eifriger Mann, der vom Verlangen nach Vollkommenheit beseelt war. Eines Tages erfuhr er durch die Schilderung eines Reisenden, daß in einem fernen Land ein Mann wie kein zweiter lebe, der alle Tugenden aller Zeiten in sich vereinige. Dieser Mann war trotz all seiner Weisheit ein Schmied wie vor ihm sein Vater und der Vater seines Vaters.

Sobald der junge Mann von diesem Wunder der Weisheit gehört hatte, nahm er seine Sandalen, sein Bündel und brach auf. Nach monatelanger, mühsamer Reise kam er in die Stadt des Schmieds, stellte sich bei ihm vor, küßte den Saum seines Gewands und wartete in ehrerbietiger Haltung. Der Schmied, ein betagter Mann, fragte ihn:

»Was wünschst du?«

»Weisheit zu erlangen«, antwortete der junge Mann.

Da legte ihm der Schmied die Schnur des Blasebalgs in die Hände und befahl ihm zu ziehen. Der junge Mann zog die Schnur des Blasebalgs bis zum Sonnenuntergang. Dies wiederholte sich am nächsten Tag, an den darauffolgenden Tagen und in den nächsten Monaten. Ein ganzes Jahr lang arbeitete er so, ohne daß irgend jemand das Wort an ihn richtete.

So vergingen fünf Jahre. Eines Tages schließlich sagte der junge Mann zum Schmied:

»Meister ...«

Und alle in der Schmiede hielten inne. Die anderen Arbeiter wirkten beklommen. In der plötzlich entstandenen Stille sagte der Schmied zum jungen Mann:

»Was willst du?«

»Weisheit, Meister ...«

Und der Schmied antwortete:

»Zieh die Schnur.«

Fünf weitere Jahre vergingen bei dieser stillen, harten Arbeit. Niemand sagte ein Wort. Wenn ein Schüler eine Frage an den Meister stellen wollte, schrieb er sie auf ein Stück Papier. Manchmal warf der Meister das Papier dann ins Feuer, wenn er die Frage für wertlos hielt. Manchmal rollte er das Papier in einer Falte seines Turbans ein, und am nächsten Tag fand der Schüler die Antwort in Goldlettern auf der Wand seiner Schlafkammer.

Nach zehn Jahren kam der alte Schmied zum Betätiger des Blasebalgs und berührte ihn an der Schulter. Dieser, der gekommen war, um Weisheit zu erlangen – und Geduld erlernt hatte – hörte auf, die Schnur zu ziehen. Er verspürte eine große Freude in seinem Innern. Der alte Schmied umarmte ihn und ließ ihn ziehen. Manche behaupten, daß er nicht ein Wort gesagt hätte.

Der Jüngling, der nun ein Mann war, kehrte nach Hause zu seinen Freunden zurück. Und den Rest seines Lebens lebte er in stiller Klarheit.

Der Stein in der Hand

In China – und auch in Indien – wird eine ziemlich ähnliche Geschichte erzählt.

Eine junger Mann, der seit seiner Kindheit von Edelsteinen fasziniert war, beschloß, Juwelier zu werden. Sofort suchte er nach einem Meister und wurde vom allerberühmtesten angenommen.

Als erste Übung legte der Meister ihm einen Jadestein in die Hand, schloß die Hand über dem Stein und sagte:

»Halt deine Hand ein Jahr lang so über dem Stein geschlossen. Leb wohl.«

Und er entließ den jungen Mann.

Dieser kehrte mit geschlossener Hand und höchst unzufrieden in das Haus seiner Eltern zurück. Wie ist es möglich, so fragte er sich, daß der Meister von mir etwas derart Sinnloses und Schwieriges verlangt? Wie sollte ich meine Hand ein Jahr lang geschlossen halten, ohne sie auch nur eine Sekunde zu öffnen? Wie rechtfertigt er diesen nur einer Laune entsprungenen Befehl?

Doch trotz all dieser Fragen, die der erste Zorn ihm eingab, war der junge Mann insgeheim neugierig geworden, und ihm gelang es tatsächlich, seine Hand über dem Stein geschlossen zu halten, zwölf Monate lang und das sogar im Schlaf.

Als die Frist um war, ging er wieder zum Meister und gab ihm den Stein zurück.

»Und was soll ich jetzt tun?« fragte er.

Der Meister antwortete ihm:

»Ich werde dir einen zweiten Stein in die Hand legen, und du wirst ihn ebenfalls ein Jahr halten.«

Dieses Mal aber ließ der junge Mann seinem Zorn freien Lauf: Noch ein Jahr? Was sollte dieser sinnlose Befehl, der im Hirn eines alten Schwachkopfs entstanden war? Warum brachte man ihm, der doch Juwelier werden wollte, seinen Beruf nicht anständig bei?

Während er so tobte, legte der Meister ihm einen anderen Stein in die Hand.

Mechanisch schloß der junge Mann seine Hand über dem Stein und rief plötzlich aus:

»Aber das ist keine Jade!«

Der wahre Buddhismus

Eine der berühmtesten Geschichten des Zen ist dieser kurze Dialog, der dem Meister Josshu zugeschrieben wird.

Ein Schüler fragt ihn:

»Meister, was bitte ist die wahre Lehre des Buddhismus? Erklärt sie mir!«

»Hast du deine Mahlzeit beendet?« fragt der Meister.

»Ja, Meister, ich bin fertig.«

»Dann spül deine Schale aus.«

Der Maler und der Brand

Eine andere japanische Geschichte zeigt, daß auch ein Brand sehr lehrreich sein kann.

Es war einmal ein Maler, der vor allem Buddhas malte und Yoshihide hieß. Eines Tages brach ein Feuer im Nachbarhaus aus. Ohne sich um seine Frau und seine Kinder zu kümmern, die sich selbst retten mußten, stürzte der Maler auf die Straße und blieb dort reglos stehen. Er sah einfach zu, wie das Feuer vom Nachbarhaus auf seins übergriff.

»Was machst du da?« fragten ihn die Leute. »Beweg dich! Siehst du nicht, daß dein Haus brennt?«

Der Mann lächelte mit weit aufgerissenen Augen und sagte immer nur:

»Ach, wie lehrreich! Wie schlecht habe ich die Flammen der Hölle gemalt! Jetzt sehe ich, was es heißt, zu lodern! Ach, wie lehrreich!«

Trotz seiner Nachbarn, seiner Frau und seiner Kinder unternahm er nichts. Er beobachtete, wie sein Haus restlos niederbrannte. Danach war er Experte darin,

Flammen zu malen, bekam zahllose Aufträge und ließ sich ein Haus bauen, das viel schöner war als sein vorheriges.

Das Beispiel mit der Lampe

Eine christliche Geschichte erzählt ebenfalls, allerdings auf völlig andere Weise, von einer Flamme.

Es gab einen alten Mann mit schwachem Gedächtnis. Äußerst wissensdurstig begab er sich zu einem Mann, der für seine Weisheit berühmt war, und befragte ihn über das Vergessen. Der Mann unterwies ihn. Zufrieden kehrte der Alte in seine Kammer zurück. Doch sobald er die Tür hinter sich geschlossen hatte, bemerkte er, daß er schon wieder vergessen hatte, was ihm gesagt worden war.

Er kehrte zum Heiligen zurück und befragte ihn ein zweites Mal. Der Heilige antwortete ihm wie das erste Mal. Der Alte kehrte in seine Kammer zurück. Kaum war die Tür geschlossen, hatte er wieder alles vergessen.

Ein klein wenig später, nach weiteren Versuchen, begegnete er dem Heiligen und teilte ihm seine Besorgnis mit:

»Ich vergesse alles, was du mir sagst, und ich wage nicht mehr, dich zu fragen.«

»Zünde eine Lampe an«, sagte der Heilige zu ihm.

Der alte Mann gehorchte. Er kam mit einer angezündeten Lampe zurück.

»Bring weitere Lampen her«, sagte der Heilige zu ihm. »Zünde sie alle an der ersten Lampe an.«

Der alte Mann tat, was ihm befohlen worden war. Bald brannten mehrere Lampen.

»Ist die erste Lampe«, fragte der Heilige, »irgendwie

dadurch beeinträchtigt worden, daß andere Lampen mit ihrer Flamme angezündet worden sind?«

»Nein«, sagte der Alte.

»Dann zögere nicht«, sagte der Heilige. »jedes Mal, wenn du mich etwas fragen willst, werde ich dir antworten.«

Die Geduld

Sa'di, der persische Dichter, erzählt von einer anderen Unterweisung.

Ein Mann von beträchtlichem Ruf hatte einen häßlichen Diener mit unmöglichem Charakter. Er konnte keine Anweisung ohne einen Wutanfall entgegennehmen, er setzte sich ungehobelt zu Tisch, er bediente schlecht, rempelte die Gäste an und ließ seinen Herrn ohne Getränk. Alle Vorwürfe prallten an ihm ab und verschlimmerten nur das Chaos und die Nachlässigkeit seiner Arbeit. In der Nacht hallte das Haus von seinen schweren Schritten und von zerschlagenem Geschirr wider. Es kam sogar soweit, daß er Hühner in den Brunnen und dornige Zweige auf den Weg fallen ließ, den sein Herr beschreiten mußte. Man konnte sich bei ihm auf nichts verlassen.

Freunde rieten dem Herrn, diesen unerträglichen Diener zu entlassen und einen neuen einzustellen.

»Aber warum denn?« antwortete lächelnd der Herr. »Ich bin meinem Diener zu großem Dank verpflichtet, denn er hat mich geläutert. Ja, er hat mich die Geduld gelehrt, und jeden Tag lehrt er sie mich aufs neue. Diese Wohltat ermöglicht mir, alle anderen Unannehmlichkeiten des Lebens zu ertragen.«

Der indische Vogel

Manchmal kann sogar ein Vogel unser Lehrer sein (wenn er bereit ist, mit uns zu sprechen).

Ein persischer Kaufmann hielt einen indischen Vogel in einem Käfig. Vor einer Reise nach Indien fragte er den Vogel:

»Soll ich dir ein Geschenk mitbringen?«

»Nein«, sagte der Vogel. »Alles, was ich will, ist meine Freiheit.«

»Ich habe nicht die Absicht, sie dir zu gewähren.«

»Dann bitte ich dich, in Indien kurz in den Wald zu gehen, in dem ich geboren wurde, und den anderen Vögeln mitzuteilen, daß ich gefangen bin.«

»Das werde ich tun«, sagte der Kaufmann.

Er begab sich wie versprochen in den indischen Dschungel, an die Stelle, die der Vogel ihm genannt hatte, und verkündete mit lauter Stimme, daß er einen bestimmten Vogel gefangen habe. Sofort fiel vom höchsten Ast eines Baumes ein anderer Vogel leblos auf den Boden. Zweifellos war dies ein Verwandter meines Vogels, sagte der Kaufmann zu sich, und meine Worte haben seinen Tod verursacht.

Als er nach Hause zurückkehrte, fragte ihn der Vogel nach Neuigkeiten von seiner Reise.

»Leider«, sagte der Kaufmann, »muß ich dir eine schlechte Nachricht überbringen. Ich fürchte, einer deiner Verwandten ist reglos auf die Erde gefallen, als ich von deiner Gefangenschaft erzählte.«

Kaum hatte der Kaufmann dies gesagt, fiel der Vogel ebenfalls auf den Boden des Käfigs und bewegte sich nicht mehr. Diese schlechte Nachricht hat auch ihn getötet, sagte der Kaufmann zu sich. Voller Kummer öffnete er den Käfig, nahm den Vogel und legte ihn auf ein Fenstersims, das die Sonne beschien.

Auf der Stelle lebte der Vogel wieder auf. Er schlug heftig mit den Flügeln und flog bis zu einem Baum in der Nähe.

Von dort aus sagte er zum Kaufmann:

»Verstehst du jetzt? Was du für eine traurige Nachricht hieltest, war in Wahrheit eine gute Botschaft. Durch deine Vermittlung hat mir der Vogel in der Ferne, mein Verwandter, eine Möglichkeit gezeigt, mich zu befreien. Und diese Möglichkeit habe ich genutzt.«

Und der Vogel flog singend gen Osten.

Die neue Weisheit

Ein achzigjähriger Weiser lebte in Nordchina. Er war der berühmteste Deuter von Konfuzius' Worten, und sein Ruf übertraf den aller anderen Weisen. Irgendwann kam plötzlich das Gerücht von Süden auf, daß ein noch weiserer, tiefsinnigerer Mann erscheinen würde. Der alte Weise des Nordens fand diese Vorstellung unerträglich und beschloß, sich selbst auf den Weg zu machen, um dies zu überprüfen.

Die Reise war gefährlich und mühsam. Nach Monaten der Anstrengung kam er schließlich zum neuen Meister, stellte sich ihm vor, und die beiden Männer beschlossen, ihre Lehren zu vergleichen, um zu entscheiden, welche die tiefsinnigere war.

Der alte Mann begann. Er brauchte mehrere Stunden, um mit Bedacht und Klugheit die Hauptpunkte seines Systems darzulegen. Als er geendet hatte, bat er den Mann aus dem Süden, einen Buddhisten aus einer Schule namens Zen, seine eigenen Ideen auszubreiten.

Da sagte der Zenmeister einfach dies:

»Vermeide Schlechtes und tue so viel Gutes wie möglich.«

Als der alte Meister diese Worte hörte, wurde er rot vor Zorn.

»Wie?« rief er aus. »Ich habe trotz meines Alters alle Gefahren einer langen Reise auf mich genommen! Ich habe dir die Gründe meines Kommens genannt! Ich habe dir ausführlich meine Lehre dargelegt und nichts vor dir verborgen! Und du gibst mir im Gegenzug eine unbedeutende Lebensregel, die jedes dreijährige Kind schon auswendig kennt? Machst du dich über mich lustig?«

Der Zenmeister antwortete ihm:

»Nein, ich mache mich nicht über dich lustig. Aber wenn es auch stimmt, daß jedes dreijährige Kind diese Regel schon auswendig kennt, so ist doch ein achtzigjähriger Mann noch außerstande, sein Leben danach zu gestalten.«

Die Lampe des Meisters

Ein anderer Zenmeister und sein Schüler gingen mitten in der Nacht einen Weg entlang. Der Meister hielt eine Laterne.

»Meister«, fragte der Schüler, »ist es wahr, daß du im Dunkeln sehen kannst?«

»Ja, das ist wahr.«

»Warum dann die Laterne?«

»Damit mich die anderen nicht anstoßen.«

Der Derwisch und der berühmte Sänger

Eine sufistische Geschichte betont, daß günstige Umstände notwendig sind für die Übermittlung einer Lehre oder auch ganz einfach einer Gemütsbewegung.

Es war einmal ein wissensdurstiger König, der um seine Unvollkommenheit wußte. Der ließ einen berühmten Derwisch zu sich rufen und sagte zu ihm:

»Das Geschlecht, dem ich entstamme, hat sich immer nur an den reinsten Quellen des Wissens gelabt.«

»So ist es«, sagte der Derwisch.

»Ich möchte diese Tradition fortsetzen. Deshalb sollst du mein Lehrer sein.«

»Ist das ein Befehl oder eine Bitte?«

»Das kannst du halten, wie du willst«, antwortete der König. »Befehl oder Bitte: In jedem Fall werde ich etwas lernen.«

Er schwieg und erwartete, daß der Derwisch das Wort ergriffe. Doch der Derwisch sagte nichts. Einen Augenblick später verbeugte er sich schweigend, erhob sich und ging.

An den folgenden Tagen sah man ihn regelmäßig beim König. Er setzte sich, blieb ein paar Stunden und ging dann wieder. Die Angelegenheiten des Königsreichs rasten an ihm vorbei, all die Gesuche, Händel, Bestrafungen, Loyalitätsvergehen und Ehrerweisungen. Und das Rad des Himmels drehte sich im selben Tempo.

Jeden Tag sah der König den Derwisch in seinen zerlumpten Kleidern eintreffen. Er sah, wie er kam und sich setzte, sah, wie er aß und trank, sah, wie er mit anderen sprach und lachte. Er wußte auch, daß er in der Nacht schlief. Doch er bekam nicht die kleinste Unterweisung. Warum? fragte sich der König. Wartet er auf ein Zeichen? Wie kann ich das Geheimnis seines Schweigens ergründen?

Eines Tages hörte man bei Hofe mehrere Personen von einem Sänger namens Daud sprechen:

»Daud ist der größte Sänger der Welt.«

Der König wollte diesen berühmten Sänger hören

und ließ ihn zum Palast rufen. Doch der Sänger, der in einem prächtigen Haus wohnte und sich König der Sänger nannte, antwortete dem königlichen Boten:

»Dein König weiß nicht, was für die Kunst des Singens notwendig ist. Wenn er nur mein Gesicht sehen will, dann komme ich. Aber wenn er mich singen hören will, dann muß er warten wie jeder andere auch.«

»Warten worauf?« fragte der Bote.

»Auf den richtigen Moment. Ich muß in der richtigen Verfassung sein, um zu singen. Ich sage dir, was aus mir einen großen Sänger macht und was aus jedem Esel einen großen Sänger machen könnte: die Tatsache, daß ich genau weiß, wann man singen kann und wann nicht.«

Diese Worte wurden dem König überbracht, der zwischen Wünschen und Zürnen hin und her gerissen war.

»Könnte jemand diesen Mann dazu bringen zu singen?« fragte er. »Wenn er in der richtigen Verfassung sein muß, um zu singen, muß ich dann nicht auch in der richtigen Verfassung sein, um ihm zuzuhören?«

Da erhob sich auf einmal der Derwisch, ging zum König und sagte zu ihm:

»Komm mit mir. Wir besuchen diesen Sänger.«

Unter dem erstaunten Gemurmel der Höflinge, die sich mit leiser Stimme fragten, welch tiefgründige List sich hinter dem Vorschlag des Derwischs verberge – der im Falle des Erfolgs sicher reich belohnt werden würde – willigte der König ein. Er ließ sich ärmliche Kleider bringen und folgte, mit zerzausten Haaren, dem Derwisch durch die Straßen der Stadt.

Die beiden Männer klopften an die Tür des Sängers. Dieser ließ ihnen ausrichten, daß er nicht in der Stimmung sei zu singen und in Ruhe gelassen werden wolle.

Da setzte sich der Derwisch unter das Fenster des

Sängers und fing selbst an zu singen. Er sang eines der Lieblingslieder von Daud, und zwar in bewundernswerter Weise. Zumindest war dies die Ansicht des Königs, der in seinen Lumpen neben ihm saß und durch den Gesang sehr ergriffen war. Doch da er kein großer Kenner der Materie war, konnte er nicht bemerken, daß der Derwisch ganz leicht falsch sang.

Als das Lied beendet war, hatte der König Tränen in den Augen.

»Sing dieses Lied noch einmal«, sagte er zum Derwisch. »Ich habe nie eine süßere, ergreifendere Melodie gehört.«

Der Derwisch willigte ein. Er wollte gerade das Lied von Anfang an wiederholen, als plötzlich Daud, der nicht länger den – wahrscheinlich mit Absicht – leicht falschen Gesang des Derwischs ertragen konnte, an seinem Fenster anfing zu singen.

Der Derwisch und der König saßen wie versteinert da und hielten den Atem an. Dauds Gesang, vollkommen und rein, umhüllte sie mit unbekannter Schönheit, in der sie das ganze Universum bis zu den geheimsten Empfindungen der Menschen sehen konnten.

Als der Gesang geendet hatte, wurde das Fenster geschlossen.

Der König ließ dem Sänger ein prächtiges Geschenk zukommen. Er beglückwünschte den Derwisch für seine Tüchtigkeit und schlug ihm vor, ihn zu seinem obersten Ratgeber in allen Staatsgeschäften zu ernennen.

Doch der Derwisch sagte folgendes zu ihm:

»Drei Bedingungen waren notwendig, um dich das hören zu lassen, was du gehört hast: die Anwesenheit des Sängers, deine Anwesenheit und die Anwesenheit eines Mannes, der das unverzichtbare Band zwischen dir und dem Sänger knüpfen konnte.«

»Was willst du damit sagen?« fragte der König.

»Was für den Sänger gilt, gilt für jede Form der Unterweisung. Es muß der richtige Zeitpunkt, der richtige Ort und der richtige Mensch sein.«

»Willst du damit sagen, daß du und ich warten müssen, bis diese drei Bedingungen erfüllt sind?«

»Ich habe gesagt, was ich gesagt habe«, antwortete der Derwisch.

Er setzte sich zum König und nahm erneut seine schweigsame Haltung ein. Und der König widmete sich wieder seinen Staatsgeschäften. Er wartete.

Ein gutes Geschäft

Nasreddin Hodja, man ahnt es, gab ebenfalls gern Lektionen (auch wenn man nicht einen einzigen seiner Lehrer kannte).

Ein Kaufmann kam eines Tages zu ihm und sagte:

»Ich biete dir ein außergewöhnliches Geschäft an. Du leihst mir fünfzig Dinar, aus denen ich siebzig machen werde. Reingewinn: zwanzig Dinar. Zehn für dich, zehn für mich. Was hältst du davon?«

»Das ist wirklich sehr interessant«, antwortete Nasreddin, nachdem er nachgedacht hatte. »Aber ich schlage dir ein anderes Geschäft vor, das für dich und mich noch besser ist.«

»Und wie soll das aussehen?«

»Hör zu: Ich gebe dir die zehn Dinar. Nimm sie. Du machst sofort Gewinn und hast nichts ausgegeben. Ich habe damit vierzig gewonnen. Und beachte: Zusätzlich vermeiden wir so alle Streitereien, die normalerweise solche Transaktionen begleiten.«

Die Weisheit des Zimmermanns

Nach dem arabischen Schmied hier der chinesische Zimmermann.

Im Verlaufe einer Prozession bekam ein Mann, dessen Heiligkeit und Selbstbeherrschung weithin bekannt waren, auf seine Nase einen Spritzer Gips von der Größe eines Insektenflügels. Er bat einen Zimmermann, der neben ihm ging, ihm dieses kleine Stückchen Gips zu entfernen.

Der Zimmermann nahm seine Axt, ließ sie in der Luft herumwirbeln – so heftig, daß man das Geräusch hörte – und entfernte das Gipsstückchen, ohne auch nur die Nase des heiligen Mannes zu berühren.

Und die Prozession ging weiter.

Einige Zeit danach ließ ein Prinz, der von dieser Großtat gehört hatte, den Zimmermann zu sich rufen und bat ihn, sein Kunststück zu wiederholen.

Der Zimmermann weigerte sich.

Der Prinz war verärgert und fragte nach den Gründen dieser Weigerung.

»Das ist ganz einfach«, sagte der Zimmermann. »Der Mann, der dieses Gipsstückchen auf der Nase hatte, war von ungeheurer Seelenstärke. Als ich meine Axt benutzte, durchlief ihn nicht das kleinste Zittern. Wo sollte ich unter all den Leuten, die dich umgeben, einen finden, der sich so verhalten könnte?«

Der Schrecken des Meisters

Der wahre Meister ist nicht empfindungslos, im Gegenteil. Aber er kann, wenn es nötig ist, seine Empfindungen zurückstellen. Dies zeigt uns eine Zengeschichte.

In einem japanischen Kloster lebte gegen Ende des Mittelalters ein alter Mönch, der den jungen Mönchen schrecklichen Respekt einflößte, weil nichts ihn in seinem inneren Frieden zu stören schien. Obwohl er bei jeder Gelegenheit sagte, daß man an einer Empfindung, welche es auch sei, nichts aussetzen könne, wenn man sich nicht von ihr hinreißen ließe, blieb er doch ruhig und unerschütterlich. Man konnte ihn weder reizen noch erschrecken, noch beunruhigen.

Eines Wintermorgens, als noch die Nacht alle Gänge des Klosters verdunkelte, versammelten sich die jungen Mönche schweigend in der Finsternis. Der alte Mönch mußte an diesem Morgen die rituelle Tasse Tee zum Altar bringen. Als er vorbeiging, sprangen sie plötzlich wie heulende Gespenster aus der Dunkelheit hervor.

Der alte Mann setzte ruhig, ohne das geringste Straucheln oder Zusammenzucken, seinen Weg fort. Ein klein wenig weiter den Gang hinauf befand sich, wie er wußte, ein niedriger Tisch. Dort stellte er langsam die Tasse Tee ab und bedeckte sie mit einem kleinen Seidentuch, damit kein Staub hineinfallen konnte.

Dann lehnte er sich gegen eine Wand und stieß einen lauten Schreckensschrei aus.

Das dumme Kind

Manchmal müssen sich die Lehrer vor ihren Schülern hüten, denn Erziehung verläuft nicht nur einseitig.

In seinem *Rosengarten* stellt uns Sa'di einen mächtigen Mann vor, einen Wesir, der unglücklicherweise einen ziemlich zurückgebliebenen Sohn hatte. Diesen brachte er mit folgenden Worten zu einem berühmten Lehrer:

»Kümmere dich um meinen Sohn. Vielleicht wird er mit deiner Hilfe klug.«

Der Lehrer nahm das Kind unter seine Fittiche und unterwies es monatelang mit großer Hartnäckigkeit. Danach brachte er es zu seinem Vater zurück und sagte zu ihm:

»Dein Sohn ist immer noch dumm. Und ich bin es jetzt auch.«

Der lange Fluß

Eine Geschichte aus dem zwanzigsten Jahrhundert, die überall erzählt wird, zeigt uns einen Mann aus dem Abendland, zum Beispiel aus Amerika, der von einem berühmten Meister hört, welcher vollkommen zurückgezogen in den tibetischen Bergen lebt.

Der Amerikaner ist ein systematischer Denker und beschließt, sich zum heiligen Mann zu begeben und aus seinem Munde alle wahren Geheimnisse des Lebens zu erfahren. Er verkauft alles, was er hat, trifft die notwendigen Maßnahmen, kommt in Tibet an, läßt sich den Weg zur Höhle beschreiben, in die sich der Weise zurückgezogen hat, und macht sich auf die Suche.

Es ist eine sehr mühsame Reise in mehr als fünftausend Meter Höhe durch Eis und Schnee. Der Amerikaner kommt schließlich zu dem alten Mann, der halbnackt in seiner Einsamkeit lebt.

Ohne weitere Umschweife fragt er ihn, was das Leben sei.

Der Einsiedler denkt eine ganze Weile nach und antwortet dann:

»Das Leben, mein Sohn, ist ein langer Fluß, der seinen Anfang am Tag der Geburt nimmt und ...«

Der Amerikaner unterbricht ihn brüsk. Er wirkt sehr verärgert.

»Wie? Ich habe mein ganzes Geld ausgegeben und diese Reise unternommen, um mir dann diesen Unsinn anzuhören? Daß das Leben ein langer Fluß ist? Dann hätte ich auch zu Hause bleiben können! Ich habe so viel Zeit für diesen abgedroschenen Unsinn vergeudet?«

Da fragt der Einsiedler äußerst beunruhigt:

»Was? Das Leben ist kein langer Fluß?«

Der Mann mit dem freien Geist

Tagore erzählt die Geschichte von einem Mann, der seit seiner Kindheit von sich behauptete, er habe einen freien Geist. Er gehöre keiner Schule an und glaube an keinen Gott.

Dieser Freigeist verschwand. Man fand ihn einige Jahre später, wie er in vollkommener Ergebenheit einem heiligen Mann diente, der abseits vom weltlichen Treiben lebte. Der Mann mit dem starken Geist führte mit beispielloser Fügsamkeit und einem steten Lächeln auf seinen Lippen alle Befehle aus, die der Einsiedler ihm erteilte. Er stopfte ihm seine Pfeife und massierte ihm sanft die Beine.

Ein Freund aus alten Tagen kam ihn besuchen und wunderte sich über diese sklavische Hingabe.

»Wie hast du deine Freiheit verlieren können, an die du dich so sehr geklammert hast?«

»Ich habe sie nicht verloren. Sie ist sogar noch gewachsen.«

»Das verstehe ich nicht. Dieser Mann streckt dir die Beine hin, und du massierst sie ihm!«

»Natürlich«, sagte der andere, »aber er hat diesen

Dienst nicht nötig. Wenn er es nötig hätte, wäre es in der Tat schändlich, diesen Dienst von mir zu verlangen. Und schändlich von mir, ihm zu gehorchen. Aber ich bin es, der es nötig hat.«

Der angebetete Baum

Manchmal kommt es vor, daß der Teufel selbst sich bereitfindet, uns zu unterweisen, wie diese arabische Geschichte zeigt.

Es gab einmal einen Baum, den Männer und Frauen anbeteten und dafür die Religion ihres Volkes mißachteten. Ein Mann war über diesen Götzendienst aufgebracht und beschloß, den Baum zu fällen. Er tauchte dort bei Nacht mit einer schweren Axt auf, doch der Teufel erschien in menschlicher Gestalt und fragte ihn:

»Was willst du mit dieser Axt?«

»Ich werde den Baum fällen.«

»Warum?«

»Weil einige Männer und Frauen ihn anbeten und darüber den wahren Gott vergessen.«

»Wenn du ihn nicht selbst anbetest«, fragte der Teufel, »was geht es dich an?«

»Ich will ihn fällen, und ich werde ihn fällen!« entgegnete der Mann und hob seine Axt.

»Warte!« rief der Teufel und legte ihm eine Hand auf den Arm. »Würdest du, anstatt den Baum zu fällen, nicht lieber etwas tun, was dir nützen könnte?«

»Was willst du damit sagen?« fragte der Mann etwas verwirrt.

»Mein Vorschlag ist kein Rätsel. Ich biete dir für den Fall, daß du den Baum nicht fällst, zwei Goldstücke an.«

»Wer gibt sie mir?«

»Ich selbst.«

»Und wann?«

»Jeden Morgen, wenn du aufwachst.«

Der Mann ließ seine Axt sinken und ging nach Hause. Am nächsten Morgen klopfte ein maskierter Bettler an seine Tür, gab ihm zwei Goldstücke und machte sich schnell aus dem Staub.

Am folgenden Tag stand der Mann frühzeitig auf und wartete auf den Bettler. Aber er wartete vergeblich. Niemand brachte ihm die zwei versprochenen Goldstücke.

Da wurde der Mann wütend, ergriff seine schwere Axt und rannte zum Baum. Dort traf er den Teufel in seiner menschlichen Gestalt, und der Teufel sagte zu ihm:

»Was willst du mit dieser Axt?«

»Ich werde den Baum fällen!«

»Nein. Du kannst ihn nicht mehr fällen.«

Der Mann hob seine Axt. Der Teufel packte sie mit einem Finger und warf sie zurück. Dann stieß er den Mann an, der sich das Rückgrat an einer Mauer brach und dem Sterben nahe war.

»Wer bist du?« fragte er. »Woher hast du diese übernatürliche Kraft?«

»Von den beiden Goldstücken, die du angenommen hast. Als du den Baum fällen wolltest, damit Gott allein angebetet werde, konnte ich nichts gegen dich ausrichten. Aber als du ihn aus Wut fällen wolltest, weil du heute morgen deine Goldstücke nicht bekommen hast, bist du unter meine Macht geraten. Und deshalb habe ich dich zerschmettert.«

Der plötzlich taub gewordene Heilige

Das Verhalten wahrer Meister kann manchmal überraschend und sogar übertrieben erscheinen, wie eine weitere arabische Geschichte zeigt.

Eine alte Frau war schon jahrelang auf dem Weg, um für einen kurzen Augenblick einen heiligen Einsiedler mit ungeheurem Ruf zu sehen, der in einer großen Wüste lebte. Um die Wahrheit zu sagen, war diese Wüste dicht bevölkert mit Pilgern, die aus aller Welt in Scharen herbeikamen, um wundersame Worte zu hören, die Erde vor dem heiligen Mann zu berühren, einen Blick mit ihm zu wechseln (es hieß, daß der Mann schon Gott gesehen habe) und wieder zu gehen.

Die Pilger lebten in Zelten oder schliefen unter freiem Himmel. Tüchtige Händler verkauften in der Wüste alles, was man für lebensnotwendig hielt und außerdem überflüssigen Firlefanz. Männer und Frauen warteten in einer langen Schlange, die sich durch die steinige Wüste schlängelte und nur sehr langsam auf den Eingang der Höhle zubewegte, in der sich der Einsiedler in Begleitung derer aufhielt, die ihm dienten.

Die alte Frau, welche ihre ganze Lebenskraft dieser Reise gewidmet hatte, wartete wie die anderen. Das Warten nahm mehrere Wochen in Anspruch. Sie schritt im langsamen Tempo der Schlange voran und gab ihre letzten Ersparnisse für etwas Essen von den Händlern aus, die unaufhörlich hin und her wieselten und lautstark ihre Waren anpriesen.

Als sie sah, daß sie bald an der Reihe sein würde, schlug ihr Herz schneller. Sie fühlte sich von einer starken Gemütsbewegung ergriffen. Sie konnte nicht glauben, daß eine so lang herbeigesehnte Begegnung nun endlich stattfinden sollte. Sie wagte nicht einmal, die

Augen zum Gesicht des Einsiedlers zu heben, der im Eingang der Höhle saß.

Als der Pilger vor ihr sich zurückzog, nahm sie einer der Gehilfen am Arm, um ihr zu helfen, die kurze Strecke zurückzulegen, die sie noch von dem heiligen Mann trennte.

Dann setzte sie sich. Doch als sie sich setzte, entzog sich ihr Körper ihrem Willen, und sie ließ einen Furz fahren. Einen ziemlich lauten Furz.

Schrecklich verstört saß sie vor dem Einsiedler, wußte nicht, was sie sagen oder tun sollte, und dachte schon daran, wieder aufzustehen und davonzurennen. Aber der Einsiedler neigte sich zu ihr und fragte sie, während er eine Hand wie eine Muschel an sein Ohr legte: »Was sagst du?«

Die alte Frau hob ihr Gesicht und sah ihn an. Sie sah die unschuldigen und wohlwollenden Augen des Einsiedlers, der sich immer noch zu ihr neigte. Und der Einsiedler sagte weiter: »Mein Gehör ist ziemlich schwach. Ich bitte dich, sprich ein wenig lauter. Was hast du gesagt?«

Glück strömte der Frau wie warmes, wohlriechendes Wasser durch Körper und Seele. Sie lächelte und sagte zum Einsiedler das, weswegen sie gekommen war. Der Einsiedler behielt die Hand an seinem Ohr und hörte ihr aufmerksam zu, wobei er mit dem Kopf nickte, um ihr anzuzeigen, daß er sie verstand und sie laut genug sprach. Dann antwortete er mit Klugheit und Bedacht, und nun hörte die Frau nickend zu. Danach küßte sie die Erde vor ihm und zog sich überglücklich zurück.

Als der nächste Besucher vor dem Einsiedler stand, hatte dieser immer noch seine Hand am Ohr. Er wollte, daß alle glaubten, er sei schwerhörig, damit niemand der alten Frau von seiner List erzählen konnte.

Daher bat er auch die anderen Besucher, lauter zu sprechen, wenn sie das Wort ergriffen. Alle gehorchten ihm.

Dies behielt er Monate und Jahre bei allen Pilgern und seinen Gehilfen bei. Er hörte nur mit einer Hand am Ohr zu. Und alle sprachen zu ihm wie zu einem Schwerhörigen.

Eines Tages, siebzehn Jahre später, erfuhr er vom Tod der alten Frau. Da senkte er seine Hand, lächelte, rief all seine Begleiter zu sich und verkündete ihnen, daß ihm der Herr durch ein unerklärliches Wunder das Gehör wiedergeschenkt habe.

Die heilige Frau

Eine andere, weitaus härtere Lektion findet man in den Erzählungen der frühen Christenzeit.

Eine aus Griechenland stammende Frau, die im ägyptischen Alexandria lebte, beschloß, ihre Familie zu verlassen und sich in die Wüste zurückzuziehen, um das Ende der Welt abzuwarten. Die bevorstehende Apokalypse stand in den Schriften, alles deutete darauf hin, und es galt, die Seele zu reinigen, um sich auf die Rückkehr des Messias vorzubereiten, der fast zwei Jahrhunderte zuvor am Kreuz gestorben war und nun in Herrlichkeit am Himmel erscheinen würde, um die Bösen von den Gerechten zu scheiden.

Die Frau verließ also mitten in der Nacht heimlich Mann und Kinder. Mit sich nahm sie nur einige Kleider und etwas Geld. Vor der Morgendämmerung hatte sie die Stadt verlassen und ging auf die Wüste zu. Ein paar Monate zuvor hatte ein vorbeiziehender Prediger sie getauft. Seit diesem Tag hatte sie, so oft sie konnte, den halb geheimen Messen beigewohnt, die die Christen vereinigten. Nun brach sie auf, um in der Reinheit der Wüste dem wahren Gott gegenüberzutreten.

Sie ging den ganzen Tag, schlief zwischen Felsen und machte sie früh am Morgen wieder auf den Weg. Gewiß war sie nicht die einzige, die die Stadt floh, um eine fragwürdige Einsamkeit zu suchen. Andere Christen, die wie sie vom nahen Ende der Zeiten besessen waren, hatten sich ebenfalls auf den Weg gemacht. Chronisten berichten, daß man in der Wüste eine »ganze Menge von Eremiten« sah.

Um in diese Wüste zu gelangen, mußte man durch eine enge und ausgetrocknete Klamm, in alten Zeiten sicherlich das Bett eines Flusses. Am Eingang dieser Klamm stand ein halbnackter Mann mit flammendem Blick, der die Neuankömmlinge mit strengen Worten befragte, bevor er ihnen das Recht zusprach – oder verweigerte – in der Einsamkeit zu leben.

Die Frau, die bereits sehr müde war, blieb vor diesem Mann stehen, der sie fragte:

»Hast du allem entsagt?«

»Ja«, antwortete sie.

»Deiner Familie? Deinen Freunden? Jeder irdischen Bindung?«

»Ich habe allem entsagt. Deshalb bin ich hier.«

»Was hast du in diesem Beutel?«

»Kleider und etwas Geld.«

»Dann höre, was du tun wirst«, sagte der Fragesteller zu ihr. »Du wirst nach Alexandria zurückkehren. Deine Kleider gibst du den Armen, denen du begegnest. Dann gehst du zu einem Metzger. Mit deinem Geld kaufst du frisches Fleisch. Dieses Fleisch befestigst du an deinen Schultern und an deinem Hals. Danach kommst du hierher zurück. Hast du dies verstanden?«

Die Frau nickte und kehrte wieder um.

Sie kam nach Alexandria zurück und wich den Vierteln aus, in denen sie hätte erkannt werden können. Ihre Kleider gab sie ab und behielt nur ein einfaches Hemd. Sie kaufte frisches Fleisch und befestigte es an ihrem Hals. Dann machte sie sich wieder auf den Weg in die Wüste.

Kaum hatte sie das zweite Mal die Stadt verlassen, da setzten sich hungrige Hunde auf ihre Fährte. Sie sprangen an ihre Schultern, um das Fleisch zu bekommen, und dabei zerkratzten sie ihr den Leib. Raubvögel griffen sie mit Schnabel- und Krallenhieben ebenfalls an und kämpften sogar mit den Hunden. Die Frau versuchte, sich zu schützen, doch sie kam nur in einer Wolke schwarzer Federn vorwärts, umgeben vom schrecklichen Geheul einer unersättlichen Meute. Die Zähne und Krallen der Hunde, die Schnäbel und Klauen der Geier zerfetzten ihren Leib. Sie ließ eine Blutspur im Sand zurück. Ihr eigenes Fleisch war an bestimmten Stellen nicht mehr von dem aus der Metzgerei zu unterscheiden.

Als sie schließlich den Mann erreichte, der den Eingang der Klamm bewachte, war sie nur noch eine schwankende, blutüberströmte Gestalt.

Der Mann sah sie flüchtig an und sagte:

»Jetzt kannst du hindurch.«

Die Lektion mit den Radieschen

Merkwürdig erscheinen uns ab und an die Unterweisungen bestimmter Meister, wenn Lektion und Methode verschwimmen.

So erzählt man sich in der islamischen Tradition, daß ein gewisser Abdulalim, der in Fez lebte, eines Tages Besuch von einem unruhigen und unzufriedenen

Mann bekam. Diesem gelang es nicht, während der Meditations- und Gebetsübungen seine Ruhe zu bewahren.

»Ich kann dir eine sehr simple Methode anraten«, sagte Abdulalim zu ihm. »Du verstopfst dir die Ohren und denkst an Radieschen.«

Der Mann fragte:

»Vor oder nach den Übungen?«

»*Während* der Übungen.«

Die gute Anrufung

Urabe Kenkô erzählt uns in aller Schlichtheit diesen kurzen Dialog:

Ein Mann kam zu einem ehrwürdigen Meister und fragte ihn:

»Wenn ich den Namen des Buddhas Amida anrufe und der Schlaf mich übermannt, bin ich bei dieser Übung nachlässig: Wie kann ich dieses Hindernis überwinden?«

»Das ist ganz einfach«, antwortete der Meister ihm. »Rufe den Namen Amidas an, wenn du wach bist.«

Die Schachpartie

Eine weitere Zengeschichte.

Ein junger, verbitterter Mann begab sich zu einem entlegenen Kloster und sagte zu einem alten Meister:

»Ich bin vom Leben enttäuscht. Ich wollte die Erleuchtung erlangen, um mich von meinem Kummer zu befreien, doch dazu bin ich nicht fähig, das weiß ich. Ich könnte niemals endlose Jahre mit Meditation, Bußübungen und Studium verbringen. Das übersteigt meine Kräfte. Gibt es einen schnelleren Weg für einen Mann wie mich?«

Der Meister fragte ihn:

»Hast du dich in deinem Leben jemals wirklich auf etwas konzentriert?«

»Ich stamme aus einer reichen Familie. Ich mußte nie arbeiten. Die Sache, die mich immer am meisten interessiert hat, war sicherlich das Schachspiel. Ich habe ihm fast meine ganze Zeit gewidmet.«

Der Meister ließ einen anderen Mönch rufen. Man brachte ein Schachspiel und ein scharfes Schwert, das in der Sonne blitzte. Der Meister ordnete die Spielfiguren an und sagte zum Mönch, während er auf das Schwert zeigte:

»Du hast mir Gehorsam geschworen. Nun ist der entscheidende Moment gekommen. Du wirst gegen diesen jungen Mann eine Partie Schach spielen, und wenn du verlierst, dann schlage ich dir mit diesem Schwert den Kopf ab. Wenn du gewinnst, schlage ich deinem Gegner den Kopf ab. Er hat sich in seinem Leben nur dem Schach gewidmet, nur diesem Spiel galt sein Interesse. Sollte er verlieren, verdient er, daß man ihm den Kopf abschlägt.«

Die beiden Spieler betrachteten das Gesicht des Meisters und sahen die Entschlossenheit darin. Sie begannen zu spielen. Von Beginn an spürte der junge Mann, wie ihm der Schweiß den Rücken hinunterlief, denn er spielte wirklich um sein Leben. Die ganze Welt reduzierte sich auf dieses Schachspiel. Er identifizierte sich mit dem Schachspiel, er wurde das Schachspiel. Zuerst war er unterlegen, doch dann machte der Mönch, sein Gegner, einen Fehler, und er war im Vorteil. Er nutzte ihn für eine scharfe Attacke. Die Positionen seines Gegners wurden schwächer und begannen aufzubrechen.

Der junge Mann warf, ohne den Kopf zu heben, einen Blick auf den Mönch. Er sah vor sich ein kluges und aufrichtiges, von Jahren der Anstrengung gezeichnetes Gesicht. Er dachte an sein eigenes, müßiges und belangloses Leben. Und empfand plötzlich Mitleid.

Mit Absicht machte er einen Fehler, dann einen zweiten. So zerstörte er seine eigenen Positionen. Er würde verlieren.

Da kippte der Meister plötzlich das Schachbrett um, so daß die Figuren umherwirbelten. Die beiden Spieler starrten ihn verblüfft an.

»Es gibt weder Sieger noch Verlierer«, sagte der Meister. »Keiner wird seinen Kopf verlieren.«

Er wandte sich zum jungen Mann und fügte hinzu:

»Zwei Dinge sind notwendig. Konzentration und Mitleid. Und heute hast du beides gelernt.«

Der umgekippte Karren

Buddha sagte, daß unser Gegner oft der beste Lehrer ist, denn er enthüllt uns mehr, als ein nachsichtiger Freund es je könnte.

Dieser Lehrer kann jeden Moment vor uns auftauchen, wie es diese jüdische Geschichte zeigt, die den Zufall in Frage stellt.

Martin Buber hat in *Gog und Magog* die Geschichte eines Mannes erzählt, der auf seinem Weg einen umgekippten Karren entdeckte, welcher die Straße versperrte. Der Bauer, der den Karren führte, bat den Wanderer, ihm zu helfen, den Karren wieder aufzustellen.

Wie könnten zwei Männer einen so riesigen Karren heben? fragte sich der Mann. Und er antwortete:

»Das bringt nichts. Das kann ich nicht.«

Da wurde der Bauer wütend und sagte:

»Du könntest es schon, aber du willst nicht! So ist es doch: Du willst nicht!«

Getroffen machte sich der Wanderer an die Arbeit. Er suchte Bretter und half dem Karrenführer, sie unter die Räder zu schieben. Dann bedienten sich die beiden Männer eines Hebels und stemmten mit aller Macht. Der Karren schwankte, er bewegte sich, und schließlich gelang es, ihn zu heben. Der Bauer streichelte die Flanken seiner schnaubenden Ochsen und brachte die Ladung in Ordnung.

Ein klein wenig später fuhr der Karren, von den Ochsen gezogen, weiter.

Da sagte der Reisende zum Bauern:

»Gestatte mir, daß ich dich ein kleines Stück begleite.«

»Aber gern. Gesell dich zu mir.«

Sie machten sich Seite an Seite auf den Weg. Nach einem Moment des Schweigens fragte der Wanderer den Bauern:

»Wie bist du darauf gekommen, daß ich dir nicht helfen wollte?«

»Ich dachte es gerade, weil du sagtest, du könntest es nicht. Niemand weiß, ob er etwas kann, bevor er es nicht versucht hat.«

»Aber wie bist du darauf gekommen, daß ich dir helfen könnte?«

»Das war nur so eine Idee.«

»Was heißt das: nur so eine Idee?«

»Na, du bist aber hartnäckig! Willst du es wirklich wissen? Nun gut, ich bekam diese Idee, als ich sah, daß man dich zu mir geschickt hatte.«

»Du glaubst also«, fragte der Wanderer, »daß dein Karren umgekippt ist, damit ich dir helfen kann?«

»Warum sonst, mein Freund?« sagte der Bauer.

Der Verborgene Meister

Eine sufistische Geschichte sagt uns schließlich, wo sich häufig der wahre Meister verbirgt.

Nach langen Jahren des Studiums beschloß Malik Dinar, sich auf den Weg zu machen und den Verborgenen Meister zu suchen. Kaum hatte er sein Haus verlassen, begegnete er einem Derwisch, der sich mühsam durch den Staub der Straße schlug. Die beiden Männer gingen schweigend nebeneinander her. Nach einer oder zwei Stunden fing der Derwisch an zu sprechen:

»Wer bist du? Und wohin gehst du?«

»Ich bin Malik Dinar. Ich bin auf der Suche nach dem Verborgenen Meister.«

»Ich bin El Malik El Fatik«, sagte der Derwisch. »Ich werde mit dir gehen.«

»Kannst du mir helfen, den Verborgenen zu finden?«

»Kann ich dir helfen? Kannst du mir helfen?«, antwortete der Derwisch in diesem aufreizenden Tonfall, den Derwische gerne anschlagen. »Alles hängt vom Nutzen ab, der aus der Erfahrung stammt. Und dies kann nur teilweise von einem Reisegefährten übermittelt werden.«

»Was willst du damit sagen?«

»Ich will nichts damit sagen. Ich sage.«

Sie kamen zu einem Baum, der schwankte und knarrte.

»Der Baum spricht«, sagte der Derwisch, der stehengeblieben war. »Hör doch.«

»Der Baum spricht?«

»Ja. Und das sagt er: ›Es drückt mich etwas. Nimm dir die Zeit, meinen Stamm anzuheben, damit ich mich erholen kann.‹«

»Ich bin zu sehr in Eile«, sagte Malik Dinar. »Und wie könnte übrigens ein Baum sprechen?«

Sie gingen weiter.

Ein klein wenig später sagte der Derwisch:

»Als wir an dem Baum waren, habe ich Honig gerochen. Vielleicht verbirgt sich ein Bienenschwarm im Baumstamm?«

»Wenn das wahr ist«, sagte Malik Dinar, »dann kehren wir schnell um und sammeln den Honig ein. Wir essen ihn und verkaufen auch etwas, um unsere Reisekosten bezahlen zu können.«

»Wie du willst«, sagte der Derwisch.

Sie kehrten um. Als sie wieder beim Baum waren, sahen sie eine Gruppe Wanderer, die gerade eine Riesenmenge Honig gesammelt hatten.

»Was für ein Glücksfall!« sagte einer der Männer. »Es ist genug Honig für eine ganze Stadt da! Wir armen Pilger sind plötzlich Händler geworden. Unsere Zukunft ist gesichert.«

Malik Dinar und der Derwisch machten sich schweigend wieder auf den Weg.

Sie kamen zu einem Berg, und in dem Berg hörten sie eine Art Stimmengewirr, eine Art stetes Brummen. Der Derwisch legte sein Ohr auf den Boden und sagte:

»Unter uns krabbeln Millionen und aber Millionen von Ameisen. Sie bauen eine Siedlung. Und dieses Summen, das wir hören, ist in Wirklichkeit eine Bitte um Hilfe. In der Ameisensprache sagen sie: ›Helft uns! Wir graben eine Höhle, aber harte Steine versperren uns den Durchgang. Zerschlagt die Steine.‹«

Und der Derwisch fragte Malik Dinar:

»Bleiben wir, um ihnen zu helfen, oder gehen wir weiter?«

»Ameisen und Steine gehen uns nichts an, mein Bruder. Ich suche den Verborgenen Meister. Etwas anderes interessiert mich nicht.«

»Wie du willst«, sagte der Derwisch. »Doch höre ich, wie die Ameisen murmeln, daß alle Dinge sich berühren und durchdringen. Das könnte etwas mit uns zu tun haben.«

Malik Dinar hatte nicht die geringste Aufmerksamkeit für die Anmerkungen des Derwischs übrig, und so machten sich die beiden Männer Seite an Seite wieder auf den Weg.

Sie rasteten für die Nacht. Malik Dinar bemerkte, daß er sein Messer verloren hatte. Er sagte bei sich: »Ich muß es ganz in der Nähe des Ameisenhaufens fallengelassen haben.«

Früh am nächsten Morgen kehrte er mit dem Derwisch zurück.

Als sie den Berg erreichten, sahen sie eine Gruppe mit Erde bedeckter Menschen, die sich neben einem Haufen Goldstücke ausruhte. Es handele sich um einen Schatz, sagten sie, den sie gerade ausgegraben hätten. Und sie fügten, getrieben von Malik Dinars Fragen, hinzu:

»Wir gingen auf der Straße, als ein gebrechlicher Derwisch uns zurief: ›Grabt an dieser Stelle. Ihr werdet sehen, daß das, was für die einen Stein ist, für die anderen Gold sein kann. Seht den Reichtum, den die Erde uns gegeben hat.‹«

Malik Dinar verfluchte sein Pech.

»Wenn wir angehalten hätten«, sagte er zum Derwisch, »dann wären du und ich heute morgen reich.«

Da sagte einer der Männer, die sich ausruhten, zu Malik Dinar:

»Ich muß sagen, dieser Derwisch bei dir hat eine frappierende Ähnlichkeit mit dem, der letzte Nacht mit uns gesprochen hat.«

»Alle Derwische sehen gleich aus«, sagte der Derwisch.

Malik Dinar und sein Begleiter machten sich erneut auf den Weg. Einige Tage später kamen sie zum Ufer eines sehr lebhaften Flusses. Sie rasteten, um auf die Fähre zu warten. Da sprang vor ihnen mehrere Male ein Fisch aus dem Wasser.

»Dieser Fisch«, sagte der Derwisch, »übermittelt uns eine Botschaft. Er sagt: ›Ich habe einen Stein verschluckt. Nehmt mich und gebt mir eine bestimmte Pflanze zu essen. Durch sie kann ich den Stein loswerden, an dem ich sonst ersticke. Wanderer, habt Mitleid mit mir!‹«

In diesem Moment kam die Fähre, und Malik Dinar, der darauf brannte weiterzukommen, befahl dem Derwisch einzusteigen. Da es Abend wurde, verbrachten sie die Nacht auf der gegenüberliegenden Seite.

Am nächsten Morgen erschien der Fährmann, strahlend vor Freude. Er teilte ihnen mit, daß die vorhergehende Nacht seine Glücksnacht gewesen sei. Er küßte dem Derwisch und Malik Dinar die Hände und nannte sie Glücksbringer. Dann bat er den Derwisch, ihn zu segnen.

»Mit Vergnügen«, sagte dieser, »denn du hast es verdient.«

»Was ist denn passiert?« fragte Malik Dinar.

»Ich bin reich, und seht nur wie reich! Gestern abend wollte ich gerade nach Hause gehen, als ich euch am anderen Ufer gesehen habe. Ich beschloß, eine letzte Überfahrt zu machen, obwohl ihr so arm ausseht, denn manchmal bringt es Glück, mittellosen Wanderern zu helfen. Als ich gerade dabei war, zum Abschluß des Arbeitstages mein Boot zu vertäuen, da entdeckte ich einen Fisch, der ans Ufer gesprungen war. Er versuchte verzweifelt, ein Büschel Kräuter zu fressen. Ich steckte ihm das Kraut in den Mund. Sofort spuckte er einen Stein aus und sprang wieder in den Fluß. Dieser Stein aber ist ein makelloser Diamant von unvergleichlicher Größe. Durch ihn hat meine Familie für sieben oder acht Generationen ausgesorgt.«

Da wurde Malik Dinar wütend und sagte zum Derwisch:

»Du bist ein böser Geist. Du wußtest durch irgendwelche geheimen Fähigkeiten von der Existenz dieser Schätze. Doch du hast mir nichts Eindeutiges gesagt. Du bist mir ein schöner Reisegefährte! Ohne dich hätte ich nur Pech gehabt. Aber wenigstens hätte ich nicht von diesen verborgenen Schätzen erfahren! Ich hätte nichts von all den möglichen versteckten Reichtümern in Bäumen, Bergen und Rachen von Fischen gewußt! Es scheint fast, als seien sie überall verborgen!«

Kaum hatte er diese zornigen Worte ausgesprochen, da hatte er das Gefühl, ein mächtiger Wind würde seine Seele anheben. Und er wußte in diesem Moment, daß in Wahrheit genau das Gegenteil von dem der Fall war, was er gerade gesagt hatte.

Der Derwisch berührte ihn sanft an der Schulter und lächelte ihn an.

»Du siehst nun«, sagte er, »daß der Nutzen aus der Erfahrung stammen kann. Die Bekanntschaft mit dem Verborgenen Meister kann nur teilweise von einem Reisegefährten ermöglicht werden.«

»Wo ist dieser Verborgene Meister?«

»Du hast es doch gespürt. Er ist in dir selbst.«

Malik Dinar blieb einen Moment lang bewegungslos und wie betäubt stehen. Er wartete auf den Frieden in seiner Seele, und der Friede kam. Dann wandte er sich um und sah, wie der Derwisch mit einer kleinen Gruppe Wanderer davonging. Sie sprachen aufgeregt von den Gefahren, die sie zweifellos auf dem Weg erwarteten.

Die Lehre des Vogels

Krishnamurti hat in der *Flamme der Aufmerksamkeit* folgendes erzählt:

Ein spiritueller Meister hatte mehrere Schüler, und jeden Morgen erzählte er ihnen vom Wesen der Güte, der Schönheit und der Liebe. Eines Morgens, als er gerade zu sprechen anfangen will, setzt sich ein Vogel auf den Fenstersims und beginnt zu singen. Der Vogel singt eine Weile, dann verschwindet er. Der Meister steht auf und sagt: »Der Vortrag für heute morgen ist beendet.«

9

Der Meister beginnt, indem er sagt, daß wir unsere Begierden bekämpfen müssen: Doch ist das sicher?

Der Golddieb

Das Verlangen ist nicht blind, sondern blendend. So erzählt es Lie Tseu:

Ein Mann, dessen einzige Leidenschaft dem Gold galt, zog sich eines Morgens an, kämmte sich und lief zum Markt. Er kam zum Stand eines Goldwechslers, nahm dort plötzlich das Gold an sich und floh.

Man fing ihn und fragte: »Wie bist du darauf gekommen, in aller Öffentlichkeit das Gold an dich zu nehmen?«

»In aller Öffentlichkeit?« sagte der Mann. »Als ich das Gold nahm, habe ich niemanden gesehen. Ich habe nur das Gold gesehen.«

Nasreddins Lüge

Um die Dinge noch weiter zu treiben, lassen wir Nasreddin eines Tages auf seinem Esel durchs Land reiten, als zwei Vagabunden ihn um ein Almosen bitten. Seit zwei Tagen haben sie nichts gegessen.

»Ihr habt nichts gegessen?« sagt Nasreddin.

»Nur ein paar Blätter von den Bäumen.«

Und da Nasreddin äußerst geizig ist und nicht im Traum daran denkt, ihnen auch nur eine Nuß zu geben, sagt er, um sie loszuwerden:

»Aber wißt ihr denn nicht, daß heute der reiche Amar seine einzige Tochter verheiratet? Und ein riesiges Festmahl gibt, zu dem alle Fremden eingeladen sind? Ja doch, dort drüben, auf seinem großen Hof auf der anderen Seite des Hügels.«

Die beiden Männer brechen eilig in die Richtung auf, die er ihnen gewiesen hat.

Nasreddin sieht ihnen einen Augenblick nach, bemerkt, wie aufgeregt sie sind, denkt nach, stößt dann seinen Esel in dieselbe Richtung und sagt mit leiser Stimme zu sich:

»Und wenn es wahr wäre?«

Amadou Hampâté-Bâ hat uns eine afrikanische Version dieser Geschichte überliefert*.

Eine Hyäne dringt in ein Dorf ein, findet dort ein totes Zicklein und bringt es in ihre Höhle. Als sie es gerade fressen will, sieht sie eine ganzes Rudel Hyänen näherkommen. Sie versteckt rasch das Zicklein, legt sich an den Rand des Weges und fängt an, geräuschvoll zu rülpsen und zu gähnen, als hätte sie ein ausgezeichnetes Mahl hinter sich.

»Warum rülpst du? Warum gähnst du?« fragen sie die anderen Hyänen.

»Aber seid ihr denn nicht auf dem laufenden?« sagt sie. »Drüben im Dorf hat man das ganze Vieh geschlachtet und die Knochen weggeworfen. Ich habe soviel gegessen, wie ich wollte. Es war köstlich! Und es gibt noch mehr! Riesige Mengen!«

Die Hyänen machen sofort kehrt und rennen zum Dorf. Beim Anblick dieser Eile und des Staubes, den sie aufwirbeln, sagt die Hyäne bei sich:

»Wegen nichts kann man nicht so aufgeregt sein. Es muß etwas Wahres an meiner Lüge sein!«

Und folgt ihnen unverzüglich.

* In *Oui, mon commandant,* Actes Sud, 1994

Der Spiegel und das Geld

Ein jüdisches Kind fragte seinen Vater:

»Was ist Geld?«

»Sieh her«, sagte der Vater, nahm ein Stück einfaches Glas und stellte es vor ein Fenster. Durch das Glas konnte das Kind die Straße mit den Passanten sehen.

»Und jetzt«, sagte der Vater, »paß gut auf: Ich schiebe vor eine Seite des Glases ein Geldstück. Die ganze Seite ist vom Geldstück überdeckt. Nun siehst du nichts mehr von der Straße. Du siehst nur noch dich selbst.«

Die Frau am Ufer des Flusses

Geschichten über die Gefahren der sexuellen Begierde gibt es natürlich im Überfluß. Diese hier stammt aus der Tradition des Zen.

Zwei junge Mönche schwören einander, niemals eine Frau zu berühren. Es ist ein leidenschaftlicher und allumfassender Entschluß, dem sie beide lange Zeit treu bleiben.

Eines Tages aber, als sie auf einer Reise gerade einen Fluß überqueren wollen, der Hochwasser hat, sehen sie eine außergewöhnlich schöne, junge Frau näher kommen, die sie darum bittet, ihr beim Überqueren der tosenden Fluten zu helfen. Sie erklärt, daß sie den Fluß unbedingt überqueren muß, um ihrem kranken Vater Hilfe zu bringen. Doch da sie allein ist und zart, wagt sie es nicht.

Der erste Mönch hört noch nicht mal auf die Worte der jungen Frau, sondern geht in den Fluß und durchquert ihn. Der zweite Mönch nimmt die Frau auf seine Arme und trägt sie, langsamer, mühsamer und mit Hilfe eines Seils, ans andere Ufer.

Die junge Frau dankt ihm und entfernt sich rasch.

Die beiden Mönche machen sich wieder auf den Weg. Mehr als eine Stunde lang sagen sie kein Wort. Plötzlich kann der erste Mönch sich nicht mehr beherrschen und macht seinem Begleiter wütende Vorwürfe:

»Wie hast du deinen Schwur brechen können? Deinen heiligen Schwur? Diesen Schwur, den wir gemeinsam abgelegt haben? Schämst du dich nicht? Wie hast du diese Frau in deine Arme nehmen können?«

»Ach«, sagt der andere, »du denkst also immer noch an sie?«

Bei einigen Versionen dieser Geschichte lautet der Satz: »Du trägst also immer noch an ihr?«

Der verliebte Händler

Rumi erzählt, daß ein Händler glühend eine Frau liebte und ihr mit Hilfe einer Dienerin Botschaften zukommen ließ.

Er sagte zur Dienerin: »Ich bin so und so, habe den Kopf verloren, das Herz ist mir durch einen Stern ohnegleichen gestohlen worden, mein Schlaf flieht die Nacht, ich esse nichts mehr, ich leide soundso viel unter grausamen Schlägen, gestern abend war ich so einem Zustand, vorgestern in so einem.«

Und so weiter und so fort.

Die Dienerin hört ihm zu, dann geht sie zu ihrer Herrin und sagt:

»Der Händler läßt dich grüßen. Er will mit dir schlafen.«

»Hat er das so nüchtern gesagt?«

»Nein, er hat ellenlange Geschichten erzählt. Aber am Ende läuft es darauf hinaus.«

Die voreiligen Wünsche

Eine alte Geschichte aus Annam hat mehrere Male die Welt umrundet.

Ein reicher Mann, der für seinen maßlosen sexuellen Appetit bekannt war, schenkte einer Gottheit all seine Reichtümer mit der Bitte – wie es Brauch ist –, ihm drei Wünsche zu erfüllen.

Die Gottheit zeigte ihr Einverständnis und ließ dem Mann drei Räucherstäbchen übergeben, die er verbrennen sollte, wenn er einen seiner Wünsche erfüllt haben wollte.

Auf dem Rückweg traf der Mann auf einen Heiratszug. Die Braut schritt in einer Gruppe von mindestens vierzig jungen, bezaubernden und tanzenden Frauen einher. Hingerissen betrachtete sie der Mann, erfüllt von Verlangen, doch unfähig, eine Wahl zu treffen.

Da verbrannte er das erste Räucherstäbchen und wünschte sich, diese vierzig Frauen auf einmal besitzen zu können.

Sofort wurde ihm der Wunsch gewährt, denn er sah, wie aufgerichtete Penisse überall aus seinem Körper traten. Vierzig männliche Geschlechtsteile ragten erigiert aus seinem Fleisch und selbst aus der Haut seines Gesichts!

Die jungen Frauen stießen Entsetzensschreie vor diesem neuartigen Monster aus und suchten das Weite.

Der Mann aber war selbst entsetzt über das Ausschlagen dieser obszönen Furunkel, zündete hastig sein zweites Räucherstäbchen an und rief:

»All diese Glieder sollen verschwinden!«

Alle Geschlechtsteile verschwanden, wie er es gewünscht hatte, auf der Stelle, so daß er die Region an seinem Unterleib vollkommen leer und kahl vorfand.

Ihm blieb nichts anderes übrig, als das dritte Räucherstäbchen zu entzünden, um wieder der zu werden, der er gewesen war. Danach kehrte er traurig ins Dorf zurück und weinte über sein verlorenes Vermögen und die in nutzlosem Rauch aufgegangenen Wünsche.

Der große Verführer

Eine alte japanische Geschichte erzählt von der ungewöhnlichen Demütigung eines Verführers.

Ein Gardeoffizier, ein Mann, der für seine unfehlbaren Verführungskünste bekannt war, beschloß, die Gunst einer Hofdame zu erringen, die angeblich die Liebe liebte. Anscheinend gab es nichts Leichteres als das. Am Anfang schrieb er ihr und bekam ermutigende, aber doch zurückhaltende Antworten. Auch wenn er die gefühlsseligsten Zeiten des Tages dafür auswählte, ihr die Briefe zukommen zu lassen, blieb sie seltsam unbestimmt und vermied es geschickt, ihre geheimen Gefühle zu enthüllen.

Damit gab sich der Offizier nicht zufrieden, er wurde fordernder und ließ der Dame ausrichten, daß er sie besuchen würde. Dafür wählte er eine Nacht aus, in der ein schreckliches Unwetter wütete, da er hoffte, sie wäre gerührt von seinem Besuch bei so schlechtem Wetter. Den ganzen Weg versicherte er sich im strömenden Regen, daß sie ihn diesmal nicht wieder listig abweisen konnte.

Eine Dienerin empfing ihn und bat ihn zu warten. Hinter einem Wandschirm sah er eine Lampe, die gedämpftes Licht verströmte, und eine köstlich parfümierte Hausrobe. Es ließ sich vielversprechend an.

»Die Herrin wird gleich kommen«, sagte die Dienerin zu ihm.

Tatsächlich erschien sie und schalt ihn lächelnd, daß er bei diesem Unwetter einen Fuß vor die Tür gesetzt hatte. Sie lächelte ihn an und erlaubte ihm sogar, ihr Haar zu streicheln. Alles nahm aufs beste seinen Lauf, da erhob sich die Dame auf einmal und sagte, daß sie unbedingt und sofort eine der Schiebetüren schließen müsse.

»Wenn man morgen«, sagte sie, »die Tür offen findet, dann wird man denken, es sei jemand mitten in der Nacht hinausgegangen und hätte vergessen, sie zu schließen. Was für ein Skandal!«

Sie ging mit der Bemerkung, sie sei gleich zurück, und der verliebte Offizier, seines Glückes gewiß, ließ sie gehen. Dann wartete er lange Zeit. Sie hatte sich in den unteren Gemächern eingeschlossen. Es hatte keinen Zweck zu drängen.

Zutiefst beleidigt kehrte der Offizier kurz vor Morgengrauen in seine Wohnung zurück. Er schrieb ihr einen Brief, in dem er sich über diese Enttäuschung beklagte. Sie antwortete wie alle koketten Frauen: ein plötzliches Unwohlsein, verzeiht mir, ein anderes Mal ganz gewiß, ihr müßt eine Frau verstehen …

Monate verstrichen mit fruchtlosen Versuchen. Der Gardeoffizier war schließlich von der Bosheit der Dame überzeugt und beschloß, eine Radikalkur anzuwenden, um sie sich aus dem Kopf zu schlagen. Er sagte zu sich: »Ich werde mir ihre Exkremente bringen lassen! Ich werde sie betrachten, werde von nahem den schrecklichen Geruch einatmen, und dann bin ich geheilt. Das ist die einzige Möglichkeit.«

Er befahl einer Wache, der Dienerin dieser Dame das Nachtgeschirr zu entreißen, wenn sie es leeren würde. Die Wache beobachtete die Dienerin mehrere Tage, entriß ihr eines Morgens den Nachttopf und brachte ihn zum Offizier.

Dieser trug ihn zu seinem Schlafzimmer und öffnete ihn, denn der Nachttopf war mit Papier bedeckt. Zu seiner großen Überraschung bemerkte er, wie sich ein köstlicher Duft im Zimmer ausbreitete. Als er nachsah, was sich im Nachttopf befand, sah er einige Teigröllchen, die in einem Absud aus Aloe und Gewürznelken schwammen.

Nun war die Verwirrung komplett. Er glaubte nicht eine Sekunde lang an ein Wunder. Er versuchte, die Wache auszufragen, welche schwor, nichts verraten zu haben. Er verdächtigte jeden um sich herum. Er verdächtigte sogar sich selbst. Schließlich bewunderte er den Scharfsinn dieser Dame, die sich sogar mit ihrem Nachttopf über ihn lustig gemacht hatte, und liebte sie dafür nur noch mehr.

Doch diese Liebe fand keine Erfüllung. Die Dame hatte eindeutig nein gesagt. Dies akzeptierte der Gardeoffizier am Ende und verzichtete darauf, sie sehen zu wollen.

Man erzählt sich, daß er noch viel, viel später immer wieder sagte:

»Niemals hat mich ein Mensch so abscheulich und grausam behandelt wie diese Frau.«

Dabei hatte sie ihm nur etwas Wohlgeruch geschickt.

Maricis Verführung

Unter den zahlreichen Beziehungen, die Asketen und Prostituierte unterhalten haben, ist die Verführung Maricis, erzählt in einer Geschichte aus Indien, eine der raffiniertesten und schönsten.

Die meditative Einsamkeit von Marici, einem der weisesten aller Männer, wurde eines Tages abrupt durch das Auftauchen einer berühmten Kurtisane namens

Kamamanjari im Wald gestört. Ihre staubigen Haare schleiften über den Boden, und sie weinte.

Einen Augenblick später folgten ihr ihre Mutter und ihre Verwandten, vernichtet vom Kummer, den Sinn – und die Mittel – des Lebens verloren zu haben. Marici fragte die Kurtisane in ihrem Beisein nach den Gründen für ihre Verzweiflung.

»Ich bin nicht würdig, in dieser Welt das Glück zu finden«, antwortete sie unter Tränen. »Ich suche ein besseres Leben. Deshalb bin ich zu dir gekommen.«

Da unterbrach die Mutter der berühmten Kurtisane brüsk ihre Tochter und sagte zum Eremiten:

»Es ist alles meine Schuld. Meine Tochter ist in diesem beklagenswerten Zustand, weil ich sie gezwungen habe, ihrem *Dharma* zu folgen, das zu tun, wofür sie geboren ist, das, wofür sie erzogen wurde. Ja, ich habe sie seit ihrer Kindheit mit den seltensten Speisen ernährt, um ihre Gesundheit und ihren Teint zu erhalten, ich habe so früh wie möglich angefangen, ihren Charakter zu beobachten, ich habe ihr geholfen, sich zu vervollkommnen, ich habe darüber gewacht, daß sie ab dem fünften Lebensjahr nur noch selten ihren Vater sah, ich habe ihr geduldig die Techniken der Liebe und alle zugehörigen Fertigkeiten wie den Gesang, den Tanz, die Musik, die Kunst, Düfte zu komponieren, Girlanden zu flechten, zu schreiben und zu rezitieren beigebracht. Ich habe sie in Philosophie und Logik gelehrt. Ich habe ihr die Tricks beim Würfelspiel beigebracht, die notwendigen Kniffe, die Feinheiten der Jagd. Ich habe ein elegantes Umfeld bezahlt. Wenn sie in der Öffentlichkeit sang, habe ich anonyme Zuschauer engagiert, die applaudierten. Ich habe ihren Ruf mit allen Mitteln verbreitet, durch den Mund von Astrologen, von Männern des Geistes, von Vagabunden, Wüstlingen und Buddhas Dienerinnen. Ich habe versucht, arme und gefährliche junge Männer von ihr fernzuhalten, um einen Geliebten für sie zu finden, der hochwohlgeboren, gut aussehend, männlich, reich, bedeutend, großzügig, geschickt, gewissenhaft und elegant ist. Für den Fall, daß dieses Ideal nicht erreicht werden konnte, trieb ich ihren Preis sehr stark in die Höhe, gab sie an einen jungen Mann und wußte ein Vermögen von den Eltern dieses Unschuldslammes zu erpressen, indem ich das Gerücht von einer heimlichen Heirat verbreitete. Ich wußte die Richter zu bestechen, wußte, wie ich meine Tochter dazu brachte, ihrem Geliebten treu zu bleiben, bis sein Vermögen vollkommen aufgebraucht war. Ich wußte die Knausrigkeit eines Geizhalses und die Drohgebärden eines Rivalen zu mildern. Ich wußte, wie man sich mit öffentlichem Spott, mit weitreichender Verleumdung der Mittellosen entledigte, und hielt meine Tochter von ihnen fern. Die Erziehung, die ich meiner Tochter habe zuteil werden lassen, o weiser Marici, ist, so glaube ich, beispiellos.«

Die Mutter schwieg einen Moment, um sich die Tränen zu trocknen, und setzte dann wieder an:

»Eine Kurtisane, das weißt du vielleicht, muß für ihren Liebhaber immer bereit sein, ohne je echtes Gefühl zu zeigen. Wenn sie unglücklicherweise von Liebe übermannt wird, weicht vor der Liebe der Gehorsam gegenüber ihrer Mutter oder Schutzherrin. Und doch hat meine Tochter Kamamanjari trotz meiner Mühe drei Monate der Liebe erlebt, auf ihre Kosten, mit einem jungen Brahmanen, der nichts als seine Schönheit aufweisen konnte. Sie hat Bewerber abgewiesen, die nur ihr Bestes wollten. Sie hat ihre Familie ruiniert, vernichtet. Mit einem Wort: Sie ist nicht ihrem *Dharma* gefolgt. Als ich versuchte, sie zurechtzuweisen, ist sie in den Wald geflohen. Wenn sie ihre Neigung nicht ändert, bleibt ihrer ganzen Familie, die du hier siehst, nur noch Elend und Tod.«

Da sagte der Eremit zu der Kurtisane, die in erbarmungswürdiger Haltung neben ihm stand:

»Was können wir von unserem Leben erwarten? Entweder die vollkommene Befreiung in diesem Leben oder im späteren einen Platz im Nirwana. Die vollkommene Befreiung ist fast unerreichbar. Das kann ich dir versichern. Also bleibt uns nichts, als uns einen Platz im Paradies zu verdienen, was jedem dadurch möglich ist, daß er seinem *Dharma* folgt. Deine Mutter hat klug gesprochen. Verzichte auf das Unmögliche.«

»Wenn ich bei dir keine Zuflucht finde«, rief die wunderschöne Kurtisane aus, »dann werde ich sie im Feuer suchen!«

Der Eremit nahm die Mutter beiseite und sagte zu ihr:

»Kehrt alle in die Stadt zurück. Deine Tochter soll einige Tage im Wald bleiben, um die Unannehmlichkeiten dieses Lebens zu erfahren. Sie ist an Luxus gewöhnt. Sie wird zu dir zurückfinden.«

So brachen Mutter und Familie auf.

Kamamanjari blieb allein beim Eremiten zurück und zeigte sich äußerst eifrig. Ohne Schminke und raffinierte Kleider machte sie sich ihm zu Diensten, bereitete sein Essen und die Blumen für die Opfergaben vor. Sie sang und tanzte zu Ehren der Götter. Außerdem sprach sie lange über *Dharma, Artha* und *Kama,* die drei wesentlichen Ziele jedes menschlichen Lebens. Der heilige Einsiedler, den diese Gespräche begeisterten, interessierte sich immer lebhafter für ihre Buße, und dies blieb ihr nicht verborgen.

»Ist es nicht dumm«, sagte sie eines Tages zu ihm, »*Artha,* die Liebe zum Reichtum, und *Kama,* die Liebe zur Sexualität, auf dieselbe Stufe wie *Dharma* zu stellen, das Lebensgesetz, das für jeden Menschen anders lautet und doch unbedingt befolgt werden muß?«

»Du denkst also«, fragte Marici, »daß *Dharma* über *Artha* und *Kama* steht?«

»Steht es mir an, dies zu beantworten?« fragte Kamamanjari schüchtern. »Oder willst du mir nur schmeicheln? Meine Antwort wäre: Ohne *Dharma* gibt es weder *Artha* noch *Kama*. *Dharma* braucht keine äußerliche Quelle, um sich zu erfüllen. Seine Kraft erhält es durch die Beachtung des Wesens aller Dinge. Wenn es zuweilen geschwächt ist, kann man es fast mühelos wieder stärken und so zu einer noch höheren Stufe der Heiligkeit gelangen.«

Die Kurtisane sprach voller Eifer und Offenherzigkeit, und ihre Augen ließen die des Eremiten nicht los.

»Die Versuchungen sind vielfältig«, sagte sie. »Brahma selbst, der Schöpfer, hat sich in die junge Tilottama verliebt. Schiwa hat mit mehr als tausend Eremitinnen Unzucht begangen. Wischnu mit sechzehntausend Mädchen niedriger Herkunft, Prajapati hat mit seiner eigenen Tochter geschlafen! Die Sonne hat eine Stute gedeckt! Und der Gott des Windes eine Meerkatze!«

Sie machte eine längere Ausführung über die göttlichen Liebschaften und fügte hinzu, daß bei jeder dieser Gelegenheiten die Weisheit und Tugend der Götter triumphiert hätten.

»Keine Unreinheit ist von Dauer in einem Herzen, das die Tugend gereinigt hat. In einem Herzen, das dem *Dharma* treu bleibt! Deshalb sind *Artha* und *Kama* nicht mal ein Hundertstel vom *Dharma* wert. Dies ist meine Meinung.«

Der Eremit, den diese Ausführung sehr in Aufruhr versetzt hatte, antwortete:

»Deine Beobachtung ist richtig. Ein starkes *Dharma*

kann nicht durch die Freuden der Sinne erschüttert werden.«

»Es kann sogar dadurch gestärkt werden«, sagte Kamamanjari.

»Es ist sinnlos, auf etwas zu verzichten, was man nicht kennt«, sagte der Eremit. »Um mich durch die *Mokscha* davon zu befreien, muß ich vorher *Artha* und *Kama* kennenlernen, weil sie zur Welt gehören. Ich bitte dich, beschreibe sie mir.«

Da erzählte ihm die Kurtisane von den weltlichen Besitztümern. Sie beschrieb sie ihm mit Bildern und Ausdrücken, die sie in Gedichten gelernt hatte. Sie erzählte Marici, wie man diese Besitztümer erwarb, wie man sie vermehrte und erhielt. Sie sprach auch, und noch ausführlicher, vom physischen Verlangen und von der Liebe. Sie erzählte, was im Blut der Menschen geschieht, wenn das Verlangen sie durchdringt und belebt. Sie stellte die körperliche Liebe dar wie ein unvergleichliches, unbeschreibliches Vergnügen, wie den höchsten Rausch des Seins, einen Gipfel der Schönheit, Verzauberung und Verzückung. Sie sagte, daß die gut vollzogene Liebe (darauf legte sie Wert) das Teilen einer Freude ohnegleichen sei, und sie beschrieb diese Freude, welche ihr bekannt war, als eine Verwirrung des Geistes, als einen eindeutigen, ursprünglichen, zwingenden, untadeligen, süßen Rausch bis in die abebbenden Wellen der Erinnerung.

In diesem Moment vergaß der Eremit seine Gelübde, vergaß die Götter und den Wald, nahm die Kurtisane in seine Arme und liebte sie. Da Kamamanjari große Erfahrung in dieser Angelegenheit hatte, vollzog sie sich in vorzüglichster Weise.

Am folgenden Tag führte sie ihn ohne das geringste Drängen in die Stadt.

Marici schien sehr erstaunt, fast schon ratlos. Er lächelte ständig und hatte den Kopf verloren. Den ganzen Rückweg erhoben sich um sie herum Stimmen, die riefen: »Morgen ist das Fest der Liebe!«

In der Stadt verbrachte der Eremit eine weitere Nacht des Glücks im Haus der Kurtisane, wo er auch ihre Mutter und die anderen Familienmitglieder vorfand, welche ihn begeistert empfingen. Am nächsten Morgen nahm er ein lauwarmes Bad. Man kleidete ihn aufs angenehmste, man schmückte seine Schultern mit einem Kranz aus roten Blumen, man reinigte ihm die Ohren und parfümierte ihn. Jegliches Verlangen, in den Wald zurückzukehren, war aus seinem Herzen verschwunden. Er klagte, er litt sogar, wenn seine Geliebte ihn auch nur für wenige Minuten verließ. Er war in der Gewalt der Liebe.

Als er fertig angekleidet war, nahm ihn Kamamanjari an der Hand und führte ihn in einen Park, wo sich schon eine lärmende Menge versammelt hatte. Dort hielt sich der König mit seinem Hofstaat auf.

Kamamanjari verneigte sich strahlend vor dem König und stellte ihm Marici vor.

In diesem Moment schritt eine ebenso schöne Frau wie Kamamanjari durch den Park. Sie war erlesen gekleidet und sehr blaß. Alle blickten sie neugierig an.

Diese Frau – eine ebenfalls sehr berühmte Kurtisane – warf sich vor dem König nieder und sagte zu ihm:

»Kamamanjari hat gewonnen. Ja, ich gebe meine Niederlage zu. Alles, was ich besitze, gehört nun ihr. Von nun an werde ich bis zum Rest meines Lebens ihre Sklavin sein.«

Den Zuschauern entschlüpften Seufzer und Ausrufe der Überraschung. Sie begriffen, daß Kamamanjari einige Zeit zuvor gewettet hatte, den Eremiten zu verführen, und ihre Wette gewonnen hatte. Die andere

Kurtisane, die bis dahin ihre Rivalin gewesen war, gehörte von nun an ihr.

Unglücklich und der Lächerlichkeit preisgegeben, ja fast kopflos flüchtete der Eremit in den Wald zurück. Von ihm hörte man nie mehr ein Wort.

Kamamanjari aber führte triumphierend ihre neue Sklavin heim, die nun ein Leben in Gehorsam und Verborgenheit führen mußte.

Die Mutter und die Verwandten der Siegerin nahmen wieder ihr friedliches, begütertes Leben auf. Kamamanjaris Abenteuer zog alle Fürsten dieser Welt an.

Als man sie fragte, welche besonderen Kniffe sie angewandt hatte, um Marici zu verführen, antwortete sie:

»Oh, ich glaube, ich habe ihm von Dingen erzählt, die ihn interessierten.«

Der junge, gefühllose Mönch

Auch wenn der Kampf gegen das sexuelle Verlangen meistens als Zeichen von Seelenstärke angesehen wird, kann man sich nicht darauf verlassen.

Eine Zengeschichte erzählt davon.

Eine alte Frau beherbergte einen jungen, gutaussehenden Mönch. Sie hatte ihm im hinteren Teil ihres Gartens eine kleine Hütte bauen lassen, wo er seine Zeit mit Gebet und Meditation verbrachte. Nach mehreren Jahren dieses friedvollen Lebens kam eine schöne, junge Frau die alte Dame besuchen. Diese bat sie, den Einsiedler zu begrüßen und zu umarmen.

Als das Mädchen den jungen Mann sah, wurde sie von Verlangen ergriffen, denn dieser war sehr schön. Das sagte sie ihm. Und sie bat ihn, seine Meditation zu unterbrechen und mit ihr zu schlafen.

»Ich bin wie ein vertrockneter Baum«, antwortete der Einsiedler, »wie ein kalter Fels. Wenn du mich in deine Arme nimmst und küßt, werde ich nichts empfinden.«

Die junge Frau ließ ihn allein und kam zurück zur alten Frau, der sie von der Antwort des jungen Eremiten erzählte.

»Was für ein Schwachkopf!« rief die alte Frau aus. »Wie habe ich all die Zeit verschwenden können, um ein Stück trockenes Holz zu protegieren?«

Und sie nahm sofort eine Fackel und lief, um die Hütte in Brand zu stecken.

Der junge Mönch aber floh schreiend vor Angst.

Die wahre Unmoral

Eine indische Geschichte kommt auf die Verbindungen zwischen Heiligkeit und Unmoral zurück.

Ein heiliger Eremit hatte sich, wie es üblich ist, in den Wald zurückgezogen, aß nur Kräuter und einige Früchte, und bemühte sich, jeden Tag ein Stück auf dem dornigen Weg der Heiligkeit voranzukommen.

In einer kleinen, nahe gelegenen Stadt wohnte eine Prostituierte, die seit ihrer frühesten Jugend vom Geschäft mit den Männern lebte. Der heilige Eremit besuchte sie ziemlich oft und machte ihr wegen ihres unmoralischen Lebens Vorwürfe. Doch sie antwortete ihm, daß sie nie ein anderes Leben gekannt habe und, obwohl sie sehr unglücklich sei, es nicht ändern könne.

Der Einsiedler und die Prostituierte starben am selben Tag. Zum großen Erstaunen des heiligen Mannes forderten die bösen Geister seine Seele, während die himmlischen Boten die Frau ins Paradies brachten.

»Warum muß ich denn in die Hölle?« rief der Eremit, »wo diese sittenlose Frau doch den Himmel und die Götter erschauen wird?«

Da antwortete ihm eine Stimme:

»Weil sie das Leben, das ihr auferlegt war, nicht geliebt hat, du deines aber schon. Ihr Herz ist rein geblieben, während deines sich von Verlangen und Eitelkeit hat erfüllen lassen. Dadurch daß du die Sünden der anderen betrachtet und sie mit deinem Leben verglichen hast, das du für heilig hieltest, bist du unrein geworden. Du bist wahrhaft unmoralisch.«

Die Bindung

Eine andere indische Geschichte scheint in die gleiche Richtung zu gehen.

Ein alter Brahmane, den das Leben Mäßigung in jeder Hinsicht gelehrt hatte, wußte nicht, wie er mit der extremen Selbstverleugnung seines Sohnes fertig werden sollte. Dieser, ein leidenschaftlicher junger Mann, lebte nur bekleidet mit einem Lendenschurz, aß kaum und war vollkommen in Anspruch genommen von Gebet und Meditation. Seine Augen schlossen sich fast mit Fanatismus vor den weltlichen Freuden, vor dem *Artha*, den Reichtümern der Erde und der unwiderlegbaren Schönheit der Frauen. Er wollte nichts sehen als seine eigene Entsagung.

Sein Vater, der ihm die Pracht eines Palastes vor Augen führen wollte, schickte ihn zu einem ihm bekannten Maharadscha. Dieser, ein entspannter, stets lächelnder, ziemlich korpulenter Mann, empfing den jungen Mann herzlich und lud ihn sofort ein, mit ihm den Tisch zu teilen, der jeden Tag aufs üppigste gerichtet wurde. Doch der junge Mann begnügte sich mit einer Handvoll gekochtem Reis. Er wies alle Köstlichkeiten zurück, die die in Seide gekleideten Diener vor seinen Augen vorbeitrugen. Er wies Früchte, Süßigkeiten und berauschende Getränke zurück.

Der Maharadscha wollte ihn in seinen Harem führen, wo eine große Anzahl wunderbarer Frauen lebte, die er selbst nicht alle befriedigen konnte und deshalb gelegentlich seinen Besuchern anbot. Doch der junge Mann weigerte sich, trotz der zauberhaften Gestalten, die vor seinen Augen erschienen, trotz der Wohlgerüche um ihn herum und trotz der sanften und wohlartikulierten Stimmen, die zu ihm sprachen, auch nur seinen Blick zu heben. Er durchschritt den Harem, ohne auch nur einen Moment seine erstaunliche Gefühlskälte aufzugeben.

Desgleichen durchschritt er den Saal mit den Schatztruhen und Juwelen. Der Anblick all der Schätze Golcondas konnte ihn nicht eine Sekunde lang erschüttern.

Der Maharadscha lud ihn immer noch lächelnd ein, mit ihm ein Bad zu nehmen. Der junge Mann nahm die Einladung an, da ein Bad nicht auf der Liste seiner Entsagungen stand. Bevor er in das Marmorbad stieg, zog er seinen Lendenschurz aus und legte ihn auf die Stufen einer Treppe. Sonst hatte er nichts an.

Die beiden Männer ließen sich ins kühle Wasser sinken. Der Maharadscha schwamm auf dem Rücken und rauchte eine Zigarre. Der junge Mann, der eine Zigarre zurückgewiesen hatte, schwamm schweigend neben ihm.

Plötzlich brach im Palast ein Feuer aus. Man hörte Schreie des Entsetzens, man sah Flammen lodern und Diener und Frauen von allen Seiten herbeilaufen. Der Maharadscha rührte sich nicht. Geschützt durch das Wasser des Beckens beobachtete er, während er seine

Zigarre rauchte, die unerwartete Katastrophe, erteilte Befehle und leitete die Rettungsmaßnahmen ein.

Nach und nach legte sich die Panik, und man löschte die Flammen. Der Maharadscha schwamm immer noch auf dem Rücken und rauchte seine Zigarre zu Ende.

Da wurde dem jungen Mann bewußt, was er gerade tat. Er war nämlich in dem Moment aus dem Becken gestiegen, da das Feuer ausbrach, hatte sich auf seinen Lendenschurz, seinen alten, verschlissenen Lendenschurz auf den Marmorstufen, gestürzt und ihn gierig mit seinen Händen umklammert, um ihn nicht zu verlieren.

Vergangenes Verlangen

Wenn das Verlangen auch hartnäckig ist, so ist es gleichermaßen vergänglich und häufig willkürlich. Eine kurze chinesische Geschichte hat uns eine Vergänglichkeit überliefert, die man seltsam finden kann.

Ein gewisser Wang Huizhi erwachte eines Nachts und sah, daß die Landschaft um ihn herum mit Schnee bedeckt war. Er trank ein Glas Wein, um diese Schönheit zu feiern, sprach ein Gedicht und erinnerte sich plötzlich deutlich an einen Freund, der weit entfernt von ihm lebte. Es ergriff ihn das Verlangen, diesen Freund zu sehen. Noch vor Ende der Nacht schiffte er sich ein.

Er reiste lange Zeit.

Als er am Haus seines Freundes angelangt war, blieb er stehen, drehte sich um und kehrte nach Hause zurück.

Jemand fragte ihn nach dem Grund für diese abrupte Umkehr.

»Ich wollte meinen Freund sehen«, antwortete Wang Huizhi, »weil mich ein starkes Verlangen dazu trieb. Als ich an seiner Haustür angelangt war, war dieses Verlangen verschwunden. Warum also hätte ich meinen Freund noch sehen sollen?«

Der größte Name

Das Verlangen nimmt manchmal seltsame Formen an, die offenbar nichts mit Sex oder Geld zu tun haben.

Ein ägyptischer Eremit mit Namen Dhu-n-Nun hatte einen so großen Ruf, daß man glaubte, er kenne alle Geheimnisse der Erde, sogar den größten Namen Gottes.

Ein Mann, der diesen Namen wissen wollte, da daran unvergleichliche Macht geknüpft ist, diente diesem Eremiten ein Jahr lang, ohne Belohnung, schweigend und in äußerster Bescheidenheit.

Als ein Jahr vergangen war, fragte ihn der Eremit Dhu-n-Nun, was er als Belohnung wünsche.

»Sage mir den größten Namen Gottes«, bat der Mann.

»Ja, ich werde ihn dir sagen. Aber vorher bitte ich dich um einen letzten Dienst. Komm bei Sonnenuntergang wieder.«

Der Mann kam zur genannten Stunde wieder. Der Eremit übergab ihm ein einfaches Holztablett, auf dem sich ein in Tuch eingeschlagener Deckel befand, und fragte:

»Kennst du Jussuf?«

»Ja, den kenne ich.«

»Dann bring ihm das von mir. Es ist ein Geschenk, das keinem anderen gleicht.«

Der Mann nahm das Tablett, auf dem der Deckel

thronte, und ging durch die Wüste zu Jussufs Haus. Auf dem Weg dachte er an das Geschenk, das keinem anderen glich. Der Wunsch, zu erfahren, was das für ein Geschenk sei, quälte ihn mehr als alles andere auf der Welt.

Er konnte sich diesem Wunsch nicht entziehen. Also stellte er das Tablett auf die Erde, löste das Tuch und hob den Deckel an. Da sprang eine kleine, graue Maus heraus. Der Mann versuchte vergeblich, sie wieder einzufangen. Flink verschwand sie zwischen den Felsen.

Da fühlte der Mann, wie Wut in ihm aufstieg. Er schimpfte auf Dhu-n-Nun, der sich nach einem Jahr treuer Dienste so über ihn lustig machte und ihn so ohne weiteres damit beauftragt hatte, eine Maus durch die Wüste zu tragen.

Er kam zum Eremiten zurück und teilte ihm seine Gefühle mit, die sich übrigens an seinem roten Gesicht und seinen zitternden Händen zeigten.

»Ich habe dich um den größten Namen Gottes gebeten!« rief er aus. »Und du machst mich lächerlich!«

Da blickte Dhu-n-Nun ihn gelassen an und sagte:

»Wie könnte ich jemandem den größten Namen Gottes anvertrauen, dem man noch nicht einmal eine Maus anvertrauen kann?«

Das Verlangen nach Armut

Martin Buber erzählt in seinen *Erzählungen der Chassidim*, daß Rabbi Mikhal, eine hochverehrte Persönlichkeit, in Armut lebte, die man fast Elend nennen konnte. Doch schien er immer von tiefster Freude erfüllt. Einer seiner Freunde fragte ihn:

»Wie schaffst du es, jeden Tag dem Herrn zu danken und zu ihm zu sagen: ›Gesegnet seist du, der du allen

Bedürfnissen Genüge leistest?‹ Dir fehlt es doch an allem, du kannst ja kaum überleben!«

»Eines ist gewiß«, antwortete Rabbi Mikhal, »was ich am nötigsten brauche, ist die Armut. Und Gott gewährt sie mir, darum sei er gesegnet.«

Der Brahmane und der Topf Mehl

Es gibt auch den gegenteiligen Fall – und dieser kommt übrigens häufiger vor – daß das Verlangen aus der Not, aus dem Mangel entsteht und sich in der Träumerei entwickelt. Die folgende indische Geschichte scheint der Ursprung einer großen Anzahl von Fabeln wie zum Beispiel *Das Milchmädchen und der Milchtopf* von La Fontaine zu sein.

Ein Brahmane füllte einen Topf mit Mehl, das er als Almosen bekommen hatte. Er hängte diesen Topf über sein Bett, starrte ihn an und begann zu träumen.

»Wenn es eine Hungersnot gibt, was so selten nicht vorkommt, dann werde ich das Mehl verkaufen. Mit dem Geld kaufe ich ein Paar Ziegen. Die Ziegen werfen alle sechs Monate. Also werde ich sehr schnell eine Herde haben. Ich werde die Herde verkaufen und dafür Kühe kaufen. Die Kühe geben mir Kälber, die ich wieder verkaufe. Danach habe ich eine Herde Stuten, die mir etliche Pferde schenken. Ich werde meine Pferde verkaufen und mir ein großes Haus bauen. Dann besucht mich ein anderer Brahmane mit seiner Tochter, die sehr hübsch ist. Ich heirate die Tochter, die eine schöne Mitgift einbringt, und wir werden einen Sohn haben, den wir Somarsarman nennen. Wenn er ein paar Jahre alt ist, will er auf meine Knie. Um zu mir zu kommen, entwindet er sich den Armen seiner Mutter und geht dicht an den Hufen der Pferde vorbei. Da ich in Sorge um meinen Sohn bin, rufe ich seiner Mutter zu: ›Paß doch auf! Nimm das Kind! Heb es hoch!‹ Da sie mit irgendwelchen Hausarbeiten beschäftigt ist, hört sie mich nicht. Also erhebe ich mich und gebe ihr einen Fußtritt!«

Der Brahmane, der sich in seine Träumereien verloren hatte, stieß mit dem Fuß zu und zerbrach den Topf. Da fiel das ganze Mehl auf ihn herab.

Das Alter

Rumi erzählt uns diesen Dialog zwischen einem Arzt und einem alten Mann, der sich untersuchen lassen will.

»Ich kann mich nicht mehr auf meinen Kopf verlassen«, sagt der alte Mann. »Mein Gedächtnis läßt nach, ich vergesse alles.«

»Das liegt an deinem hohen Alter«, sagt der Arzt.

»Meine Augen werden schwächer.«

»Ja, weil du alt bist.«

»Ich habe heftige Rückenschmerzen. Ich habe noch Begierden, kann ihnen aber nicht mehr nachkommen.«

»Das ist das Alter.«

»Und ich kann kaum verdauen, was ich esse. Mein Magen ist ständig verdorben.«

»Du bist über siebzig. Daran liegt es.«

»Wenn ich atme, drückt etwas auf meine Brust.«

»Das ist normal, du bist eben alt.«

Da fährt der alte Mann auf: »Du bist vielleicht ein Schwachkopf! Was sind denn das für Antworten? Du bist ja dümmer als ein Esel! Gott hat Heilmittel für all diese Krankheiten erschaffen, aber du kennst sie nicht! Deshalb fällt dir nichts Besseres ein, als immer nur zu sagen, daß ich eben alt bin!«

»Ja«, sagt der Arzt, »du bist alt. Und deshalb wirst du wütend.«

Nasreddins Esel

Als Nasreddin Hodja – erzählt eine türkische Geschichte – seinen Esel verlor, ließ er in der ganzen Stadt verkünden, daß er dem, der ihn fände, das Tier gebe und dazu noch den Packsattel und das Halfter.

Und als sich jemand darüber wunderte, daß Nasreddin demjenigen seinen Esel geben würde, der ihn zurückbrächte, weil er nicht sehen konnte, was er dann noch gewinnen würde, antwortete Nasreddin:

»Du hältst also die Freude, etwas Verlorengeglaubtes wiederzubekommen, für unwesentlich?«

Der Papagei

Das Verlangen kann auch ganz einfach das egoistische Verlangen zu leben sein, gegen das man vergeblich ankämpfen würde.

Fariduddin Attar gibt uns dieses berühmte Beispiel.

Ein Mann besaß einen Papagei, der nicht sprechen wollte. Der Mann überhäufte ihn mit Zuckerstückchen und all den Leckereien, die Papageien leidenschaftlich gern essen. Zwar stopfte sich der Vogel damit voll, doch weigerte er sich hartnäckig, zu einem anderen Zweck den Schnabel zu öffnen.

Eines Tages brach in dem Haus ein Feuer aus, das so schrecklich war, daß alles zerstört wurde. Der Vogel, der auf seiner Stange angekettet war, fing verrückt vor Angst an zu schreien:

»Hilfe! Hilfe! Ich werde verbrennen!«

»Ach, jetzt denkst du an mich?« antwortete der Mann. »Jetzt wendest du dich an mich? Na dann: Verbrenne!«

Der Affe in der Moschee

Man erzählt sich in der arabischen Tradition auch, daß ein Affe seelenruhig in eine Moschee pinkelte.

Gläubige überraschten ihn dabei und sagten aufgebracht zu ihm:

»Hast du denn keine Ehrfurcht vor Gott?«

»Was könnte er mir schon tun?« fragte der Affe.

»Alles könnte er dir tun! Er könnte dich zum Beispiel verwandeln!«

»Ah«, sagte der Affe, »dann könnte er mich ja in eine Gazelle verwandeln!«

Die beiden Synagogen

Die Begierde nimmt manchmal derart verstiegene Formen an, daß wir sie weder wiedererkennen noch zugeben können.

Man erzählt sich zum Beispiel (im zwanzigsten Jahrhundert), daß Robinson Crusoe Jude war, was kaum bekannt ist.

Eines Tages endlich, nach all den Jahren der Einsamkeit, erblickte er ein Schiff, das nicht weit von der Insel entfernt vorbeifuhr und ihm deutliche Zeichen gab. Man hatte ihn entdeckt. Der Kapitän und einige Männer ließen sich mit einer Schaluppe übersetzen und kamen an Land. Robinson erklärte dem Kapitän seine traurige Lage und bat darum, mit nach England genommen zu werden. Der Kapitän, ein Engländer, willigte ein.

»Steigt in die Schaluppe«, sagte er.

»Bevor wir aufbrechen«, sagte Robinson, »würde ich Euch gerne all meine Anlagen zeigen. Gestattet Ihr das? Ich habe so viele Jahre auf meiner Insel verbracht. Es wird nur einige Minuten dauern.«

»Sehr gerne«, antwortete der Kapitän, der ein höflicher Mann war.

Robinson führte ihn in das Innere der Insel.

»Hier seht Ihr«, sagte er, »mein Haupthaus. Mit meiner ersten Palisade. Daneben das Gehege der Ziegen, dann die Synagoge. Ein klein wenig weiter sind der Stall, der Weinberg und die zweite Synagoge …«

»Verzeiht mir«, sagte der Kapitän ein wenig überrascht, »aber Ihr seid doch allein auf der Insel, nicht wahr?«

»Vollkommen allein.«

»Warum habt Ihr dann zwei Synagogen gebaut?«

»Das ist ganz einfach«, sagte Robinson. »Es gibt eine Synagoge, in die ich gehe, und eine, in die ich nicht gehe.«

Der Geist der Quelle

Eine Geschichte aus dem Maghreb spricht ebenfalls von Begierde, Kampf und Wahnsinn.

In alten Zeiten sah man einen mächtigen marokkanischen Magier in Algier auftauchen. Dieser Mann besaß den Schlüssel zu den verborgenen Schätzen in der Erde und auf dem Grund des Meeres. Er konnte so leicht die Zukunft vorhersagen, als würde er dem Engel über die Schulter schauen können, der für das Goldene Buch im Siebten Himmel zuständig ist, jenes riesige Buch, in dem die Handlungen der Menschen mit einer so langen Feder eingeschrieben werden, daß ein

Reiter noch nicht mal in fünfhundert Jahren darübergaloppieren könnte.

Dieser Mann aus Marokko beherrschte die okkulten Wissenschaften, die Geisterbeschwörung, die Lithomantie (die darin besteht, aus den Steinen zu lesen), die Pyromantie und die Geomantie. Er kannte die Talismane, deutete Träume und sprach mit den Geistern, die Gott vorsichtigerweise zwischen sich und seine aus Ton erschaffenen Kreaturen gesetzt hatte.

Warum kam dieser mit ungeheurem Ruf Umgebene nach Algier? Alle möglichen Vermutungen gingen von Mund zu Mund. Doch der Mann, der nur wenig sprach, entkräftete sie weder, noch bestätigte er sie.

In diesen alten Zeiten barg die Grotte von Tizza unvorstellbare Schätze, mit denen man die ganze Welt hätte kaufen können, doch diese Schätze waren von einem schrecklichen Geist bewacht, der in Form eines monströsen Schwarzen in dem Felsen wohnte, aus dem die Quelle entsprang.

Einige Tollkühne hatten sich bis zu diesem Felsen vorgewagt. Sie alle waren zugrunde gegangen. Keine Beschwörung, kein Opfer hatte den Geist erweichen können. Niemand hatte die richtige Formel, das geheimnisvolle Paßwort gefunden, ohne das ein schrecklicher Tod eintrat.

Der marokkanische Magier wollte diesen unvergleichlichen Schatz. Doch da er sich nicht selbst in Gefahr bringen wollte (denn kein Zauber ist vollkommen unfehlbar), beschloß er, die gefährliche Mission einem Stellvertreter anzuvertrauen. Er brauchte jemanden, der dumm, arm und habgierig war. Auf dem Markt von Algier fand der Magier diesen Mann, einen Kabylen, der mit bis zum Kinn hochgezogenen Beinen an einer Mauer saß und Eicheln verkaufte. Obwohl es schon fast Mittag war, hatte dieser magere, schmutzige Mann erst eine Handvoll davon verkauft.

Das unbarmherzige Auge des Magiers erfaßte ihn. Er schritt einen Moment lang um ihn herum wie ein Geier um eine Ratte, dann blieb er vor dem armen Mann stehen und sagte:

»Dein Sack ist noch schwer.«

»Gott hat es so gewollt«, sagte der Eichelverkäufer.

»Aber deine Eicheln sind prächtig. Zweifellos die schönsten auf dem ganzen Markt.«

»Dein Lob weiß ich zu schätzen. Doch für diese Hundesöhne hier sind sie zu schön.«

»Ich möchte den ganzen Sack kaufen, nenne den Preis.«

»Willst du dich über mich lustig machen?« sagte der Kabyle. »Ich kenne dich nicht, habe dich nie hier gesehen.«

»Ich bewundere die Ergebenheit, mit der du dein trauriges Schicksal erträgst«, sagte da der große Magier. »Und ich werde noch etwas für dich tun. Ich werde dich reicher machen, als dein Herz erträumen kann. Vorausgesetzt, du folgst sorgfältig meinen Ratschlägen.«

»Bei Gott, sprich, Herr aller Welten! Was muß ich tun?«

»Du kennst die Quelle von Tizza?«

»Die kenne ich.«

»Du weißt, daß diese Quelle ungeheure Schätze in sich birgt?«

»Mein Großvater hat dies meinem Vater erzählt, und mein Vater hat es mir erzählt.«

»Hör zu. Und meine Worte sollen dich durchdringen, wie die Nägel das Holz durchdringen, in das man sie gehämmert hat. Der Geist, der diese Schätze bewacht, kann nur einem Kabylen weichen, einem Mann deines Stammes. Und du gehst keinerlei Gefahr ein, wenn du meinen Anweisungen folgst. Wir werden die Reichtümer teilen, und dein Teil wird ausreichen, die halbe Welt zu kaufen.«

»Was muß ich tun?«

Der Magier nahm ein Brötchen und eine Gurke aus seiner Tasche.

»Du nimmst dieses Brötchen und diese Gurke«, sagte er zum Kabylen. »Du gehst sofort zur Quelle von Tizza. Paß gut auf: Auf deinem Weg darfst du weder das Brötchen noch die Gurke berühren. Denn in dem Brot ist ein starkes Betäubungsmittel, das den monströsen Geist einschläfern soll. Wenn du an der Quelle angelangt bist, rufst du dreimal: ›Ia Yzid!‹ Das ist der Name des Geistes. Beim dritten Mal wird eine unterirdische Stimme dich fragen: ›Was ist das Zeichen?‹ Dann antwortest du, ohne zu zögern: ›Ein Brötchen und eine Gurke.‹ Der Fels wird sich öffnen, und du siehst den Geist. Auch wenn er furchteinflößend ist, hütest du dich, deine Angst zu zeigen. Du gibst ihm deine Gaben, er wird sie essen und einschlafen. In der Nähe der Quelle findest du vierzig gesattelte Maultiere. Die belädst du. Wenn die Nacht gekommen ist, werde ich mich dir ein klein wenig weiter unten, am Fluß, anschließen.«

Der Mann machte sich sofort auf den Weg, nicht ohne das Geld für seinen Sack Eicheln einkassiert zu haben. Es handelte sich dabei um ein Goldstück. Der Kabyle, der noch nie ein Goldstück in seiner Hand gehalten hatte, setzte sein ganzes Vertrauen auf den Marokkaner.

Um zur Quelle zu kommen, brauchte er acht oder neun Stunden. Als er die Hälfte des Weges zurückgelegt hatte, setzte er sich einen Moment an ein schmales Bächlein. Er hatte nagenden Hunger. Und seit dem Abend zuvor nichts gegessen. Um ihn herum waren nur Steine und vertrocknete Gräser. Bei sich hatte er nur das Brötchen und die Gurke, die er in seinen Händen wog, beroch und streichelte. Eine goldene Kruste, mit Aniskernen gesprenkelt, umgab das Brötchen, dem ein verlockender Duft entstieg. Und der Kabyle aß nur ein- oder zweimal im Jahr Brot, nämlich an den großen Feiertagen seines Stammes.

Das Wasser des Bächleins schien über den armen Mann zu kichern, der schließlich bei sich sagte: »Das Brot ist rund. Ich knabbere nur den Rand ab und achte darauf, die Form beizubehalten. Das Betäubungsmittel ist wahrscheinlich weiter innen. Und sicher ist es ein Betäubungsmittel, das nur auf Geister wirkt.«

Gesagt, getan. Der Kabyle knabberte die Ränder des Brots ab und besserte mehr schlecht als recht die Auszackungen aus, setzte auf die Unwissenheit des Geistes, der sicher seit mehreren tausend Jahren kein Brot mehr gesehen hatte.

Dann brach er munter wieder auf, glücklich, daß das Betäubungsmittel, wie er es geahnt hatte, keine Wirkung auf ihn hatte. Als er sich der Quelle näherte, verließ ihn seine Selbstsicherheit, wie es vorauszusehen gewesen war. Er entdeckte die vierzig Maultiere, die im Schatten eines Eichenwäldchens und am Ende des Weges warteten; mit klopfendem Herzen sah er schließlich den Felsen vor sich aufragen, aus dem klares Wasser floß. Es war bereits Nacht, eine milde, weite Nacht mit einem Himmel, der von Millionen Diamanten übersät war. Eulen ließen ihren Ruf in den Bergen ertönen, und munter rieselte das Wasser.

Das Verlangen nach Reichtum überwältigte schließlich die Angst des Kabylen. Er nahm das Brötchen und die Gurke in seine zitternden Hände und rief dreimal: »Ia Yzid!« Beim dritten Mal spürte er, wie die Erde unter seinen Füßen bebte, und er hörte ein unterirdisches

Knacken, so als würde ein Riese beim Erwachen aus einem tiefen Schlaf seine Muskeln strecken. Der Felsen zerbarst, durch tausend Ritzen sprang das Wasser daraus hervor, und eine Stimme, die durch eine Metallröhre zu dringen schien, fragte, verborgen vom Inneren der Erde:

»Wie ist das Zeichen?«

Da war der arme Mann überzeugt – denn bis dahin hatte es ja keinen echten Beweis gegeben –, daß das Glück in greifbarer Nähe war. Er sah schon Riesenberge saftiges Fleisch vor sich, fürstliche Kleider und ein ganzes Haus voller Frauen – fünfzehn vielleicht, wie beim Propheten. Er stellte sich den Respekt der einen und den Neid der anderen angesichts eines solchen Übermaßes an irdischen Gütern, angesichts der vollkommenen Befriedigung seiner Begierden vor.

Wie von selbst anwortete er:

»Ein Brötchen und eine Gurke!«

Der Fels schwankte wie ein trunkener Mann, dann brach er vollkommen auseinander. Das Wasser spritzte wie erschrocken in alle Richtungen über den Berg. Steinplatten lösten sich langsam ab und brachten eine Feuerspur zum Vorschein, dann eine ungeheure Helligkeit, die für menschliche Augen unerträglich war. Diese Helligkeit wurde zu einer riesigen, beweglichen Form, in der man den Umriß eines monströsen Mannes sehen konnte. In dem Maße, wie das Licht durch die Felsen glitt und dem erschrockenen Kabylen näher kam, konnte dieser sehen, wie aus dem ungeheuer strahlenden Licht eine graue und dann schwarze Form wurde, bis man einen unförmigen, mächtigen Schwarzen ausmachte: den Geist der Quelle höchstpersönlich.

Hinter dem Geist aber konnte man durch den übernatürlichen Spalt all die Reichtümer der Erde sehen, die dort seit Anbeginn der Zeit wie eine Abgabe an Gott angehäuft waren.

Der Kabyle bot mit zitternder Hand das Brötchen und die Gurke dar und hoffte, daß der kleine fehlende Teil der Kruste vom Ungeheuer unbemerkt bleiben würde. Dieses nahm die Speisen und brachte sie mit wilder Gier an seinen Mund, denn es hatte seit mehreren tausend Jahren nichts mehr gegessen. Doch kaum hatte der Riese in das Brötchen gebissen, da warf er es mit einem Schrei des Abscheus auf den Boden.

»Das Brot stinkt nach Sterblichen!« schrie er.

Außer sich vor Zorn und unfähig, den menschlichen Geruch zu ertragen, der dem Brötchen entstieg, nahm er den Kabylen und schlug so heftig auf ihn ein, daß dieser wie tot zu Boden fiel.

Zwei Hirten fanden ihn dort im Morgengrauen. Die ganze Nacht hatten schreckliche Begebenheiten das Umland erschüttert: Erdbeben, Flüsse, die ihren Lauf änderten, unbekannte Maultiere, die in den Bergen herumirrten. Die Hirten nahmen den unglücklichen Kabylen mit und pflegten ihn. Er lebte noch einige Jahre, doch ohne Verstand, ohne Urteilskraft. Er irrte mit zerrissenen Kleidern von Dorf zu Dorf und rief immer nur:

»Ein Brötchen und eine Gurke!«

Die Dorfbewohner gaben dem heulenden Narren, wenn sie es konnten, ein Stück Gurke. Doch Brot hatten sie nicht.

10

Offensichtlich sind sie zahlreich: die Fallen auf dem Weg der Logik

Muß man früh aufstehen?

Seit die Volkslogik vor uns ihr Band der Überraschungen entrollt, sehen wir unvermeidlich Nasreddin Hodja auftauchen. Er ist der Meister auf diesem Gebiet. Das Leben ist in seinen Augen eine kohärente Sinnlosigkeit, nach der man sich unter allen Umständen zu richten hat.

So sagte, als er noch jung war, sein Vater eines Tages zu ihm:

»Du solltest früh aufstehen, mein Sohn.«

»Und warum, Vater?«

»Weil es eine sehr gute Angewohnheit ist. Als ich eines Tages im Morgengrauen aufstand, habe ich einen Beutel mit Gold auf dem Weg gefunden.«

»Vielleicht hat ihn jemand am Vorabend dort verloren?«

»Nein, nein«, sagte der Vater. »Am Vorabend war er dort nicht. Sonst hätte ich ihn auf dem Heimweg bemerkt.«

»Dann«, sagte Nasreddin, »ist der Mann, der sein Gold verloren hat, noch früher aufgestanden als du. Du siehst, daß es nicht für alle gut ist, früh aufzustehen.«

Die abgelegene Gaststätte

Später, im reifen Alter, unterhielt Nasreddin eine Gaststätte mitten im Wald, in einer sehr abgelegenen Gegend. Eines Tages machten Jäger dort Rast und bestellten Hühnchen bei ihm.

Nasreddin ließ die Hühnchen kochen, und die Jagdgesellschaft aß sie. Als es ans Zahlen ging, präsentierte er eine wirklich astronomische Summe.

»Wie!« sagten die Gäste. »Sind denn Hühnchen hier so selten?«

»Nicht die Hühnchen«, antwortete Nasreddin. »Aber Gäste.«

Der Mann ohne Kopf

Nasreddin ging spazieren, als er plötzlich einen Körper sah, der in einem Graben lag. Er trat näher an ihn heran und erkannte Selim, einen Bauern aus seinem Dorf. Ein Löwe hatte ihm den Kopf abgerissen und diesen mitgenommen.

Nasreddin kehrte ins Dorf zurück. Als er am Haus von Selim vorbeikam, fragte ihn Selims Frau:

»Es ist spät, und mein Mann ist noch nicht nach Hause zurückgekehrt. Ich habe Angst, daß ihm etwas zugestoßen ist. Glaubst du, daß ich mir Sorgen machen muß?«

»Das kommt darauf an«, antwortete Nasreddin. »Die Frage ist, ob er mit oder ohne Kopf von hier losgegangen ist.«

Der Ring

Ein Freund sagt zu Nasreddin:

»Schenk mir einen Ring. Dann werde ich jedes Mal, wenn ich den Ring ansehe, an dich denken.«

»Ich schenk dir keinen Ring«, antwortet Nasreddin ihm. »Dann denkst du jedes Mal an mich, wenn du deinen leeren Finger siehst.«

Die Witwe

Als Nasreddin heiraten wollte, hatte er eine junge Frau im Sinn, die er kannte. Diese aber zog einen anderen Mann vor und heiratete ihn.

Einige Jahre später starb dieser Mann an einer Krankheit. Nasreddin begab sich zu der Witwe, um ihr sein Beileid auszusprechen, und sagte:

»Glücklicherweise hast du ihn geheiratet. Sonst würde ich heute beerdigt werden.«

Man bezahlt nur, was man nimmt

Man erzählt sich (und die Geschichte hat Alfred Jarry schamlos in seinem *Ubu Hahnrei* übernommen), daß Nasreddin Hodja eines Tages in ein Geschäft trat, um sich eine Hose zu kaufen. Er probierte die Hose an, dann dachte er nach, tauschte die Hose gegen ein Obergewand ein und beschloß, dieses zu nehmen.

Er wollte schon das Geschäft verlassen, als der Verkäufer ihn daran erinnerte, daß er das Gewand noch nicht bezahlt habe.

»Das ist normal«, antwortete Nasreddin, »denn ich habe es ja gegen die Hose eingetauscht.«

»Aber die Hose«, sagte der Verkäufer, »hast du auch nicht bezahlt.«

»Das ist normal«, sagte Nasreddin und ging, »denn ich habe sie ja nicht genommen.«

Das Rätsel

In dieser Geschichte mit zahlreichen Varianten sieht man Nasreddin an einer Gruppe Menschen vorbeikommen, die sich Rätsel stellen.

Er fragt sie:

»Was ist grün, sitzt auf einem Ast und kann sprechen?«

Sofort antwortet man ihm:

»Ein Papagei.«

»Nein. Es ist kein Papagei.«

»Was ist es dann?«

»Ein Fisch.«

»Ein grüner Fisch? Das gibt es doch gar nicht.«

»Aber doch! Jemand hat den Fisch grün angemalt.«

»Aber ein Fisch kann nicht auf einen Baum steigen.«

»Aber doch. Jemand hat ihn auf den Ast gelegt.«

»Und ein Fisch kann nicht sprechen! Kein einziger Fisch spricht! Also gib schon zu, daß du eigentlich von einem Papagei gesprochen hast!«

»Ihr Esel! Das geht doch nicht! Wenn es sich um einen Papagei gehandelt hätte, hätte ich damit nie ein Rätsel gemacht!«

Dieselbe Geschichte, diesmal mit Srulek, wird in Polen so erzählt:

Srulek fragt einen seiner Freunde:

»Was ist grün, sitzt auf einem Baum und pfeift?«

»Ein Papagei«, antwortet der Freund.

»Keinesfalls«, sagt da Srulek. »Es ist kein Papagei, sondern ein Hering.«

»Ein Hering? Wie kann das sein?«

»Ja: Er ist grün, weil ich ihn in ein großes Blatt eingewickelt habe, und er ist auf dem Baum, weil ich dieses Blatt mit dem Hering dorthin gelegt habe.«

»Aber du hast doch gesagt, daß er pfeift?«

»Ja, gut, ich habe gesagt, daß er pfeift: na und?«

Die beiden Uhren

Hier eine englische Geschichte: Ein Mann trägt zwei Uhren, eine an jedem Handgelenk. Sie zeigen unterschiedliche Zeiten an.

Einer seiner Freunde wundert sich darüber:

»Warum«, fragt er, »zeigen die beiden Uhren nicht dieselbe Uhrzeit an?«

»Wozu«, sagt der andere, »sollte ich dann zwei Uhren tragen?«

Die Tabaksdose

Noch eine Geschichte mit vielen Varianten.

Wie jeden Abend stellt der alte Tahar, ein Algerier, vor dem Schlafengehen zwei Tabaksdosen neben sein Bett, eine volle und eine leere.

Jemand fragt ihn:

»Warum stellst du immer diese beiden Tabaksdosen neben dein Bett?«

»Diese hier«, antwortet Tahar und zeigt auf die volle Dose, »ist für den Fall, daß ich aufwache und Lust auf Tabak habe.«

»Und die leere?«

»Die ist für den Fall, daß ich aufwache und keine Lust auf Tabak habe.«

Die Kälte draußen

Es ist Winter. Ein Jude kommt in eine Herberge und läßt die Tür hinter sich offenstehen. Da ruft ihm jemand zu:

»He, Sie dort! Machen Sie die Tür zu! Es ist kalt draußen!«

»Und Sie glauben wirklich«, antwortet der Jude, »wenn ich die Türe schließe, ist es draußen nicht mehr so kalt?«

Der Preis der Eier

Die folgende Geschichte wurde in Polen in Krisenzeiten erzählt.

Eine Frau kommt in ein Lebensmittelgeschäft und verlangt ein Dutzend Eier.

»Das macht zwanzig Kopeken«, sagt der Verkäufer.

»Zwanzig Kopeken! Aber der Eierhändler auf der gegenüberliegenden Straßenseite verkauft das Dutzend für fünfzehn Kopeken!«

»Dann kaufen Sie doch dort die Eier!«

»Leider hat er keine mehr.«

»Ach ja«, sagt der Verkäufer. »Wenn ich keine mehr hätte, würde ich sie auch für fünfzehn Kopeken verkaufen!«

Der zitternde Mann

In China ging eines sehr kalten Wintertages ein reicher Mandarin im warmen Pelzmantel mit seinen Begleitern durch die Straßen.

Da sah er an einer Ecke einen zitternden Bettler und fragte einen Diener aus seinem Gefolge:

»Warum zittert dieser Mann?«

»Weil ihm kalt ist.«

»Ach ja? Und wenn er zittert, ist ihm nicht mehr kalt?«

Die beiden Seezungen

Diese Anekdote, in der sich die Logik in den Dienst des Egoismus stellt, scheint fast universell zu sein. In Europa erzählt man sie so:

Ein Mann lädt einen seiner Freunde zum Abendessen in ein Restaurant ein. Sie bestellen Fisch, und man bringt ihnen zwei Seezungen, eine große und eine kleine. Der Mann legt seinem Freund die kleine Seezunge auf und nimmt die große für sich. Da fragt sein Freund erstaunt:

»Wie? Ich bin dein Gast, und du gibst mir die kleine Seezunge?«

»Wenn du mir aufgelegt hättest, welche hättest du mir denn gegeben?«

»Natürlich die große! Und ich hätte die kleine genommen!«

»Na, dann sei doch zufrieden, dann hast du ja, was du wolltest.«

Die Schwäche des Alters

Eines Tages sprach man im Beisein von Nasreddin Hodja über die Jugend und das Alter, wie dies häufig vorkommt. Jeder gab ein persönliches Beispiel für die zunehmende Schwäche, wenn man alt wird.

Nasreddin war nicht dieser Meinung. Er sagte auch, warum:

»Im Hof unseres Hauses liegt ein sehr großer Stein. Als ich jung war, konnte ich ihn nicht hochheben. Das kann ich heute immer noch nicht. Also bin ich mit zunehmendem Alter nicht schwächer geworden.«

Gohas Katze

Goha, der Einfältige – der ägyptische Nasreddin –, kaufte ein Kilo Fleisch, das er seiner Frau gab. Als er am Abend nach Hause kam, teilte seine Frau ihm mit, daß ihre Katze das Fleisch gestohlen und aufgefressen habe.

Goha nahm die Katze, setzte sie auf eine Waage und wog sie. Er sah, daß die Katze genau ein Kilo wog.

Da fragte sich Goha nachdenklich und ein wenig traurig (und diese Frage ist bis heute unbeantwortet geblieben):

»Wenn du meine Katze bist, wo ist dann das Fleisch? Und wenn du das Fleisch bist, wo ist dann meine Katze?«

Das Ende von Anfang an

Im Mesnewi von Rumi findet man diesen Dialog, den man der Sufitradition zuschreibt:

Ein Mann kommt zu einem Juwelier und sagt:

»Ich möchte Gold wiegen. Leih mir deine Waage.«

»Nein«, sagt der Juwelier, »es tut mir leid, ich habe keine Schaufel.«

»Ich habe nicht nach deiner Schaufel gefragt, sondern nach deiner Waage!«

»Nein«, sagt der Juwelier, »ich habe keinen Besen.«

»Bist du taub? Ich möchte eine Waage!«

»Ich bin nicht taub«, sagt der Juwelier. »Aber ich sehe, daß du keine Erfahrung hast. Daher wirst du, wenn du dein Gold wiegst, etwas fallen lassen. Dann wirst du mich fragen: ›Kannst du mir einen Besen leihen, damit ich mein Gold zusammenfegen kann?‹ Und wenn du deinen kleinen Haufen zusammen hast, wirst du mich fragen: ›Kannst du mir eine Schaufel leihen?‹ Ich sehe das Ende schon von Anfang an. Also geh und wende dich an jemand anderen!«

Samuels Vater

In einer jüdischen Schule sagt ein Lehrer zum jungen Samuel:

»Wir werden nun deine Kenntnisse in Arithmetik testen. Stellen wir uns vor, du seist dein Vater. Ich leihe mir von dir zehn Rubel zu einem Prozentsatz von sechs Prozent. Wieviel muß ich dir am Ende des Monats zurückgeben?«

»Zwanzig Rubel«, antwortet Samuel wie aus der Pistole geschossen.

»Wie das? Bist du verrückt? Denk nach: zehn Rubel zu sechs Prozent. Wieviel muß ich dir zurückgeben?«

»Zwanzig Rubel«, wiederholt Samuel.

»Na, du hast ja nicht die geringste Ahnung von Arithmetik!«

»Doch, aber Sie haben nicht die geringste Ahnung von meinem Vater!«

Die gute Frage

Und nun eine zeitgenössische Geschichte, die in Frankreich im Immigrantenmilieu erzählt wird.

Ein junger Afrikaner wendet sich an Gott und fragt ihn:

»Warum, Gott, hast du mir so dicke Lippen und einen so breiten Mund gegeben?«

»Weil es in Afrika sehr heiß ist«, antwortet Gott. »Und dadurch bekommt man Durst. Du mußt also sehr viel trinken können.«

»Und warum hast du meine Haut schwarz gemacht?« fragt der Afrikaner weiter.

»Aus demselben Grund«, antwortet Gott. »Damit dir die glühende Sonne in deinem Land nichts anhaben kann.«

»Dann«, sagt der Afrikaner, »möchte ich dir noch eine dritte Frage stellen. Ich verspreche, es wird die letzte sein.«

»Ich höre«, sagt Gott.

»Warum hast du mich in Aubervilliers zur Welt kommen lassen?«

Der Hase und das Krokodil

Ein Hase – in einer Geschichte der Khmer – sieht ein Krokodil, das sich in einem Fluß in der Strömung treiben läßt. Er wird argwöhnisch und sagt zu sich:

»Ist das ein Krokodil oder ein Baumstamm?«

Er denkt einen Moment lang nach und ruft dann:

»Wenn du ein Krokodil bist, dann laß dich weiter in der Strömung treiben. Aber wenn du ein Baumstamm bist, dann schwimm gegen den Strom den Fluß hinauf.«

Das Krokodil hört den Hasen und sagt zu sich:

»Ich wollte so wirken wie ein Baumstamm. Jetzt sagt mir dieser Hase, daß ich, wenn ich ein Baumstamm bin, den Fluß hinaufschwimmen soll. Also schwimme ich den Fluß hinauf.«

Es macht sich daran, gegen die Strömung den Fluß hinaufzuschwimmen. Da sieht der Hase eindeutig, daß es sich um ein Krokodil handelt, denn Baumstämme schwimmen nicht gegen den Strom.

Die Auslage

Ein Mann, der durch das Judenviertel einer Stadt schlendert, sieht eine Auslage voller Wecker, Pendel- und Armbanduhren. Da seine Armbanduhr eine Reparatur nötig hat, betritt er das Geschäft und sieht einen Verkäufer, dem er seinen Wunsch mitteilt.

»Es tut mir leid«, sagt der Verkäufer, »aber ich kann nichts für Sie tun.«

»Und warum nicht?«

»Weil ich kein Uhrmacher bin.«

»Sie sind kein Uhrmacher?«

»Nein. Ich bin ein Rabbi, der sich auf Beschneidungen spezialisiert hat. Ich bin ein Beschneider.«

»Aber«, sagt da der Mann, »wenn Sie kein Uhrmacher sind, warum haben Sie dann all die Uhren in Ihrer Auslage?«

»Na«, sagt der Rabbi, »was soll ich denn Ihrer Meinung nach dort hineinlegen?«

Der Floh

Unter all den Geschichten, die Wissenschaftler gern zum Thema Methode erzählen, taucht die mit dem Floh immer wieder auf.

Sie kann so erzählt werden:

Ein Wissenschaftler untersucht einen Floh vor sich. Er befiehlt ihm: »Spring!«, und der Floh springt. Der Wissenschaftler schreibt auf ein Blatt Papier: »Wenn man einem Floh befiehlt zu springen, dann springt er.«

Dann nimmt er den Floh und reißt ihm vorsichtig die Beine aus. Er legt ihn wieder vor sich ab und befiehlt: »Spring!«

Der Floh bewegt sich nicht. Da schreibt der Wissenschaftler auf sein Blatt Papier: »Wenn man einem Floh die Beine ausreißt, dann wird er taub.«

Gotteslob

Eines Abends wusch Nasreddin sein Gewand und legte es zum Trocknen in den Garten. Am nächsten Morgen war das Gewand verschwunden, von einem Dieb entwendet.

Sofort warf sich Nasreddin auf die Erde und dankte Gott inniglich.

»Wie?« sagte seine Frau. »Man stiehlt dir dein Gewand, und du dankst Gott dafür?«

»Ja, du Unglückselige«, sagte Nasreddin zu ihr, »siehst du denn nicht, daß ich auch hätte darinstecken können?«

Die gute Züchtigung

Ein anderes Mal gab Nasreddin einer seiner Töchter einen Krug und verlangte von ihr, Wasser von der Quelle zu holen. Als sie das Haus verließ, gab er ihr eine schallende Ohrfeige und sagte:

»Paß gut auf, daß du den Krug nicht zerbrichst!«

Ein Freund, der gerade da war, sagte zu Nasreddin:

»Ich finde dich manchmal sehr ungerecht. Warum hast du das arme Mädchen geschlagen?«

»Ich habe sie zur rechten Zeit geschlagen«, antwortete Nasreddin. »Wem würde es nützen, ihr dann eine Ohrfeige zu geben, wenn sie den Krug zerbrochen hat?«

Im Regen gehen

Ein Mann – wird aus der chinesischen Tradition überliefert – ging langsam durch den Regen.

Ein eiliger Passant fragte ihn:

»Warum gehst du nicht schneller?«

»Da vorn regnet es auch«, antwortete der Mann.

Der große Bogenschütze

Der Kaiser von Japan besucht seine Provinzen. In einem Dorf bemerkt er sofort nach seiner Ankunft eine Zielscheibe und auf dieser Zielscheibe einen Pfeil genau in der Mitte.

Im Verlaufe seines Besuchs entdeckt er ein klein wenig später eine weitere Zielscheibe mit einem Pfeil. Auch dieser zweite Pfeil befindet sich genau in der Mitte der Zielscheibe.

Und so geht es weiter. Bei der vierten perfekt getroffenen Zielscheibe, die er sieht, verlangt der Kaiser, den außerordentlichen Schützen zu sehen.

»O nein«, sagt ein Würdenträger des Dorfs zu ihm, »das lohnt nicht, das ist ein Schwachkopf.«

»Ein Schwachkopf? Aber wie kann ein Schwachkopf mit dieser fast göttlichen Geschicklichkeit schießen?«

»Das ist ganz einfach. Er schießt zuerst den Pfeil. Und danach malt er die Zielscheibe darum.«

Die Schale Hirse

Ein armer Mann – erzählt eine Berbergeschichte – bekommt Streit mit einem reichen Mann, der ihn ohrfeigt. Die Angelegenheit wird vor den Kadi gebracht, der den beiden Parteien zuhört und dann beschließt, daß der Reiche dem Armen, den er geschlagen hat, eine Schale mit Hirse geben muß.

Da wendet sich der Arme zum Kadi und gibt ihm eine schallende Ohrfeige.

»Was ist in dich gefahren?« fragt der Kadi.

»Ach nichts«, antwortet der arme Mann. »Nur so eine Laune. Wenn die Schale mit der Hirse gebracht wird, nehmt sie für Euch. Ich gehe jetzt.«

Die Rückkehr des Königs

Die folgende Geschichte ist jüdisch und arabisch zugleich, da sich die beiden Traditionen ziemlich häufig vermischen.

Sie zeigt uns einen König, der einer Provinz seines Königreichs einen Besuch abstattete. Er war eine Woche unterwegs und kehrte dann in seinen Palast zurück, wo er mehreren Vertrauten von seiner Reise erzählte. Unter diesen befand sich auch der berühmte Ch'hâ (oder Djeha oder auch Goha).

»Ich habe eine wunderbare Reise hinter mir«, sagte der König, »doch unglücklicherweise verwüstete am Montag ein Feuer die Stadt, die ich besuchte, und etliche Einwohner kamen darin um.«

»Und am Dienstag?« fragte Ch'hâ.

»Da hat ein tollwütiger Hund zwei alte Männer gebissen und dadurch eine wahre Panik ausgelöst.«

»Und am Mittwoch?«

»Am Mittwoch stieg der Fluß infolge der sehr starken Regenfälle abrupt an und riß ein ganzes Viertel mit sich. Am Donnerstag brach ein Stier aus seinem Stall aus und schlitzte mehreren Passanten den Bauch auf, ganz zu schweigen von der enormen Verwüstung in den Auslagen.«

»Und am Freitag?« fragte Ch'hâ.

»Am Freitag drehte einer der Würdenträger der Stadt plötzlich durch und tötete seine Frau, seine Kinder und all seine Tiere. Man mußte ihn erbarmungslos erschlagen. Am Samstag stürzte ein Wohnhaus ein und begrub mehr als fünfzig Menschen unter sich. Am Sonntag hängte sich eine Frau an einem Baum auf und hinterließ drei elternlose Kinder.«

»Glücklicherweise«, sagte da Ch'hâ, »warst du nur eine Woche dort.«

Der Ring für den Armen

Eine chassidische Geschichte bietet uns ein Beispiel sentimentaler und persönlicher Logik.

Ein armer Mann klopfte an die Tür von Rabbi Schmelke. Da dieser kein Geld zur Hand hatte, gab er dem Armen einen Ring. Als die Frau des Rabbis davon erfuhr, machte sie ihm heftige Vorwürfe. Wie hatte er einem Bettler einen Ring mit Edelsteinen geben können?

Da schickte Rabbi Schmelke sofort jemanden los, der den armen Mann zurückholen sollte. Als er ihn vor sich sah, sagte er zu ihm:

»Ich habe gerade erfahren, daß der Ring, den ich dir gegeben habe, sehr kostbar ist. Also verkaufe ihn bitte nicht für ein Stück Brot.«

Der Vertrag

Zwei Juden aus bescheidenen Verhältnissen diskutierten eines Tages in einer Warschauer Taverne.

»Eines verstehe ich nicht bei unserem Lektürepensum dieser Woche«, sagte der eine.

»Und was?«

»Es steht über unseren Stammvater Abraham und Abimelekh, den König der Philister, geschrieben: ›Sie beide schlossen einen Vertrag.‹«

»Ja und?«

»Warum heißt es: ›beide‹? Das ist doch überflüssig!«

»Gute Frage.«

»Was meinst du?«

»Ich glaube, es ist sehr einfach: Sie haben einen Vertrag geschlossen, sind aber nicht eins geworden, sondern zwei geblieben.«

Das Lampengeschäft

Die folgende, ziemlich ungewöhnliche Geschichte kommt aus Indien.

In einer dunklen Nacht trafen sich zwei Männer auf einer einsamen Straße. Der erste sagte: »Ich suche ein Geschäft in der Nähe. Es heißt Lampengeschäft.«

»Ich wohne in dieser Gegend«, sagte der zweite. »Ich kann Sie zum Geschäft führen.«

»Ich müßte es allein finden können«, sagte er erste. »Man hat mir die Adresse gegeben. Ich habe sie aufgeschrieben.«

»Warum erzählen Sie mir dann davon?«

»Ach, nur um etwas zu sagen.«

»Sie wollen Gesellschaft. Sie wollen keine Adresse.«

»Ja, ich nehme es an.«

»Es wäre einfacher für Sie«, setzte der zweite wieder an, »wenn Sie sich bei jemandem aus der Gegend erkundigten. Es ist nicht mehr weit. Aber der Weg ist ab hier schwierig.«

»Ich glaube den Hinweisen, die man mir gegeben hat«, antwortete der erste. »Bis jetzt waren sie gut. Ich bin mir nicht sicher über die Leute, die ich hier treffen könnte.«

»Aha«, sagte der zweite, »obwohl Sie also Ihren ersten Informanten Vertrauen schenkten, hat man Ihnen nicht beigebracht, vertrauenswürdige Menschen zu erkennen?«

»Nein.«

»Haben Sie noch ein weiteres Ziel?«

»Nein, ich möchte nur das Lampengeschäft finden. Das ist alles.«

»Darf ich fragen, warum?«

»Weil ich gehört habe, und das aus sicherer Quelle, daß man in diesem Geschäft einen gewissen Gegenstand verkauft, mit dem man im Dunkeln lesen kann.«

»So ist es«, sagte der zweite. »Eine Lampe ermöglicht es, im Dunkeln zu lesen. Doch es gibt eine Vorbedingung und eine Zusatzinformation. Ich frage mich, ob Sie auf diese beiden Elemente genügend Aufmerksamkeit verwandt haben?«

»Welche sind das?«

»Die Vorbedingung lautet: Um mit Hilfe einer Lampe zu lesen, muß man zunächst einmal lesen können.«

»Das können Sie nicht beweisen.«

»Ich kann es hier, mitten in der Nacht, nicht beweisen. Aber in diesem Punkt können Sie mir vertrauen.«

»Wie auch immer«, sagte der erste, »ich kann lesen. Ich kann sogar schreiben. Ich habe die Adresse des Geschäfts aufgeschrieben, wie ich bereits sagte.«

»Sehr gut.«

»Und was ist die Zusatzinformation?«

»Hier ist sie: Das Lampengeschäft ist immer noch dort, wo es immer war, aber die Lampen hat man woanders hingebracht.«

Der erste Mann dachte einen Moment lang nach, dann sagte er: »Ich weiß nicht genau, was eine Lampe ist, doch es erscheint mir offensichtlich, daß ein so bezeichneter Gegenstand sich in einem Lampengeschäft befinden muß. Schließlich trägt das Geschäft aus diesem Grund seinen Namen.«

»Der Ausdruck ›Lampengeschäft‹«, sagte der zweite, »kann mehrere und sogar gegensätzliche Bedeutungen haben. Er kann bedeuten: ›ein Geschäft, wo man Lampen bekommt‹, aber auch ›ein Geschäft, wo man früher Lampen bekam, heute aber keine mehr sind‹.«

»Das können Sie nicht beweisen.«

»Nein, aber wenn wahr ist, was ich sage, dann sehen Sie in den Augen vieler Leute wie ein Dummkopf aus.«

»Mag sein. Aber ich kenne eine Menge Leute, die eher Sie einen Dummkopf nennen würden. Und dabei ist es sehr wahrscheinlich, daß Sie keiner sind. Sie könnten ein verborgenes Motiv haben. Zum Beispiel könnte es Ihre Absicht sein, mich eine Lampe in einem anderen Geschäft kaufen zu lassen, weil dieses einem Ihrer Freunde gehört. Sie könnten aber auch aus einem anderen Grund, den ich nicht kenne, um jeden Preis verhindern wollen, daß ich mir eine Lampe kaufe.«

»Ich bin noch schlimmer, als Sie denken«, sagte der zweite. »Anstatt Ihnen ein Lampengeschäft zu versprechen und Ihnen die Hoffnung zu geben, daß Sie dort die Lösung Ihrer Probleme finden, möchte ich mich zunächst vergewissern, daß Sie lesen können, was offenbar der Fall ist, auch wenn ich noch keine Bestätigung habe, daß Sie diese Adresse selbst geschrieben haben.«

»Ich könnte sie ein zweites Mal schreiben.«

»Nicht in der Dunkelheit.«

»Das ist wahr. Und sagen Sie mir: Was hätten Sie noch getan?«

»Ich hätte mich erkundigt, um zu erfahren, ob Sie in der Nähe eines Geschäfts sind. Ob die Möglichkeit bestünde, daß Sie sich verirren. Oder ob Sie eine Möglichkeit gehabt hätten, anders an eine Lampe zu kommen.«

»Ich verstehe«, sagte der erste.

»Ich bin ein vorsichtiger Mann«, sagte der zweite. »Das haben Sie doch sicher bemerkt?«

»Darin sind wir uns ähnlich«, sagte der zweite.

Sie sahen sich einen Moment lang schweigend und mit einer gewissen Traurigkeit an. Dann ging jeder in seine Richtung davon.

Der Spinat

Henri Monnier hat sich eines berühmten Satzes bemächtigt, den man in Wahrheit schon in einer anonymen Erzählsammlung aus dem achtzehnten Jahrhundert finden kann:

»Ich mag keinen Spinat, und darüber bin ich ziemlich froh. Denn würde ich ihn mögen, äße ich ihn, und ich kann ihn nicht riechen!«

Das Aquarium

Um die Gefahren des logischen Geistes aufzuzeigen, erzählt man sich in Europa, daß ein Mann einem anderen Mann begegnet und ihn fragt:

»Hast du ein Aquarium zu Hause?«

»Ja.«

»Mit Fischen?«

»Natürlich.«

»Mit bunten Fischen?«

»Ja.«

»Mit Sand, Steinen und Algen?«

»Aber ja.«

»Und du betrachtest deine Fische gern?«

»Sehr gern.«

»Also liebst du die Natur?«

»Ja, natürlich.«

»Du liebst Tiere?«

»Ja, ja.«

»Du liebst Blumen, Bäume und Flüsse?«

»All das liebe ich.«

»Also liebst du auch das Leben?«

»Ja.«

»Liebst du die Liebe? Liebst du die Frauen?«

»Ja, ich liebe die Frauen.«

»Sehr gut.«

Die beiden Männer gehen auseinander. Einige Zeit später trifft der erste der beiden Männer, der die Fragen gestellt hat, einen anderen Freund und fragt ihn:

»Hast du ein Aquarium zu Hause?«

»Nein.«

»Also bist du Päderast?«

Das überflüssige Medikament

Eine andere europäische Geschichte stellt uns einen älteren Mann vor, der mit einer deutlich jüngeren Frau verheiratet ist. Eines Tages begibt sich der Mann zu einem Arzt und beklagt sich. Seine Kräfte lassen nach. Er kann seine Frau nicht mehr befriedigen und verlangt ein Stärkungsmittel. Der Arzt läßt sich erweichen und erklärt sich schließlich bereit, ihm eine Spritze zu verabreichen.

Der Mann kehrt mit starker Erektion nach Hause zurück. Unglücklicherweise ist seine Frau nicht da. Das Hausmädchen teilt ihm mit, daß sie für einige Zeit ausgegangen sei und nicht gesagt habe, wann sie zurückkehre.

In großer Verlegenheit über seinen Zustand und ratlos, wie er sich abreagieren soll, ruft der Mann den Arzt an.

»Die Spritze hat gut gewirkt«, sagt er. »Aber meine Frau ist nicht zu Hause! Es ist nur das Hausmädchen da.«

»Na«, sagt der Arzt, »dann schlafen Sie doch mit dem Hausmädchen!«

»Aber für das Hausmädchen«, antwortet der Mann sehr gereizt, »brauche ich kein Medikament!«

Das eingehaltene Versprechen

Der kleine Sohn von Nasreddin bekam eines Tages eine sehr gute Note von seinen Lehrern. Darüber war sein Vater hoch erfreut, so daß er sagte:

»Sag mir, was du dir wünschst, und du bekommst es.«

Das Kind war sehr gerührt, wußte aber, daß sein Vater ständig Geldsorgen hatte, und antwortete:

»Ich danke dir aus tiefstem Herzen. Kannst du mir bis morgen Zeit lassen? Ich muß nachdenken.«

»Sehr gut«, sagte Nasreddin. »Bis morgen.«

Am nächsten Morgen kam der Sohn zu seinem Vater und erbat einen kleinen Esel von ihm.

»Aber nein«, antwortete Nasreddin auf der Stelle. »Du bekommst keinen kleinen Esel.«

»Aber du hast doch versprochen, mir das zu geben, was ich will!«

»Und habe ich nicht Wort gehalten? Du hast um etwas Zeit gebeten, und ich habe sie dir gegeben!«

Der höchste Baum

In dieser Geschichte aus Vietnam spricht ein Reisender von den Wundern, die ihn verblüfft haben.

»In einem fernen Hafen«, sagt er, »habe ich ein Schiff gesehen. Das war so groß, daß ein Schiffsjunge, der vom Heck loslief, am Bug mit weißen Haaren ankam.«

Einer seiner Zuhörer sagt zu ihm:

»Das ist doch nichts Besonderes. In einem Wald nicht weit von hier steht ein Baum, der so hoch ist, daß ein Vogel zehn Jahre fliegen muß, um seinen Wipfel zu erreichen.«

»Das ist eine Lüge!« ruft der Reisende aus. »Einen so großen Baum gibt es nicht!«

»Ach«, sagt da der andere, »und woraus ist dann der Mast deines Schiffes gemacht?«

Der weinende Mann

Ein Mann, dessen Reichtum schon legendär war, ist gerade gestorben. Man bringt den Sarg mit einem großen Trauerzug zum Friedhof.

Dort steht schon ein Mann, der heftig weint.

»Warum weinen Sie?« fragt man ihn. »Gehören Sie zur Familie?«

»Nein. Ebendrum.«

Das Paradoxon mit den Gefangenen

1951 präsentierte ein englischer Mathematiker namens Merrill M. Flood dieses Paradoxon, das von Albert W. Tucker, einem Professor in Princeton, wiederaufgegriffen wurde.

Ein Polizist verhaftet zwei Personen, die verdächtigt werden, einen bewaffneten Raubüberfall begangen zu haben. Es gibt nicht genügend Beweise, daher ist ein Geständnis nötig. Der Polizist läßt die Verdächtigen nacheinander in sein Büro kommen und sagt folgendes zu ihnen:

»Wenn Sie gestehen, sind Sie frei, und Ihr Komplize bekommt zehn Jahre Gefängnis.«

»Und wenn der andere auch gesteht?«

»Dann bekommen Sie beide fünf Jahre Gefängnis.«

»Und wenn keiner gesteht?«

»Dann wäre der einzige Anklagepunkt unerlaubter Waffenbesitz. Ein Jahr Gefängnis.«

Die beiden Verdächtigen dürfen nachdenken, sich aber nicht absprechen. Was sollen sie tun?

Zunächst scheint es die beste Lösung zu sein, nicht zu gestehen und nur für ein Jahr ins Gefängnis zu gehen.

Doch vom Standpunkt des einzelnen aus ist die beste Lösung, zu gestehen, egal, was der andere macht. Denn wenn der Verdächtige A gesteht und B leugnet, dann ist A frei, was für ihn die beste Lösung ist. Wenn B auch gesteht, ist es für A auch besser, gestanden zu haben, weil er in diesem Fall nur fünf Jahre Gefängnis bekommt (anstelle von zehn für den Fall, daß er nicht gesteht).

Das gleiche gilt für den zweiten Verdächtigen.

Wenn also beide Verdächtigen so intelligent und rational vorgehen, dann gestehen sie beide – was ihnen eine schwerere Strafe einbringt, als wenn sie beide nicht gestanden hätten.

Die Aufteilung der Kamele

Überall gibt es solche ewigen Rätsel, selbst in der Arithmetik. Diese arabische Geschichte zeugt davon:

Ein Mann wollte sicherstellen, daß seine drei Söhne nach seinem Tod einen guten Ratgeber fänden.

Daher hinterließ er ihnen in seinem Testament siebzehn Kamele mit den folgenden, präzisen Anweisungen:

»Ich möchte, daß der älteste die Hälfte der Kamele, der zweite ein Drittel und der jüngste genau ein Neuntel der Kamele bekommt.«

Als die Söhne das Testament lasen, waren sie ratlos. Sie fragten ihre Freunde um Rat. Diese rieten ihnen, die Kamele zu verkaufen und das Geld nach den angegebenen Verhältnissen aufzuteilen. Ein anderer hielt das Testament für unerfüllbar und daher für wertlos.

Schließlich fanden sie einen besonnenen Mann, der zu ihnen sagte:

»Das ist doch ganz einfach. Ich werde euch ein Kamel leihen, das ihr zu euren siebzehn hinzunehmt. Dem ältesten gebt ihr die Hälfte von achtzehn Kamelen, also neun. Der zweite bekommt ein Drittel, also sechs. Und der jüngste bekommt ein Neuntel, das sind zwei. Insgesamt sind das siebzehn. Dann nehme ich mein Kamel zurück, und alles ist erledigt.«

So hatten die drei Söhne den besten Ratgeber gefunden. Es herrscht die Auffassung – doch sicher ist es nicht –, daß sie ihn lange bei sich behielten.

11

Die Gerechtigkeit ist unsere fragwürdige Erfindung

Der Richter und die beiden Kläger

Wenn es um die Gerechtigkeit geht, trifft man fast überall auf eine ganz bestimmte Geschichte, in alten Erzählungen aus Annam ebenso wie in der islamischen Tradition.

In der folgenden Version werden zwei aufgebrachte Kläger gezeigt, Ahmed und Lakhdar, die vor einem Kadi erscheinen, dem Beamten, der mit der Rechtssprechung beauftragt ist.

Lakhdar ergreift das Wort und sagt, während er mit dem Finger auf Ahmed zeigt:

»Mein Freund Ahmed hat mich verraten. Er hat sich in höchst schändlicher Weise betragen. Während meiner Abwesenheit ist er in mein Haus eingebrochen, hat mein Geld und meinen Esel gestohlen, meine Frau vergewaltigt und meinen Sohn blutig geschlagen. Kadi, du mußt mir Gerechtigkeit widerfahren lassen!«

Der Kadi sagt zu ihm:

»Du hast recht.«

Da tritt Ahmed vor und sagt sehr energisch:

»Aber keinesfalls! So hat sich das Ganze überhaupt nicht abgespielt! Ich bin zwar zu Lakhdar gegangen, das stimmt, aber der Esel gehörte mir, er hatte ihn sich ausgeliehen und wollte ihn nicht mehr zurückgeben! Dieses Geld gehörte ebenfalls mir, ich wollte es mir wiederholen! Und seine Frau habe ich nicht vergewaltigt, sie war es, die sich auf mich gestürzt hat, da sie immer zuwenig Liebe bekommt! Und als ich mich von ihr befreien wollte, hat ihr Sohn angefangen, mich zu schlagen. Ich habe mich verteidigt, so gut ich konnte, und bin mit leeren Händen wieder gegangen! Mir, Kadi, mußt du Gerechtigkeit widerfahren lassen!«

Der Kadi, welcher aufmerksam zugehört hatte, sagte zu ihm:

»Du hast recht.«

Da neigte der erste Gehilfe des Kadis, der hinter ihm stand, sich vor und sagte mit leiser Stimme zu ihm:

»Kadi, diese beiden Männer haben dir zwei vollkommen sich widersprechende Abläufe erzählt, und du hast beiden Recht gegeben! Das ist unmöglich!«

Da sagte der Kadi zu seinem Gehilfen:

»Du hast recht.«

In der japanischen Version, genauer: aus der Zentradition, zeigt uns diese Geschichte einen ehrwürdigen Meister in einem Kloster, der von einem Besucher zum anderen ging und einen fragte:

»Waren Sie schon einmal hier?«

»Nein.«

»Hier, eine Tasse Tee.«

Und den nächsten:

»Waren Sie schon einmal hier?«

»Ja.«

»Hier, eine Tasse Tee.«

Ein Schüler, der hinter ihm ging, fragte ihn:

»Wie kommt es denn, Meister, daß Sie jedem eine Tasse Tee anbieten, ganz gleich, wie die Antwort lautet?«

Der Meister wandte sich zum Schüler um und sagte:

»Hier, eine Tasse Tee.«

Mahosadhas Urteil

Die hochberühmte Geschichte vom Urteil Salomons, der wußte, wie man herausfand, welche von den beiden Frauen, die ein Kind für sich beanspruchten, die wahre Mutter war, wird in Indien etwas anders erzählt. Die falsche Mutter ist eine Art Vamp, die ein Kind entführt. Die wahre Mutter will es wiederhaben, und so finden sich die beiden Frauen vor der Hütte des Weisen Mahosadha ein.

Dieser weiß über den Streit Bescheid, zieht eine Linie auf dem Boden und legt das Kind darauf. Dann sagt er zu den beiden Frauen:

»Zieht das Kind mit aller Kraft zu euch. Es wird der gehören, die es auf ihre Seite ziehen kann.«

Die beiden Frauen beginnen zu ziehen, und das Kind fängt vor Schmerz an zu weinen. Da läßt die wahre Mutter das Kind los und läßt sich schluchzend auf den Boden fallen. Die Vorstellung, ihr Kind zu zerreißen und es zu töten, ist unerträglich für sie.

Da gibt Mahosadha, wie Salomon, ihr das Kind.

Der beste Mann

Immer noch in Indien, erzählt eine Geschichte von einer schwierigen Wahl zwischen drei Männern. Hier die genauen Fakten, wie sie überliefert worden sind.

Eine junge Frau aus Madanpur, schön an Körper und Seele, geht in einem Park spazieren. Dort begegnet sie einem jungen Mann, der sich sofort in sie verliebt, sie ungestüm bei der Hand nimmt und das zu ihr sagt, was man in diesem Fall immer sagt:

»Wenn du mich nicht lieben willst, dann kann ich nicht mehr weiterleben und bringe mich um.«

Die junge Frau, welche ein aufrichtiges Herz hat, glaubt ihm. Sie liebt ihn nicht (denn in fünf Tagen wird sie heiraten), aber sie möchte ihn nicht sterben sehen, denn der Tod ist das schlimmste, was einem passieren kann (glaubt sie). Sie diskutieren eine Weile heftig, der junge Mann bleibt bei seinen Beteuerungen, so daß die junge Frau, die Madanesa heißt, einen Schwur leistet:

»Ich werde in fünf Tagen heiraten. Direkt nach meiner Hochzeit komme ich zu dir und tue, was du wünschst. Danach kehre ich zu meinem Mann zurück.«

Fünf Tage später, nach der Hochzeit, erzählt die Braut ihrem Mann von ihrem Abenteuer und dem darauffolgenden Schwur. Sie diskutieren ebenfalls heftig, dann läßt sich der Mann überzeugen. Es gilt, das Leben des jungen Mannes zu retten. Also läßt er seine Frau zu ihm gehen.

Sie zieht sich schön an, parfümiert sich, wählt kostbaren Schmuck aus und bricht mitten in der Nacht auf. Auf dem Weg begegnet sie einem Dieb, den der funkelnde Schmuck anzieht.

»Wohin gehst du?« fragt er die junge Frau, die über ihre Begegnung erschrocken ist.

»Ich gehe zu meinem Geliebten.«

»Wer begleitet dich auf dem Weg?«

»Kama, der Gott der Liebe, begleitet mich. Nimm mir nicht meinen Schmuck weg. Ich gebe ihn dir auf dem Rückweg, das verspreche ich.«

Der Dieb läßt sie ziehen. Sie kommt zu dem jungen Mann, findet ihn schlafend vor und weckt ihn. Er wirkt verwirrt und scheint sie nicht wiederzuerkennen. Also ist sie gezwungen, ihn an ihre Begegnung zu erinnern, an seine plötzliche Liebe und ihr Versprechen.

»Heute habe ich geheiratet«, sagt sie schließlich. »Du kannst mit mir machen, was du willst.«

»Hast du deinem Mann alles erzählt?« fragt der junge Mann sehr erstaunt, denn er hat wirklich nicht erwartet, daß Madanesa ihr Versprechen hält.

»Ich habe ihm alles erzählt, und er hat mir erlaubt zu kommen.«

Der junge Mann denkt einen Moment lang nach und sagt dann zu der jungen Frau:

»All dies erinnert mich an Schmuck, den man ohne Kleider trägt. An Speisen ohne Butter, an ein Lied ohne Melodie. Ebenso, wie schmutzige Kleider die Schönheit beflecken und verdorbene Speisen die Kräfte des Körpers zersetzen, so kann eine mit Schuld behaftete Ehefrau das Leben eines Mannes gefährden oder ein schlechter Sohn seine Familie ruinieren. Eine Frau gibt nie alles von sich preis. Was sie wirklich sagen will, wird sie niemals enthüllen. Was sie tut, erzählt sie nicht. Für die Männer wird sie immer ein Objekt der Überraschung und Bewunderung sein.«

»Deine Worte verstehe ich nicht ganz«, sagt Madanesa. »Bedeuten sie, daß du mich nicht mehr willst?«

»Nicht dich will ich nicht«, sagt der junge Mann. »Die Frau eines anderen will ich nicht.«

Madanesa kehrt also nach Hause zurück. Auf dem Weg trifft sie den Dieb, der sich wundert, daß sie so schnell zurückkommt. Sie erzählt ihm von der Abweisung des jungen Mannes. Der Dieb heißt diese Abweisung gut und läßt Madanesa mit ihrem Schmuck ziehen.

Sie kommt zu ihrem Mann zurück. Auch ihm erzählt sie alles. Doch er zeigt keinerlei echte Liebe, keine echte Anerkennung, sondern sagt nur zu ihr:

»Die Schönheit eines Vogels ist sein Gesang. Die Schönheit einer Frau ist ihre Treue zum Ehemann. Die Schönheit eines häßlichen Mannes ist sein umfassendes Wissen. Die Schönheit eines Weisen ist der Schmerz, den er ergeben erduldet.«

Diese Geschichte wird dem König Birbal zugetragen, der sie sich aufmerksam anhört. Danach fragt der Zuträger ihn:

»Welchem der drei gebührt das größte Verdienst?«

Hier die Antwort des Königs:

»Als der Ehemann sah, daß das Herz seiner Frau einem anderen Mann versprochen war, hat er sie nicht zurückgehalten, sondern gehen lassen. Dadurch wurde sein eigenes Gefühl gemindert. Was den jungen Mann betrifft, der bereits die Frau vergessen hatte, für die er fünf Tage vorher sozusagen in Liebe entbrannt war, so wies er sie unter dem Vorwand der Moral zurück, doch in Wirklichkeit aus Furcht vor dem Ehemann und auch aus Furcht vor meiner Gerechtigkeit.«

Daher schloß der König:

»Was den Dieb betrifft, so sehe ich keinerlei Grund für ihn, sie ziehen zu lassen, ohne ihren Schmuck zu nehmen. Wirklich: keinerlei Grund. Daher ist der Dieb ein besserer Mann als die beiden anderen.«

Zwei Krokodilsgeschichten

Diese beiden, sehr ähnlichen Geschichten aus Afrika scheinen in Fragen der Gerechtigkeit eine Art Naturrecht zu vertreten, das mit dem Satz zusammengefaßt werden könnte: Man muß nehmen, was sich einem bietet.

Die erste der beiden Geschichten stammt aus der Mandingtradition. Sie zeigt uns ein Krokodil in der Nähe eines Flusses. In seinem Maul hielt es ein Kind gefangen.

Das Kind wehrte sich und rief:

»Laß mich gehen! Vergiß nicht, daß ich deinem Sohn den Weg zum Fluß gezeigt habe, als er sich im Wald verirrte. Laß mich in mein Dorf, zu meiner Familie zurückkehren!«

»Es ist zwecklos, zu schreien und zu zappeln«, quetschte das Krokodil zwischen seinen Zähnen hervor. »Ich habe nicht oft die Gelegenheit, ein Menschenkind zu verspeisen. Ich habe dich und laß dich nicht mehr los.«

Da tauchte ein Hase auf, der den lauten Wortwechsel gehört hatte, und schlug vor, den Schiedsrichter zu spielen. Beide willigten ein.

Das Kind begann:

»Ich hütete meine Schafe im Wald, als ich dem Sohn des Krokodils begegnete, der sich verirrt hatte. Ich nahm ihn und brachte ihn bis zum Fluß. Doch sein scheinheiliger Vater, den du hier siehst, bat mich, noch ein wenig weiter ins Wasser zu kommen, damit sein Sohn besser schwimmen könne. Das nutzte er, um mich mit seinem gräßlichen Maul zu packen.«

»Und du?« fragte der Hase das Krokodil. »Was hast du dazu zu sagen?«

»Der kleine Mensch hat die Wahrheit gesagt«, antwortete das Krokodil, »er hat die ganze Wahrheit gesagt, die Wahrheit, die so weiß ist wie das Maul eines Esels. Doch ich sage: Wenn man etwas vor der Nase hat, muß man zupacken. Warum sollte man sich eine Beute entgehen lassen, die man nachher doch jagt? Ich behalte dieses Kind für meine nächste Mahlzeit.«

»Du hast sehr gut gesprochen«, sagte der Hase. »Doch ich brauche Zeugen, um mein Urteil zu sprechen. Bleibt hier, bewegt euch nicht, ich komme gleich zurück.«

Der Hase lief zum Dorf, um Zeugen zu holen. Das ganze Dorf folgte ihm bis zum Fluß. Unter einem Baum rief der Hase die beiden Kläger auf. Das Krokodil stellte sich auf die Seite des Dorfs und ließ das Kind auf der Seite des Flusses, um ihm den Weg zu versperren.

Auf die Bitte des Hasen hin erzählten Kind und Krokodil noch einmal ihre Geschichte. Um sich gegen den Vorwurf der Undankbarkeit zu verteidigen, griff das Krokodil noch einmal auf seine Argumente zurück und sagte:

»Warum auf die Jagd gehen, wenn man seine Beute schon vor der Nase hat? Man muß nehmen, was sich einem bietet, ohne zu zögern.«

Da fragte der Hase die Einwohner des Dorfs:

»Braucht ihr kein Fleisch?«

»O doch!«

»Worauf wartet ihr also noch, warum packt ihr nicht das Krokodil, das vor eurer Nase ist?«

Ohne zu warten, stürzten sich die Einwohner des Dorfes auf das Krokodil, schlugen es tot und zerlegten es.

Die Geschichte endet – seltsamerweise – mit der Bemerkung, daß das Kind, welches sich ein wenig abseits gehalten hatte, während die Leute das Krokodilfleisch unter sich aufteilten, von einem hungrigen Hund angefallen und zerfleischt wurde.

In Mali wird diese Geschichte etwas anders erzählt, gleichzeitig weniger brutal und weitaus komplexer.

Ein Jäger findet ein Krokodil, das sich auf eine Hochebene verirrt hat, schneidet Äste von einem Baum, um eine Trage zu bauen und trägt das Krokodil zu Fluß zurück. Das Tier bittet ihn, ziemlich weit in den Fluß zu gehen und packt ihn dann an den Beinen.

»Töte mich nicht«, ruft der Mann. »Warte noch!«

Der Mann ruft eine Kuh und bittet sie um ihren Schiedsspruch. Doch diese Kuh, die früher gut mit Kleie und Salz genährt wurde, so daß sie kalben konnte, ist mittlerweile unfruchtbar und vernachlässigt. Der Mann gibt ihr nur noch trockenes Stroh zum Fressen. So weist sie sein Flehen zurück.

»Ja«, sagt sie, »das Krokodil hat recht. Der Mensch ist undankbar. Ich gehe.«

Und sie geht.

Da taucht ein altes Pferd auf. Auch dieses Tier bekam aus der Hand des Königs nur beste Hirse zu fressen, als es im Vollbesitz seiner Kräfte war. Doch nun, alt, schwach und unnütz, bekommt es nur noch von Zeit zu Zeit etwas trockenes Stroh.

Auch das Pferd weigert sich, dem Mensch zu Hilfe zu kommen, der im Maul des Krokodils gefangen ist.

»Das Krokodil hat recht«, sagt es. »Der Mensch ist undankbar.«

Und es geht.

Der bedrohte Jäger sagt zum Krokodil:

»Warte! Warte noch etwas, ich bitte dich!«

Da taucht der Hase auf, dem der Jäger von seiner beklagenswerten Lage erzählt.

»Ich höre euch nicht«, sagt der Hase. »Ihr seid zu weit weg. Kommt ans Ufer und erklärt mir alles!«

Das Krokodil nähert sich, und der Mann erklärt dem Hasen, was geschehen ist. Er bittet den Hasen um sein Urteil.

»Ich kann hier absolut nicht Recht sprechen«, sagt der Hase. »Wir müssen dorthin gehen, wo sich die Dinge zugetragen haben!«

»Aber dieser Mensch ist meine Beute!« sagt das Krokodil. »Eines unserer alten Gesetze sagt: Fang, was vorbeikommt! Nimm das, was vor deiner Nase ist.«

»Ich kenne dieses Gesetz«, sagt der Hase, »doch wenn ihr wollt, daß ich Recht sprechen soll, dann müssen wir dorthin, wo ihr euch begegnet seid.«

Sie machen sich auf den Weg. Da das Krokodil Mühe

hat, sich auf festem Grund zu bewegen, bittet der Hase den Menschen, das Krokodil auf die Trage zu legen, es gut festzuschnallen und auf seinem Kopf zu tragen.

So gehen sie alle drei durch den Busch.

Auf dem Weg fragt der Hase den Menschen:

»Sag mal, ißt dein Vater kein Krokodil?«

»Doch, das tut er.«

»Und deine Mutter? Ißt sie kein Krokodil?«

»Doch, das tut sie.«

»Du hast doch Krokodilsfleisch in deinen Händen! Dort ist es, auf deinem Kopf, vor deiner Nase! Worauf wartest du noch?«

Der Jäger tötet also das Krokodil, zerlegt es und dankt dem Hasen.

Dann kehrt er in sein Dorf zurück, mit dem Krokodilsfleisch auf seinem Kopf. Der Hase begleitet ihn.

Als sie schon in der Nähe des Dorfes sind, sagt der Jäger zum Hasen:

»Versteck dich und warte hier. Ich komme zurück und bringe dir deinen Anteil der Beute.«

»Gut«, sagt der Hase.

Der Hase versteckt sich. Der Jäger kommt ins Dorf, stellt das Fleisch ab und ruft seinen Hund.

»Wo ist mein Hund?«

Der Hund läuft herbei. Der Jäger zeigt ihm die Stelle, wo der Hase sich versteckt hat.

»Dort ist ein Hase. Fang ihn! Schnell!«

Glücklicherweise ist der Hase von Natur aus mißtrauisch. Er hat sich schon gedacht, daß der Jäger seinen Hund schicken wird. Als er ihn von weitem bellen hört, flieht er rasch in den Busch und sagt bei sich:

»Der Mensch ist undankbar.«

Der Richter und die Kartoffeln

Die folgende Geschichte wurde in den sechziger Jahren dieses Jahrhunderts in deutschen Justizkreisen erzählt. Sie ist jedoch zweifellos älteren Ursprungs.

Ein Richter macht bei einem seiner Vettern, einem Bauer, Ferien. Am dritten Tag spürt der Richter einen Anflug von Langeweile, und da er sieht, daß sein Vetter sehr viel Arbeit hat, bietet er ihm seine Hilfe an.

»Was kannst du denn?« fragt der Bauer ihn.

Der Richter denkt einen Moment lang nach und kann darauf keine befriedigende Antwort geben. Da denkt der Bauer seinerseits nach und findet eine leichte Tätigkeit. Er führt den Richter in eine Scheune, in der der Boden vollkommen mit frisch geernteten Kartoffeln bedeckt ist.

»Das hier wäre etwas für dich«, sagt er. »Du kannst diese Kartoffeln in drei Kategorien einteilen, in große, kleine und mittlere. Bis heute abend.«

Der Bauer geht und arbeitet den ganzen Tag auf den Feldern. Als es schon fast dunkel ist, kehrt er zurück, öffnet die Tür zur Scheune und sieht, daß die Kartoffeln noch genauso daliegen, wie er sie am Morgen zurückgelassen hat.

Der Richter steht niedergeschlagen, mit schweißbedecktem Gesicht und zerrauften Haaren mitten in der Scheune. Mit einer Hand umklammert er eine Kartoffel.

»Was ist passiert?« fragt der Bauer.

Der Richter streckt ihm die Kartoffel entgegen und fragt ihn mit gebrochener Stimme:

»Ist das eine große, eine mittlere oder eine kleine?«

Der Falke und die Taube

Eine der erbarmungslosesten und hermetischsten Geschichten, die die Prinzipien der Gerechtigkeit ins Spiel bringen, ist in Indien erzählt worden. Wie viele andere ist sie im Mahâbhârata zu finden.

Es war einmal ein sehr gerechter König. Einige behaupteten sogar, er sei der gerechteste Mensch der Erde. Eines Tages ließ sich eine Taube auf seinem Schenkel nieder und bat um seinen Schutz. Der König versprach ihr diesen Schutz.

In diesem Augenblick setzte sich ein Falke auf einen Ast in der Nähe und sagte zum König:

»Diese Taube gehört mir. Ich habe sie bis hierher gejagt. Gib sie mir.«

»Nein«, sagte der König. »Man liefert nicht ein verängstigtes Tier seinem Feind aus.«

»Warum sprichst du von Feind? Kennst du nicht die wahre Ordnung der Dinge? Alle Gerechten der Erde sagen, daß nur du allein den Namen eines Gerechten verdienst. Warum also stellst du dich der Gerechtigkeit entgegen?«

»Welcher Gerechtigkeit?« fragte der König und beruhigte mit der Hand die Taube, die vor Angst auf seinem Bein zitterte.

»Diese Taube«, antwortete der Falke mit Bestimmtheit, »muß meinen quälenden Hunger stillen. Du mußt sie mir geben.«

»Sie hat mir ihr Leben anvertraut. Sieh nur, wie sie zittert. Ich kann sie nicht preisgeben.«

»Nur durch Nahrung ist Leben möglich«, entgegnete der Falke. »Ohne Nahrung kein Leben. Ich sage dir: Seit Anbeginn der Zeit und durch die ordnungsgemäße Abfolge der Dinge ist diese Taube dazu bestimmt, heute meine Nahrung zu sein. Seit Anbeginn der Welt lebe ich heute durch diese Taube. Gib sie mir.«

Der König, der den Ausführungen des Raubvogels aufmerksam zugehört hatte, sagte entschlossen zu ihr:

»Nein. Mein Wort ist in diesem Augenblick stärker als das Schicksal. Es ist stärker als die Ordnung der Welt, das *Dharma*.«

Der Falke schlug einen anderen, vertraulicheren, fast sogar rührseligen Ton an. Er sagte folgendes:

»Wenn ich keine Nahrung finde, muß ich meine Seele aushauchen. Mit mir gehen meine Gefährtin und meine Jungen zugrunde, die keinen anderen Ernährer haben, während diese Taube, das solltest du wissen, ohne Familie ist. Mehrere Leben gegen ein Leben! Die Gerechtigkeit, welche die Gerechtigkeit zerstört, ist eine falsche, eine grausame Gerechtigkeit.«

»Vogel, was du sagst, ist voller Sinn. Doch wie kann die Preisgabe eines Lebewesens, das Hilfe braucht, wie kann dir eine solche Handlung gut erscheinen? Friß etwas anderes! Einen Stier, ein Wildschwein, eine Gazelle!«

»Falken fressen keine Wildschweine. Falken fressen Tauben. Das ist ein ewiges Gesetz.«

»Ich gebe dir, was du willst!« rief der König aus. »Ich lasse dir ein Schaf bringen! Einen ganzen Ochsen! Ich gebe dir mein ganzes Königreich, aber nicht diese Taube.«

Der Falke schwieg einen Moment, dann sagte er mit versöhnlicherer Stimme:

»Ich würde nur eines akzeptieren.«

»Dann sag es mir.«

»Wenn du diese Taube so ins Herz geschlossen hast, schneide dir ein Stück Fleisch aus deinem rechten Schenkel, das genauso viel wiegt wie die Taube, und gib es mir.«

»Bringt mir eine Waage und ein Messer!« befahl der König, ohne zu zögern.

Man brachte eine genaue Waage und ein scharfes Messer herbei. Man setzte die zitternde Taube auf die eine Waagschale. Dann nahm der König das Messer, schnitt sich ein großes Stück Fleisch aus dem Schenkel und legte es auf die andere Waagschale. Doch die Waage senkte sich auf der Seite der Taube. Der Vogel wog mehr als das Fleisch des Königs. Der König schnitt sich noch ein Stück aus seinem Bein und warf es neben das erste auf die Waage, dann noch eins, dann noch eins, doch die Waage bewegte sich nicht. Die Taube wog mehr als all das abgeschnittene Fleisch. Der König gab nicht auf. Er schnitt sich das ganze Fleisch vom Bein. Am Ende, als er nur noch ein blutendes Gerippe war, schwang er sich auf die Waagschale, doch sie bewegte sich immer noch nicht. Der Körper der Taube war schwerer als der des Königs.

Da sagte der Falke zum König:

»Wir, die Taube und ich, sind hierhergekommen, um dich kennenzulernen, dich, den man als gerechtesten Menschen der Welt bezeichnet.«

Und die Vögel flogen gemeinsam davon.

Ein scharfsinniger Richter

In den Volksgeschichten gibt es zahlreiche Beispiele von listigen und scharfsinnigen Richtern, die durch Klugheit den wahren Schuldigen entlarven.

Einer dieser Richter war Chinese.

Eines Tages wurde ein reicher Kaufmann, der sich gerade mit seinen Waren einschiffen wollte, vom Kapitän des Schiffes umgebracht, der all die Güter des Kaufmanns an sich nahm und sie im eigenen Haus versteckte. Die Leiche des Kaufmanns aber versenkte er.

Niemand war bei dem Verbrechen dabei gewesen. Um sich ein perfektes Alibi zu verschaffen, ging der Kapitän zum Haus des Kaufmanns und fragte dessen Frau, warum ihr Mann noch nicht zum Schiff gekommen sei, denn es war Zeit auszulaufen.

Die Frau schickte ihre Diener überallhin, doch keiner konnte eine Spur vom verschwundenen Ehemann entdecken.

Man rief den Richter, der sich die Angelegenheit erklären ließ und die Frau bat, sich den genauen Wortlaut des Kapitäns ins Gedächtnis zu rufen, als er gekommen war, um sich nach ihrem Mann, dem Kaufmann, zu erkundigen.

»Mein Mann war schon eine ganze Weile weg«, antwortete die Frau, »da kam dieser Mann und rief mir zu: »Gnädige Frau! Warum ist Ihr Mann noch nicht gekommen?«

»Da haben wir's«, sagte der Richter. »Er ist der Schuldige.«

Er ließ den Kapitän rufen und klagte ihn an:

»Warum hast du die Frau des Kaufmanns gerufen und nicht den Kaufmann selbst? Doch nur, weil du wußtest, daß er nicht zu Hause war!«

Die Tänzerin und der Spiegel

Eine schöne, arabische Tänzerin, die für ihre Zügellosigkeit bekannt war, sprach eines Morgens im April einen reichen Kaufmann an und sagte zu ihm:

»Letzte Nacht träumte ich, du hättest in meinen Armen gelegen. Und daraus großes Vergnügen gewonnen. Also schuldest du mir zwei Golddinar.«

Der Kaufmann weigerte sich erbittert, zu bezahlen. Die Tänzerin führte ihn vor den Kadi, der sich die Angelegenheit vortragen ließ und schließlich zum Kaufmann sagte:

»Hole mir zwei Golddinar und einen Spiegel.«

Als der Kaufmann zurückkam, legte der Kadi die beiden Golddinar vor den Spiegel und sagte zu der Frau:

»Sieh dir das Bild der beiden Goldstücke im Spiegel an. Damit bist du bezahlt.«

Der Preis eines Dufts

Dieselbe Struktur findet sich in einer persischen oder türkischen Anekdote wieder.

Ein bettelarmer Mann, der nur ein Stück Brot in seiner Hand hatte, näherte sich einem Küchenfenster und hielt dieses Stück Brot lange in den köstlichen Duft, der den Öfen entstieg. Dann aß er es.

Der Koch aber hatte dies beobachtet, ließ ihn von zwei Küchenjungen ergreifen und verlangte von ihm, den Duft zu bezahlen. Da der Arme nicht bezahlen konnte, wollte man ihn schon mißhandeln, doch da sagte er:

»Hat einer von euch eine Münze? Dann soll er sie mir einen Augenblick leihen.«

Man gab ihm die Münze. Er warf sie auf die Fliesen und sagte zum Koch:

»Hör dir dieses Geräusch an. Damit bist du bezahlt.«

Die Diebin und der Buddha

Eine anderes Freudenmädchen erscheint in einer buddhistischen Geschichte.

Nicht weit von Benares veranstalteten etwa dreißig junge Prinzen ein Picknick. Einer der Prinzen war nicht verheiratet und brachte ein Freudenmädchen zum Picknick mit. Doch das Mädchen nutzte einen Augenblick, in dem sich die Gesellschaft zerstreute, und stahl einige Wertsachen, worauf es verschwand.

Die Prinzen setzten ihm nach. Sie begegneten Buddha, der unter einem Baum saß, und fragten nach dem Mädchen.

»Hast du nicht eine junge Frau gesehen?«

»Warum sucht ihr sie?« fragte Buddha.

Sie erzählten ihm von dem Diebstahl. Da fragte Buddha sie:

»Was ist eurer Meinung nach mehr wert? Eine Frau zu suchen oder euch selbst zu suchen?«

Da setzten sie sich um ihn herum und ließen sich bis zum Ende des Tages von ihm unterweisen. Und vergaßen das Freudenmädchen.

Der Prophet und der Flüchtling

Eine Anekdote mit derselben Struktur bringt den Propheten Mohammed ins Spiel.

Ein Mann, der von anderen, blutrünstigen Männern verfolgt wurde, kam zum Propheten und bat ihn um seine Hilfe:

»Diese Männer wollen mein Blut. Schütze mich.«

Der Prophet behielt die Ruhe und sagte zu ihm:

»Flieh nur immer weiter geradeaus. Ich kümmere mich um deine Verfolger.«

Kaum hatte sich der Mann davongemacht, stand der Prophet auf und wechselte seinen Platz. Er setzte sich mit Blick in eine andere Himmelsrichtung. Die Männer im Blutrausch kamen herbeigerannt, beschrieben ihm – da sie wußten, daß der Prophet nur die Wahrheit sagen konnte – das Aussehen des Mannes, den sie verfolgten, und fragten ihn, ob er ihn gesehen hätte.

Der Prophet sammelte sich einen Moment und antwortete:

»Ich spreche im Namen desjenigen, der meine sterbliche Seele in seiner Hand hält: Seit ich hier sitze, habe ich niemanden vorbeilaufen sehen.«

Da schlugen die Verfolger einen anderen Weg ein, und das Leben des Flüchtlings war gerettet.

Die diebische Erde

Ein anderes schönes Beispiel kommt aus Afrika:

Ein Mann ging auf eine Reise. Bevor er aufbrach, vergrub er einige Goldstücke, die ihm gehörten, am Fuße eines Baumes. Sein Schwager, der Bruder seiner ersten Frau, hatte dies heimlich beobachtet und nutzte seine Abwesenheit, um die Goldstücke zu stehlen.

Bei seiner Rückkehr suchte der Mann vergebens nach den Goldstücken und fing an zu klagen.

»Die Erde hat dein Gold gestohlen«, sagte sein Schwager zu ihm. »Du mußt die Erde verklagen.«

Der Mann, der für seine Naivität bekannt war, rief die Justiz seines Dorfes zusammen, die sich um den Baum herum versammelte. Der Richter, ein sehr alter und scharfsinniger Mann, ließ sich die ganze Angelegenheit von dem Mann und dem Schwager erzählen. Dann sagte er:

»Es ist gut. Wir werden die Erde befragen.«

Und er wandte sich zur Erde und sagte:

»Hast du das Gold dieses Mannes gestohlen?«

Alle Einwohner des Dorfes, die den Baum umringten, spitzten die Ohren, doch die Erde antwortete nicht.

Der alte Richter wiederholte seine Frage:

»Erde, ich frage dich: Hast du das Gold dieses Mannes gestohlen?«

Die Erde schwieg weiter.

Da sagte der alte Richter:

»Niemand wußte, wo das Gold versteckt war. Der Schwager hat recht. Nur die Erde kann die Schuldige sein. Bringt eine Peitsche herbei, um sie zum Sprechen zu bringen.«

Man brachte eine Peitsche, und auf Befehl des Richters begann der kräftigste Mann des Dorfes die Erde auszupeitschen. Doch die Erde schwieg weiter.

»Dann schlage man ihr Nägel ins Fleisch!« sagte der Richter. »Dann durchbohre man sie! Man verbrenne sie! Letzten Endes wird sie gestehen!«

Man brachte Nägel herbei, die man in die Erde schlug, man zündete Feuer rund um den Baum an, doch die Erde weigerte sich zu sprechen.

»Ich verstehe nicht«, sagte da der Richter, »wie sie all unseren Behandlungen widerstehen kann. Vielleicht ist sie nicht schuldig?«

»Doch, ich bin sicher, sie ist schuldig!« rief der Schwager. »Wer sonst hätte das Gold nehmen können?«

Da sagte der alte Richter, der von Anfang an den Schwager in Verdacht gehabt hatte:

»Wenn sie schuldig ist, müssen wir einen Beweis dafür haben. Ich sehe, daß du einen Goldring an deinem Finger trägst. Steck deine Hand dort in die Erde, wo das Gold versteckt war, dann warten wir ab bis morgen. Wir werden ja sehen, ob die Erde dir deinen Ring stiehlt.«

Der Schwager konnte sich diesem Beweis nicht verweigern. Er ließ also die Männer des Dorfes ein kleines Loch graben, in das er seine Hand mit dem Ring legte. Dann setzte er sich auf den Boden. Die Einwohner des Dorfes bedeckten seine Hand wieder mit Erde und ließen ihn die ganze Nacht allein. Er hörte, wie die Hyänen im Busch heulten und wie die Insekten unergründlich hin und her wimmelten. Schließlich schlief er ein.

Als er erwachte, sah er das ganze Dorf mit dem Richter in der Mitte auf ihn zukommen. Der Richter kniete sich bei der Stelle auf den Boden, wo die Hand vergraben war, untersuchte sorgfältig den Boden und das Gras, stand dann wieder auf und sagte zum Schwager:

»Du hattest recht. Wie mir scheint, hat die Erde wirklich deinen Ring gestohlen.«

»Woran siehst du das?« sagte der Verdächtige.

»Ich sehe es daran, daß du eine Hand verloren hast«, sagte der alte Richter. »Da die Erde den Ring nicht von deinem Finger ziehen konnte, hat sie deine ganze Hand entfernt.«

»Die Erde hat meine Hand entfernt?«

»Ja«, sagte der alte Mann. »Und ich werde dir den Beweis liefern. Bringt mir ein scharfes Schwert!«

Man brachte ihm ein scharfes Schwert, das in der Morgensonne funkelte. Der alte Richter umschloß es fest mit seinen Händen und sagte zum Schwager, bei dem er stand:

»In meiner Jugend habe ich geschickt das Schwert geführt. Alle hier werden dir das bestätigen. Und trotz der Gebrechen des Alters ist mir davon noch einiges geblieben. Sieh also, was ich tun werde. Ich werde mit diesem Schwert unmittelbar am Boden entlangfahren. Doch da dein Handgelenk bereits abgeschnitten ist, denn deine Hand wurde dir ja im Schlaf von der Erde gestohlen, wird die Klinge meines Schwerts nur Luft durchtrennen, und du wirst nichts davon spüren. Bist du bereit?«

»Halt ein!« rief der Schwager, als er sah, wie der Mann seine Waffe hob.

Als er das sagte, zog er seine Hand aus der Erde und hielt sie vor sich, als wollte er sich schützen. Alle Umstehenden sahen deutlich, daß sich der Ring immer noch an seinem Finger befand, und begannen zu lachen.

Darauf gestand der Mann, der immer noch vor Entsetzen zitterte, seinen Diebstahl und gab dem Mann seiner Schwester das Gold zurück.

Und der alte Mann sagte zu den Einwohnern des Dorfes, bevor sie auf ihre Felder gingen:

»Eines Tages werden wir alle in der Erde liegen, so wie das Gold dieses Mannes. Doch wir werden nicht mehr hinauskommen. Werden wir dann sagen, daß die Erde uns gestohlen hat? Die Erde kann nichts stehlen, denn alles kommt von ihr. Die Menschen bestehlen einander bis zu dem Tag, da die Erde, zu der alles zurückkehrt, den Dieb, den Bestohlenen und das Gestohlene nicht mehr unterscheiden kann.«

Die Erklärung

Was das Wesen der Gerechtigkeit angeht, hier eine jüdische Geschichte, die sich diesem heiklen Thema nähert.

Ein Mann, der die Bedeutung des Wortes ›Judaismus‹ erfahren wollte, befragte einen Rabbi.

»Um dir das zu erklären, bräuchte ich vierzig Jahre«, sagte der Rabbi.

Der Mann wirkte entmutigt. Da sagte der Rabbi zu ihm:

»Aber ich kenne einen anderen Rabbi, der es dir vielleicht in fünf Minuten erklären könnte.«

Der Mann nahm die Adresse des zweiten Rabbis und stellte diesem dieselbe Frage. Der zweite Rabbi dachte ziemlich lange nach und sagte dann:

»Der Judaismus ist die Gerechtigkeit für alle.«

»Und was heißt das: Gerechtigkeit für alle?« fragte der Mann.

Da sagte der Rabbi: »Um dir das zu erklären, bräuchte ich vierzig Jahre.«

Die halbe Decke

Die wahre Gerechtigkeit wird manchmal aus einem Mund verkündet, der nicht einem Richter gehört. Dies erzählt eine alte irische Geschichte.

In einem armen Haus lebte ein Mann mit seiner Frau, seinem Vater und seinem Sohn, der noch ein Baby in der Wiege war. Der alte Vater war zu nichts mehr nütze. Er war zu schwach, um zu arbeiten. Er aß nur und saß pfeiferauchend vor der Tür. Da beschloß der Mann, ihn aus dem Haus zu jagen, ihn den Wechselfällen der Straße zu überlassen, wie man es manchmal in sehr harten Zeiten mit unnützen Essern macht.

Seine Frau versuchte, sich für den alten Mann einzusetzen, doch vergeblich.

»Gib ihm wenigstens eine Decke«, sagte sie.

»Nein. Ich gebe ihm eine halbe Decke. Das genügt.«

Die Frau bettelte und flehte. Schließlich ließ er sich überreden, ihm die ganze Decke zu geben. In dem Moment, da der alte Mann sich anschickte, weinend das Haus zu verlassen, hörte man plötzlich die Stimme des

Säuglings in der Wiege. Und der Säugling sagte zu seinem Vater:

»Nein! Gib ihm nicht die ganze Decke! Gib ihm nur die halbe!«

»Warum?« fragte der verblüffte Vater und ging zur Wiege.

»Weil«, antwortete der Säugling, »ich die andere Hälfte brauche, wenn ich dich eines Tages aus dem Haus jage.«

12

Die Macht ist vergänglich,
also unsicher, also unbeständig,
also unzusammenhängend,
also umstritten,
also vergänglich

Der Barbier und der Kaiser

Die Macht ist zuallererst willkürlich, unsicher und notwendigerweise grausam, wie es diese erste, chinesische Geschichte zeigt.

Die Dinge entwickelten sich schlecht für den Kaiser von China. An den Grenzen wurden seine Armeen zurückgeworfen. Die Generäle erhoben sich gegen ihn. Korrupte Minister zettelten gefährliche Intrigen an. Die Kassen waren leer. Das Land wurde schlecht bewirtschaftet. Und die Astrologen aus allen Provinzen sagten eine unbeschreibliche Katastrophe voraus.

Nach der Denkweise der chinesischen Macht mußte der Kaiser sich das Leben nehmen, da dies die einzige Möglichkeit war, ein schreckliches Schicksal abzuwenden. Doch dieser Kaiser, dem der Gedanke an Tod fremd war, hatte eine zu schwache Seele, um auf diese Weise gegen das Schicksal anzukämpfen. Getrieben von seinen Frauen, seinen Kindern und seinen überzeugendsten Ratgebern, sagte er daher zu seinem Barbier, als er mit ihm allein war:

»Ich werde dir einen Befehl geben. Hör gut zu. An einem der nächsten Tage wirst du mir, während du mich rasierst, mit einem einzigen Schnitt deines großen Rasiermessers die Kehle durchschneiden. Ich weiß, wie geschickt du bist. Geh so rasch wie möglich vor. Ich stelle nur eine Bedingung: Keine Vorwarnung. Sag mir nicht: Heute ist es soweit. Schneid mir die Kehle durch, und laß mich bis zuletzt ahnungslos.«

Der Barbier, ein betagter und schweigsamer Mann, der jeden Morgen eine Weile allein in der Gesellschaft des Kaisers zubrachte – er kümmerte sich auch um dessen Haare und Nägel –, neigte ohne ein Wort den Kopf und zeigte so, daß er den Befehl seines Herrschers verstanden hatte. Dann begann er mit der Toilette des Kaisers, kämmte seine Haare und seine Augenbrauen. Er gab auf seine Wangen und seinen Hals eine entspannende Creme, bevor er mit dem kleinen Rasiermesser unter der Nase und um den Mund herum begann.

Als er das große Rasiermesser nahm, um es an einem Lederriemen zu schärfen, legte der Kaiser beide Hände auf die Lehnen seines Armstuhls. Und als das Rasiermesser sich seiner Kehle näherte, verkrampfte der Kaiser die Hände und hörte, wie sich seine Atmung beschleunigte. Das Rasiermesser vollzog akkurat einige Hinundherbewegungen auf seinem Gesicht. Dann beruhigte ein warmes, feuchtes und duftendes Handtuch seine Haut. Einen Moment später nahm der Barbier das Handtuch ab, kämmte noch einmal schnell über und verneigte sich schweigend vor dem Monarchen. Für diesen Morgen war das alles.

Der Kaiser machte sich wieder an seine Staatsgeschäfte. Man teilte ihm mit, daß eine reiche Provinz sich im Westen abgespalten hatte und sechs seiner Frauen während der Nacht geflohen waren. Vier Steuereintreiber waren an der Küste hingerichtet worden. Auf den Hochebenen wurde die Hungersnot schlimmer.

Der Kaiser verbrachte einen schmerzlichen Tag und übersprang seine vierte Mahlzeit.

Am nächsten Tag, nach einer von unruhigen Träumen durchsetzten Nacht, stellte der Kaiser sich seinem Barbier und nahm auf dem goldenen Armstuhl Platz. Als das große Rasiermesser, das aussah wie eine mächtige, schwarze Sense, zu seiner mit Creme bedeckten Kehle vordrang, verkrampfte der Kaiser die Handgelenke und sogar die Knie. Er hörte auf zu atmen. Er schloß die Augen. Er fühlte, wie ihm ein paar Schweißtropfen den Rücken hinunterrannen.

Danach beruhigte ein duftendes Handtuch sein Gesicht und sein Herz.

Der Kaiser kleidete sich an und ging in den Regierungstrakt. Man verkündete ihm, daß plündernde Horden auf die alte Hauptstadt zustürmten. Der Khan der Mongolei, der bis zu diesem Zeitpunkt sein Freund gewesen war, sandte ihm einen zerbrochenen Bogen, das Zeichen einer unwiderruflichen Kriegserklärung. In der Nacht hatten Unbekannte mehrere seiner Leibdiener getötet.

Nach einem wahren Unglückstag begab sich der Kaiser, gequält von der Meute der Astrologen und Priester, die seine Frauen und die Kinder seiner Frauen angestachtelt hatten, nach einer leichten Mahlzeit zu Bett und schlief, so gut es eben ging.

Am Morgen verbeugte sich wie gewöhnlich der Barbier vor seinem Herrscher und begann mit seiner täglichen Pflicht. Wasser, Creme, kleines Rasiermesser, großes Rasiermesser. Die Prüfung mit dem großen Rasiermesser war an diesem Morgen fast unerträglich. Der Kaiser spürte im Innern seines Körpers nie gekannte Bewegungen, die aus der Angst und Ungewißheit geboren waren.

Er atmete erst wieder, als sich das duftende Handtuch über sein Gesicht senkte. Der Barbier ordnete, wie stets schweigend, seine Instrumente, verbeugte sich und verschwand.

Der Kaiser empfing die Minister, die ihm offenbar noch treu geblieben waren. Schon seit der Morgendämmerung hatten sich drohende Vorzeichen, schwankende Festungen, dunkle, mit Pfeilen durchbohrte Vögel und flüchtige, lachende Dämonen in den Wolken gezeigt. Man teilte ihm Fälle von Fahnenflucht selbst in den Reihen der kaiserlichen Garde mit. Von der Höhe des mächtigsten Turms aus konnte man die Spähtrupps feindlicher Armeen sehen, die sich darauf vorbereiteten, die Stadt einzukesseln. Überall brannte die Ernte. Einige Flüsse führten roten, nach Schwefel riechenden Schlamm mit sich.

Der Kaiser aß an diesem Tag sehr wenig. In der Nacht konnte er nur stundenweise schlafen.

Als der Morgen graute, ließ er den Chef seiner Garden rufen – einen Mann, der ihm alles verdankte – und sagte mit fester Stimme zu ihm:

»Mein Barbier muß exekutiert werden. Und zwar schnell.«

Die politische Wissenschaft

Eine andere chinesische Geschichte zeigt uns eine Variante zum selben Thema.

Ein junger König übte mit größter Strenge seine Macht aus. Er hielt die Rechtsprechung in Händen, spracht die Urteile selbst und wachte darüber, daß diese schnell und ohne Erbarmen ausgeführt wurden.

Doch wurde die Lage nicht besser. Er fühlte, wie seine Autorität immer mehr schwand.

Eines Tages ließ er seinen Premierminister rufen und sagte zu ihm:

»Ich habe eine Menge Leute hinrichten lassen, und doch fürchtet mich niemand. Wie erklärst du dir das?«

»Das ist ganz einfach«, antwortete der Minister. »Du mußt das Geheimnis der Autorität lernen. All die, die du hast hinrichten lassen, waren kriminell und schuldig. Daher haben die anderen keinen Grund, dich zu fürchten. Wenn du wirklich gefürchtet werden willst, mußt du auch Unschuldige hinrichten.«

Der König nickte mit dem Kopf. Er hatte verstanden.

Zwei Tage später ließ er seinen Premierminister hinrichten.

Der Mann, der zum falschen Zeitpunkt kam

Da die Macht aus der Willkür geboren ist, muß sie manchmal mit dem Schicksal ihr Spiel treiben. Eine sufistische Geschichte erzählt uns das so:

Ein reicher Kaufmann aus Bagdad lebte in einem prächtigen Haus. Er hatte alle möglichen Güter und eine mächtige Familie. Seine schwerbeladenen Schiffe trieben Handel mit Indien. Vermögen hatte er teils durch seine Geburt, teils durch eigene Anstrengung und teils durch die Großzügigkeit des Kalifen von Córdoba erhalten, den man den König des Westens nannte und der den Kaufmann kannte.

Plötzlich aber schwand sein Glück. Haus und Ländereien wurden von einem Usurpator konfisziert. Die Schiffe gingen unter. Die Familie zerstreute sich. Selbst die Freunde des Kaufmanns machten sich davon.

Da beschloß der Kaufmann, sich nach Spanien zu begeben, um seinen alten Gönner aufzusuchen. Er durchquerte eine entsetzliche Wüste, wo ihm alles, was überhaupt denkbar war, zustieß. Sein Esel starb. Er wurde von Räubern gefangengenommen, die ihn als Sklaven verkauften. Er konnte mühsam entkommen und wurde dabei verwundet. Sein Gesicht, rissig geworden durch die Sonne, sah aus wie ein Stück altes Leder. Von Zeit zu Zeit gaben ihm Menschen, deren Sprache er nicht verstand, eine Handvoll zu essen oder ein Stück zerschlissenen Stoff, und zu trinken hatte er nur das trübe Wasser der Pfützen.

Drei Jahre nach seiner Abreise aus Bagdad erreichte er Córdoba. Doch man ließ ihn den Palast des Kalifen nicht betreten. Die Wachen stießen ihn mit grober Verachtung zurück. Er mußte lange Zeit als Bediensteter der niedersten Klasse arbeiten, um sich ein Gewand kaufen zu können, mit dem er sich sehen lassen konnte. Bevor er für würdig erachtet wurde, zum Herrscher vorgelassen zu werden, ließ ihn der Zeremonienmeister spezielle Benimmkurse besuchen, denn der Kaufmann hatte alle notwendigen Umgangsformen vergessen.

Schließlich durfte er in den königlichen Audienzsaal. Der Kalif erkannte ihn sofort, umarmte ihn und bat ihn, sich zu ihm zu setzen. Dann erzählte der Kaufmann ihm rasch von seinem Unglück.

Der Kalif hörte aufmerksam zu, dann wandte er sich an seinen obersten Verwalter und sagte:

»Gebt diesem Mann hundert Schafe, befördert ihn zum königlichen Hirten und schickt ihn ins Hochgebirge.«

Der Kaufmann dankte dem Kalifen, war allerdings höchst überrascht, denn er hatte mehr erhofft. Schafe? Wieso Schafe? Er zog sich verwirrt zurück.

Einige Tage später verließ er Córdoba mit seiner Schafherde. Man führte ihn zu einer abgegrasten Weide. Innerhalb kurzer Zeit suchte eine Epidemie die Schafe heim. Sie starben ausnahmslos. Der zum Hirten beförderte Kaufmann kam zum Sultan zurück und erzählte ihm von seinem neuen, schrecklichen Unglück.

»Gebt ihm fünfzig Schafe«, sagte der Kalif, »dann soll er ins Gebirge zurückkehren.«

Beschämt und verzweifelt verließ der Mann mit fünfzig Schafen die Stadt. Einige Tage später, als sie zu weiden begannen, tauchten wilde Hunde auf. Sie erschreckten die Schafe, so daß sie sich von einem Felsen hinunterstürzten und alle starben.

Gedemütigt und mit schwerem Herzen kehrte der Kaufmannshirte zum Kalifen zurück und erzählte ihm von seinem Unglück.

»Gebt ihm fünfundzwanzig Schafe«, befahl der Kalif, »dann kehre er zurück.«

Der Mann kam sich vor wie der elendigste und unfähigste aller Hirten und kehrte ohne jede Hoffnung mit fünfundzwanzig neuen Schafen in die Berge zurück. Einige Wochen später warf ein Mutterschaf, und es erwies sich, daß es Zwillinge getragen hatte. Das gleiche galt für ein zweites und ein drittes Mutterschaf. In wenigen Monaten verdoppelte sich die Herde. Die Lämmer waren kräftig und gesund. Ergiebige Regenfälle, die zu diesem Zeitpunkt eingesetzt hatten, kamen dem Weideland zugute. Die Herde verdoppelte sich noch einmal. Der Mann verkaufte die Lämmer zu einem ausgezeichneten Preis, kaufte weitere Mutterschafe und pachtete neues Weideland. Drei Jahre später kehrte er wohlgekleidet und mit allen Anzeichen seines neuen Wohlstands nach Córdoba zurück.

Der Kalif empfing ihn unverzüglich und sagte zu ihm:

»Hast du dieses Mal als Hirte Erfolg gehabt?«

»Ja, in unbegreiflicher Weise. Mein Glück hat sich gewendet, alles läuft bestens, obwohl ich, das muß ich gestehen, keinerlei besondere Neigung für diesen Beruf habe.«

»Das ist sehr gut«, sagte der Kalif. »Im Westen befindet sich das Königreich Sevilla, das mir untersteht. Dieses Königreich gebe ich dir. Du mußt unverzüglich dein Amt antreten.«

Der Kaufmannshirtenkönig richtete sich verblüfft auf und sagte zum Kalifen:

»Aber warum hast du mich nicht sofort nach meiner Ankunft zum König ernannt? Warum diese Jahre der Prüfung und der ungewohnten Arbeit? Wolltest du mich etwas lehren?«

»Nein«, sagte der König lächelnd, »es gab nichts, was ich dich hätte lehren können. Aber wenn ich dir das Königreich von Sevilla an dem Tag gegeben hätte, als du deine hundert Schafe verlorst, welche Geißel hätte da die Stadt heimgesucht?«

Der Mann antwortete nicht. Der Kalif umarmte ihn fest und fügte, bevor er den neuen König entließ, hinzu:

»Du fragst mich, warum ich dir nicht schon bei deiner Ankunft den Thron gegeben habe? Das ist sehr einfach. Weil es nicht der richtige Zeitpunkt war.«

Und die beiden Männer trennten sich.

Der Damm

Ein andere sufistische Geschichte zeigt uns, wie Machthaber von fruchtlosen Streitigkeiten ihrer Untertanen profitieren können.

Eine Witwe und ihre fünf Söhne lebten auf einem mageren Stück Land. Ein Gewaltherrscher hatte einen Damm bauen lassen, der alles Wasser zurückhielt. Wiederholt hatte der Älteste versucht, den Damm einzureißen, um ihr Land zu bewässern, doch es gelang ihm nicht. Er war nicht stark genug, und seine vier Brüder waren noch Kinder.

Der älteste Bruder ging in eine weit entfernte Stadt, wo er jahrelang bei einem Händler arbeitete. Wann immer er konnte, schickte er Geld an seine Familie, doch nicht direkt, sondern an Kaufleute. Um bei seiner Mutter und seinen Brüdern nicht ein Gefühl der Verpflichtung hervorzurufen, bat er die Kaufleute, den Brüdern das Geld im Tausch gegen kleine Dienste zu geben.

Als er schließlich nach Hause zurückkehrte, erkannte ihn nur ein einziger seiner Brüder, oder schien ihn zumindest zu erkennen, mit sichtlichem Zögern allerdings, da die Zeit das Ihrige getan hatte. Der jüngste Bruder sagte:

»Er hatte schwarze Haare.«

»Ja, aber jetzt bin ich viel älter.«

»Wir sind keine Händler«, sagte ein anderer Bruder. »Warum sollten wir einen Bruder haben, der Händler ist?«

»Ich habe mich um euch gekümmert, als ihr klein wart«, sagte der älteste Bruder. »Ich erinnere mich noch, wie ihr den Damm durchbohren und das Wasser hervorspritzen sehen wolltet.«

»Daran erinnere ich mich nicht«, sagte einer der Brüder.

»Ich auch nicht«, sagte ein anderer. »Von welchem Wasser sprichst du?«

»Ich habe euch Geld geschickt, von dem ihr leben konntet«, sagte da der Älteste.

»Geld? Niemals. Wir haben uns mit Diensten für Reisende ein bißchen Geld verdient, das ist alles.«

»Beschreib uns unsere Mutter«, sagte einer der Brüder.

Aber ihre Mutter war schon lange tot und die Erinnerung an sie bereits getrübt. Sie konnten die Beschreibung ihres Bruders nicht bestätigen. Gereizt fragten sie ihn:

»Wenn du wirklich unser Bruder bist, was willst du uns dann eigentlich sagen?«

»Daß der Tyrann tot ist. Daß seine Soldaten sich andere Herren suchen. Daß nun der Moment gekommen ist, unser Land saftig und reich zu machen.«

»Welcher Tyrann?« sagte einer der Brüder.

»Ich erinnere mich an keinen Tyrannen«, sagte ein anderer.

»Die Erde war immer schon trocken.«

»Warum sollten wir tun, was du sagst?«

»Ich möchte dir ja gern helfen«, sagte der Jüngste, »aber ich weiß wirklich nicht, wovon du sprichst.«

»Und außerdem«, sagte ein anderer, »brauche ich kein Wasser. Ich sammle Gestrüpp und abgestorbene Äste. Damit mache ich ein Feuer, an dem sich Reisende wärmen können. Dafür bezahlen sie mich. Mehr brauche ich nicht zum Leben.«

»Wenn man Wasser hierherleitete«, sagte ein anderer Bruder, »dann würde es meinen kleinen Pfuhl überschwemmen, in dem ich meine Zierfische halte. Die Kaufleute rasten hier ab und zu, um sie zu bewundern, und geben mir Geld dafür.«

»Und ist es auch sicher«, sagte der letzte, »daß Wasser diesem Boden hier guttun würde?«

Der Älteste versuchte, sie zu ermutigen und zur Arbeit anzutreiben. Doch sie wollten lieber darauf warten, daß die nächsten Kaufleute vorbeikamen. Der Älteste wollte ihnen erklären, daß sie nicht mehr kämen, da er selbst sie um diesen Umweg gebeten hätte. Sie glaubten ihm nicht. Sie diskutierten und diskutierten.

Da ergriff ein zweiter Tyrann die Macht, der noch schlimmer war als der erste. Er sah den Damm, der in schlechtem Zustand war, und beschloß, ihn zu verstärken. Dieser Damm steigerte seine Begehrlichkeit, so daß er sich gleichzeitig des Landes der Brüder und der Brüder selbst bemächtigte, die er als Sklaven mitnahm, denn sie erschienen ihm noch recht kräftig – selbst der älteste Bruder.

In Ketten gelegt und mit Peitschen angetrieben wurden sie zur Festung des Herrschers geschleppt und diskutierten immer noch.

Vorsicht bis zum letzten Seufzer

All dieses kann zu einer gewissen Resignation führen, die allerdings, wie es diese jüdische Geschichte zeigt, stete Wachsamkeit nicht ausschließt.

In einer kleinen Stadt in Osteuropa setzt sich ein alter Mann auf eine Bank am Fluß. Ein zweiter Mann beschließt, sich neben den ersten zu setzen. Sie haben sich noch nie zuvor gesehen.

Der erste Mann sagt nach einigen Minuten des Schweigens mit einem Seufzer:

»Ach, ja ...«

Und ein wenig später sagt der zweite seinerseits:

»Ach, ja ...«

Da sagt der erste:

»Schsch ... Ich bitte euch inständig, nicht über Politik zu reden!«

»Ach«, sagt der zweite, »Ihr seid auch Jude?«

Das Gesicht des verborgenen Königs

Die Macht ist willkürlich, sie ist auch distanziert und sogar maskiert. Eine andere jüdische Geschichte erzählt uns so davon:

Ein König ließ einen Weisen rufen und sagte zu ihm:

»Ich habe von einem König gehört, der für mächtig, aufrichtig und bescheiden gehalten wird. Mächtig scheint er zu sein, denn sein Königreich ist vom Meer umgeben und bewacht von einer beeindruckenden Flotte mit Kanonen. Zwischen dem Meer und der Küste erstreckt sich ein riesiger Sumpf, den nur ein sehr schmaler, immer nur von einer Person zu begehender Pfad durchquert. Dieser Pfad wird ebenfalls von Kanonen geschützt. Es ist unmöglich, in dieses Königreich einzudringen. Doch was ich nicht verstehe, ist der Umstand, daß dieser König als aufrichtig und bescheiden bezeichnet wird.

»Was wünschst du von mir?« fragte der Weise.

»Ich möchte, daß du mir ein Porträt von diesem König bringst«, sagte der König. »Ein wirklichkeitsgetreues Porträt. Und das ist offenbar nicht so einfach. Denn dieser König verbringt sein Leben hinter einem Vorhang, und seine Untertanen haben ihn noch nie zu Gesicht bekommen können.«

Der Weise machte sich auf den Weg. Er beschloß, vor seiner Begegnung mit dem verborgenen König das Königreich und dessen Einwohner kennenzulernen. Was er sah, war ein Volk aus Spöttern und Lügnern. Ziemlich rasch begriff er, daß das gesamte Königreich nur von verlogenen Männern und Frauen bewohnt war. Überall traf er auf Betrug, Gaunerei und mitleidsloses Gelächter.

Um sich seiner Sache sicher zu sein, ließ sich der Weise selbst auf ein Geschäft ein. Er wurde betrogen und verlor sein Geld. Da beschloß er, Klage bei einem höheren Gericht einzureichen, doch er mußte entdecken, daß die Richter dieses hohen Gerichts bis aufs Blut korrupt waren. Auch dort wurde er betrogen und verlor. Da beschloß er, sich zum König zu begeben. Er wurde im Audienzsaal empfangen und vor den Vorhang geführt, hinter dem sich der König aufhielt.

»Welch ein Volk regierst du?« rief der Weise aus. »Es besteht nur aus Dieben und Lügnern. Von einem Ende deines Reiches bis zum anderen konnte ich nicht ein Fünkchen Aufrichtigkeit finden.«

Der Weise begann all das zu erzählen, was er im Königreich gesehen hatte.

Der König auf der anderen Seite des Vorhangs neigte sich vor, um zuzuhören. Er war äußerst erstaunt.

Und die Würdenträger des Reichs, die im Saal zugegen waren, zeigten sich verärgert.

Der weise Mann beendete seinen Bericht mit den Worten:

»Man könnte behaupten, daß der König wie sein Volk sei und ebenfalls in Lug und Betrug lebe. Doch das ist nicht wahr, das weiß ich.«

Alle hielten den Atem an. Und sie hörten folgende Worte aus dem Mund des Weisen:

»Ich weiß, warum du dich hinter diesem Vorhang versteckst. Nicht, um dich den Blicken zu entziehen. Sondern weil du aufrichtig und ein Freund der Wahrheit bist. Und du nicht den Anblick deines Volkes ertragen könntest.«

Stille trat ein. Dann zog der erstaunte König den Vorhang zurück und zeigte sich.

Der Weise aber zeichnete in aller Eile sein Porträt und begab sich zu seinem Herrscher zurück.

Die Affen und die Eicheln

Die Macht ist auch geringschätzig, und diese Geringschätzung geht nicht ohne eine gewisse Gerissenheit einher. Tchuang-tseu erzählt uns diese seltsame Geschichte:

Ein Affenzüchter sagte vor der Fütterung zu seinen Affen:

»Ich werde euch drei Eicheln am Morgen und vier am Abend geben. Was haltet ihr davon?«

Alle Affen protestierten höchst aufgebracht.

»Nun gut«, sagte der Züchter. »Dann gebe ich euch vier Eicheln am Morgen und drei am Abend. Was haltet ihr davon?«

Da zeigten sich alle Affen entzückt.

Salomon und die Schwalbe

Wenn die Macht wohlwollend und klug ausgeübt wird – was selten genug der Fall ist – führt sie zur Harmonie der Welt, deren Geheimnisse sie durchdringt.

In Salomons Palast bedrängte ein Schwalbenmännchen ein Schwalbenweibchen, welches sich heftig wehrte.

Das Männchen rief:

»Wie kannst du mich zurückweisen? Weißt du nicht, daß ich, wenn ich wollte, die hohe Kuppel dieses Tempels umstürzen könnte? Sie sogar über Salomon stürzen könnte?«

Salomon, der die Sprache der Vögel verstand, rief das Männchen zu sich und fragte es mit einiger Strenge:

»Wie kannst du so einen Unsinn erzählen? Warum hast du das getan? Was hat dich dazu veranlaßt?«

»Man darf die Worte von Verliebten doch nicht ernst nehmen«, antwortete der Vogel.

»Da hast du recht«, sagte Salomon mit einem Lächeln.

Und ließ ihn davonfliegen.

Das Wasser des Paradieses

Eine andere arabische Geschichte mit gleicher Grundhaltung erzählt, daß ein abgezehrter und notleidender Beduine mit Namen Harith seit eh und je in der Wüste lebte. Er zog mit seiner Frau Nafisa von Ort zu Ort. Trockenes Gras für ihr Kamel, Insekten, ab und zu eine Handvoll Datteln und ein bißchen Milch für sie: Darin bestand ihr hartes, gefährdetes Leben. Harith jagte Wüstenratten wegen ihres Fells und flocht Palmfaserseile, die er an Karawanen zu verkaufen suchte.

Er trank nur das brackige Wasser, das er in morastigen Brunnen fand.

Eines Tages tauchte ein neuer Bach im Sand auf. Harith kostete dieses unbekannte Wasser, welches bitter, salzig und sogar ein wenig trübe war. Doch er hatte das Gefühl, er hätte gerade das wahre Paradieswasser durch seine Kehle laufen lassen.

»Ich mußt dieses Wasser zu dem bringen«, sagte er bei sich, »der es zu schätzen weiß.«

Er füllte damit zwei Schläuche aus Ziegenleder, einen für sich selbst und einen für den Kalifen Harun al Raschid, und machte sich auf den Weg nach Bagdad. Als er nach einer beschwerlichen Reise dort angekommen war, erzählte er den Wachen seine Geschichte und wurde vor den Kalifen geführt, wie es derBrauch war.

Harith warf sich vor dem Herrscher der Gläubigen nieder und sagte zu ihm:

»Ich bin nur ein armer Beduine, der an die Wüste gebunden ist, in die das Schicksal mich gesetzt hat. Ich kenne nichts als die Wüste, doch die Wüste kenne ich gut. Ich kenne jedes Wasser, das man dort finden kann. Als ich das Wasser des Paradieses gefunden habe, habe ich daher beschlossen, es dir zum Kosten zu bringen.«

Harun al Raschid ließ sich einen Becher bringen und kostete das Wasser des bitteren Baches. Der ganze Hof beobachtete ihn. Er trank einen großen Schluck, und sein Gesicht drückte keinerlei Gefühlsregung aus. Einen Moment lang schwieg er nachdenklich, dann sagte er mit plötzlicher Entschlossenheit:

»Nehmt diesen Mann mit und sperrt ihn ein. Er soll niemanden zu Gesicht bekommen.«

Man schloß den verblüfften und enttäuschten Beduinen in eine dunkle Zelle. Und der Kalif sagte zu seinem Gefolge, das ihn über die Bedeutung seiner Entscheidung befragte:

»Für uns ist es nichts, doch für ihn ist es alles. Was er für das Wasser des Paradieses hält, ist für uns ein schlecht schmeckendes Getränk. Doch wir müssen an das Glück dieses Mannes denken.«

Er ließ den Beduinen bei Einbruch der Nacht rufen. Seinen Wachen befahl er, ihn unverzüglich aus der Stadt zu führen, bis zum Eingang der Wüste, ohne ihm zu erlauben, den Tigris oder auch einen der städtischen Brunnen zu sehen, und ohne ihm etwas außer seinem eigenen Wasser zu trinken zu geben.

Als der Beduine dann im Dunkel der Nacht den Palast verließ, sah er ein letztes Mal den Kalifen. Dieser gab ihm tausend Goldstücke und sagte zu ihm:

»Ich danke dir. Ich habe dich zum Wächter des Paradieswassers ernannt. Du verwaltest diese Quelle in meinem Namen. Bewache und schütze sie. Und alle Reisenden sollen wissen, daß ich dir diesen Posten gegeben habe.«

Der Beduine küßte die Hand des Kalifen und kehrte schleunigst in seine Wüste zurück.

Eineinhalb Getreue

Der Herrscher ist in der besten Position, um die Abgründe des Geistes zu durchdringen. Doch dazu muß sein eigener Geist klar sein.

Die sufistische Tradition erzählt folgendes:

Ein Sultan hörte von einem großen Scheich, der in Anatolien lebte und Hunderttausende getreue Untertanen hatte. Der Sultan war erschreckt von dieser Zahl und spürte deren Bedrohlichkeit, so daß er den Scheich nach Istanbul rufen ließ und ihn fragte:

»Was höre ich da? Du hast Hunderttausende, die bereit sind, für dich zu sterben?«

»Aber nein«, antwortete der Scheich. »Ich habe nur eineinhalb.«

»Warum erzählt man mir dann, daß du das ganze Land erheben könntest? Wir werden ja sehen. All deine Untertanen sollen sich morgen früh auf der Wiese vor der Stadt versammeln.«

Überall wurde ausgerufen, daß die Getreuen des Scheichs sich am nächsten Morgen auf der Wiese versammeln sollten, weil der Scheich höchstpersönlich dort sein würde.

Auf einer Anhöhe, von der aus man die Wiese überblicken konnte, ließ der Scheich ein Zelt errichten. Im Inneren des Zeltes brachte er ein paar Schafe unter, die niemand sehen konnte.

Die Getreuen kamen in Scharen. Der Sultan, der mit dem Scheich vor dem Zelt stand, sagte:

»Sieh nur! Statt eineinhalb Getreuer sind Tausende gekommen! Zehntausende!«

»Nein«, sagte der Scheich. »Ich habe nur einen Getreuen. Du wirst schon sehen. Verkünde, daß ich ein Verbrechen begangen habe und du mich hinrichten lassen wirst, wenn sich nicht einer meiner Getreuen für mich opfert.«

Der Sultan tat wie geheißen und löste damit lautes Gemurmel in der Menge aus. Ein Mann trat vor und verkündete:

»Er ist mein Herr. Alles, was ich weiß, verdanke ich ihm. Ich gebe mein Leben für ihn.«

Der Sultan ließ ihn ins Zelt eintreten, und dort schnitt man auf der Stelle einem Schaf nach den Anweisungen des Scheichs die Kehle durch. Alle sahen, wie das Blut aus dem Zelt floß.

In diesem Moment erklärte der Sultan:

»Ein Leben genügt nicht. Ist noch ein Getreuer bereit, sich für den Scheich zu opfern?«

Für einige Minuten herrschte Reglosigkeit und Stille, dann schließlich trat eine Frau vor und erklärte sich bereit. Man führte sie in das Zelt und schnitt einem anderen Schaf die Kehle durch.

Die Menge begann sich beim Anblick des Blutes langsam zu zerstreuen. Schon bald war niemand mehr auf der Wiese.

Da sagte der Scheich zum Sultan:

»Du siehst, ich habe nur eineinhalb Getreue.«

»Der Mann ist ein echter Getreuer«, sagte der Sultan, »und die Frau ein halber?«

»Nein, nein«, sagte der Scheich, »genau das Gegenteil ist der Fall. Denn der Mann wußte ja nicht, daß man ihm im Zelt die Kehle durchschneiden würde. Doch die Frau hat das Blut gesehen und ist dennoch vorgetreten. Sie ist die wahre Getreue.«

Die Kraft der Prostituierten

Die Macht kann sich manchmal auch vor einer Kraft verneigen, die bei den einfachen Menschen verborgen ist. Eine indische Geschichte buddhistischen Ursprungs gibt uns ein Beispiel dafür.

Man erzählt, daß der große König Asoka aufs höchste verblüfft war, als er sah, wie eine Frau mit einer einfachen Handbewegung den Ganges zu seiner Quelle zurückfließen ließ. Seine Verblüffung kannte keine Grenzen, als man ihm mitteilte, daß diese schon betagte Frau eine bekannte Prostituierte der Stadt Pataliputra war.

Er ließ sie rufen und sprach lange mit ihr mitten im Stimmengewirr aller Weisen des Hofs, die dieses bemerkenswerte Ereignis kommentierten. Die einen zitierten heilige Schriften, die anderen suchten weitere

Beispiele, und einige zogen die Echtheit des Wunders in Zweifel und sprachen von einer Sinnestäuschung.

Die alte Prostituierte von Pataliputra bestätigte die Echtheit des Geschehnisses. »Ja«, sagte sie, »ich bin in der Lage, einen Akt der Wahrheit zu vollziehen, wenn ich es wünsche. Ich habe Macht über die Dinge. Ich kann Bäume ausreißen und sie in der Luft kreisen lassen, ich kann Berge umstürzen und ihre Einwohner kopfüber, kopfunter hinabfallen lassen.«

Sie wandte sich mit ausgestreckter Hand zum König und sagte:

»Ich kann dich sogar vom Thron heben, dich durch die Lüfte schleudern und in die Tiefe stürzen lassen.«

Der König sagte zitternd vor Angst – denn er hatte mit eigenen Augen gesehen, wie der Ganges zu seiner Quelle zurückfloß:

»Doch woher kommt diese Macht? Was ermöglicht dir, diese Akte der Wahrheit zu vollziehen?«

»Ich habe viele Männer kennengelernt«, antwortete die Hure von Pataliputra, »Soldaten, Bauern, Bettler, Diebe und sogar Fürsten. Doch ich habe keinerlei Unterschiede zwischen ihnen gemacht. Ich habe niemanden bevorzugt oder benachteiligt. Trotz ihrer sehr unterschiedlichen Lebensbedingungen habe ich jedem dasselbe gewährt. Ich habe niemals Willfährigkeit oder Geringschätzung gezeigt. Das ist das Geheimnis meiner Macht.«

Sie senkte die Hand, die sie gegen Asoka ausgestreckt hatte, und zog sich zurück. Während sie ging, schwiegen die Weisen niedergeduckt auf dem Boden, und der König Asoka, der für den besten aller Könige gehalten wurde, dachte an den langen Weg, den er noch vor sich hatte.

Das Schweigen der Nachtigall

Wenn der Herrscher alle Sprachen der Natur dolmetschen kann, muß er diese außerordentliche Fähigkeit in den Dienst seiner Untertanen stellen. Diese persische Geschichte sufistischen Ursprungs gibt uns ein Beispiel davon.

In der Zeit Salomons, des weisesten aller Könige, kaufte ein Mann eine Nachtigall mit einer außerordentlichen Stimme. Er sperrte sie in einen Käfig, wo es ihr an nichts mangelte. Und sie sang zum Entzücken der ganzen Nachbarschaft stundenlang.

Eines Tages, als der Käfig auf einem Balkon stand, flog ein anderer Vogel heran, sagte etwas zur Nachtigall und flog wieder davon. Von diesem Augenblick an schwieg die unvergleichliche Nachtigall.

Verzweifelt brachte der Mann seine Nachtigall zum Propheten Salomon, der die Sprache der Tiere kannte, und bat ihn, sie über den Grund ihres Schweigens zu befragen.

Der Vogel sagte zu Salomon:

»Früher kannte ich weder Jäger noch Käfig. Dann stellte man mir eine verlockende Falle, und ich geriet, getrieben von meiner Begehrlichkeit, hinein. Der Vogelfänger nahm mich mit, verkaufte mich fern von meiner Familie, und ich fand mich in einem Käfig bei diesem Mann wieder, den du dort siehst. Ich begann, Tag und Nacht zu klagen. Und dieser Mann glaubte, ich sänge vor Freude und Dankbarkeit. Das ging bis zu dem Tag so, als ein anderer Vogel mir sagte: ›Hör doch auf zu klagen, denn nur wegen deiner Klagen hält man dich in diesem Käfig.‹ Also beschloß ich zu schweigen.«

Salomon übersetzte diese Worte dem Besitzer des Vogels. Der Mann fragte sich: »Wozu eine Nachtigall halten, wenn sie nicht singt?« Und er gab ihr die Freiheit zurück.

Der König, der in eine Frau verwandelt wurde

Unter besonderen Umständen kann ein Herrscher in der Lage sein, ein altes Geheimnis zugunsten der Erkenntnis oder des Wissens zu lüften.

Dies erzählt uns die folgende indische Legende über die bekannte Möglichkeit der Metamorphose.

Ein König wurde infolge eines unbekannten Fluchs sehr hart bestraft. Die gekränkten Götter verwandelten ihn in eine Frau und zwangen ihn, in den Wald zu gehen, was er auch tat.

Nachdem er mehrere Wochen bettelnd im Wald umhergeirrt war, traf der weibliche König einen jungen, kräftigen Holzfäller, der allein lebte. Der Holzfäller und die frischgebackene Frau wurden rasch von Liebe ergriffen. Sie vereinigten sich, sie lebten zusammen, sie hatten sogar Kinder.

Als die Zeit des Fluchs verstrichen war, wurde der König wieder zum Mann. Der Holzfäller mußte verblüfft entdecken, daß aus seiner Frau sein König geworden war. Dieser verließ den Holzfäller und seine Kinder und machte sich auf den Weg zum Palast. Dort wurde er mit Freude empfangen – denn trotz seines unbekannten Frevels stand er in dem Ruf großer Güte.

Kaum war seine Rückkehr bekanntgeworden, da kamen schon alle Weisen Indiens herbei. Er war ja der einzige, der eine Frage beantworten konnte, die seit Anbeginn der Welt gestellt wurde und bis dahin nur ungefähr hatte beantwortet werden können. Die Frage lautete: Wer genießt den Liebesakt mehr, der Mann oder die Frau?

Der König, der um die Bedeutung seiner Worte wußte (denn in Indien ist die Erkenntnis äußerst wichtig), ließ alle Weisen im Hof des Palastes versammeln und befahl, daß man ihnen eine Mahlzeit brachte. Dann vollzog man die Sühneriten, zelebrierte eine passende Puja, sang und sammelte sich. Und der älteste der Weisen stellte die große Frage.

Der König antwortete lächelnd:

»Im Liebesakt hat zweifellos die Frau den höchsten Genuß. Es ist sogar der höchste Genuß, den ein menschliches Wesen auf der Erde empfinden kann. Ein so intensiver Genuß, daß selbst die Götter uns darum beneiden.«

Die Weisen dankten dem König und zogen sich zufrieden zurück.

Bevor sie jedoch aufbrachen, nahm der Älteste von ihnen, derjenige, der die entscheidende Frage gestellt hatte, den König beiseite und sagte mit leiser Stimme einige Worte zu ihm. Man weiß nicht genau, was er ihm einflüsterte. Doch am nächsten Morgen war der König verschwunden. Man sah ihn nie wieder in seinem Palast.

Einige Jäger berichteten jedoch, daß ein ihnen bekannter Holzfäller im Wald sein Lächeln wiedergefunden hatte.

Das Marmorgewand

Indessen, darin sind sich alle Traditionen einig, ist die List die subtilste und wirksamste Waffe, die ein Mann gegen die Ausübung der Macht richten kann.

Die folgende marokkanische Geschichte bietet eine klassische, häufig verwandte Struktur.

Ein Sultan befahl einem armen Schneider aus Fez,

ihm ein Gewand aus Marmor anzufertigen, sonst bekäme er den Kopf abgeschlagen.

Der arme Mann begann zu klagen, da er sich nicht zu helfen wußte. Doch seine gewitzte Tochter kam ihm zu Hilfe. Als der Sultan sein Marmorgewand anforderte, ließ der arme Mann ihm ausrichten:

»Das Gewand ist fertig. Aber ich brauche Fäden aus Sand, um es zusammenzunähen. Kannst du mir sie zukommen lassen?«

Die Balken aus Wasser

Aus Kamerun kommt eine Geschichte der gleichen Art.

Der Führer der toten Seelen, der Zameyo-Mebenga hieß, ließ verkünden, er würde demjenigen seine Tochter zur Frau geben, der ihm Balken aus Wasser brächte.

Jedermann rief: »Balken aus Wasser! Wie soll das gehen?«

Nur die Schildkröte, das Tier der hundert Lösungen, nahm die Herausforderung des Seelenführers an. Sie begab sich zum Ufer des Flusses, klopfte mit ihren Füßen auf das Wasser, schickte dann einen Boten zu Zameyo-Mebenga und ließ ihm ausrichten:

»Die Balken sind fertig. Der Seelenführer soll mir rasch eine Schnur vom Rauch seiner Pfeife schicken, damit ich sie zusammenbinden kann. Dann schicke ich sie ihm sofort.«

Da gab der Führer der toten Seelen der Schildkröte seine Tochter zur Frau.

Der Prinz und die Windmühlen

Ein weiteres Beispiel dieser Struktur wird uns durch eine russische Geschichte überliefert.

Ein Prinz mit ungehobeltem Charakter hatte einen Besitz in den Ebenen Nordrußlands. Als er eines Tages dort ritt, sah er eine Windmühle, deren Flügel sich nicht drehten. Wütend rief er einen Müller und fragte ihn:

»Warum dreht sich die Windmühle nicht?«

»Weil es keinen Wind gibt«, antwortete der Müller.

»Eine Windmühle muß sich drehen! Ich verlange, daß sie sich dreht! Denk dir etwas aus! Ich werde morgen wiederkommen, und wehe dir, wenn du mir nicht gehorcht hast.«

Am nächsten Tag kam der Prinz wieder. Die Windmühle drehte sich immer noch nicht. Da brüllte der Prinz den Müller an:

»Hast du nicht verstanden, was ich gesagt habe?«

»Doch, Exzellenz, ich habe sehr gut verstanden.«

»Und?«

»Ich habe der Mühle den Befehl weitergegeben.«

»Und?«

»Und die Mühle hat mir zugehört und geantwortet. Sie hat gesagt: ›Ich bin bereit, dir zu gehorchen. Aber sage zum Prinzen, der mächtiger ist als du, daß er dem Wind befehlen soll, sich zu erheben.‹ Ich wollte gerade zu Euch kommen, um Euch darum zu bitten.«

Die Fessel aus Sand

Nach dem gleichen Muster – doch mit einer Erweiterung – diese Geschichte aus Mali.

Ein allmächtiger König mit bisweilen seltsamen Anwandlungen ließ eines Tages die Jugend der Stadt zusammenrufen und sagte:

»Ich erteile euch folgenden Befehl: Vor Ende der Woche werdet ihr alle eure alten Väter wegschicken. Sie sollen weit weg gehen. Dann habe ich euch etwas Wichtiges zu sagen.«

Äußerst verwirrt gehorchten die jungen Menschen dem Befehl des Königs. Die Alten gingen weit fort. Eine Woche später wurde die Jugend erneut zusammengerufen und vernahm mit großem Erstaunen den folgenden Befehl:

»Jeder von euch wird mir nun eine Pferdefessel aus Sand herstellen. Und wehe dem, der dies nicht kann!«

Die jungen Menschen gingen vollkommen verstört über diesen neuen Befehl des exzentrischen Königs nach Hause. Wie sollte man aus Sand eine Pferdefessel herstellen?

Einer der jungen Leute, der seinen Vater liebte und achtete, hatte sich nicht entscheiden können, ihn zu wegzuschicken. Er hielt ihn auf einem Speicher versteckt und brachte ihm heimlich etwas zu essen. Als er dem Vater von diesem Problem erzählte, sagte dieser zu seinem Sohn:

»Bitt um eine Audienz beim König und sag zu ihm: ›Ich bitte dich, mir ein Muster von dieser Pferdefessel aus Sand zu zeigen, damit ich sie nachmachen kann.‹«

Der Sohn folgte dem Rat seines Vaters. Als der König hörte, daß der junge Mann ihn um ein Muster bat, lächelte er breit und sagte:

»Hast du deinen Vater irgendwo versteckt? Sag mir die Wahrheit!«

»Ja«, sagte der Sohn. »Ich habe ihn auf einem Speicher versteckt.«

»Das ist gut«, sagte der König. »Meine Befehle sind aufgehoben. Sag deinen Freunden, daß sie ihre Eltern zurückholen können. Für heute habe ich nichts mehr zu sagen.«

Die Wette des Kalifen

Eine arabische Geschichte erzählt, daß ein grausamer und geiziger Kalif eine wahre Leidenschaft für das Wetten hatte. Doch er war so grausam und so geizig, daß er selbst die Bedingungen für seine Wetten festlegte, um keinerlei Risiko einzugehen. Man sagte über ihn, daß er nur wettete, wenn er absolut sicher war zu gewinnen. So erfanden die Höflinge tausend Ausreden, um nicht mit ihm zu wetten.

Der Kalif sah sich daher gezwungen, mit den Händlern, seinen Frauen, seinen Wachen und sogar mit seinen Bediensteten zu wetten. Eines Morgens, als er den Haupthof durchquerte, erblickte er einen sehr großen Steinhaufen, den die Maurer gerade aufgetürmt hatten. Sofort rief er:

»Wer will mit mir wetten?«

Niemand unter all den Menschen, die sich in diesem Moment auf dem Hof befanden, antwortete ihm. In der plötzlich eingetretenen Stille wiederholte der Kalif seine Frage:

»Wer will mit mir wetten?«

Und wurde sofort genauer:

»Ich wette, daß niemand in der Lage ist, vor Sonnenuntergang diesen Steinhaufen nur mit seinen Händen von einem Ende des Hofs zum anderen zu tragen! Wer hält dagegen?«

Alle Anwesenden hielten den Kopf gesenkt, denn diese Aufgabe schien unmöglich. Plötzlich trat ein junger Maurer einige Schritte vor und fragte:

»Was wäre denn der Wetteinsatz?«

»Zehn Amphoren mit Gold, falls man gewinnt.«

»Und wenn man verliert?«

»Ein abgeschlagener Kopf.«

Der junge Maurer dachte einen Moment lang nach, dann sagte er:

»Ich bin bereit, die Wette anzunehmen, allerdings nur unter einer Zusatzbedingung.«

»Ich höre.«

»Du kannst die Wette jederzeit zurückziehen, und in diesem Fall gibst du mir nur eine Amphore mit Gold.«

Der Kalif ließ sich die Zusatzbedingung noch einmal wiederholen und dachte dann einen Moment lang nach, weil er eine Falle witterte. Er konnte das Spiel jederzeit unterbrechen und würde dann nur eine Amphore Gold verlieren. Was hatte diese Bedingung für einen Sinn? Was verbarg sich dahinter? Der Maurer weigerte sich, noch mehr zu sagen, und machte eine Bewegung, als wolle er sich zurückziehen. Aus Leidenschaft zum Spiel nahm der Kalif die Bedingung an.

Der junge Mann machte sich daran, die Steine unter Aufsicht des Kalifen und seines ganzes Hofstaats mit bloßen Händen von einem Ende des Hofes zum anderen zu tragen. Nach einer Stunde Arbeit hatte er erst einen winzigen Teil des Steinhaufens verlagert. Und doch lächelte er rätselhafterweise.

»Warum lächelst du?« fragte der Kalif ihn. »Es ist klar, daß du verlierst! Du wirst niemals zum Ziel kommen!«

»Du irrst dich«, antwortete der junge Maurer, während er den Hof durchquerte. »Ich werde sicher gewinnen.«

»Wie das?«

»Weil du etwas vergessen hast. Und deshalb lächle ich.«

»Was habe ich vergessen?«

»Oh, etwas ganz Einfaches.«

Der junge Mann ging weiter hin und her und ließ den Kalifen in einem Zustand verworrener Grübelei. Was hatte er vergessen? Er erinnerte sich an den genauen Wortlaut seiner Äußerungen und sah nirgendwo eine mögliche Falle. Der Steinhaufen ragte nach drei Stunden Arbeit immer noch kaum kleiner geworden in die Höhe. Drei oder vier Tage würden nicht genügen, ihn von einer Seite des Hofs zur anderen zu bringen. Und doch hatte sich echte Besorgnis in das Herz des Kalifen geschlichen.

Zu Beginn der vierten Stunde fragte er, da er den jungen Maurer immer noch lächeln sah:

»Und du bist immer noch sicher, zu gewinnen?«

»Ich bin sicher.«

»Was habe ich vergessen? Sag es mir! Habe ich die Größe des Steinhaufens falsch eingeschätzt? Bin ich das Opfer einer Sinnestäuschung?«

»O nein«, antwortete der junge Mann. »Es ist etwas viel Einfacheres.«

Und er setzte seine Arbeit fort.

Zu Beginn der fünften Stunde fragte der Kalif, der die ersten Anzeichen großer Unruhe zeigte:

»Bist du immer noch sicher, zu gewinnen?«

»Ich bin immer noch sicher.«

»Aber sieh doch: Der Haufen ist immer noch sehr groß, und du hast noch knapp vier Stunden bis zum Sonnenuntergang. Wie kannst du also hoffen, deine Wette zu gewinnen?«

»Ich sage es noch einmal«, sprach der Maurer, während er mehrere Steine vorbeitrug, »du hast etwas sehr Einfaches vergessen.«

Auf der Stirn des Kalifen erschienen tiefe Falten, und seine Augen verdunkelten sich. Er dachte noch einmal über alle Elemente des Problems nach, fand aber nicht die verhängnisvolle Lücke, in der sein Schatz zu verschwinden drohte. Mit leiser Stimme und schweißbedeckter Stirn bat er seine Ratgeber, die ihn umstanden, um ihre Meinung. Selbst die Gerissensten unter ihnen konnten ihm keine Antwort geben. In ihren Augen war klar, daß der Kalif einmal mehr seine Wette gewinnen und einen vorwitzigen Kopf abschlagen lassen würde.

Zu Beginn der sechsten Stunde fragte der Kalif, da er sah, daß der junge Maurer trotz seiner Erschöpfung immer noch lächelte:

»Warum lächelst du?«

»Ich lächle, weil ich einen Schatz gewinnen werde.«

»Unmöglich! Die Sonne steht schon in der zweiten Hälfte des Horizonts, und der Haufen ist immer noch sehr hoch! Du kannst nicht gewinnen!«

»Du hast etwas sehr Einfaches vergessen!« entgegnete ihm der Maurer.

»Was? Was habe ich vergessen?« rief der Kalif und reckte sich in die Höhe. Er war rot vor Aufregung, und seine Hände zitterten. »Wirst du dich einer Zauberei bedienen? Bist du ein Dschinn? Werden übernatürliche Wesen aus den Mauern entsteigen, um dir zu helfen?«

»Nein«, antwortete der Maurer, »es ist viel einfacher.«

Der Kalif rief seine Mathematiker und Astrologen zusammen, ließ die beiden Steinhaufen messen und die Sonne beobachten, welche ihrem normalem Lauf folgte. Zu Beginn der siebten Stunde rief er, als er sah, daß der junge Maurer immer noch lächelte:

»Bist du immer noch sicher, daß du gewinnst?«

»Ich bin sicher.«

»Du hast nur noch eine knappe Stunde, und die Steine, die du hinübergetragen hast, bilden einen lächerlich kleinen Haufen im Vergleich zum anderen! Sieh doch! Vergleiche die beiden Haufen! Wie kannst du behaupten, daß du sicher bist, diese Wette zu gewinnen?«

»Ich sage es noch einmal«, antwortete der junge Mann, »du hast etwas sehr Einfaches vergessen!«

»Was habe ich vergessen?«

»Willst du das Spiel beenden?«

»Ja! Ich beende es!«

»Und du gibst mir eine Amphore Gold?«

»Ja! Ich gebe sie dir! Aber ich flehe dich an, sag mir, was ich vergessen habe! Was hättest du getan, um mir meine Schätze zu rauben? Welche Vorsichtsmaßnahme habe ich außer acht gelassen?«

Der junge Maurer legte die Steine, die er gerade trug, auf den Boden, da das Spiel zu seinen Gunsten beendet worden war, und sagte zum Kalifen:

»Du hast der Zusatzbedingung, um die ich dich gebeten habe, nicht genügend Aufmerksamkeit geschenkt.«

»Ich habe nichts anderes getan, als an diese Zusatzbedingung zu denken!« entgegnete der Kalif.

»Ja, doch ohne zu begreifen, daß eine Amphore Gold, eine einzige nur, für mich ein ungeheurer Schatz ist. Ich wußte von Anfang an, daß ich keinerlei Möglichkeit hatte, die zehn Amphoren zu gewinnen. Ich wollte nur die eine, diese eine Amphore. Du spieltest mit zehn Amphoren Gold und ich nur mit einer.«

»Doch wie konntest du gewinnen? Was ist diese einfache Sache, die ich vergessen habe?«

»Du hast«, sagte der junge Mann, »die einfachste aller Sachen vergessen. Du hast vergessen, daß du das Selbstvertrauen verlieren könntest.«

Da sagte der Kalif nichts mehr.

Der junge Maurer nahm die Amphore mit Gold, welche Diener herbeigebracht hatten. Er lud sie sich auf die Schulter, durchquerte den Hof zwischen den beiden ungleichen Steinhaufen und machte sich auf den Weg in ein anderes Königreich.

Nasreddins berühmte Wette

Diese weitere Wettgeschichte, welche die ganze Welt umrundet hat*, wird zuweilen Nasreddin zugesprochen.

Obwohl Nasreddin sich stets und ständig über seine Armut beklagte, gab er eines Abends ein solch großartiges Festmahl bei sich zu Hause, daß es sogar dem Kalifen zu Ohren kam.

Dieser ließ Nasreddin zu sich rufen und fragte ihn, woher er das Geld hätte, um ein solches Fest auszurichten.

»Ich wette«, antwortete Nasreddin, »und ich gewinne.«

»Aber was wettest du?«

»Alles mögliche.«

»Wärst du bereit, mit mir zu wetten?«

»Auf der Stelle«, antwortete Nasreddin.

»Um zehn Goldstücke?«

»Zehn Goldstücke.«

»Und was wettest du?«

»Ich wette, daß du morgen auf deiner rechten Gesäßhälfte einen großen Pickel hast.«

Die Wette galt. Am nächsten Morgen erwachte der Kalif nach einer unruhigen Nacht und stellte fest, daß er nichts auf seiner rechten Gesäßhälfte hatte, und im übrigen auf seiner linken auch nicht. Er ließ Nasreddin

* Siehe Jean Louis Munoury in *Hautes sottises de Nasreddin Hodja*, Phébus, 1994

rufen und verkündete ihm, daß er seine Wette verloren hätte.

Nasreddin bat, das überprüfen zu dürfen, was ihm bewilligt wurde. Der Kalif zog rasch die Hose herunter und zeigte sein Gesäß Nasreddin, der zugestehen mußte, daß er verloren hatte,und sich in aller Bescheidenheit zurückzog.

Am selben Abend erfuhr der Kalif, daß Nasreddin ein Fest gab, das noch prächtiger war als das erste. Er ließ ihn rufen und fragte ihn ziemlich ungehalten nach den Gründen seiner überraschenden Fröhlichkeit.

»Oh, das ist sehr einfach«, antwortete Nasreddin. »Ich habe mit deinem Wesir um fünfzig Goldstücke gewettet und diese Wette gewonnen.«

»Und was hast du gewettet?«

»Daß er, wenn er sich an diesem Morgen sehr früh hinter einem Vorhang verstecken würde, sähe, wie mir der Kalif sein Gesäß zeigt.«

Der Würdenträger und der Fischer

Was die »schmutzigen Hände« und die »trüben Gewässer« betrifft, Ausdrücke, die ständige Beiwörter der Macht sind, so erzählt uns eine alte Geschichte aus Annam versteckt und fast hermetisch davon.

Ein in Ungnade gefallener Würdenträger ist vom Hof verjagt worden und geht elend und abgemagert an einem Fluß entlang. Ein alter Fischer erkennt ihn und fragt:

»Warum seid Ihr vom Hof verjagt worden?«

»Inmitten einer trüben Welt«, antwortet der Würdenträger, »bin ich der einzige, der rein geblieben ist. Inmitten einer trunkenen Menge bin ich der einzige, der einen klaren Kopf behalten hat. Deshalb hat man mich verjagt.«

»Der weise Mann versteift sich nie«, antwortet der Fischer. »Er beugt sich allen Umständen. Wenn die Welt trübe ist, zögert er nicht, Schlamm aufzuwühlen, Wellen zu schlagen, um trübe wie die Welt zu werden. Wenn die Menge trunken ist, trinkt er alles, sogar Weinessig, um sich wie die anderen zu berauschen. Warum sollte man sich versteifen und in einem solchen Zustand wie Ihr enden?«

»Ich hörte einmal ein Sprichwort«, antwortet der Würdenträger, »wenn du gerade deine Haare gewaschen hast, solltest du keinen schmutzigen Hut aufsetzen. Mein Leib ist sauber und rein: Wie könnte ich unreine Begegnungen ertragen? Ich zog es vor, mich in die Fluten dieses Flusses zu stürzen und den Fischen zum Fraß zu dienen, als zu sehen, wie meine Reinheit vom Staub und Schmutz der Welt besudelt wird.«

Der alte Fischer lächelt und flickt seine Netze. Seinen faltigen Lippen entschlüpft ein Lied:

Solang der Fluß treibt seine klare Flut
wasch ich die helle Schnur an meinem Hut.
Doch ist das Wasser trüb und nicht mehr rein,
Tauch die schmutz'gen Füße dort hinein.

Dann steht er auf und geht schweigend davon.

13

Dennoch muß man wissen, warum die Dinge sind, wie sie sind

Der Mond und der Tod

Unzählbar sind die Geschichten von den Anfängen. Jede Einzelheit der Welt kann, wenn man sorgfältig sucht, durch eine Geschichte erklärt werden, durch ein Ereignis, das eines Tages geschah und die Ordnung der Dinge begründete.

Vor allem in Afrika werden diese schon mythenähnlichen Geschichten erzählt. So zum Beispiel die Geschichte vom Mond und vom Tod, welche zur Tradition der Sandigesellschaft gehört.

Auf einen Leichnam schien das Licht des Mondes. Ein alter Mann versammelte um den toten Körper viele Tiere und sagte zu ihnen:

»Wir müssen den Toten und den Mond auf die andere Seite des Flusses bringen. Wer will sie tragen?«

Eine Schildkröte nahm den Mond zwischen ihre Beine und brachte ihn zum anderen Flußufer. Eine andere Schildkröte mit kürzeren Beinen nahm den Toten. Doch konnte sie ihn nicht tragen und ertrank.

Daher erscheint der Mond jeden Tag aufs neue, doch ein gestorbener Mensch kommt nie wieder.

Warum die Nachtschwalben nur Tau trinken

Eine Geschichte aus Madagaskar, genauer, von den Sakalava, erzählt dieses:

Eine Nachtschwalbe spazierte an einem Flußufer

entlang. Sie begegnete einigen Kaimanen, die sich im Sand ausruhten. Die Kaimane fragten sie, ob sie wüßte, wo man sich das berühmte Pulver besorgen könne, mit dem man unsichtbar wird.

»Ich kann es selbst zubereiten«, sagte der Vogel. »Wenn ihr wollt, bringe ich es euch am Donnerstag mit.«

Die Kaimane waren hoch erfreut und dankten ihr. Sie dachten: »Mit diesem Pulver können wir ins Dorf, ohne daß man uns sieht, und, wenn wir wollen, alle Hühner fressen, alle Enten und auch die Hunde, vielleicht sogar die Frauen und einige kleine, wunderbar zarte Kinder, und kein Mensch wird uns sehen.«

Am Donnerstag brachte die Nachtschwalbe ihnen einige zerstampfte Blätter, die sie gierig fraßen. Danach teilte die Nachtschwalbe ihnen mit, daß sie nun nicht mehr zu sehen seien und ohne Bedenken ins Dorf könnten, um sich dort satt zu fressen.

Sie beschlossen, schon am nächsten Tag ins Dorf zu gehen.

Der Vogel aber kam ihnen zuvor und warnte das Dorf:

»Sie werden kommen, weil sie sich für unsichtbar halten. Tut so, als sähet ihr sie nicht, und wenn sie alle auf dem Dorfplatz sind, könnt ihr sie ohne Schwierigkeiten töten.«

Am nächsten Morgen machten sich die Kaimane äußerst vorsichtig auf den Weg. In der Nähe des Dorfs begegneten sie einem Mann, der so tat, als sähe er sie nicht. Er wandte ihnen noch nicht einmal den Kopf zu.

Ein klein wenig weiter, bei den ersten Häusern, trafen sie auf zwei Männer, die sich genauso verhielten. Sie gingen in aller Ruhe plaudernd an ihnen vorbei.

Davon ermutigt, bewegten sich die Kaimane schneller und kamen zum Dorfplatz. Die Einwohner schienen ihre Anwesenheit ebenfalls nicht zu bemerken. Doch als sich alle Kaimane auf dem Dorfplatz versammelt hatten, gab die Nachtschwalbe ein Signal, und die Menschen stürzten sich mit Waffen auf die Kaimane und schlachteten sie ab. Nur ein einziger konnte trotz seiner Verletzungen entkommen. Mehr schlecht als recht erreichte er das Ufer und sagte zu denen, die dort geblieben waren:

»Die Nachtschwalbe hat uns verraten! Sie hat all unsere Verwandten und Freunde töten lassen! Wir wollen allen Angehörigen ihrer Art Haß bis ans Ende aller Tage schwören! Jeder von uns, der einer Nachtschwalbe begegnet und sie nicht auffrißt, soll sich in Wind oder in eine Wasserhose verwandeln!«

Alle Kaimane leisteten diesen Schwur. Doch die Nachtschwalbe hatte dies gehört und warnte ihre Gefährten. Sie wies sie an, sich nie wieder am Wasser eines Flusses oder eines Baches zu laben. Und deshalb trinken Nachtschwalben seit dieser Zeit nur noch Tau.

Die Katze und die Maus

Im Togo findet man den Ursprung der weltumspannenden Feindschaft zwischen Katzen und Mäusen.

In alter Zeit lebten Katze und Maus in Freundschaft. Manchmal reisten sie sogar zusammen. Bei einer gemeinsamen Reise kamen sie ans Ufer eines ungeheuer breiten Flusses, den sie überqueren mußten. Sie suchten ein Boot oder zumindest einen Gegenstand, der ihnen als Boot dienen konnte. Da hatte die Maus die Idee, eine große Jamswurzelknolle auszugraben und sie auszuhöhlen. Die Katze half ihr, die Jamswurzel zu tragen, doch dann wurden sie vom Bauern überrascht, der mit einer Spitzhacke hinter ihnen herlief.

Die Katze kletterte rasch auf einen Baum, wo sie außer Reichweite war, doch die Maus steckte in großen Schwierigkeiten, mußte sie doch wie eine Wahnsinnige in alle möglichen Richtungen laufen, um den Hieben des Bauern zu entkommen. Später, als Katze und Maus sich unversehrt wieder trafen, machte die Maus der Katze große Vorwürfe wegen ihrer Treulosigkeit. Doch die Katze antwortete ihr, daß sie rein reflexartig gehandelt hätte, aus Instinkt, und daß sie im übrigen auch nichts für die Maus hätte tun können, wenn sie auf dem Boden geblieben wäre. Das mußte die Maus zugestehen.

Sie gruben eine zweite Wurzelknolle aus, die noch größer war als die erste, und die Maus höhlte sie in Form eines Bootes aus. Danach fuhren sie los. Doch der Fluß erschien endlos breit. Das andere Ufer konnte man nicht sehen, und die beiden Tiere kamen nur langsam mit ihrem Behelfsboot voran. Sehr rasch war ihr Reiseproviant erschöpft, und der Hunger packte sie. Die Maus schlug vor, sich schlafen zu legen, denn der Schlaf läßt den Hunger vergessen. Doch sie konnte ihrem Verlangen nicht widerstehen, ein wenig am Boot zu nagen.

Dieses Geräusch weckte die Katze, welche sich danach erkundigte. Die Maus log sie an.

»Ich habe geschlafen«, sagte sie. »Was du gehört hast, war sicher mein Schnarchen.«

Sie setzten ihre Reise fort. Die Katze litt schrecklichen Hunger, während sich die Maus jede Nacht heimlich, still und leise erhob und ein Stück vom Boot abknabberte.

Eines Morgens kurz vor Sonnenaufgang, als das immer schmaler gewordenen Boot in Sichtweite des anderen Ufers geriet, bildeten sich im Boden plötzlich Löcher, und Wasser drang hindurch und stieg unaufhaltsam. Die Katze erkannte, daß die Maus sie verraten hatte. Sie fluchte, stürzte sich auf sie und fraß sie auf.

Man vermutet, daß beide Tiere starben, die Maus wurde aufgefressen, die Katze ertrank.

Doch es heißt auch, daß die Fische des Flusses diese Geschichte anderen Katzen und Mäusen in unterschiedlichen Versionen erzählten. Daher befinden sich seit dieser Unglücksreise Katzen und Mäuse in einem Krieg ohne Ende.

Die Lösung eines Rätsels

Eine Geschichte aus Sana gibt uns endlich die Antwort auf ein Rätsel, das uns schon lange umtrieb.

Eines Tages (vor wirklich langer, langer Zeit) hörten das Glied, die Scheide und die Hoden von köstlichen Früchten, die sie für ihr Leben gern aßen und die gerade an einem bestimmten Baum gewachsen waren.

Sie begaben sich zu diesem Baum. Das agile Glied kletterte munter auf den Baum, mehr schlecht als recht gefolgt von den Hoden.

Die Scheide aber war nicht in der Lage, auf den Baum zu steigen. Also blieb sie am Boden.

Das Glied, das die Scheide sehr gern hatte, warf ab und zu ein paar Früchte hinunter, während die äußerst selbstsüchtigen Hoden sich gegen alle Rufe von unten taub stellten und sich im Gezweig vollstopften.

Plötzlich brach ein gewaltiger Sturm los. Das Glied stürzte sich rasch vom Baum, kam zur Scheide und bat um Einlaß und Schutz.

Aus Dankbarkeit willigte die Scheide ein. Sie öffnete sich einen Spalt, und das Glied stürzte sich hinein, wo es vor Wind und Regen gut geschützt war.

Die Hoden kletterten ihrerseits vom Baum und baten die Scheide um Zuflucht, da der Sturm immer schlimmer wurde. Doch die Scheide lehnte dies rundweg ab. Sie sagte zu den Hoden, daß sie keinerlei Veranlassung hätte, sie zu schützen, und daß im übrigen auch kein Platz mehr wäre.

Und daher müssen seit dieser Zeit, ob mit oder ohne Sturm, die Hoden draußen bleiben.

Der Rüssel und das Ferkel

Ein junges Ferkel fragte irgendwo in Guyana seine Mutter:

»Warum ist mein Rüssel so lang?«

Und sie antwortete:

»Die Zukunft wird es dich lehren, mein Sohn.«

Der isolierte Daumen

Eine Geschichte der Adja in Togo erzählt dieses:

Früher waren alle fünf Finger der Hand miteinander verbunden. Der Mittelfinger sah eines Tages ein Stück gebratenes Fleisch und sagte zu den anderen, das müsse er haben.

»Niemals werde ich mich an diesem Diebstahl beteiligen!« rief der Daumen. »Und ich werde Gott alles erzählen, denn dieses Stück Fleisch gehört ihm!«

Die anderen vier Finger aber nahmen das Fleisch und kamen dem Daumen bei Gott zuvor. Sie sagten zu ihm:

»Der Daumen hat dein Stück Fleisch gestohlen!«

»Jeder Dieb muß isoliert werden!« beschied Gott.

Und daher ist der Daumen seit diesem Tag von den

anderen vier Fingern isoliert. Dank dieser Isolierung aber kann die Hand sich alles nehmen, was sie will.

Die gleichgültigen Kinder

Immer noch in Togo, bei den Kabye, erzählt man sich eine andere Geschichte von den Ursprüngen.

Früher waren der Igel, die Schildkröte, die Spinne und die Biene Kinder von einer einzigen Mutter. Diese wurde schwer krank. Sie mußte zu einem Heiler gebracht werden. Sie schickte eine Botin, das Huhn, um ihr erstes Kind, den Igel, zu suchen. Doch dieser sagte zum Huhn, die Jagdsaison sei angebrochen und er sei viel zu sehr damit beschäftigt, seine Pfeile vorzubereiten.

Die Mutter schickte das Huhn zur Schildkröte, die sagte:

»Nein, nein, ich kann meine Mutter nicht zum Heiler begleiten, weil die Regenzeit naht und ich noch mein Haus bauen muß, um mich zu schützen.«

Die Mutter schickte das Huhn zur Spinne, welche sagte:

»Nein, nein, ich kann nicht kommen, weil bald die Ballsaison anbricht und ich ein schönes Gewebe spinnen muß, um daraus meine Kleider zu machen.«

Da schickte die Mutter das Huhn zur Biene, und diese beeilte sich, ihre Mutter zum Heiler zu begleiten. Sie wurde wieder gesund und verwünschte ihre ersten drei Kinder mit folgenden Worten:

»Der Igel wird den Rest seines Lebens damit zubringen, seine Pfeile vorzubereiten, die er stets auf seinem Rücken tragen muß! Die Schildkröte wird ihr Haus ebenfalls stets auf dem Rücken tragen. Und das bis ans Ende aller Zeiten! Die Spinne wird bis in alle

Ewigkeit ihr Gewebe spinnen, doch ihre Ballkleider werden nie fertig werden! Niemals!«

Doch der Biene versprach die Mutter, daß ihr die ganze Natur dabei helfen würde, ihren Honig herzustellen. Seit dieser Zeit öffnet sich jede Blume bereitwillig der Biene, und ihr Honig ist eine Köstlichkeit für alle.

Der Ursprung der Flöhe

In Frankreich, in der Region Velay, erzählt man sich eine ziemlich merkwürdige Geschichte vom Ursprung der Flöhe.

Der liebe Gott ging eines Tages mit dem heiligen Petrus am Ufer der Loire spazieren, da sahen sie plötzlich eine junge Frau in zerlumpten Kleidern, die gelangweilt in der Sonne lag.

»Da haben wir eine Frau, die an Langeweile leidet«, sagte der liebe Gott. »Sie langweilt sich, weil sie nichts tut. Und ich kenne nichts Schlimmeres als das Nichtstun.«

Also nahm er aus seiner Tasche eine Handvoll Flöhe und warf sie auf die Frau, damit sie etwas zu tun hatte.

Warum der Hund das Rentier verfolgt

Die sogenannten Ursprungsgeschichten erzählen häufig von den Anfängen eines Zerwürfnisses, einer Störung und sogar einer Feindschaft. Das gilt auch für diese kurze Inuitgeschichte.

Das Rentier und der Hund, die früher sehr gute Freunde waren, gingen eines Tages auf den Markt. Jeder von ihnen zog einen schwer beladenen Schlitten. Da das Rentier schon alt und erschöpft war, bat es den Hund:

»Bitte hilf mir! Nimm mir einen Teil meiner Last ab!«

Doch der Hund stellte sich taub und ging allein weiter. Da brach das alte Rentier tot im Schnee zusammen. Und der Mann, dem die beiden Schlitten gehörten, stapelte alle Waren, die das Rentier gezogen hatte, auf den Schlitten des Hundes.

»Ich hätte besser daran getan, ihm zu helfen«, sagte der Hund bei sich, während er keuchend den Schlitten zog.

Seit diesem Tag verfolgt der Hund das Rentier, sobald er es erblickt. Doch das Rentier weicht ihm aus und sucht das Weite.

Die eitle Schlange

So erzählt man sich in China vom Ursprung eines landesüblichen Brauchs.

Es gab einmal in der Provinz Guangdong eine Giftschlange von beträchtlicher Größe, die mit allen Menschen, denen sie begegnete, wetteifern wollte. Sie streckte sich direkt vor ihnen auf dem Weg aus. Wenn ihr Körper länger aussah als der Schatten vom Körper des Menschen, biß sie den Menschen, so daß er starb. Doch sie hatte ihr Schlangenehrenwort gegeben, sich selbst zu töten, wenn sie einen Menschen treffen würde, der größer wäre als sie.

Zahlreich waren die Reisenden, die den Tod auf dem Weg fanden, wo sich die Schlange, immer direkt vor ihnen, ausstreckte. Doch eines Tages hob ein Mann, als er die Schlange sah, blitzschnell seinen Regenschirm, den er bei sich hatte. Die Schlange hielt den Schatten des

Regenschirms für die Verlängerung vom Schatten des Menschenkörpers. Getreu ihrem Schwur biß sie sich selbst und starb.

Seit diesem Tag tragen Reisende selbst bei Sonnenschein einen Schirm bei sich, wenn sie die Guangdongberge passieren.

Woher das Licht gekommen ist

Von allen Ursprüngen ist der des Lichts oder des Feuers der geheimnisvollste. Von ihm wird häufig erzählt, vor allem bei den Ureinwohnern Amerikas. So haben Bill Reid und Robert Bringhurst* berichtet, daß bei den Haida, auf den Inseln an der Nordwestküste von Nordamerika, am Anfang alles dunkel war, vollkommen dunkel. Ein alter Mann bewahrte in seinem Haus am Ufer eines Flusses einen Kasten auf, der einen anderen Kasten enthielt, der noch einen Kasten enthielt, in dem wiederum eine Unmenge von Kästen enthalten waren, die immer ein Kästchen enthielten, das noch kleiner war als sie selbst, bis zu dem letzten, das so klein war, »daß dort nichts anderes mehr enthalten sein konnte als das Licht der Welt.«

Es brauchte die ganze List des Raben, der dortigen Betrügerfigur, des – verlogenen, auf Abwege geratenen und obszönen – *Tricksters,* der sich in einen anbetungswürdigen kleinen, von einer Frau geborenen Jungen verwandelte und den alten Mann bat, den Kasten zu öffnen. Da erst kam das Licht in die Welt.

Anderswo, bei den Yamomami in Venezuela, erzählt man sich, daß das Feuer früher einem alten, unfreundlichen Geizhalz namens Ima-Riwe gehörte, der es un-

* In *Le Dit du corbeau*, atelier Alpha Bleue, 1989

ter seiner Zunge versteckt hatte.* Er weigerte sich hartnäckig, auch nur den kleinsten Funken davon zu verleihen. Ein kleiner, gewitzter Mann namens Yorekitirami bemühte sich vergeblich, ihn zum Lachen zu bringen.

Es mußte erst soweit kommen, daß der ganze Stamm und mit ihm der alte Geizhalz krank wurde, bis dieser schließlich nieste. Da schoß das Feuer aus seinem Mund, und der gerissene Mann schnappte es sich. Er sprang vor Freude in die Höhe, so hoch, daß er sich auf den Ästen eines Baumes wiederfand, wo er die Funken versprühen ließ. Seit diesem Moment übrigens kann Holz brennen. Der Baum war ein Kakaobaum. Und sein Holz verwendet man immer noch zum Feueranzünden.

Bei anderen indianischen Völkern kann das Feuer (oder das Licht) im Maul eines Kaimans versteckt sein, der es nicht hergeben will. Es braucht erst den dortigen *Trickster*, der eine komische Vorstellung gibt, worauf der Kaiman in Gelächter ausbricht, daß das Feuer freigesetzt wird und den Menschen übergeben werden kann.

Göttlicher Ausgleich

Es gibt eine Geschichte, die sich alle Völker der Welt – mit geographischen Varianten – gern erzählen. In Mexiko habe ich sie das erste Mal gehört, deshalb siedle ich sie dort an.

Es ist wenige Sekunden nach der Erschaffung der Welt. Der Erzengel Gabriel fliegt neben Gott und sagt

* Raymond Zochetti, *Légendes indiennes du Venezuela*, L'Harmattan, 1985

zu ihm, während er von oben auf das gerade erschaffene Mexiko zeigt:

»Aber Herr, was geht dir denn im Kopf herum? Du hast gerade ein absolut großartiges Land erschaffen! Es hat zwei Ozeane, hohe Berge, dichte Wälder und breite Flüsse! Hast du nicht ein wenig zuviel in ein einziges Land gepackt?«

»Keine Sorge«, antwortet Gott. »Ich werde auch die Mexikaner hineinsetzen.«

Das Lachen des Hasen

Eine tibetische Geschichte, erzählt von Patrick Carré*, berichtet, warum der Hase eine gespaltene Oberlippe hat.

Als der Hase plötzlich einem Tiger von Angesicht zu Angesicht gegenüberstand, flehte er ihn an, ihn nicht sofort zu verschlingen. Er kenne eine Stelle, sagte er, wo der Tiger viel fettere und köstlichere Tiere als ihn finden würde. Er würde nicht zu bereuen haben, ihn noch ein wenig am Leben zu lassen.

Der Tiger willigte ein, dem Hasen zu folgen. Sie gingen in der Dunkelheit dahin, als der Tiger plötzlich hörte, wie der Hase mit der Zunge schnalzte und schmatzende Geräusche von sich gab. Er fragte ihn, was er da äße.

»Ich esse mein rechtes Auge«, antwortete der Hase. »Ich habe es aus der Höhle gezogen. Im übrigen wächst es sehr schnell nach und ist einfach köstlich.«

Vollkommen ausgehungert riß sich der Tiger das rechte Auge aus und verschlang es. Trotz seiner Schmer-

* Patrick Carré, *Cornes de lièvre et plumes de tortue,* Le Seuil, 1997

zen fand er es sehr lecker. Ein klein wenig später ließ er sich überzeugen, auch sein linkes Auge zu fressen. Danach war er natürlich blind und ließ sich willig zum Rand eines Abgrunds führen.

Dem Tiger war kalt. Der Hase zündete so nah vor ihm ein Feuer an, daß der Tiger zurückwich und in den Abgrund fiel. Im Fall biß er sich an einem Busch fest und konnte sich daran halten.

»Alles in Ordnung?« fragte der Hase und neigte sich vor.

Der Tiger konnte nur knurrend antworten.

»Sprich deutlicher!« rief der Hase. »Sprich deutlicher, sonst kann ich dich nicht verstehen! Ich weiß nicht, ob du noch lebst, und kann dir dann keine Hilfe bringen!«

Der Tiger fing an zu sprechen, ließ dafür den Busch los und fand auf dem Grund der Schlucht den Tod.

Der Hase aber machte sich davon und begegnete einem Mann mit einer Herde Pferde.

»Soll ich dir sagen«, fragte der Hase ihn, »wo du ein noch ganz frisches Tigerfell finden kannst?«

Der Mann ließ sich die Stelle beschreiben und brach in aller Eile auf, während der Hase zu zwei Raben sagte, die er auf einem Ast sitzen sah:

»Habt ihr diese herrenlosen Pferde gesehen? Sie sind schlecht gepflegt und voller Wunden. In den Wunden auf ihrem Rücken habe ich Tausende von Würmern gesehen!«

Und so war es. Die Raben pickten hastig die Würmer auf. Die so malträtierten Pferde gerieten in Panik und galoppierten davon.

Der Hase folgte mit seinen Augen dem Flug der Raben, sah einen jungen Hirten, der seine Schafe hütete, und sagte zu ihm, er wüßte, wo es ein Rabennest gäbe, das voller Eier wäre.

Der Hirte überließ seine Schafe dem Hasen, der sofort einen ihm bekannten Wolf aufsuchte und ihm mitteilte, daß sich in seiner Nähe eine unbeaufsichtigte Schafherde befände.

Und der Wolf stürzte sich darauf.

Der Hase aber kletterte auf den Gipfel eines Hügels und beobachtete das Land unter sich. Er sah den Mann, der dem Tiger das Fell abzog, die Pferde, die sich in Panik zerstreuten, die Raben, die sie verfolgten, den jungen Hirten, der sich übel zurichtete, als er auf einen Baum stieg, um die Eier zu stehlen, und die kopflosen Schafe, die vom Wolf verschlungen wurden.

Bei diesem Anblick fing der Hase so heftig und so lange an zu lachen, daß seine Oberlippe sich spaltete und seit diesem Tag geöffnet blieb.

Der Frauenjäger

Eine indianische Geschichte von den Meckwakihag erzählt uns vom Ursprung des Windes.

Eines Tages im Frühling kam ein junger Fremder ins Dorf und erklärte, er sei auf der Suche nach hübschen Frauen. Er sprach nur davon. Er wollte nur die hübschen Frauen des Dorfes sehen.

Als es Abend geworden war, ging er einfach durch den Türvorhang in eine Hütte, trat auf eine junge Frau zu und sagte ihr, sie solle ihm folgen. Ohne ein Wort erhob sie sich und folgte ihm. Er führte sie in ein Zelt, das er außerhalb des Dorfes errichtet hatte, und ließ sie dort allein zurück.

Zurück im Dorf, betrat er eine andere Hütte und verfuhr in der gleichen Weise mit einem weiteren jungen Mädchen, das ihm folgte. Der Vater versuchte, sich ihm entgegenzustellen, und sagte, das Mädchen sei einem anderen versprochen. Doch der Fremde legte seine Hand auf die Brust des jungen Mädchens, das ihn verliebt anblickte. Da sagte es zu seinem Vater, daß es mit dem Fremden zu gehen wünsche, und der Vater ließ es ziehen.

So ging der junge Fremde, der schön anzusehen war und eine funkelnde Scheibe um den Hals trug, die ganze Nacht lang von Hütte zu Hütte. Im Morgengrauen hatte er in seinem Zelt alle jungen Mädchen des Dorfes, die er bat, eine neue, große Hütte zu errichten, in der zwanzig Feuerstellen untergebracht werden konnten. Sie machten sich sofort an die Arbeit, bauten die Hütte und zündeten das Feuer an, um die Mahlzeiten zuzubereiten.

Am Abend kehrte der junge Fremde ins Dorf zurück, wo sich noch immer einige junge Mädchen befanden. Sie folgten ihm ausnahmslos, selbst die sechs Töchter des Häuptlings, die sich in aller Eile ankleideten.

Schließlich kam er zu einem Zelt, das von den jungen Männern des Dorfes umringt war. Diese spielten Flöte in der Hoffnung, die Schönste der Schönen zu verführen, die sich im Innern des Zeltes befand. Der Fremde betrat das Zelt und sah, wie schön die junge Frau war, die am Feuer lag. Er berührte sacht ihre Schulter und sagte zu ihr, daß er in dieser Nacht nur zu ihr gekommen sei und sie ihn bei sich liegen lassen solle.

Sie blickte ihn lange an, dann begann sie zu weinen. Im selben Moment hob sie ihre Decke und machte dem Fremden Platz. Als er sich zu ihr legte, machte die schöne, junge Frau zuerst eine heftige Bewegung, als wolle sie, von Furcht ergriffen, aufstehen. Dann aber blieb sie reglos liegen und bot sich ihm schweigend dar. Er entdeckte, daß sie noch Jungfrau war, und versprach ihr, sie zu seiner Frau zu machen, an seiner Rechten sitzen zu lassen und dafür zu sorgen, daß alle anderen Frauen ihr gehorchten. Danach dachte er an die anderen jungen Männer, die vor dem Zelt vergeblich Flöte spielten, und dieser Gedanke reizte ihn zum Lachen.

Am nächsten Tag machte er sich mit all seinen Frauen auf den Weg und bat sie, ihm Dörfer zu zeigen, wo er noch weitere Frauen finden könnte, denn er schien unersättlich. Und die Frauen gaben ihm genaue Angaben. Bald bildeten all diese Frauen einen sehr langen Zug. Keine konnte ihm widerstehen. Sie kamen in die große Hütte zurück, die schon zu klein für alle geworden war.

Die Männer und die alten Frauen des Dorfs schimpften auf den Fremden, wagten aber nichts zu tun, da ein mächtiger, unerklärlicher Zauber ihn beseelte.

Gegen Ende des Sommers kam ein anderer Fremder ins Dorf. Er hatte breite Schultern, schmale Hüften und sah stark und kühl aus. Begleitet wurde er von seiner jungen, anziehenden Frau. Sofort warnten ihn die Dorfbewohner und sagten ihm, daß der andere, der Erste, ihm sicher seine Frau wegnehmen würde, da er alle Frauen mit sich nähme.

Und wirklich wurde am Abend der erste Fremde beim zweiten vorstellig und verkündete ihm, er käme, um seine Frau abzuholen. Der andere sagte ruhig zu ihm, er müsse sie nur mitnehmen. Der junge Mann trat auf die Frau zu, doch da fegte ihm ein so heftiger Windstoß mitten ins Gesicht, daß er stehenblieb. Die beiden Männer forderten einander heraus und entschieden, am folgenden Tag im Freien miteinander zu kämpfen.

Der junge Fremde ging fröstelnd nach Hause zurück, denn die Nacht war stürmisch. Ein scharfer, kalter Wind wehte um ihn herum. Er legte sich neben seine schönste Frau und bat sie, ihn zu wärmen, doch es gelang ihr nicht. Da ließ er all seine Frauen rufen und umarmte eine nach der anderen. Doch wurde sein Schüttelfrost nicht schwächer, und der Wind blies immer stärker um die große Hütte. Die Frauen umringten ihn und hüllten ihn mit ihren Körpern ein. Sie preßten sich an ihn und streichelten ihn, glühend vor Liebe. Doch ihm wurde immer kälter, so daß er rief, man solle ein Feuer, ein riesiges Feuer entfachen. Die Frauen zündeten in aller Eile dieses Feuer an, das immer größer wurde, bis es schließlich riesig war. Und in dieses Feuer warfen sie alles, was sie hatten. Als die Hitze unerträglich wurde, mußten sie die große Hütte verlassen, welche auf einmal in Brand geriet. Und der junge Fremde, der die Flammen immer weiter anfachte, starb im Feuer.

In dieser Nacht tauchte der erste Frost auf, der Frost, den man bis dahin nicht gekannt hatte. Es wurde bekannt, daß der junge Fremde Nagawicka hieß, was Wind des Südens bedeutet.

Und man sagt, daß jedes Mal, wenn diese Geschichte erzählt wird, der Wind sich erhebt.

14

Im allgemeinen kommen die Fragen vor den Antworten

Die schwarze Kuh und die weiße Kuh

So wie Konfuzius empfiehlt, sich vor jedem Unterfangen über die genaue Bedeutung der Wörter zu einigen, so spürt jeder, daß die gute Frage die notwendige Bedingung für jede befriedigende Antwort ist.

In der Zentradition braucht die Frage, wenn sie gut gestellt ist und gleichzeitig alle Kräfte des Geistes und des Herzens ins Werk setzt, nicht einmal mehr die Antwort. Sie hat bereits ihre Aufgabe erfüllt. So zum Beispiel die berühmte Frage des Bogenschützen: »Wer zielt in mir?« oder auch eine der klassischen: »Wenn zwei Hände gegeneinanderschlagen, kann man ein Geräusch hören. Welches Geräusch macht eine einzige Hand?«

»Was ist der Unterschied zwischen einem Raben?« fragte Coluche, der sich, vielleicht ohne es zu wissen, in dieselbe Tradition stellte. Oder auch: »Wie alt war Rimbaud?«

Die folgende Geschichte, die man langsam vorlesen oder erzählen sollte, spielt in der heutigen Zeit im spanischen Baskenland. Einige halten sie für eine der besten Geschichten der Welt.

Ein ruhiger und schweigsamer Bauer hütete zwei Kühe, die auf einer Wiese grasten, und tat nichts anderes.

Ein anderer Bauer, der vorbeikam, setzte sich auf eine kleine Mauer am Rande der Wiese, schwieg einen Moment (denn in diesem Land verlaufen die Gespräche langsam und bedächtig) und fragte schließlich:

»Fressen die Kühe gut?«

»Welche von beiden?« sagte der andere.

Da sagte der zweite Bauer, von der Frage etwas aus der Fassung gebracht, aufs Geratewohl:

»Die weiße.«

»Die weiße: ja«, sagte der erste.

»Und die schwarze?«

»Die schwarze auch.«

Nach diesem ersten Wortwechsel sagten die beiden Männer eine ganze Weile erst einmal nichts, sondern betrachteten die vertraute Landschaft, die Berge und das Dorf.

Dann fragte der zweite Bauer:

»Und geben sie viel Milch?«

»Welche von beiden?« sagte der andere sofort.

»Die weiße.«

»Die weiße: ja.«

»Und die schwarze?«

»Die schwarze auch.«

Wieder folgte Schweigen, das so lange andauerte wie das vorherige. Während dieser Redepause blickten die Männer sich nicht an. Man hörte nur das friedliche Geräusch der beiden grasenden Kühe.

Da unterbrach der zweite Bauer schließlich die Stille und sagte:

»Aber warum fragst du mich eigentlich immer: ›Welche von beiden‹?«

»Weil«, sagte der erste, »die weiße mir gehört.«

»Ach so«, sagte der zweite.

Er dachte noch ein wenig nach, dann fragte er abschließend, nicht ohne eine bange Vorahnung:

»Und die schwarze?«

»Die schwarze auch.«

Die Tapete

Die folgende Geschichte, die sich ebenfalls auf die Art, Fragen zu stellen, bezieht – doch natürlich weist sie darüber hinaus –, ist zeitgenössisch und unzweifelhaft aus Frankreich.

Ein alleinstehender Mann zog in eine neue Wohnung ein. Es war eine Wohnung mit zwei Zimmern in einem dieser Neubauten, die im zwanzigsten Jahrhundert überall wie Pilze aus dem Boden schießen.

Dieser Mann war ein höflicher Mensch und beschloß, sich seinen neuen Nachbarn vorzustellen, die ihn auch herzlich empfingen. Zuletzt klopfte er an die Tür der Wohnung direkt über der seinen. Ein Mann öffnete ihm, ließ ihn eintreten, schien entzückt über diesen Besuch und bot dem Besucher ein Glas von einem recht guten Portwein an. Auch er lebte allein in einer Wohnung mit zwei Zimmern, die wegen der Bauverordnungen exakt so geschnitten war wie die des neuen Mieters.

Im Verlauf des Gesprächs bemerkte der letztere die Tapete, die die Wände in der Wohnung seines oberen Nachbarn schmückte.

»Gefällt sie Ihnen?« fragte der Nachbar.

»Sehr sogar. Das ist die hübscheste, die schönste Tapete, die ich je gesehen habe.«

»Wenn Sie möchten, sage ich Ihnen, wo ich Sie gekauft habe.«

»Sehr gern.«

Der Nachbar von oben gab dem Mann die Adresse des Geschäfts. Woraufhin der neue Mieter, der bemerkt hatte, daß die ganze Wohnung mit derselben Tapete bedeckt war, ihn fragte:

»Und wie viele Rollen haben Sie gekauft?«

»Ich habe achtundzwanzig gekauft«, antwortete der Nachbar von oben.

Der neue Mieter dankte ihm herzlich und zog sich zurück. Am nächsten Morgen begab er sich zum angegebenen Geschäft, fand dieselbe Tapete und ließ sich achtundzwanzig Rollen davon geben.

Er machte sich sofort an die Arbeit und tapezierte seine ganze Wohnung, bis auf den letzten Winkel. Doch mußte er, als er damit fertig war, zu seiner großen Überraschung bemerken, daß ihm noch zehn Rollen übrigblieben, für die er keine Verwendung hatte.

Sofort stieg er in die Etage über ihm, klingelte, der Nachbar öffnete ihm, ließ ihn lächelnd eintreten, bat ihn, sich zu setzen und bot ihm ein Glas Portwein an.

»Entschuldigen Sie, wenn ich störe«, sagte der neue Mieter, »aber ich bin neugierig. Ich habe getan, was Sie mir gesagt haben, und habe achtundzwanzig Rollen Tapete gekauft, damit meine ganze Wohnung tapeziert, die genauso geschnitten ist wie die Ihre, und doch habe ich noch zehn Rollen übrig!«

»Ja«, sagte der Nachbar von oben. »Ich auch.«

Das oberste Prinzip

Ein Schüler, der sich für den Weg des Zen entschieden hatte, fragte seinen Meister:

»Was ist das oberste Prinzip?«

»Wenn ich es dir sagte«, antwortete der Meister, »dann wäre es nur noch das zweitoberste Prinzip.«

Die Erschöpfung der Pfosten

Ein junger Chinese ließ sich nach einem Polospiel auf eine Bank fallen und stieß in Gegenwart seines Ausbilders einen lauten Seufzer aus.

»Bist du erschöpft?« fragte ihn der Ausbilder.

»Ja. Ich bin erschöpft.«

»Und sind die Pferde auch erschöpft?«

»Ja. Sie sind erschöpft.«

»Und sind die Torpfosten erschöpft?«

Erst in der folgenden Nacht begriff der junge Mann den Sinn dieser Frage. Er stürzte zu seinem Ausbilder, weckte ihn und sagte:

»Ich habe verstanden.«

Der Ausbilder zeigte sich zufrieden und schlief sofort wieder ein.

Paphnutius' Fragen

Ein christlicher Einsiedler mit Namen Paphnutius, der in der Wüste nicht weit von Herapolis lebte, kasteite sich, geißelte sich und fastete lange Jahre. Da hatte er die Idee, Gott zu fragen, auf welcher Stufe der Vollkommenheit er inzwischen angelangt sei.

Und Gott sagte zu ihm:

»Du bist auf derselben Stufe wie der Flötenspieler des Dorfes.«

Sehr erstaunt begab sich Paphnutius zum Dorf und befragte den Flötenspieler. Er erfuhr, daß er ein Straßenräuber gewesen war, bevor er Musiker wurde. Doch während eines seiner Raubzüge hatte er einer jungen, Gott geweihten Jungfrau Ehre und Leben gerettet.

Paphnutius ging in Begleitung des Musikanten mit räuberischer Vergangenheit zurück in die Wüste und nahm mit diesem Schüler sein asketisches Leben wieder auf. Paphnutius verstärkte seine Anstrengungen. Nach langen Leidensjahren stellte er Gott erneut die Frage:

»Auf welcher Stufe bin ich nun angelangt?«

Gott antwortete ihm, daß er sich auf derselben Stufe befände wie der Bürgermeister eines bestimmten Dorfes, ein redlicher und anständiger Mann, der niemandem etwas zuleide tat.

Die dritte Frage stellte den Einsiedler Paphnutius, dessen Körper nur noch ein geschundenes Skelett war, auf dieselbe Stufe wie einen reichen Kaufmann aus Alexandria, der den Einsiedlern von Zeit zu Zeit etwas Trockengemüse gab.

Paphnutius dachte lange über die drei göttlichen Antworten nach. Seine Frage stellte er nie wieder. Aber er erzählte all jenen seine Geschichte, die ihn besuchten.

Die Frage ohne Antwort

Eine griechische Volksgeschichte erzählt von einem Hirten, der zur Sphinx wurde.

Alle Prinzen der Erde begehrten eine Prinzessin, deren Körper und Geist gleichermaßen bewundernswert waren. Doch der Teufel drang in den Kopf der Prinzessin ein, so daß sie beschloß, nur den zum Mann zu nehmen, der ihr eine Frage stellen würde, auf die sie keine Antwort wüßte.

Unter Tränen warf sie sich ihrem Vater zu Füßen und sagte folgendes zu ihm:

»Ich werde nur einen Mann heiraten, der mir eine Frage stellt, auf die ich keine Antwort weiß. Und den anderen, mein Vater, soll der Kopf abgeschlagen werden.«

Wider seinen Willen stimmte der Vater zu und schickte die Ausrufer mit dieser Botschaft in alle vier Richtungen seines Königreichs. Einige Prinzen versuchten, verrückt vor Liebe zu der Prinzessin, das unmögliche Unterfangen. Doch die Prinzessin war so klug, so gebildet und gewitzt, daß die Köpfe all dieser Prinzen in den Schächten des Königs endeten.

Die Prinzessin aber blieb allein und jungfräulich.

Ein Hirte, der weit entfernt in den Bergen wohnte, hörte von diesem Gemetzel. Er ließ sich die Geschichte der Prinzessin ausführlich erzählen und sagte bei sich:

»Mein Leben ist arm und traurig. Warum sollte ich hartnäckig daran festhalten? Wenn ich eine Möglichkeit habe, diese Prinzessin für mich zu gewinnen, warum sollte ich dafür nicht mein Leben riskieren?«

Am selben Abend noch besuchte er seine Mutter und eröffnete ihr seine Absicht. Entsetzt riet ihm die Mutter, bei seinen Schafen in den Bergen zu bleiben. Doch sie konnte ihren Sohn nicht überreden. Da buk sie ihm vor seiner Abreise einen Kuchen, dem sie eine so starke Dosis Gift beimischte, daß ein Kamel daran hätte sterben können.

Und sie sagte zu ihm:

»Bevor du diesen Kuchen kostest, mußt du deiner Hündin ein kleines Stück davon geben. Wenn du siehst, daß ihr etwas zustößt, dann reise nicht weiter, sondern komm zurück, denn das wäre ein sehr schlechtes Vorzeichen.«

Der Hirte machte sich mit seinem Kapuzenmantel, seinem Hirtenstab, dem Kuchen in seinem Beutel und seiner Hündin auf den Weg, die ihm überallhin folgte. Gegen Mittag kam er zu einem sehr großen Wald und setzte sich unter einen Baum, um etwas zu essen. Er erinnerte sich an die Worte seiner Mutter und warf ein Kügelchen von dem Kuchen seiner Hündin ins Maul, die sofort unter starken Krämpfen starb.

Von Angst ergriffen, warf der Hirte den Kuchen weg. Als er im Wald nach Früchten suchte, um seinen heftigen Hunger zu stillen, entdeckte er eine tote Kuh, die aussah, als wäre sie trächtig. Er öffnete den Bauch dieser Kuh und zog das Kalb heraus, um es zu essen.

Doch wie sollte er es braten? Er ging aufs Geratewohl in den Wald, entdeckte eine abgelegene Kirche, trat ein, fand dort brennende Lampen, häufte Kirchenbücher auf, zündete sie an und röstete das Kalb. Danach aß er es und ließ nur die Knochen übrig.

Dadurch bekam er Durst. Doch wo sollte er Wasser finden? Er hatte im Wald nicht die kleinste Quelle gesehen. Als er die Augen hob, sah er eine der Lampen, die Wasser und darüber Öl enthielten. Er schüttete das Öl aus und labte sich am Wasser.

Als er zu seiner toten Hündin zurückkehrte, sah er drei Raben, die sich stritten und sie gerade auffressen wollten. Doch kaum hatten sie mit dem Picken begonnen, da fielen alle drei auf der Stelle tot um.

Der Hirte setzte sich und dachte einen Moment nach. Dann beschloß er, sein Glück bei der Prinzessin zu versuchen, anstatt in die Berge zurückzukehren.

Es kostete ihn sehr viel Mühe, in den Palast eingelassen zu werden, denn die Soldaten wollten ihn verjagen. Doch die Prinzessin wurde von seiner Anwesenheit in Kenntnis gesetzt und befahl, ihn eintreten zu lassen.

Als er vor ihr stand, verneigte er sich und bot ihr sein Herz oder seinen Kopf dar. Dann gab er ihr mit folgenden Worten sein Rätsel auf:

»Der kleine Kuchen hat die kleine Nelke umgebracht. Die tote kleine Nelke, die Arme, ließ drei Schwarze sterben. Ich habe das Fleisch genommen, welches geboren und zugleich nicht geboren war. Dies habe ich mit Buchstaben gebraten, und dazu trank ich Wasser, das weder vom Himmel noch von der Erde kam.

Die Prinzessin konnte trotz all ihres Wissens keine

Antwort darauf geben. Sie bat um drei Tage Zeit, die der Hirte ihr gewährte. Doch das Rätsel konnte sie nicht lösen. Kopflos willigte sie ein, den Hirten zu heiraten, mit dem sie übrigens ein Leben in Frieden und Glück führte.

Der schreiende Einsiedler

Ein christlicher Einsiedler, der nur in Lumpen gekleidet war, dessen Füße von den Steinen und Dornen bluteten und dessen Kopf von der Sonne verbrannt war, lief ohne Unterlaß im Sand umher und schrie in alle Himmelsrichtungen in die Wüste:

»Ich habe eine Antwort! Ich habe eine Antwort! Wer hat eine Frage?«

Die Reihenfolge der Wörter

Eine japanische Geschichte stellt uns zwei Mönche vor, die im selben Kloster lebten und beide gerne rauchen wollten.

Diese Neigung, der sie ziemlich oft unterlagen, brachte ihnen viele Bemerkungen und Tadel ein.

Eines Tages wurden sie getrennt voneinander zum Meister gerufen. Der erste sagte zum Meister:

»Darf ich meditieren, während ich rauche?«

Der Meister wurde zornig, verweigerte seinem Schüler dies und schickte ihn harsch fort.

Ein klein wenig später begegnete dieser Mönch dem anderen Mönch, der in aller Ruhe rauchte. Erstaunt fragte er ihn:

»Hast du nicht den Meister getroffen?«

»Doch, ich habe ihn getroffen.«

»Und hat er dir nicht verboten zu rauchen?«

»Nein.«

»Aber wie ist das möglich? Was hast du ihn gefragt?«

»Ich habe ihn einfach gefragt: ›Darf ich rauchen, während ich meditiere?‹«

Das Wesen von Buddha

Immer noch in der Zentradition fragte ein Mönch eines Tages den Meister Josshu:

»Wer ist der Buddha?«

»Das ist der am Eingang des Klosters«, antwortete der Meister.

»Der am Eingang des Klosters«, sagte der Schüler, »ist doch nur eine Skulptur, eine Form aus getrockneter Erde.«

»So ist es«, sagte der Meister.

»Wer also ist der Buddha?«

»Das ist der am Eingang des Klosters«, antwortete der Meister.

Die drei Fragen

Auf die folgende Geschichte stößt man sowohl in Island als auch in der Türkei.

Bei Morgengrauen sollte ein Mann enthauptet werden, sofern er nicht drei Fragen beantworten konnte. Doch einer seiner Freunde, ein einfacher Soldat, kam an seiner Stelle zu den Wachen. Er erklärte sich bereit zu antworten. Man entgegnete ihm, daß, sollte er nicht die richtige Antwort finden, dann ihm der Kopf abgeschlagen werde. Dies akzeptierte er.

Der Hauptmann der Wachen sagte: »Dies ist die erste Frage. Wie viele Ladungen Sand geben alle Küsten Irlands her?«

»Eine einzige«, sage der Mann, »wenn der Wagen groß genug ist.«

»Dies ist die zweite Frage«, sagte der Hauptmann. »Wieviel bin ich wert?«

»Neunundzwanzig Silberlinge«, war die Antwort.

»Wie kommst du auf diese Zahl?«

»Unser Herr Jesus Christus wurde für dreißig Silberlinge verkauft. Und soviel wie er bist du sicherlich nicht wert.«

Diese Antwort wurde ebenso gebilligt wie die erste. Da fragte der Hauptmann der Wachen:

»Wie viele Sterne stehen am Himmel?«

»Neuntausendneunhundertneunundneunzig«, antwortete der Mann sogleich.

»Woher weißt du das?«

»Nun, wenn du mir nicht glaubst, dann kannst du ja heute abend hinauffliegen und sie zählen.«

Die Blätter des Baums

Ein Dialog mit derselben Struktur findet sich in einer alten, indischen Geschichte. Ein Schüler und sein Guru gehen nebeneinander durch das Land. Der Schüler zeigt mit dem Finger auf einen riesengroßen Baum und fragt:

»Wie viele Blätter hat dieser Baum?«

»Achtzigtausendsechshundertsechsundvierzig«, antwortet der Guru, ohne zu zögern.

»Bist du sicher?«

»Wenn du mir nicht glaubst, dann klettere doch auf den Baum, und zähle die Blätter.«

Der Tausendfüßler und die Kröte

Eine chinesische Geschichte überliefert uns eine wirklich störende Frage.

Ein Tausendfüßler führte ein beschauliches Leben und widmete sich seinen verschiedenen Beschäftigungen bis zu dem Tag, als ihn eine Kröte fragte, die ihn oft hin und her laufen sah:

»In welcher Reihenfolge, bitte, setzt du deine Füße in Gang?«

Der Tausendfüßler kehrte in seine Behausung zurück, zutiefst verstört durch die Frage der Kröte. Er versuchte, eine mögliche Antwort zu finden, doch es gelang ihm nicht.

Da blieb er blockiert in seinem Loch, unfähig, seine Füße in Bewegung zu setzen, und verhungerte.

Die gute Aussprache

Wie immer ist die Weisheit widersprüchlich, und die guten Geschichten lassen sich umwenden wie Handschuhe.

Dies sagt uns eine Sufigeschichte zur korrekten Aussprache heiliger Worte.

Ein angesehener Derwisch ging nachdenklich an einem Fluß entlang, als er eine menschliche Stimme hörte, die einen heiligen Lobgesang anstimmte. Doch statt korrekt die Silben YA HU auszusprechen, sagte die Stimme U YA HU.

Der Derwisch entschied, daß es seine Pflicht war, diese Unvollkommenheit zu korrigieren. Er lieh sich ein Boot und ruderte zu einer kleinen Insel mitten im Fluß, woher die Stimme des Sängers ertönte. In einer Hütte aus Schilf fand er einen ärmlich gekleideten

Mann, der seine Gebete psalmodierte und sich dabei so vertat.

Der Derwisch korrigierte ihn freundlich. Der andere dankte ihm in aller Demut.

Sie trennten sich. Der Derwisch stieg wieder in sein Boot und ruderte zum Ufer. In dem Bewußtsein, eine gute Tat vollbracht zu haben, war er sehr zufrieden. Denn es heißt, daß ein Mann, der die heiligen Texte richtig singt, auf dem Wasser zu gehen vermag. Diese Leistung hatte der Derwisch schon sein ganzes Leben vollbringen wollen. Doch vergeblich.

Als er sich in der Mitte des Flusses befand, erhob sich die Stimme des Sängers, die für einen Moment unterbrochen worden war, von neuem über die kleine Insel. Doch der Mann blieb bei seiner unkorrekten Aussprache und sang U YA HU.

Der Derwisch in seinem Ruderboot ließ mutlos die Riemen fallen und fing an, über die Verkommenheit der menschlichen Natur nachzudenken. Da hörte er eine Stimme, die ihn rief. Er wandte sich um. Und sah den einsamen Sänger, der ihm zurief:

»Wart auf mich! Wart auf mich! Ich muß dich etwas fragen!«

Der Mann ließ die Insel hinter sich und stürzte sich in den Fluß. Tatsächlich ging er auf dem Wasser. Er kam bis zum Rand des Bootes und sagte zu dem anderen:

»Verzeih mir, mein Bruder. Mein Gedächtnis ist nicht das beste. Ich habe schon wieder die richtige Aussprache vergessen. Kannst du sie mir bitte noch einmal sagen?«

Klage eines Teufels

Manchmal gibt es bestimmte Personen, die scharfsinnig genug sind, auf einmal die Fragen und die Antworten zu formulieren.

Dies galt für den weinenden, japanischen Dämon. Ein heiliger Mann entdeckte ihn und fragte:

»Was bist du denn für ein Dämon? Seit wann weinen Dämonen? Und warum?«

»Ich bin eine Figur aus alten Zeiten«, sagte der Dämon. »Ich habe vor vier oder fünf Jahrhunderten gelebt, und mein Herz war voller Haß gegen meinen Feind!«

»Und dieser Feind hat dich besiegt?«

»Keineswegs. Ich habe ihn getötet. Ich habe auch seine Söhne, seine Enkel und seine Urenkel getötet! Ohne Ausnahme!«

»Also hast du niemanden mehr, den du töten könntest?«

»Niemanden mehr.«

»Ich wiederhole meine Frage: Warum weinst du?«

»Ich weine, weil ich mir wünsche, sie würden wiedergeboren, damit ich sie noch einmal töten könnte. Doch ich habe nicht die geringste Ahnung, wo sie wiedergeboren werden könnten. Mein Haß brennt noch immer, doch das Geschlecht meines Feindes ist ausgelöscht. Ich kann niemanden mehr töten und verzehre nur mich selbst.«

»Du hast also deinen Haß erhalten, aber gegen dich selbst?«

»Ja, und ich werde hundert Millionen Jahre unter diesem Schmerz leiden. Meinst du immer noch, ich hätte keinen Grund zu weinen?«

Der Dämon ging schluchzend davon. Und der heilige Mann sah, wie um seinen Kopf herum Flammen tanzten.

Die nachdenkende Wache

Eine jüdische Geschichte warnt uns vor den Gefahren beunruhigender Fragen.

Ein Prinz besaß ein Rennpferd, das ihm lieber war als all seine anderen Reichtümer. Man hatte dieses Pferd in einem Stall untergebracht, dessen sorgfältig verriegeltes Tor die ganze Nacht von einem vertrauenswürdigen Mann bewacht wurde.

Eines Nachts wurde der Herr von Unruhe gepackt, so daß er nicht mehr schlafen konnte. Daraufhin ging er nach unten und fand den Wächter in grüblerischer Haltung vor. Er war offensichtlich dabei, sich über etwas den Kopf zu zerbrechen.

»Was beschäftigt dich so intensiv?« fragte der Herr ihn.

»Ich denke nach«, antwortete ihm der Mann. »Wenn man einen Nagel in die Wand schlägt: Wohin geht dann der Mörtel?«

»Nachdenken ist eine gute Sache«, sagte der Prinz. »Eine sehr gute.«

Und er ging in sein Schlafgemach zurück.

Eine Stunde später konnte er immer noch nicht schlafen, ging wieder nach unten und fand den Wächter in derselben Haltung vor.

»Und was beschäftigt dich jetzt?«

»Ich denke nach«, antwortete der Wächter. »Wenn man hohle Kekse macht: Wohin geht dann der Teig?«

»Nachdenken ist eine gute Sache«, antwortete ihm der Herr. »Eine sehr gute.«

Und er ging in sein Schlafgemach zurück.

Eine Stunde später konnte er immer noch nicht schlafen, ging erneut hinunter und fand den Wächter immer noch in Gedanken versunken.

»Was beschäftigt dich jetzt?« fragte er ihn.

»Ich denke nach«, sagte der Wächter.
»Worüber?«
»Dieses Tor ist mit drei Riegeln geschlossen. Ich sitze vor dem Tor, bewache es, und das Pferd wurde gestohlen. Wie war das möglich?«

Variable Antwort

Ein Zenmönch fragte den Meister Busshin:
»Gibt es Himmel und Hölle?«
»Nein«, antwortete der Meister, ohne zu zögern.
Ein Samurai, der diese Antwort durch die geöffnete Tür gehört hatte, trat höchlichst erstaunt beim Meister ein und stellte ihm dieselbe Frage.
Und wieder antwortete der Meister, ohne zu zögern:
»Ja.«
»Aber dem Mönch hast du das Gegenteil gesagt! Das habe ich im Vorbeigehen gehört!«
»Natürlich«, sagte da der Meister, »doch wenn ich dir sagte, daß Himmel und Hölle nicht existieren, wer gäbe mir dann meine Almosen?«

Das gesprochene Gesetz

Eine jüdische Geschichte zeigt uns auf andere Weise die Variabilität der Antworten, von denen die Ordnung des Gesetzes abhängt.
Es war einmal ein Mann namens Hillel, der für seine Sanftmut und Bescheidenheit bekannt war.
Ein Ungläubiger, der zum Judaismus konvertieren wollte, suchte einen anderen heiligen Mann namens Schammai auf und fragte ihn:
»Wie viele Arten von Gesetzen habt ihr?«

»Zwei«, antwortete Schammai. »Das geschriebene und das gesprochene Gesetz.«

»Ich akzeptiere das geschriebene«, sagte da der Mann, »doch es ist mir unmöglich, mich dem gesprochenen Gesetz zu unterwerfen. Das lehne ich ab.«

»Dann verschwinde!« rief Schammai verärgert.

So zurückgewiesen, begab sich der Ungläubige zu Hillel und sagte dasselbe zu ihm: Er würde die Unterweisung im geschriebenen Gesetz akzeptieren, aber das gesprochene Gesetz zurückweisen.

»Sehr gut«, sagte Hillel.

Und er begann mit seinem Unterricht. Am ersten Tag brachte er dem Ungläubigen die wichtigsten Gebote des geschriebenen Gesetzes bei.

Am folgenden Tag begann er von neuem, doch diesmal in einer anderen Reihenfolge. Der Neubekehrte wunderte sich:

»Aber gestern hast du mir das anders beigebracht!«

»Und hast du mir gestern vertraut?«

»Natürlich!«

»Hast du damit«, sagte Hillel da, »nicht dem gesprochenen Gesetz vertraut?«

Eine gute Vorsichtsmaßnahme

Eine weitere Anekdote aus dem Zen.

Ein Schüler fragt Meister Nansen:

»Wo wirst du in hundert Jahren sein?«

»Ich werde ein Rind an einem Fluß sein«, antwortete der Meister.

Da fragte der Schüler ihn:

»Aber wird es möglich sein, dir zu folgen?«

»Wenn du mir folgst«, antwortete der Meister, »vergiß nicht, ein anständiges Büschel Gras mitzubringen.«

Eine Frage von Nasreddin

An einem Wintertag saßen Freunde von Nasreddin Hodja in der Türkei um ein Feuer herum und stöhnten über das schlechte Wetter. Einer der Männer, der vernünftiger war als die anderen, sagte:

»Es liegt in der menschlichen Natur, sich zu beklagen. Im Winter klagen die Menschen über die Kälte und wünschen sich den Sommer herbei. Kommt der Sommer, beklagen sie sich über die extreme Hitze und wünschen sich den Winter zurück. Sie sind niemals mit etwas zufrieden.«

Da sagte Nasreddin, den man eine Zeitlang nicht gehört hatte, mit einem Seufzer:

»Ja. Aber hat man sich jemals über den Frühling beklagt?«

Die richtige Seite des Butterbrots

Eine wirklich unbequeme Frage wurde eines Tages einem Rabbiner gestellt, wie eine der köstlichsten jüdischen Geschichten erzählt.

Es ist in der Tat die Geschichte eines Wunders. Ein Mann ließ eines Tages aus Versehen sein Butterbrot fallen, und an diesem Tag fiel es merkwürdigerweise nicht auf die Seite mit der Butter. Im Widerspruch zu allen Überzeugungen, zu allem, was die heiligen Schriften behaupten, fiel das Butterbrot auf die Brotseite.

Das war wirklich und wahrhaftig ein Wunder.

Die Nachricht verbreitete sich in Windeseile in der kleinen Stadt, die Leute liefen zusammen und verstrickten sich in tiefsinnigste Diskussionen. Warum war das Butterbrot an diesem Tag nicht auf die gebutterte Seite gefallen?

Man lief zur Synagoge und sprach mit dem Rabbi, der die Angelegenheit für höchst verzwickt befand und um einen ganzen Tag und eine ganze Nacht bat, um nachzudenken und zu beten.

Es war ein Mann, der weithin für seine Weisheit bekannt war. Den ganzen Tag und die ganze Nacht fastete er, dachte nach, betete und zog die heiligen Bücher zu Rate.

Am nächsten Tag begab er sich mit müdem, aber von der Wahrheit erleuchteten Gesicht zu dem Haus, wo das angebliche Wunder stattgefunden hatte. Die ganze Stadt umringte ihn. Er ließ sich zu dem betreffenden Mann führen und sagte zu ihm:

»Die Lösung ist ganz einfach, und ich werde sie dir mitteilen. Es lag nicht am Butterbrot, das falsch gefallen ist. Es lag an dir, denn du hast die Butter auf die falsche Seite gestrichen.«

Das Anbrechen des Tages

Eine andere jüdische Geschichte zeigt uns einen Rabbi, der seine Schüler fragte: »Woher weiß man, daß die Nacht vorbei ist und der Tag anbricht?«

»Daher, daß man ein Schaf von einem Hund unterscheiden kann«, sagte ein Schüler.

»Nein, das ist nicht die richtige Antwort«, befand der Rabbi.

»Daher«, sagte ein anderer Schüler, »daß man einen Feigenbaum von einem Olivenbaum unterscheiden kann.«

»Nein«, sagte der Rabbi. »Das ist auch nicht die richtige Antwort.«

»Woher weiß man es also?«

»Wenn wir das Gesicht eines Unbekannten, eines

Fremden betrachten und sehen, daß er unser Bruder ist: Dann ist genau in diesem Moment der Tag angebrochen.«

Und wenn das Wort unmöglich wäre?

Der japanische Schriftsteller Shunryu Suzuki hat diesen kurzen Dialog zweier Freunde überliefert, die über den richtigen Weg sprechen.

»Selbst wenn ein Weiser einmal üble Begierden haben sollte«, sagte einer von beiden, »würde Buddha nicht seine Rede ändern, denn ihm stehen nicht zweierlei Arten von Worten zur Verfügung. Er spricht Worte aus, aber keine dualistischen Worte.«

»Selbst mit dieser Präzisierung«, sagte sein Freund zu ihm, »ist deine Feststellung unvollkommen.«

»Wie verstehst du denn dann die Worte des Buddha?«

»Genug diskutiert«, sagte der andere. »Trinken wir eine Tasse Tee.«

15

Das Lachen kann ein Ziel an sich sein

Nasreddins Schluckauf

Wahrhaftig ist von Zeit zu Zeit und sogar ziemlich oft, wenn die Welt kaum noch zu verstehen ist und wir große Mühe haben, es zuzugeben, es zu bewältigen und uns dieser Tatsache anzupassen, das Lachen eine letzte Waffe, die uns Zuflucht in den Spott und zugleich diese Gewißheit, diese Fülle bietet, welche die Mitgift aller gesunden Wesen ist.

Da die Ärzte außerdem behaupten, daß Lachen gut für die Gesundheit sei, wollen wir hier einige Geschichten zusammenhangslos aneinanderreihen, die hier und da die Völker zum Lachen gebracht und ihnen vielleicht sogar das Überleben ermöglicht haben.

Und wir wollen mit Nasreddin Hodja beginnen, der unbestritten diese Ehre verdient.

Nasreddin kommt in eine Apotheke und verlangt etwas gegen den Schluckauf.

Sogleich stößt der Apotheker einen Schrei aus, stürzt sich auf Nasreddin und schlägt ihn heftig. Nasreddin fällt um, reißt dabei mehrere Glasbehälter mit und tut sich empfindlich weh.

Beleidigt steht er wieder auf und fragt den Apotheker:

»Was sollte dieser Schrei, du Bestie? Und warum schlägst du mich?«

»Weil«, antwortet der Apotheker, »das beste Mittel gegen den Schluckauf bekanntermaßen ein tüchtiger Schreck ist.«

Da entgegnet Nasreddin, während er sich den Kopf hält:

»Aber ich habe doch gar keinen Schluckauf! Sondern mein Sohn!«

Das unbezähmbare Pferd

Derselbe Nasreddin Hodja erzählt seinen Freunden:

»Eines Tages, als ich bei Hofe war, führte man dem Prinzen ein wundervolles Pferd vor. Niemand konnte es besteigen, so ungestüm war es. Es wieherte und schlug nach allen Seiten aus. Da kam ich näher und sagte: ›Wie? Keiner kann dieses Pferd besteigen? Keiner kann sich im Sattel halten? Tretet beiseite und laßt es mich mal versuchen!‹ Dann schwang ich mich hinauf.«

»Und?« fragte einer der Zuhörer.

»Was und? Ich konnte es auch nicht.«

Das Auberginengericht

Nasreddin und einer seiner Freunde gehen in ein Restaurant. An diesem Tag haben sie nicht viel Geld und beschließen, ein Auberginengericht für zwei zu nehmen.

Aber wie sollen die Auberginen zubereitet werden? Darüber können sie sich nicht einigen und streiten eine ganze Weile. Nasreddins Freund ist ein sehr starrsinniger Mann und möchte gefüllte Auberginen. Obwohl Nasreddin sie lieber mit Tomatensauce hätte, gibt er schließlich nach, da er großen Hunger hat. Sie bestellen gefüllte Auberginen.

Während sie auf das Gericht warten, sackt Nasreddins Freund plötzlich zusammen. Er wirkt sehr krank, kann kaum atmen und drückt eine Hand auf sein Herz.

Nasreddin steht unverzüglich auf. Ein Mann am Nebentisch fragt ihn:

»Suchst du einen Arzt?«

»Natürlich nicht! Ich will sehen, ob sich die Bestellung noch ändern läßt!«

Zwei Frauen in einem Boot

Die beiden Frauen von Nasreddin – erzählt man sich in der Türkei – fragten ihn eines Tages, welche von beiden er am meisten lieben würde.

Aus Vorsicht vermied Nasreddin eine eindeutige Antwort und sagte, er würde beide gleich lieben.

Sie fragten weiter, doch er blieb bei seiner Antwort. Da fragte die jüngere der beiden:

»Wenn wir beide in einem Boot wären und das Boot sänke, welche von uns würdest du zuerst retten?«

Da drehte sich Nasreddin zur älteren der beiden Frauen und sagte:

»Du kannst doch ein bißchen schwimmen, oder?«

Der gestohlene Esel

Eines Tages wird Nasreddin sein Esel gestohlen, der Gefährte seines Lebens. Er bezahlt die Dienste eines öffentlichen Ausrufers und verspricht sofort demjenigen eine bestimmte Summe, der ihm seinen Esel zurückbringt. Vergebliche Liebesmüh. Niemand spricht bei ihm vor.

Nasreddin läßt also Drohungen verlautbaren. Er verkündet, daß der Dieb sehr schwer bestraft, ja öffentlich ausgepeitscht wird. Nichts. Niemand meldet sich.

Da läßt er überall verbreiten, daß er, wenn sein Esel ihm nicht zurückgegeben werde, dasselbe machen würde »wie sein Vater«. Deutlicher wird er nicht. Und dann würde man ja sehen.

Am nächsten Tag meldet sich der Dieb bei ihm und gibt ihm seinen Esel zurück. Er gesteht Nasreddin, daß er durch die Drohung: »Ich werde tun, was mein Vater getan hat« sehr eingeschüchtert und beeindruckt war.

Er fragt Nasreddin:

»Hättest du das wirklich getan?«

»Ohne zu zögern.«

»Und was hat dein Vater gemacht?«

»Er hat sich einen neuen Esel gekauft.«

Gohas Esel

Eine andere Geschichte bezieht sich mal auf Goha, mal auf Nasreddin.

Ein Freund von Goha klopfte eines Tages an dessen Tür und sagte zu ihm: »Du bist mein Freund, bitte leih mir deinen Esel, ich brauche ihn für eine dringende Besorgung.«

Goha, der kein besonders großes Vertrauen zu diesem Freund hatte und im übrigen nicht gern etwas verlieh, antwortete:

»Ich habe keinen Esel mehr, er ist verkauft. Ich hätte ihn dir gern geliehen, aber ich habe ihn nicht mehr.«

In diesem Moment stieß der Esel im Stall hinter dem Haus ein langgezogenes I-aah aus, und der Mann sagte: »Aber dein Esel ist ja noch da!«

»Ich sagte doch, daß ich ihn verkauft habe! Hast du mich nicht verstanden?«

Da schrie der Esel noch lauter.

»Aber ich höre ihn doch schreien«, rief der Freund. »Dein Esel ist doch da! Ich sage dir, daß er da ist!«

»Bei Allah!« rief Goha erbittert aus. »Glaubst du meinem Esel, oder glaubst du mir?«

Noch ein gestohlener Esel

Zwei geschickte Diebe sahen eines Tages einen Gärtner namens Farid, der einen Esel an einem Strick vom Markt nach Hause führte. Da band einer der beiden Diebe das Tier rasch los, legte den Strick um seinen eigenen Hals und ließ sich vom Gärtner führen. Einen Augenblick später drehte der sich um, sah, daß er einen Mann an der Leine hatte, und fragte verblüfft:

»Wer bist du?«

»Ich habe die große Ehre, dein Esel zu sein«, antwortete der Dieb demütig. »Höre, was mir widerfahren ist. Eines Tages entrüstete sich meine vortreffliche Mutter, Gott möge ihr beistehen, daß ich betrunken nach Hause kam. Sie schleuderte mir bittere Worte entgegen. Gereizt schlug ich sie mit einem Stock, so daß sie den Herrn beschwor, seine furchterregende Hand auf mich zu legen. Und ich wurde in einen Esel verwandelt. Heute aber, nach mehreren Jahren der Sühne, hat meine Mutter den Allmächtigen gebeten, mir meine ursprüngliche Gestalt wiederzugeben. Daher stehe ich nun als Mensch vor dir.«

»Ich bitte dich, mir zu verzeihen«, sagte der Gärtner zu ihm, »daß ich dich niedere Arbeiten habe verrichten lassen und dich geschlagen habe.«

»Ich verzeihe dir und grüße dich.«

Der Dieb suchte das Weite. Farid erzählte sein Abenteuer seiner Frau, die dieselben Schuldgefühle hatte.

»Wir haben einen Menschen wie ein Tier arbeiten lassen. Beten wir zu Gott, daß er uns vergibt.«

Und sie beteten zusammen.

Einige Tage später ging Farid zum Markt, um sich einen neuen Esel zu kaufen. Doch welche Überraschung: Er sah seinen eigenen Esel. Er erkannte ihn ohne jeden Zweifel. Es war sein Esel. Da näherte er sich dem Tier und flüsterte ihm sehr streng ins Ohr:

»Schämst du dich nicht? Hast du schon wieder im betrunkenen Zustand deine Mutter geschlagen? Aber diesmal kaufe ich dich nicht, das schwöre ich.«

Und er ging äußerst entrüstet davon.

Das Streitobjekt

Zwei Männer streiten sich mitten in der Nacht unter Nasreddins Fenster. Er steht auf, hüllt sich in eine Decke, denn es ist Winter, und geht hinunter, um sie zum Schweigen zu bringen.

Kaum erscheint er auf der Straße und versucht, die beiden Betrunkenen zu beruhigen, da wirft sich einer der beiden auf ihn, entreißt ihm die Decke und rennt davon.

Der andere Trunkenbold flieht ebenfalls.

Nasreddin geht in sein Schlafzimmer zurück, wo seine Frau ihn fragt:

»Warum haben die beiden sich gestritten?«

»Ich glaube, wegen meiner Decke«, sagt Nasreddin und legt sich wieder hin. »Kaum hatten sie sie, beruhigten sie sich.«

Das Huhn und das Kochwasser des Huhns

Ein Fellache schenkte Goha – sofern es nicht Nasreddin oder Ch'hâ war – ein Huhn. Goha ließ es kochen, und sie aßen es höchst zufrieden gemeinsam auf. Einige Zeit später klopfte ein anderer Fellache an Gohas Tür und sagte:

»Ich bin der Nachbar des Mannes, der dir das Huhn geschenkt hat.«

Goha lud ihn ein und gab ihm zu essen. Dem Mann fehlte es an nichts, und er ging sehr zufrieden fort.

Einige Tage später klopfte ein dritter Fellache an Gohas Pforte und sagte:

»Ich bin der Nachbar vom Nachbarn des Mannes, der dir das Huhn geschenkt hat.«

»Sehr erfreut. Tritt doch ein«, antwortete Goha, wie es der Brauch war.

Er ließ den Mann eintreten und bat ihn, sich an den Tisch zu setzen. Doch als Mahlzeit gab er ihm nur einen Kessel mit heißem Wasser, in dem einige Fettaugen schwammen.

»Was ist das?« fragte der Fellache.

»Das ist«, antwortete Goha, »der Bruder vom Bruder des Wassers, in dem mein Huhn gekocht hat.«

Der Beginn des Lebens

Drei Männer diskutieren, in welchem Moment genau das Leben beginnt.

»Genau in der Sekunde«, sagt der Katholik, »da der Samen des Vaters das Ei der Mutter befruchtet.«

»Das bestreite ich«, sagt der Protestant. »Das Leben fängt erst bei der Geburt an. Daran besteht kein Zweifel.«

»Ihr liegt beide vollkommen falsch«, sagt da der Jude. »Das Leben beginnt, wenn die Kinder aus dem Haus sind und der Hund tot ist, keine Sekunde früher.«

Das gute Gebet

Ein armer Mann betrat eine Moschee, schloß sich dem gemeinsamen Gebet an und fügte ihm noch ein besonderes, persönliches Gebet hinzu, das man *Dua* nennt. Er bat Allah, ihm etwas zu essen zu geben, in sein armseliges Heim Früchte, Fleisch, Gemüse und Grieß zu bringen und vor allem nicht eine Flasche Raki zu vergessen, einen Schnaps, den er sehr mochte.

Ein Mann vor ihm hörte sein Gebet, drehte sich um und sagte:

»Wäre es nicht besser, Allah zu bitten, deinen Glauben zu stärken, damit du am Tag des letzten Gerichts gerettet wirst, anstatt eine Flasche Raki zu verlangen?«

»Aber nein«, antwortete der arme Mann. »Ich habe Allah um das gebeten, was in meinem Leben fehlt. Und nicht der Glaube fehlt mir, sondern der Raki.«

Der letzte Kuchen

Die Geschichte vom gefräßigen Ehepaar kommt aus Korea.

In einem Dorf lebte ein gefräßiges Ehepaar. Ihr einziges Vergnügen war das Essen. Ein Nachbar schenkte ihnen mehrere Reiskuchen, die sie mit großem Genuß verspeisten. Am Ende, als nur noch ein Kuchen übriggeblieben war und beide ihn für sich begehrten, sagte der Mann zu seiner Frau:

»Ich schlage dir eine Wette vor.«

»Was für eine?«

»Wer als erstes spricht, muß dem anderen den Kuchen überlassen.«

»Einverstanden«, sagte die Frau.

Sie setzen sich einander gegenüber, zwischen sich nur den übriggebliebenen Kuchen, und fingen an zu schweigen.

Nach etwa zwanzig wortlosen Minuten drang ein Dieb in das Haus ein. Er fand das stumme Paar vor, stellte ihnen ein, zwei Fragen und bekam keine Antwort. Da griff er nach ein paar Gegenständen und stopfte sie in seinen Sack. Immer noch keine Reaktion.

Da nahm der Dieb sich alles, was nicht niet- und nagelfest war. Bevor er das Haus verließ, faßte er den Entschluß, auch die Frau mitzunehmen. Der Ehemann sagte immer noch nichts, sondern hatte seine Augen fest auf den Mund seiner Frau geheftet, die sich gegen den Griff des Diebs sträubte.

Es war ein kräftiger Dieb. In dem Moment, da er die Schwelle übertrat und die junge Frau mit sich nahm, konnte diese sich nicht länger beherrschen und rief:

»Du überläßt mich ohne ein Wort diesem Dieb? Du sagst nichts dazu?«

Da griff der Ehemann schnell den letzten Kuchen und rief mit schon geöffnetem Mund:

»Meiner!«

Eine Fremdsprache

Ein Jude war auf Besuch in London. Er begab sich in ein jüdisches Restaurant, das man ihm empfohlen hatte, und stellte ziemlich erstaunt fest, daß der Kellner, der ihn bediente, ein Chinese war. Noch erstaunter war er allerdings, als er hörte, daß dieser Kellner sich in ziemlich fließendem Jiddisch an ihn wandte.

Während der ganzen Mahlzeit sprach der chinesische Kellner nur jiddisch mit ihm.

Am Ende, als der Jude gerade das Restaurant verlassen wollte, wandte er sich an den Besitzer und fragte ihn:

»Wie kommt es, daß Ihr chinesischer Kellner jiddisch spricht?«

»Psst!« sagte der Besitzer. »Er ist nach London gekommen, um Englisch zu lernen.«

Die erste Schwierigkeit

Dies ist eine Geschichte aus Europa.

Ein Kind wollte nicht sprechen. Alle medizinischen Untersuchungen endeten in demselben Schluß: Das Kind ist bei bester Gesundheit, seine Stimmbänder sind vollkommen in Ordnung, der Grund für sein Stummsein ist unbekannt.

Das Kind wurde größer. Es wirkte gesund und kräftig, aber es sprach immer noch nicht. Es lernte, so gut es ging, hatte ziemlich gute Ergebnisse bei den schriftlichen Prüfungen, scheiterte aber regelmäßig bei den mündlichen – aus gutem Grund. Trotzdem fand man eine zufriedenstellende Arbeit für ihn, bei der er nicht sprechen mußte. Als es Zeit für den Militärdienst war, wurde er ausgemustert, da die Prüfer ihm kein einziges Wort entlocken konnten. Er nahm wieder sein normales Leben auf.

Eines Tages, als er sechsundzwanzig Jahre alt und bei einer Freundin seiner Mutter zum Tee war, sagte er plötzlich:

»Kann ich noch ein Stück Zucker haben?«

Die Überraschung der Anwesenden war riesengroß. Die Mutter rief:

»Du kannst sprechen?«

Der junge Mann nickte nur mit dem Kopf.

»Aber warum hast du dann nie etwas gesagt?« fragte die Mutter weiter. »Warum hast du all diese Jahre geschwiegen? Warum hast du nicht ein einziges Wort gesagt?«

Da antwortete der junge Mann:

»Weil bis jetzt alles gut lief.«

Die Gedächtnislücken

Alle Psychiater dieser Erde kennen und erzählen die Geschichte des Patienten, der zu seinem Arzt kommt und sagt: »Doktor, ich habe Gedächtnislücken.«

»Einen Moment noch«, sagt der Arzt.

Er gibt seiner Sekretärin eine kurze Anweisung oder nimmt ein Telefongespräch an, dann wendet er sich wieder seinem Patienten zu und fragt ihn: »Und wie lange haben Sie das schon?«

»Wie lange habe ich schon was, Doktor?«

Rothschild und Silberman

Es fällt schwer, sich für eine komische Geschichte aus dem reichen Erzählschatz der jüdischen Tradition zu entscheiden. Hier nun eine ziemlich lange, die zu Beginn des zwanzigsten Jahrhunderts spielt.

Ein armer Mann, der in einem armen Dorf im tiefsten Polen lebte und Silberman hieß, kratzte all sein Geld zusammen, um nach Paris, dem Traum seines Lebens, zu reisen.

In Paris begegnete er direkt nach seiner Ankunft einem anderen Mann, den er wiedererkannte. Dieser Mann war Rothschild. Silberman und Rothschild waren in ihrer Kindheit befreundet gewesen, sie umarmten sich, beglückwünschten sich und priesen den Zufall, der sie zusammengeführt hatte. Rothschild hieß Silberman auf der Stelle aus dem äußerst bescheidenen Hotel ausziehen, wo er abgestiegen war, und ließ ihn mit eigenem Badezimmer, Kammerdiener und allem Drum und Dran bei sich wohnen. Er führte ihn am nächsten Tag ins Moulin-Rouge und ins Casino de Paris. Dann zeigte er ihm den Eiffelturm, den Louvre, die Folies-Bergères und die anderen Sehenswürdigkeiten von Paris. Er lud ihn in Nachtlokale und ins Maxim's ein. Er nahm ihn mit auf eine Reise nach Biarritz und Monte Carlo. Kurz, er zeigte ihm alles, was es in Frankreich an Schönem und Bedeutendem gab.

Nach einem Monat voller Herrlichkeiten dankte Silberman seinem wiedergefundenen Freund und kehrte nach Polen zurück.

Zwei Jahre vergingen. Dann wollte es das Schicksal, daß eine geschäftliche Angelegenheit Rothschild in die Nähe des Dorfes in Polen führte, wo sein Freund wohnte. Trotz der Bescheidenheit seiner Bleibe bestand Silberman darauf, Rothschild bei sich zu beherbergen, und kümmerte sich um ihn, so gut er nur konnte.

Am Morgen des achten Tages brachte Silberman Rothschild zum Bahnhof, da der Geschäftsmann abreisen mußte. Die beiden Männer hatten noch etwas Zeit. Plötzlich sagte Silberman zu Rothschild:

»Übrigens, du schuldest mir noch siebzig Dollar.«

»Wie das?«

»Weil du sieben Tage bei mir gewohnt hast. Sieben Tage à zehn Dollar macht siebzig Dollar.«

Zunächst war Rothschild mehr als verblüfft, doch

dann schlug seine Verblüffung in Entrüstung um. Er hatte geglaubt, Silberman sei sein Freund, und nun verlangte dieser für seine Gastfreundschaft siebzig Dollar von ihm! Rothschild weigerte sich zu zahlen. Er weigerte sich rundweg. Aber Silberman bestand darauf. Er verlangte seine siebzig Dollar.

Da entbrannte ein Streit. Plötzlich erklärte Silberman seinem Jugendfreund:

»Hier müssen alle Auseinandersetzungen vom Rabbi bereinigt werden. So ist es Brauch. Ich bin bereit, die Entscheidung des Rabbis zu akzeptieren. Was ist mit dir?«

»Ich auch«, sagte Rothschild.

Da ihnen bis zur Ankunft des Zuges noch Zeit blieb, begaben sie sich zum Rabbi, einem alten und bedächtigen Mann, der sie empfing und ihnen zuhörte. Sie legten in aller Deutlichkeit das Problem dar. Der Rabbi strich sich mit halbgeschlossenen Augen langsam über den Bart. Am Ende erklärte er ohne das geringste Zögern, daß Silberman recht habe und Rothschild ihm zahlen müsse, was er verlange.

Ohne ein Wort und rosa angelaufen vor Wut zählte Rothschild siebzig Dollar ab und gab sie Silberman. Danach ging er allein, mit zusammengebissenen Zähnen und in größter Geschwindigkeit zum Bahnhof zurück.

Der Zug war gerade eingetroffen. Rothschild setzte sich immer noch vollkommen erbittert in ein Abteil erster Klasse, wo ein Platz für ihn reserviert war. Plötzlich hörte er, wie Silbermans Stimme ihn rief. Er steckte die Nase aus dem Fenster und sah, wie sein alter Freund mit den Geldscheinen schwenkend auf ihn zulief.

»Hier!« sagte Silberman zu Rothschild. »Nimm sie! Ich will sie nicht! Ich gebe sie dir zurück!«

Rothschild zögerte, die Banknoten zurückzunehmen. Er verstand Silbermans plötzlichen Sinneswandel nicht. Schließlich fragte er ihn nach seinem Grund, denn Silberman drängte immer mehr.

»Was sollte das Ganze?« sagte er. »Warum forderst du siebzig Dollar von mir und rennst dann hinter mir her, um sie mir zurückzugeben?«

Und Silberman sagte, während der Bahnhofsvorsteher die Türen schloß:

»Hör zu, in Frankreich hast du mir den Eiffelturm, das Moulin-Rouge und den Lido gezeigt. Du hast mir die Folies-Bergères und das Casino von Monte Carlo gezeigt. Und ich habe mir gesagt: Was könnte ich ihm hier zeigen?«

Der Pfiff ertönte. Der Zug setzte sich bereits in Bewegung. Silberman lief einen Moment neben seinem abfahrenden Freund her und schloß:

»Also dachte ich mir: Das einzige, was ich ihm zeigen kann, ist das Arschloch von Rabbi, das wir hier haben.«

Um nicht mehr lächerlich zu wirken

Eine Geschichte aus der kaukasischen Nartenepik gibt uns ein interessantes Rezept, um jedem Spott zu entkommen.

Eine Frau namens Satana wollte ihren Bruder Uryzmäg heiraten, der schon einen schneeweißen Bart hatte, doch dieser weigerte sich mit den Worten:

»Das hat es bei den Narten noch nie gegeben! Ich könnte mich ja nicht mehr auf der Straße zeigen! Alle Welt würde über mich lachen!«

»Ich werde dir sagen, wie man sich vor dem Gelächter der Leute schützt«, sagte da seine Schwester Satana. »Nimm einen Esel, lege ihm deinen Sattel und dein silbernes Zaumzeug an, setze dich rückwärts auf ihn, greif seinen Schwanz mit beiden Händen und reite drei Tage lang durch Straßen mit vielen Menschen.«

Uryzmäg mit dem schneeweißen Bart folgte Satanas Anweisungen. Am ersten Tag brachen alle, die ihn sahen, in lautes Gelächter aus und zeigten mit dem Finger auf ihn. Am zweiten Tag lachten nur noch die, die ihn am Vortag nicht gesehen hatten. Am dritten Tag lachte keiner mehr.

Am vierten Tag aber heiratete Uryzmäg seine Schwester.

Der Papst im Paradies

Vor Papst Johannes Paul II. hatte die Christenheit einen Mann zum Oberhaupt, der den Namen Johannes Paul I. annahm. Er war allem Anschein nach ein schwacher und versöhnlicher Mensch, doch blieb er nur einen Monat lang auf dem Stuhl des Heiligen Petrus. Dann rief ihn der Herr zu sich. Natürlich wurde Johannes Paul I. *ipso facto* im Himmel und in die Nähe des Herrn Jesus Christus aufgenommen, der ihn wohlwollend empfing und zu ihm sagte:

»Ja, ich weiß, dein Pontifikat war etwas kurz. Aber ich habe meine Gründe, die ich dir erklären werde.«

»Dein Wille geschehe«, antwortete Johannes Paul I. mit entzückter Stimme. »Wie könnte ich niedrige Kreatur deine herrlichen Entscheidungen anfechten? Es hat dir gefallen, mich zu dir zu nehmen, und es steht geschrieben: ›Denn ihr wißt weder Tag noch Stunde.‹ Ich danke dir, o Herr, ich fühle mich eingehüllt in deine Gnade, ich …«

Der Papst brach ab, da er in der Ferne, zwischen den

Wolken, etwas entdeckt hatte, was ihn verwirrte. Christus bemerkte seine Verwirrung und fragte ihn nach dem Grund.

»Aber«, sagte der Papst, »ist das nicht der Erzbischof von Canterbury, den ich da zwischen zwei Wolken entdeckt habe?«

»Das ist gut möglich«, antwortete Christus.

»Der Erzbischof von Canterbury ist hier?«

»Warum nicht?«

Und um die noch allzu menschliche Verwirrung des Papstes zu zerstreuen, sagte Christus lächelnd zu ihm:

»Du mußt nicht glauben, Johannes Paul, daß alle Erzbischöfe von Canterbury hier sind. Denn unter ihnen gab es auch unselige Schurken. Aber du mußt eines verstehen: Hier, in meinem Paradies, sind alle menschlichen Kreaturen, die sich, wie du, als gerecht und gütig erwiesen haben.«

»Ohne Rücksicht auf ihre Religion?«

»Die Religionen«, antwortete Christus milde und klug, »sind irdische Kategorien. Durch die wahnsinnigen Zerwürfnisse, die sie hervorbringen, durch die außerordentliche Spannung in den Gemütern sind sie vielleicht nützlich für den Fortbestand, das Überleben der winzigen Erde, der ich so viel Wert beigemessen habe. Siehst du, das ist eine alte und brennende Frage: Was ist besser, Fanatismus oder Stille? Die Dunkelheit des Herzens oder das Licht der Passion? Wir diskutieren sehr oft darüber, Buddha und ich, und in einigen, sehr wichtigen Punkten, können wir uns nicht einigen.«

»Buddha ist hier?« fragte der Papst mit höchst verblüffter Miene.

»Wie sollte er nicht hier sein? Er war einer der Besten, die je auf der Erde gelebt haben. Seine Weisheit ist tief und fast unbegrenzt. Ich rate dir, ihn von Zeit zu

Zeit aufzusuchen. Seine Nähe könnte dir dabei helfen, die Ewigkeit zu ertragen.«

»Und ... Luther?« fragte Johannes Paul I. mit leicht zitternder Stimme. »Ist er hier?«

»Ich habe kurz gezögert«, antwortete Christus, »denn er hat einen abscheulichen Charakter, aber schließlich, nach einem recht kurzen Aufenthalt im Fegefeuer, habe ich ihn zugelassen. Er ist in seinem tiefsten Innern ein Mann der Gerechtigkeit und des guten Willens, und das zählt vor allem anderen. Aus diesem Grunde darfst du auch nicht glauben, daß du hier viele Päpste finden wirst. Die Ewigkeit birgt Überraschungen. Mehr verrate ich nicht.«

»Also«, sagte der Papst, »ist Konfuzius hier?«

»Das versteht sich von selbst.«

»Zarathustra?«

»Natürlich.«

»Und Ramakrishna?«

»Aber selbstverständlich!«

Da senkte der Papst seine Stimme und formte das Wort, dem seine Lippen widerstreben wollten:

»Und Mohammed? Ist Mohammed hier?«

»Aber natürlich ist Mohammed hier! Wo sollte er sonst sein?«

Und Christus drehte sich um und rief mit lauter Stimme über seine Schulter:

»Mohammed! Zwei Kaffee!«

Der Geist des alten Spielers

Diese amerikanische Geschichte, die den Westen zum Schauplatz hat, erzählt, daß der alte Bill Maloney bei seinem Tod 1871 alles im Spiel verloren hatte. Getroffen von einer Art Fluch, die die Roulettespieler

»schwarze Hand« nennen, ließ er eine Familie im Elend zurück. Diese Familie zerstreute sich und überlebte mehr schlecht als recht. Doch ein Enkel des alten Bill, der Teddy Maloney hieß und beim Tod seines Großvaters erst zehn Jahre alt war, zeigte sehr rasch erstaunliche Qualitäten. Mit Fleiß, Beharrlichkeit und Sparsamkeit gelang es ihm, einen Viehbestand zu gründen, gutes Land zu kaufen und die schönste Ranch der Region zu bauen. Er trank nicht, er rauchte nicht und wandte sogar leicht den Kopf ab, wenn er an der Schwingtür des Saloons vorbeiging, durch die stoßweise Tabakrauch, Musik und Frauenlachen drangen und auf der Straße verflogen.

Mit neunundzwanzig Jahren wurde der noch unverheiratete Teddy Maloney als der aufgehende Stern der kleinen Stadt Silverton betrachtet, und die Gerüchte von seiner Tugend beruhigten die ehrenwerten Leute.

Eines späten Nachtmittags, als er mit dem Lohn seiner Arbeiter aus der Bank kam und gerade zur Ranch zurückkehren wollte, hörte er plötzlich eine Stimme, die zu ihm sagte:

»Hör mir zu, Teddy.«

Teddy legte sofort eine Hand auf den Griff seines Revolvers und drehte ruckartig den Kopf. Er sah niemanden in seiner Nähe. Doch die Stimme sagte zu ihm:

»Hör gut zu, Teddy. Und hab keine Angst. Ich bin es, Billy.«

»Wer?«

»Billy Maloney, dein Großvater.«

Teddy machte ein paar zögernde Schritte auf der Straße, blickte sich nach allen Seiten um und sah sich gezwungen zuzugeben, daß tatsächlich sein Großvater zu ihm sprach.

»Wo bist du?« quetschte er zwischen den Zähnen hervor.

»Du weißt sehr gut, wo ich bin.«

»Und was willst du?«

»Ich will dir einen Rat geben, Teddy. Von hier aus kann ich alle Dinge sehr klar sehen. Du wirst genau das tun, was ich dir sage.«

»Ich höre, Großvater«, sagte der junge Mann.

»Geh zur Bank zurück, und lös dein Konto auf. Nimm alles mit, was du hast.«

Teddy gehorchte der Stimme seines Großvaters und ließ sich, kurz bevor die Bank schloß, all sein Geld aushändigen. Als er sich dem Ausgang näherte, sagte die Stimme zu ihm:

»Verkauf all deine Aktien. Verkauf deine letzten Reserven.«

»Bist du sicher?«

»Von hier aus kann ich alle Dinge sehen«, antwortete die deutlich erkennbare Stimme von Billy. »Verkauf alles, und vertrau mir.«

Einen Moment später verließ Teddy schwer bepackt die Bank. Die Stimme sagte zu ihm:

»Geh zum Viehhändler. Verkauf all deine Rinder.«

»All meine Rinder?«

»Tu, was ich dir sage.«

Als die Rinder verkauft waren, sagte die Stimme:

»Verkauf deine Ländereien und die Ranch! Verkauf alles!«

Teddy, der überzeugt war, daß sein Großvater dort, wo er sich befand, fühlen konnte, daß es absolut notwendig war zu verkaufen, verkaufte. Die erstaunten Geschäftsmänner kauften bei Einbruch der Nacht die Ländereien und die Ranch zu einem Preis, der ihnen mehr als akzeptabel erschien.

Teddy verließ ihr Büro erst, als es schon dunkel war.

Er trug einen großen Sack über seiner Schulter und zusätzlich zwei dicke Taschen mit Schulterriemen. Da sagte die Stimme seines Großvaters:

»Geh in den Klub.«

»In den Klub?«

»Tu, was ich dir sage.«

Geführt durch die unsichtbare Stimme, betrat Teddy Maloney zum ersten Mal in seinem Leben die verrufene Spielhölle, wo ihm überraschte Blicke folgten. Die Stimme sagte ihm, an welchen Roulettetisch er sich setzen sollte, und dann:

»Setz auf die Vierzehn.«

»Die Vierzehn?«

»Ja. Du hast mich ganz gut verstanden.«

»Und wieviel soll ich setzen?«

»Alles.«

»Alles?«

»Restlos alles. Auf die Vierzehn.«

Wie man sich denken kann, gab es eine unruhige Beratung unter den Geschäftsführern des Klubs, die, wie es üblich ist, nicht gerade den besten Ruf genossen. Sie tätigten einige Anrufe und akzeptierten schließlich den Einsatz.

Teddy Maloney setzte alles auf die Vierzehn.

Es kam die Siebzehn.

Da flüsterte die Stimme des alten Bill mit einem Anflug von Bitterkeit seinem Enkel ins Ohr:

»Teddy, mein Junge, wir haben verloren.«

Der perfekte Geizhals

Ein äußerst geiziger Mann begegnete einem Bettler, der einen Dinar von ihm erbat:

»Für wen hältst du mich?« sagte der Geizhals. »Warum verlangst du nur einen Dinar von mir? Das ist meiner nicht würdig!«

»Na dann«, sagte der Bettler, »gib mir zwei Dinar.«

»Nein«, sagte der Mann hochmütig. »Das ist deiner nicht würdig.«

Der Furz, der eine Zeitenwende einleitete

Ein vom Glück begünstigter Beduine mit Namen Abdul-Hossein beschloß eines Tages auf Anraten seiner Freunde, eine Frau zu nehmen. Er entschied sich für eine Jungfrau, die so schön war wie der Vollmond, und öffnete für seinen Hochzeitstag alle Türen seines Hauses, in dem er ein prächtiges Festmahl ausrichtete. Alle Gäste aßen und tranken zu vollster Zufriedenheit. Man führte die Braut im ganzen Haus herum, und für jedes Zimmer bekam sie ein neues Gewand. Am Ende geleiteten sie die Frauen in das eheliche Schlafgemach und bereiteten sie auf die Ankunft ihres Gemahls vor.

Abdul-Hossein trat mit einem ganzen Gefolge ein. Er setzte sich einen Moment lang würdevoll auf einen Diwan. Dann stand er wieder auf, um sich bei den Frauen zu bedanken und sie zu entlassen, als er plötzlich – Schande über Schande – einen Furz fahren ließ, der in den *Geschichten von Tausendundeiner Nacht* als »schrecklich und überdimensional« beschrieben wird.

Alle Frauen taten so, als sprächen sie miteinander und hätten nichts gehört, und die Braut ließ lachend ihre Armbänder klirren. Doch Abdul-Hossein ging mit Scham im Herzen auf den Hof, sattelte seine Stute und floh in der Dunkelheit der Nacht.

Er kam zur Küste, sah ein Schiff, das nach Indien auslief, und ging an Bord.

Er hatte beschlossen, in seinem eigenen Land vergessen zu werden. Er ließ ein ganzes Leben hinter sich.

Da er ein tüchtiger Mann war, baute er sich in Indien ein neues, erfolgreiches Leben auf, erlangte das Vertrauen eines Königs und wurde mit der Zeit reich und geachtet.

Nach mehr als zehn Jahren packte ihn das Heimweh. Wenn er an seine Heimatstadt und sein Haus dachte, verging er vor Sehnsucht. Eines Tages machte er sich auf, verkleidete sich als Derwisch und landete schließlich auf dem Hügel über seiner Stadt. Mit Tränen in den Augen erkannte er das Dach seines alten Hauses und die angrenzenden Häuser wieder.

Er stieg den Hügel hinab und gelangte auf Umwegen zu seinem Haus. Als er aufgewühlt durch eine Straße ging, sah er eine alte Frau, die ein kleines Mädchen von etwa zehn Jahren entlauste. Und im Vorbeigehen hörte er, ohne es zu wollen, wie das kleine Mädchen fragte:

»In welchem Jahr bin ich geboren?«

»Du bist«, antwortete die alte Frau, »zwei Jahre nach dem Jahr geboren, in dem Abdul-Hossein gefurzt hat.«

Abdul-Hossein erstarrte. Sein Furz war zu einem wichtigen Datum in den Annalen der Stadt geworden. Er war in die Geschichte eingegangen. Und der Unglückliche sagte zu sich: »Mein Furz wird so lange überliefert, wie Palmbäume erblühen.«

Dann drehte er sich überstürzt um und entfloh, um niemals zurückzukommen, er kehrte nach Indien zurück und lebte, von nun an unbeachtet von der Zeit, bis zu seinem Tode in Traurigkeit.

Die Frau des Polizeihauptmanns

Als Beispiel für die zahlreichen Listen, die die Männer den Frauen zuschreiben (und somit meistenteils selbst erfinden) beschreibt uns eine ägyptische Geschichte einen berühmten Scherz, der eines Vaudevilles würdig wäre.

Es gab in Kairo einen Kurden mit einem derart abstoßenden, finsteren und behaarten Gesicht, daß man ihn zum Polizeihauptmann ernannte und er somit zum Schreckgespenst seines Viertels wurde.

Gegen seine Einsamkeit fand er mit Hilfe einer Heiratsvermittlerin eine junge Frau, die einwilligte, ihn zu heiraten, und sich verpflichtete, niemals das Haus des Kurden zu verlassen, welches aus einem einzigen Zimmer bestand.

Man feierte Hochzeit, und danach ging der Polizeihauptmann jeden Tag zu seiner aufreibenden Arbeit, während seine junge Frau eingeschlossen im Haus blieb. Und nichts schien den Frieden im Gemüt des Kurden zu bedrohen.

Doch geschah, was so oft geschieht. Auf der anderen Straßenseite arbeitete ein junger Metzger, der die ganze Zeit vor sich hin sang. Seine fröhliche Stimme betörte die Frau des Kurden so, daß sie ihn kennenlernen wollte. Sie bestellte Fleisch bei ihm, er lieferte es ihr und blieb noch ein bißchen.

An diesem Tag kehrte der Polizeihauptmann viel früher als gewöhnlich nach Hause zurück, so daß seine Frau, wie es so schön heißt, »auf frischer Tat ertappt« wurde. Sie sprang auf und versteckte hastig ihren Liebhaber in einem Winkel des einzigen Zimmers, den eine Wäscheleine mit einigen Kleidern verdeckte. Dann hüllte sie sich in ein großes Tuch und ging ihrem Mann über die kleine Treppe entgegen.

Dieser ahnte, daß etwas nicht stimmte.

»Was soll das Tuch?« fragte er seine Frau.

»Das werde ich dir sagen«, antwortete die Frau mit lauter Stimme. »Es gab einmal in Kairo einen äußerst eifersüchtigen Mann, einen Polizeihauptmann wie dich, der seine Frau ständig überwachte. Er schloß sie immer in seinem Haus ein, das nur aus einem einzigen Zimmer bestand, genau wie das unsere. Eines Tages war sie gerade mit ihrem Liebhaber zusammen, als ihr Mann früher als gewöhnlich nach Hause kam, also zog sie ihren Mann so, wie ich es jetzt mit dir tue, auf einen Diwan. Dann warf sie ihm ein Tuch über den Kopf, so!«

Die Frau nahm ihr Tuch und wickelte es fest um den Kopf des Kurden, während sie mit noch lauterer Stimme als zuvor weitersprach:

»Und als sein Kopf vollständig in das Tuch eingewickelt war, rief sie ihrem Liebhaber laut zu: ›He! Schnell! Verschwinde!‹ Der Geliebte kam aus seinem Versteck und stürzte sich auf die Straße! Das ist die Geschichte mit dem Tuch!«

Als die Frau sah, daß ihr Geliebter sich davongemacht hatte, löste sie das Tuch. Der Kurde wußte nicht, was er davon halten sollte. Was hatte diese seltsame Geschichte zu bedeuten? Warum hatte diese Frau, von der ihm seine Frau erzählt hatte, ihrem Geliebten: ›Schnell! Verschwinde!‹ zugerufen? Hatte der Mann das nicht gehört? War er taub? Der Kurde verstand gar nichts. Er wußte nicht, ob er lachen oder schimpfen sollte. So beschloß er, nichts zu tun, um nichts Falsches zu tun. Sein Bart und seine Haarbüschel hatten ja endlich keine abschreckende Wirkung mehr.

Er hatte ein langes Leben. Der Metzger stattete seiner Frau ziemlich häufig einen Besuch ab. Und der Polizeihauptmann starb am Ende als glücklicher und zufriedener, wohlhabender Vater zahlreicher Kinder, von denen keines – gelobt sei Gott – seine Häßlichkeit geerbt hatte.

Die zottigen Hunde

Die *shaggy-dog story* (eigentlich *Geschichte vom zottigen Hund*, im übertragenen Sinne aber *endlos langer Witz ohne richtige Pointe*) ist ein angelsächsischer Klassiker aus dem zwanzigsten Jahrhundert. Sie hat einer Vielzahl unterhaltsamer Absurditäten als Modell gedient.

Hier das Original*:

Ein Engländer versucht mittels einer Kleinanzeige – und einer ansehnlichen Belohnung – seinen geliebten Hund wiederzufinden, den er als »äußerst zottelig« beschreibt.

Ein Amerikaner, den diese Geschichte rührt und der außerdem die Belohnung will, besorgt sich einen Hund, der so zottelig ist wie der verschwundene, und klingelt an der Haustür des Engländers. Er wird von einem Butler empfangen, der den Hund ansieht und ausruft:

»Zottelig ja, mein Herr, aber doch nicht so!«

Eine Variante stellt uns zwei ebenfalls englische Damen vor, die gerade dabei sind, ihren üblichen Whisky in der Bar der *Titanic* zu trinken. Plötzlich hört man ein furchtbares Krachen, alles fällt durcheinander, die Spitze eines riesigen Eisbergs bohrt sich in die Bar, und eine der beiden Damen sagt:

* Erzählt von Robert Benayoun in *Les Dingues du nonsense*, éditions Pauvert et Balland

»Ich habe zwar Eis bestellt, aber dies grenzt, offengestanden, ans Lächerliche.«

Man kennt auch den Hund, der mit seinem Besitzer in einer Bar Poker spielt. Ein Neuankömmling gerät darüber ins Staunen. Er bewundert die Klugheit des Hundes.

»Damit ist es nicht so weit her«, sagt ein Stammgast. »Wenn er gute Karten hat, wedelt er mit dem Schwanz.«

Gottes Wort

Srulek, der polnische Nasreddin oder Goha oder auch Ch'hâ, stürzt bei einem Rabbi herein und sagt:

»Rabbi, Rabbi, Gott hat gesprochen!«

»Wie? Was erzählst du da?«

»Ja, er hat zu Pinkus gesprochen! Pinkus hat mir gesagt, daß er mit Gott gesprochen hat!«

»Ich glaube, Pinkus ist ein Lügner«, sagt der Rabbi.

»Und warum sollte Gott mit einem Lügner sprechen?« sagt da Srulek.

Ein anderes Wort von Gott

Ein Mann verlangte unablässig von Gott (erzählt uns eine jüdische Geschichte):

»Du bist die Macht selbst, daher bitte ich dich, gib mir hunderttausend Dollar! Für dich ist das doch nichts! Du kannst doch alles vollbringen, was du willst! Der Raum existiert nicht, und hundert Jahre sind wie eine Minute für dich! Tausend Jahre sind wie eine Minute! Hunderttausend Dollar sind für dich doch wie ein Cent! Ich flehe dich an, gib mir einen Cent!«

Und Gott antwortete:

»Wart eine Minute ...«

Die gute Diät

Eine andere jüdische Geschichte erzählt, daß ein Mann in einem gewissen Alter sich sehr erschöpft fühlte und einen renommierten Arzt aufsuchte.

Der Arzt maß seinen Blutdruck, untersuchte seinen Augenhintergrund, seine Lungen und seinen Hals. Er ließ ihn ein Kardiogramm, ein Enzephalogramm, verschiedene Tests und Untersuchungen durchlaufen. Als die Untersuchungsergebnisse bekannt waren, rief der Arzt den Patienten zu sich, verifizierte noch einige Einzelheiten, schrieb dann eine gute Viertelstunde eine leere Seite mit dichtgedrängten Anmerkungen voll und sagte schließlich folgendes:

»Ich habe alles hier aufgeschrieben. Von heute an werden Sie nicht mehr rauchen und unter keinen Umständen mehr auch nur einen Tropfen Alkohol trinken. Sie werden Zucker und jedes Fett weglassen, sogar Sonnenblumenöl. Ebenso werden Sie Kartoffeln, Bohnen und alles Stärkehaltige weglassen. Sie müssen auf Sex verzichten. Folgendes können Sie essen: Salat und gekochten Lauch, ohne Gewürze selbstverständlich, gedämpfte Rüben, Bratäpfel – natürlich ohne Zucker – und zweimal pro Woche hundert Gramm mageres, gegrilltes Fleisch. Einmal pro Woche schließlich dürfen Sie einen Becher Naturjoghurt und ein Stück gekochten Fisch ohne Öl oder Butter zu sich nehmen. Wenn Sie meinen Anweisungen nicht folgen, haben Sie nur noch drei Monate zu leben.«

»Und wenn ich«, fragte der Mann, »ihnen folge, darf ich hoffen, länger zu leben?«

»Sicher nicht«, sagte der Arzt. »Aber die Zeit wird Ihnen länger vorkommen.«

Die Nachricht der Katze

Diese Geschichte findet sich in einer Sammlung alter, irischer Erzählungen.

Eines Nachts im November stand ein armer Bauer auf. Er mußte in die ziemlich weit entfernte Stadt, um zu versuchen, sein Kalb zu verkaufen. In der finsteren, kalten Nacht spannte er sein Pferd an, welches sich ebenso sträubte wie er selbst. Und sie brachen mit dem Kalb auf. Auf ihrem Weg sahen sie die Laternen anderer Bauern, die ebenfalls im Regen zum Markt gingen.

Das Kalb fand erst am Nachmittag zu einem ziemlich mäßigen Preis einen Abnehmer. Der mutlose Bauer bezahlte davon ein Stück Schinken und ein oder zwei Glas Bier, dann überließ er seinem Pferd die Führung und kehrte, versunken in sein Elend, auf seinen Hof zurück. Sein müder Kopf fiel ihm auf die Brust. Er döste, schreckte auf, wenn er über ein Schlagloch fuhr, und döste weiter.

Als er am Friedhof von Inchigeela vorbeikam, steckte eine Katze ihren Kopf durch die Gitterstäbe und sagte:

»Sag Balgeary, daß Balgury gestorben ist.«

Mit seinem leeren Kopf achtete der Bauer nicht auf die Worte der Katze. Er kam bei Einbruch der Nacht zu Hause an, striegelte sein Pferd und ging zu seiner Frau.

»Nun«, sagte sie, »wie war es auf dem Markt?«

»Oh«, sagte er, während er eine Tasse Tee am Feuer trank, »wie immer.«

»Hat man dir für das Kalb einen guten Preis gezahlt?«

»Nein.«

»Waren viele Leute da?«

»So viele wie immer, denke ich. Ich habe sie nicht gezählt.«

»Und gibt es Neuigkeiten? Was erzählt man sich?«

»Meine Güte, nichts erzählt man sich.«

»Man erzählt sich nichts auf dem Markt?« rief die Frau aus.

»Nein. Nichts Besonderes.«

»Du hast also den ganzen Weg zurückgelegt, und man hat dir nichts erzählt? Du hast keine Neuigkeit erfahren? Dann hättest du genausogut zu Hause bleiben können!«

Der Bauer, der vor allem seine Ruhe haben wollte, erinnerte sich plötzlich an die Katze.

»Ach ja«, sagte er zu seiner Frau. »Eine Sache war da: Als ich auf dem Rückweg am Friedhof von Inchigeela vorbeikam, sah ich eine Katze, die ihren Kopf durch die Gitterstäbe steckte.«

»Aber du sprachst von einer Neuigkeit«, sagte seine Frau.

»Und die Katze sagte zu mir: ›Sag Balgeary, daß Balgury gestorben ist.‹«

In diesem Moment richtete sich ihre Katze, die vor dem Feuer gedöst hatte, ruckartig auf und sagte äußerst gereizt zum Bauern:

»Hättest du mir das nicht früher sagen können! Jetzt komme ich zu spät zur Beerdigung!«

Und sie sprang aus dem Haus und verschwand.

Die Überschwemmung

Eine afrikanische Geschichte, die wie alle anderen auch den einfachen Rahmen der Unterhaltung sprengt, verleiht Gott eine Rolle in einem menschlichen Drama.

Eine Überschwemmung verwüstet ein Land. Ein Mann hat sich in den ersten Stock seines Hauses geflüchtet, das vom Wasser umgeben ist. Andere Männer in einer Piroge nähern sich ihm und bieten ihm an, ihn mitzunehmen.

Doch er weigert sich mit den Worten:

»Nein. Ich vertraue auf Gott! Er wird nicht zulassen, daß das Wasser mein Haus mitreißt. Fahrt weiter!«

Die Retter fahren davon. Das Wasser steigt weiter, so daß der Mann sich auf das Dach seines Hauses flüchtet. Da fliegt ein Hubschrauber heran, ein Zugseil wird herabgelassen, und die Männer machen dem Mann auf dem Dach ein Zeichen, das Seil zu nehmen und sich forttragen zu lassen.

Er weigert sich.

»Nein«, sagt er. »Niemals. Ich vertraue auf Gott. Er wird nicht zulassen, daß meine Gebete vergeblich sind.«

Da fliegt der Hubschrauber davon.

Das Wasser steigt weiter, das Haus wird überflutet, der Mann wird von den Fluten mitgerissen und ertrinkt.

Als er zu Gott kommt, macht er ihm bittere Vorwürfe:

»Wie konntest du zulassen, daß mein Haus zerstört wird und ich mein Leben verliere? Ich habe doch unaufhörlich zu dir gebetet! Wie ist es möglich, daß du mir nicht zu Hilfe gekommen bist?«

»Was erzählst du denn da?« sagt da Gott. »Ich habe dir zwei Boote und einen Hubschrauber geschickt!«

Die Fischknappheit

Zu Beginn der achtziger Jahre, wo in Polen große Lebensmittelknappheit herrschte, erzählte man sich Stegreifgeschichten, um sich gegen die Not zu wappnen. Hier nun eine davon.

Ein ziemlich betagter Mann kommt in ein Geschäft und sagt:

»Ich hätte gerne eine Seezunge, bitte.«

»Ach, wir haben leider keiner Seezunge.«

»Dann bitte eine schöne Kliesche.«

»Wir haben auch keine Kliesche mehr.«

»Wenn das so ist, nehme ich einen Wittling.«

»Wir haben keinen Wittling.«

»Dann einen Kohlfisch.«

»Wir haben keinen Kohlfisch, mein Herr.«

»Gut. Was könnte ich dann nehmen? Ich weiß: Ich nehme ein paar Sardinen.«

»Wir haben keine Sardinen.«

»Das macht nichts. Dann geben Sie mir einen schönen Aal.«

»Wir haben auch keinen Aal.«

»Und eine Forelle?«

»Haben wir auch nicht.«

Da unterbricht der Verkäufer ungeduldig den Mann, der schon etwas anderes verlangen will, und sagt:

»Mein Herr, dies ist eine Metzgerei. Ein Geschäft, in dem es kein Fleisch gibt. Das Geschäft, in dem es keinen Fisch gibt, ist gegenüber.«

Die gute Aufteilung

In derselben Zeit erzählte man sich in Warschau auch, daß ein Russe und ein Pole zusammen auf einer Straße gingen und zufällig einen Sack voller Dollars fanden.

Sie waren entzückt.

»Ich schlage vor«, sagte der Russe, »wir teilen brüderlich.«

»Nein: lieber halbe-halbe«, sagte der Pole.

Überall Schmerzen

Der iranische Filmemacher Abbas Kiarostami läßt in seinem Film *Der Geschmack der Kirsche* eine seiner Figuren die folgende Geschichte erzählen:

Ein Mann kommt zum Arzt und sagt:

»Doktor, ich habe überall Schmerzen. Wenn ich mit dem Finger meinen Kopf berühre, habe ich Schmerzen. Wenn ich meinen Bauch berühre, ist es das gleiche. Wenn ich mein Knie berühre, habe ich Schmerzen; berühre ich den Fuß, habe ich Schmerzen. Was soll ich tun? Wie soll ich mir Linderung verschaffen?«

Der Arzt untersucht ihn und sagt:

»Ihr Körper ist gesund. Nur Ihr Finger ist gebrochen.«

16

Wir sollten auch auf die Lehren der Narren (und der Betrunkenen) hören

Die großen Buchstaben

Wenn die Welt absurd ist – oder jedenfalls undurchdringlich und rätselhaft – muß man auch auf die Stimme derer hören, deren Geist offenbar getrübt ist. Vielleicht haben sie mehr Glück als wir (wir, die »Normalen«) bei dem Versuch, das Dickicht zu durchdringen, in dem wir leben. Vielleicht haben sie eine Verbindung zu dem verborgenen Knoten der Dinge.

In allen Traditionen wird – nicht ohne Vorsicht und Spott – sorgfältig auf die »Narren« gehört. Einige Geschichten, die ihnen zugeschrieben werden, können als die vernünftigsten der Welt erscheinen. Und das gleiche gilt für die Betrunkenen und sogar für die Drogensüchtigen, die zu unserem großen Nutzen vorübergehend den Verstand verloren haben.

In diesem Fall ist auch die Logik ad absurdum geführt, sind die normalen Verhältnisse umgedreht, und ein anderes Licht leuchtet.

Folgende Geschichte spielt sich am japanischen Hof ab. Ein Höfling schreibt einen Brief und verwendet dazu riesige Buchstaben.

Ein anderer kommt vorbei und wundert sich:

»Ist das ein Brief?«

»Ja.«

»Ich habe noch nie so große Buchstaben gesehen. Es muß sich um eine wichtige Angelegenheit handeln.«

»Überhaupt nicht. Aber ich schreibe an einen Schwerhörigen.«

Der verlorene Schlüssel

Eine der schönsten sogenannten »Narrengeschichten« ist auch eine der ältesten. Die genaue Herkunft ist unbekannt. Man erzählte sie sich in Indien und in Persien. Heute ist sie nach langen Umwegen zu einer Clownsszene im Abendland geworden.

Die Geschichte spielt in der Nacht auf einer Straße, in der Nähe einer Laterne (im Zirkus wird die Laterne durch einen Lichtkegel auf dem Boden ersetzt). Ein Mann scheint gebückt, mit der Nase dicht am Boden, etwas zu suchen.

Ein anderer Mann kommt vorbei und fragt:

»Was suchst du da?«

»Ich suche meinen Schlüssel.«

»Du hast deinen Schlüssel verloren?«

»Ja.«

»Und du hast ihn hier verloren?«

»Nein.«

»Aber wenn du ihn woanders verloren hast, warum suchst du ihn dann hier?«

»Weil hier Licht ist.«

Das geheilte Weizenkorn

In einer zeitgenössischen Geschichte, deren Struktur jedoch sehr alt ist – einer Geschichte, die in allen psychiatrischen Einrichtungen erzählt wird – wird ein Mann behandelt, der sich für ein Weizenkorn hält.

Eines Tages wird er für geheilt erklärt und aus der Anstalt entlassen.

Einen Augenblick später sieht ihn der Psychiater eilig und offensichtlich in Panik zurückkommen.

»Was haben Sie?« fragt der Arzt.

»Es ist schrecklich«, antwortet der Mann. »Als ich aus der Tür ging, begegnete ich einem Huhn.«

»Und?« sagt da der Arzt. »Sie wissen doch, daß Sie nichts zu befürchten haben. Sie sind kein Weizenkorn.«

»Ja, Herr Doktor, ich weiß das. Aber weiß das Huhn es auch?«

Die gute Rechenoperation

Diese zeitgenössische Geschichte aus dem Iran spielt sich ebenfalls in einer psychiatrischen Anstalt ab. Man hat beschlossen, einige Verwirrte zu entlassen. Vorher läßt sie der Direktor einen sehr einfachen Test durchlaufen. Es handelt sich bei den in Frage kommenden um drei Männer.

Der Direktor fragt den ersten:

»Wieviel macht zwei mal zwei?«

»Vierundsiebzig«, antwortet dieser.

Betrübt entscheidet der Direktor, daß dieser Patient noch nicht geheilt ist. Man kann ihn unmöglich entlassen. Dann fragt er den zweiten:

»Wieviel ist zwei mal zwei?«

»Dienstag«, antwortet der Mann.

Angesichts dieser Antwort faßt der Direktor den Entschluß, der sich aufzudrängen scheint: Diesen Kranken muß man noch ein wenig dabehalten.

Dann fragt er den Dritten:

»Wieviel ist zwei mal zwei?«

»Vier.«

Der Direktor ist entzückt. Er ordnet die Entlassung dieses Mannes an, dessen Geist geheilt ist. Bevor dieser die Anstaltspforte durchschreitet, fragt er ihn aber noch:

»Wie hast du die richtige Lösung gefunden?«

»Das war ganz einfach. Ich habe einfach Dienstag von Vierundsiebzig abgezogen.«

Der Zauberkünstler und der Papagei

Saint-Exupéry – ein guter Amateurzauberer – erzählte gern die folgende Geschichte, die er für die komischste der Welt hielt.

Der Passagierdampfer *Normandie* ist auf bestem Wege, den Rekord für die Überquerung des Atlantik zu brechen. An Bord muß ein Zauberkünstler eine Vorstellung geben, bei der auch ein Papagei eine Rolle spielt.

Nun ist sein eigener Papagei aber gerade gestorben. Als der Zauberer erfährt, daß der Kapitän auch einen Papagei besitzt, will er ihn um die Erlaubnis bitten, ihn für ein einfaches Zauberkunststück einzusetzen.

»Ich«, sagt der Kapitän, »halte mich da raus. Sie müssen den Papagei fragen.«

Der Zauberkünstler wendet sich also an den Papagei des Kapitäns, einen ziemlich griesgrämigen, betagten Vogel, der nachfragt, was genau man denn von ihm erwarte.

»So gut wie nichts«, sagt der Zauberer. »In einem bestimmten Augenblick lasse ich Sie verschwinden, das ist alles.«

»Kommt nicht in Frage«, sagt der Papagei. »Ich möchte auf keinen Fall verschwinden.«

Der Zauberkünstler argumentiert lange Zeit und erklärt den Zaubertrick so ausführlich und gut, daß der Papagei des Kapitäns sich schließlich überreden läßt. »Es ist doch nur ein Spiel«, hat der Zauberkünstler ihm versichert.

Die Vorstellung beginnt. An diesem Abend arbeiten

die Heizkessel des Schiffes im Wettstreit um das Blaue Band auf vollen Touren. Der Zauberkünstler vollführt seine üblichen Kunstgriffe, zeigt den Papagei und verbirgt ihn danach hinter einem schwarzen Tuch.

In diesem Moment explodieren die Kessel des Dampfers. Das ganze Schiff wird von den Wellen verschlungen.

Viel später findet man im Meer einen äußerst verärgerten Papagei wieder, der auf einer Planke hin und her läuft und immer wieder sagt:

»Was für ein Scheißspiel! Was für ein Scheißspiel!«

Buddhas Floß

Eine der berühmtesten Buddhaparabeln, die davon handelt, daß man aus Lehren guten und schlechten Nutzen ziehen kann, erzählt folgendes:

Ein Reisender kommt zum Ufer eines breiten Flusses. Seine Seite des Flusses ist gefährlich, furchterregend und mit wilden Tieren bevölkert. Die andere Seite des Flusses scheint friedlich und ohne Gefahr zu sein. Doch sieht er keine Brücke oder Fähre, um den Fluß zu überqueren. Da beschließt er, aus Ästen, Gras und Blättern ein Floß zu bauen. Dann überquert er mit Hilfe seiner Hände und Füße auf diesem Floß den Fluß. Am anderen Ufer ist er in Sicherheit, da es dort wirklich friedlich und ruhig ist.

Da sagt er bei sich: »Dieses Floß war mir eine sehr große Hilfe. Es hat mir erlaubt, von einem Ufer zum anderen zu kommen. Es wäre gut, wenn ich es immer bei mir hätte.«

Und er geht mit dem Floß auf den Schultern davon.

Buddha meinte, dieser Mann, der ein Floß auf dem Rücken trug, sei aller Vernunft ledig. Er empfahl seinen Schülern, sich selbst der »guten Dinge« zu entledigen, sogar einer vortrefflichen Lehre, sonst verhielte man sich wie ein Narr.

Die Last der Tür

Eine sufistische Geschichte läßt die Erinnerung an das indische Floß aufkommen.

Ein Derwisch, der in ein Land kam, welches man »Land der Narren« nennt, erblickte eine Frau mit einer schweren Tür auf dem Rücken.

»Warum hast du dich so beladen?« fragte er.

»Weil mein Mann heute morgen, als er zur Arbeit ging, zu mir sagte: ›Es sind Wertsachen im Haus. Darum darf niemand durch diese Tür.‹ Daher habe ich, als ich das Haus verließ, die Tür mit mir genommen. Damit niemand durch sie hindurchgehen kann.«

»Möchtest du«, fragte der Derwisch, »daß ich dir etwas sage, was es vollkommen unnütz erscheinen läßt, diese Tür mit sich zu tragen?«

»Auf keinen Fall«, antwortete sie. »Das einzige, was mir helfen könnte, ist, mir zu sagen, wie diese Tür leichter wird.«

»Das kann ich dir nicht sagen«, antwortete der Derwisch.

Und sie gingen auseinander.

Der Nicht-Freiwillige

Eine Geschichte, die man manchmal Nasreddin Hodja zuschreibt (doch es wird immer den Reichen gegeben), erzählt, daß der Kalif von Bagdad eines Tages in der ganzen Stadt zum Klang der Hörner verkünden ließ, daß er demjenigen seine Tochter zur Frau und dazu noch vierzig Kisten mit Gold und riesige, fruchtbare Ländereien geben würde, der ohne weitere Umstände in der Lage sei, eine dringende Nachricht seinem Bruder zu überbringen, welcher sich im Kampf mit starrsinnigen Rebellen irgendwo im Norden des Landes befand.

Wie man sich denken kann, war die Reise keineswegs ein Spaziergang. Dazu mußte man gefährliche Gegenden, Sümpfe, von Räubern besetzte Berge und sogar Wälder überwinden, in denen häufig Geister und Ungeheuer anzutreffen waren.

Doch derjenige, der all diese Hindernisse überwände, wäre ein gemachter Mann.

Als ein Mann, den man für einen Narren hielt, diese Nachricht hörte, stürzte er sofort zum Palast. Er rannte, so schnell er konnte, und stieß dabei Menschen und Marktstände um. Er beseitigte rüde die Wachen, stieg, ohne zu warten, die Treppen hinauf, drang in den Palast ein, wich weiteren Wachen aus und gelangte schließlich zum Thronsaal.

Dort drängte er sich atemlos durch die Menge der Höflinge. Mit zerzausten Haaren stand er schließlich vor dem Kalifen und rief:

»Kalif! Kalif! … Ich nicht!«

Das gute Denken

Ein vollkommen betrunkener, junger Engländer suchte eines Tages Norman Vincent Peale auf, den Autor eines damals berühmten Buches mit dem Titel *Die Kraft des Positiven Denkens*. Der junge, betrunkene Mann fragte den Autor, was der Unterschied zwischen positivem und negativem Denken sei.

Da Peale sofort bemerkte, in welchem Zustand sich sein junger Besucher befand, sagte er:

»Suchen Sie mich wieder auf, wenn Sie nüchtern sind, dann würde ich mich glücklich schätzen, Ihnen zu antworten.«

»Ich danke Ihnen«, antwortete der junge Mann, »aber wenn ich nüchtern bin, pfeif ich drauf.«

Gohas Spiegel

Als Ägypten durch den furchterregenden Tartaren Timur-Leng unterworfen wurde, der lahm, einäugig und schrecklich häßlich war und außerdem einen Fuß aus Stahl hatte, ließ dieser Goha zu sich rufen, von dem er schon einiges gehört hatte. Als er so mit Goha plauderte, trat Timurs Barbier ein, rasierte ihm den Kopf und reichte ihm einen Spiegel, damit er sich ansehen konnte.

Als Timur sich betrachtete, fing er an zu weinen. Goha fing seinerseits an zu weinen, zwei oder drei Stunden lang schluchzte er und schlug mit seinen Händen auf den Boden. Timur hatte schon lange aufgehört zu weinen, da weinte Goha immer noch.

Timur fragte ihn:

»Aber was hast du denn? Ich weine, weil ich mich im Spiegel dieses unglückseligen Barbiers betrachtet und so schrecklich häßlich gefunden habe. Aber du? Was soll dieses Meer von Tränen?«

Und Goha antwortete:

»Was ist daran überraschend? Du hast dich nur einen kurzen Augenblick im Spiegel betrachtet und eine ganze Stunde geweint. Aber wenn ich dich den ganzen Tag ansehen muß, wie lange soll ich dann weinen?«

Der Narr und das Gebet

Eine Geschichte aus dem Islam – wo man Goha ebenfalls ab und zu erscheinen läßt – erzählt, daß ein Narr stets allein sein Gebet verrichtete. Doch hielt man ihn für einen Eingeweihten der tiefsten Mysterien.

Nach wiederholten Bemühungen ließ er sich überreden, an einem Freitag einem Gemeinschaftsgebet beizuwohnen.

Der Imam begann mit: »Allah ist der Größte.« Wonach er anfing zu singen: »Gelobt sei Allah.«

In diesem Moment fing der Narr in der Moschee an, aus Leibeskräften wie ein Ochse zu brüllen.

Als das Gebet beendet war, sagte man ihm, daß man für eine derartige Handlung seinen Kopf abschlagen sollte, so wie man einer Kerze den Docht abknipst. Doch der Narr antwortete:

»Ich bin nur dem Imam gefolgt.«

»Was willst du damit sagen?«

»In dem Moment, da er ›Gelobt sei Allah‹ sang, kaufte er einen Ochsen. Daher habe ich angefangen zu brüllen. Ich nehme mir an diesem heiligen Mann ein Beispiel. Was er auch tut, ich tue es ihm nach.«

Da diejenigen, die den Narren zum Gebet eingeladen hatten, dies nicht verstanden, fragten sie den Imam, der zu ihnen sagte:

»Ja, das stimmt. Als ich sagte: ›Allah ist der Größte‹, dachte ich an einen Besitz, den ich fern von hier habe. Und als ich anstimmte: ›Gelobt sei Allah‹, da erinnerte ich mich daran, daß ich einen Ochsen brauche. Und da hörte ich in der Moschee ein Brüllen und …«

Er unterbrach sich, weil der Narr aufs neue anfing zu brüllen.

Ein Abgott mehr

Eine arabische Geschichte erzählt von einem untröstlichen Narren, der eine ganze Nacht weinend vor einer heiligen Stätte verbrachte. Er sagte, an die Tür gelehnt:

»Wenn du mir nicht öffnest, dann werde ich meinen Kopf wie einen Hammer gegen diese Tür schlagen, bis er zerspringt. Und dann bin ich von dem Leiden, das mich beherrscht, erlöst.«

Da ertönte eine Stimme im Innern der Stätte und sagte:

»Ein zersprungender Kopf ist kein großer Verlust, denn der Ozean ist nicht mehr wert als ein Tautropfen. Zwei- oder dreimal schon ist diese Heilige Stätte mit Abgöttern ausgestattet worden, doch all die Abgötter hier drinnen sind zersprungen. Was also ist schlimm daran, wenn auch draußen ein Abgott zerspringt? Denn wenn dir dein Kopf zerspringt, weil du ihn die ganze Nacht gegen die Tür geschlagen hast, dann hast du nur einen weiteren Abgott besiegt.«

Im Sturm

Nasreddin Hodja zeichnet sich häufig, wie viele »Narren« oder Einfaltspinsel, durch ein unerwartetes Verhalten aus, das unlogisch und sinnlos erscheint.

So sieht man ihn im hinteren Teil einer Piroge sitzen, die mehr schlecht als recht einen Meeresarm überquert. Zwei Männer vor ihm rudern kräftig. Nasreddin aber tut nichts.

Plötzlich kommt ein Sturm auf. Er erweist sich als heftig. Gefährliche Wellen werfen die Piroge hin und her. Die beiden Ruderer verausgaben sich im Kampf gegen das Meer, das jeden Moment das zu zerbrechliche Boot zu verschlingen droht.

Sie drehen sich um, um nach Nasreddin zu sehen, und bemerken, daß er bizarrerweise Wasser aus dem Meer schaufelt und in die Piroge schüttet. Verblüfft rufen sie:

»Aber was machst du denn da? Bist du verrückt? Du mußt das Gegenteil tun! Warum schaufelst du Wasser ins Boot?«

»Meine Mutter«, antwortet Nasreddin, »hat immer zu mir gesagt, daß man darauf achten soll, auf der Seite des Stärkeren zu sein.«

Das Niesen

Ein chinesischer Kaufmann, der mit seiner Frau in schönster Harmonie lebte, ab und an aber von Eifersucht gequält wurde, mußte sich auf eine lange Reise begeben.

Vor seiner Abreise sagte er zu seiner Frau:

»Wenn ich weit weg bin, wie soll ich da wissen, daß du an mich denkst?«

»Das ist ganz einfach«, antwortete sie ihm. »Jedes Mal, wenn du niest, weißt du, daß ich an dich denke.«

Der Mann machte sich auf den Weg. Als er am Stadttor angekommen war, begegnete er einem Bonzen, und dieser Bonze nieste heftig.

»Ein schlechtes Zeichen«, sagte der Mann, der plötzlich sehr unruhig geworden war. »Ich habe noch nicht mal die Stadtmauern verlassen, da denkt meine Frau schon an diesen Bonzen!«

Mahmuds Sieb

Der Held der berühmtesten Liebesgeschichte in der islamischen Tradition, Mahmud, verliert Leila, die Frau, die er liebt, und gleichzeitig den Verstand.

Eines Tages nimmt er sich ein Sieb und beginnt, durch dieses Sieb in einer Art Raserei Erde zu sieben. Die Erde rieselt durch das Sieb. Mahmud füllt das Sieb wieder auf und beginnt ohne Unterbrechung von vorn.

Ein Mann geht vorbei, sieht sich das an und wundert sich.

»Was suchst du denn?« fragt er Mahmud.

»Ich suche meine Geliebte.«

»Du hoffst, sie zu finden, wenn du dort suchst?«

»Wenn ich sie eines Tages finden will, muß ich sie überall suchen.«

Der Kompaß

Als einige Reisende eine Wüste durchquerten, fanden sie einen Kompaß und zeigten ihn Nasreddin, den sie fragten:

»Was ist das?«

Nasreddin nahm den Kompaß, untersuchte ihn und fing an zu schluchzen. Eine Sekunde später hörte er abrupt auf zu weinen und fing an, aus vollem Halse zu lachen.

»Warum weinst du? Und warum lachst du?« fragten ihn die Reisenden.

»Ich habe angefangen zu weinen, als ich daran dachte, wie unwissend ihr seid«, antwortete Nasreddin, »denn ihr wißt nicht, was dieser Gegenstand ist. Und dann habe ich angefangen zu lachen, als ich daran dachte, wie unwissend ich bin. Denn ich weiß es auch nicht.«

Die abgebissene Nase

Im Verlauf eines Streits biß ein Chinese einem anderen Mann die Nase ab. Man brachte sie vor einen Richter, und der erste versicherte lautstark, der zweite hätte sich selbst die Nase abgebissen.

»Aber die Nase sitzt doch über dem Mund!« rief der Richter aus. »Wie kann er sich da selbst die Nase abbeißen?«

»Er ist auf eine Bank gestiegen«, antwortete der Angeklagte.

Goha und der Storch

In *Tausendundeine Nacht* wird erzählt, daß eines Tages Freunde zu Goha sagten:

»Schämst du dich nicht, dein Leben wie ein Faulpelz zu verbringen? Und deine zehn Finger nur dazu zu benutzen, sie mit Essen zum Mund zu führen? Glaubst du nicht, daß es an der Zeit ist, dein Vagabundenleben aufzugeben und dich zu benehmen wie alle anderen?«

Goha antwortete nicht. Einige Tage später fing er einen großen, schönen Storch. Er ging auf sein Flachdach und schnitt im Beisein derer, die ihm die Vorwürfe gemacht hatten, die wunderschönen Federn von den Flügeln des Vogels mit einem scharfen Messer ab, dann schnitt er noch den herrlichen Schnabel (den Schrecken der Ratten und Frösche) ab und schließlich die langen, feingliedrigen Beine. Danach stieß er den armen Vogel mit den Worten in die Tiefe:

»Flieg! Flieg!«

»Was soll dieser Unsinn?« fragten ihn seine Freunde.

»Dieser Storch ärgerte mich«, antwortete Goha, »denn

er war nicht wie die anderen Vögel. Jetzt kann er sich benehmen wie alle anderen.«

Die Stechmücke und der Büffel

Eine Steckmücke, die in den Reisfeldern von Annam auf dem Horn eines Büffels hockte, bildete sich ein, sehr schwer zu sein. Sie nahm ihre ganze Stimmkraft zusammen und schrie dem Büffel zu:

»Bin ich zu schwer? Wenn ich dir zu schwer bin, sag es nur, dann setze ich mich woanders hin.«

Der Büffel vernahm die Stimme, hörte zu grasen auf, blickte nach links und rechts und fragte erstaunt:

»Wer spricht da?«

»Ich.«

»Wer, ich?«

»Ich. Eine Stechmücke.«

»Und wo bist du?«

»Ich bin auf deinem linken Horn.«

»Du hast gut daran getan, mir das zu sagen«, sagte der Büffel. »Sonst hätte ich nie erfahren, daß ich auf meinem linken Horn einen Schwachkopf sitzen habe.«

Nasreddins Kaftan

Nasreddin Hodja irrte wie gewöhnlich mit leerem Magen durch die Straßen einer Stadt, als er plötzlich aus einem schönen, reichen Haus die hinreißenden, höchst verlockenden Geräusche eines Festes vernahm. Er wurde vorstellig und bat, empfangen zu werden, um an den Festlichkeiten teilnehmen zu können, doch war er so schlecht gekleidet, daß die beiden Wächter ihm rüde den Eintritt verwehrten.

Sofort lieh er sich von einem Freund einen golddurchwirkten Kaftan. In diesem wunderbaren Gewand wurde er erneut an der Tür des Hauses vorstellig, und dieses Mal ließ man ihn unter Ehrenbezeugungen hinein.

Nasreddin nahm bei den Speisen Platz, die man gerade serviert hatte, und bedankte sich höflich. Dann hob er sehr sorgfältig einen seiner Arme und ließ den Ärmel seines schönen Kaftans durch eine Sauce schleifen.

Gleichzeitig schien er sich an seinen Ärmel zu richten und sagte:

»Hier, iß.«

Der Herr des Hauses wunderte sich, empörte sich und rief aus:

»Was machst du da? Bist du wahnsinnig?«

»Keineswegs«, antwortete Nasreddin. »Nicht ich bin hierher eingeladen worden, sondern mein Kaftan. Da ist es doch normal, daß er ißt.«

Der Stein mit Bart

Diese Geschichte führt uns in den Senegal.

Eine Hyäne auf der Jagd fand einen Stein, der einen Bart hatte. Sie rief:

»Das ist das erste Mal, daß ich einen Stein mit Bart sehe!«

Und fiel auf der Stelle tot um.

Einen Moment später holte der Stein sie ins Leben zurück und sagte zu ihr:

»Bei Steinen mit Bärten ist es immer so. Wenn jemand sagt: ›Das ist das erste Mal, daß ich einen Stein mit Bart sehe‹, stirbt er auf der Stelle. So ist das Gesetz.«

Die Hyäne bat für ihre Unwissenheit um Verzeihung, kehrte nach Hause zurück und gedachte, die Gelegenheit zu nutzen, um mit ihrem alten Widersacher, dem Hasen, endgültig fertig zu werden.

Sie sagte zu ihm, abscheulich lügend:

»Ich habe etwas Merkwürdiges gesehen. Einen Stein mit einem Bart. Das Problem ist nur, daß er jeden sofort tötet, wenn man bei seinem Anblick nicht sagt: ›Das ist das erste Mal, daß ich einen Stein mit Bart sehe.‹ Wenn du diesen Satz nicht sagst, dann stirbst du. Hast du verstanden?«

»Ich habe verstanden«, sagte der Hase. »Also los, sehen wir ihn uns an.«

Sie kamen zu dem Stein mit Bart, und die Hyäne sagte zum Hasen:

»Los, sag den Satz, sonst passiert dir was!«

»Ich habe den Satz vergessen. Was muß ich sagen?«

»Aber denk doch mal nach! ›Das ist das erste Mal ...‹«

»Das ist das erste Mal«, wiederholte der Hase.

»Daß ich.«

»Daß ich.«

»Einen Stein.«

»Einen Stein.«

»Einen Stein mit ...«

»Einen Stein mit ...«

»Los, weiter!«

»Los, weiter!«

»Aber nein! Sprich jetzt den Satz zu Ende!«

»Aber nein! Sprich jetzt den Satz zu Ende!« wiederholte der Hase.

»Herrgott, bist du blöd!« brüllte die Hyäne.

»Herrgott, bist du blöd!« schrie der Hase.

»Idiot! Volltrottel! Kannst du dich noch nicht mal an einen so einfachen Satz erinnern? ›Das ist das erste Mal, daß ich ...‹«

»Das ist das erste Mal, daß ich ...«

»Einen Stein mit Bart sehe!« schrie die Hyäne aufs höchste erbittert.

Und fiel auf der Stelle tot um.

Der Stein mit Bart sagte zum Hasen:

»Das erste Mal habe ich ihr verziehen, aber zweimal ist wirklich zuviel.«

»Ich bin ganz deiner Meinung«, sagte der Hase.

Und kehrte in aller Ruhe nach Hause zurück.

Der Mann mit Bart

Diese andere Bartgeschichte ist aus Persien. Sie wurde unter anderem von Fariduddin Attar erzählt.

Als einige Vögel in Windeseile eine große Wüste überquerten, erblickten sie einen einsamen Mann, der vor dem Eingang einer Höhle saß. Sie ließen sich einen Moment lang bei ihm nieder, und einer der Vögel, der den Einsiedler kannte, sagte nach der Begrüßung zu ihm: »Bist du immer noch da?«

»Ja, immer noch«, antwortete der Mann, der mit einem geschnitzten Stück Holz langsam seinen langen Bart kämmte.

»Und sag: Hast du die Antwort gefunden?«

»Die Antwort worauf?«

»Auf die Frage, die du dir gestellt hast.«

»Nein«, sagte der Mann, »ich habe die Antwort nicht gefunden.«

»Aber wie lautet denn die Frage?« fragte ein anderer Vogel.

Der Mann machte eine müde Handbewegung, als wolle er nicht ein vermutlich tiefes Geheimnis teilen. Doch die Vögel, die über die Aussicht hoch erfreut waren, während ihrer Rast eine schöne Einsiedlergeschichte zu hören, baten den Mann, den zweifellos das Bedürfnis zu sprechen verzehrte, so inständig, daß er zu ihnen sagte:

»Ich lebte in der Nähe des Zentrums einer Stadt und führte, wie ich meine, ein ehrenwertes Leben. Ich hatte eine Frau und mehrere Kinder. Seit einer gewissen Zeit, und den genauen Zeitpunkt kann ich nicht bestimmen, wurde ich von einem heftigen Verlangen nach Auberginen gequält. Das Verlangen, Auberginen zu essen, verließ mich weder am Tag noch in der Nacht. Gleichzeitig sagte ich mir, sagte etwas in mir, daß mich ein Unglück ereilen würde, äße ich Auberginen. Ein großes, schreckliches Unglück. Ich versuchte, an etwas anderes zu denken, an meine Arbeit, an meine Familie. An Orangen. An Schafe. Doch immer wieder kamen die Auberginen zurück. Stärker und stärker. Auberginen.«

Die Vögel hörten aufmerksam zu und ließen den heißen Wüstenwind durch ihre Flügel strömen. Der Mann erzählte, während er sich den Bart kämmte.

»Schließlich, wie ihr euch denken könnt – denn sonst wäre es ja keine Geschichte – überwältigte mich mein Verlangen. Meine Mutter fand ein paar schöne Auberginen, ließ sie so kochen, wie sie mir ihrer Meinung nach schmecken würden, und servierte sie mir heiß und duftend. Ich begann, sie vor den Augen meiner Mutter zu essen. Doch kaum hatte ich die Hälfte, jawohl, die Hälfte einer Aubergine gegessen, da klopfte es an meiner Tür. Ein Mann trat ein und legte vor mir den Kopf meines Sohnes ab. Man hatte meinem Sohn den Kopf abgeschlagen.«

Der Mann schwieg einen Moment, und die Vögel achteten seinen Schmerz, der ihn vollkommen zu beherrschen schien. Er hatte den Kopf zum dürren Boden hin gesenkt. Nur seine Hand strich durch seinen Bart.

»Da«, sagte er, »beschloß ich, den Rest meines Lebens damit zu verbringen, die Verbindung zwischen dem Essen der Auberginen und dem abgeschlagenen Kopf meines Sohnes zu suchen. Ich habe alles aufgegeben, restlos alles, bin hierhergekommen und suche seit diesem Tag die Antwort auf diese Frage.«

»Und du hast noch nichts gefunden?« fragte ein anderer Vogel.

»Nichts.«

»Und wie sieht seitdem dein Leben in der Wüste aus?«

»Ich esse Gräser, Erde und Rindenstückchen, die mir der Wind herträgt. Ich presse Wasser aus dem Boden in meiner Höhle. Und ich denke nach, wie ihr seht.«

Plötzlich, nach einer kurzen Stille, fing ein junger Vogel frei heraus an zu lachen.

»Warum lachst du?« fragte der Einsiedler überrascht.

»Ich lache, weil ich den Grund weiß.«

»Den Grund wofür?«

»Den Grund, daß du die Antwort noch nicht gefunden hast.«

»Und warum habe ich die Antwort noch nicht gefunden?«

»Weil du nicht an deine Frage denkst.«

»Ich?« sagte der Mann empört. »Aber ich denke an nichts anderes!«

»Irrtum«, antwortete der junge Vogel, der immer noch lachte. »Du denkst nur an deinen Bart.«

Was nun folgte, erstaunte die Vögel zutiefst. Der Mann sah mit einem gewissen Ernst seine Hand an, und seine Hand hörte auf, seinen Bart zu kämmen. Er schwieg nur einen sehr kurzen Augenblick. Die Bemerkung des jungen Vogels war so richtig, daß sie sich dem Einsiedler mit der Kraft einer totalen Erleuchtung aufdrängte. Ohne die geringste Bewegung, plötzlich durchdrungen von einer neuen Wahrheit, bei der sich alle bisher zerstreuten Einzelheiten auf einmal zusammenzufügen schienen, sagte er mit ruhiger Stimme:

»Du hast recht. Ich sehe, daß du recht hast, junger Vogel. Du hast vollkommen recht. Hör mir zu. Eines Tages, als ich schon einige Monate, ein Jahr vielleicht, hier war, sah ich plötzlich auf der Erde etwas blitzen. Es war ein blitzender Stein. Ich habe ihn aufgehoben. Seht, hier ist er. Es ist Glimmer.«

Die Vögel reichten einander mit den Schnäbeln den Glimmer, während der Mann fortfuhr:

»Als ich mich in diesem Stück Glimmer betrachtete, sah ich, daß ich schon einen langen Bart hatte. Einen Bart, den ich wundervoll fand. Also hob ich schnell ein Stück Holz auf, schnitzte daraus einen Kamm und fing an, meinen Bart zu pflegen. Ihn zu entwirren, zu kämmen, zu glätten und zu pflegen!«

Er ließ sich durch die Bewegung seiner Worte mitreißen und geriet in Erregung. Die schlimmste Wut, die Wut gegen sich selbst, packte ihn.

»Und ihr habt recht!« schrie er. »Ich dachte nur noch an meinen Bart! Vorher dachte ich nur an die Auberginen, und hier in der Wüste dachte ich nur noch an meinen Bart! Mein ganzes Leben war meinem Bart geweiht!«

Er richtete sich voller Zorn auf und ergriff seinen Bart mit beiden Händen. Er schrie in alle Himmelsrichtungen:

»Doch das ist jetzt vorbei! Ihr werdet sehen, ich reiße ihn aus, diesen dreckigen Bart! Diesen verfluchten Bart! Ich reiße ihn aus! Ich verstreue ihn in alle Winde! Ich werfe ihn weg!«

Gesagt, getan: Er riß sich die Haare büschelweise aus, und das Blut spritzte aus seiner aufgerissenen Haut auf den ockerfarbenen Boden.

»Soll ihn der Wind forttragen! Bald habe ich keinen Bart mehr! Kein bißchen Bart! Nicht ein einziges Barthaar!«

Der Mann riß sich schreiend vor Wut die letzten Haarbüschel aus. Plötzlich erstarrte er, denn er hatte schon wieder das Lachen des jungen Vogels gehört. Er wandte diesem respektlosen Wesen sein blutendes, erbarmungswürdiges Gesicht zu und fragte:

»Warum lachst du?«

Der junge Vogel antwortete, während er sich über die Flügel strich, denn er bereitete sich wie die anderen zum Aufbruch vor:

»Warum ich lache? Weil du immer noch nur an deinen Bart denkst!«

Und alle Vögel flogen lachend davon.

Die Verwandlung des Wassers

Eine arabische Volkslegende erzählt folgendes:

Vor langer, langer Zeit sprach Khidr, der Lehrer von Moses, eine schreckliche Warnung für die Menschheit aus. Zu einem bestimmten Zeitpunkt würde alles Wasser, wenn man es nicht umsichtig speichere, von der Erde verschwinden. Es würde durch ein neues Wasser ersetzt, das die Menschen verrückt mache.

Ein einziger Mann beachtete diese Warnung. Er sammelte eine große Menge Wasser und speicherte sie irgendwo in einem Reservoir. Als der von Khidr angekündigte Tag anbrach, hörten die Wasserläufe auf zu fließen, die Brunnen versiegten, und die ganze Erde trocknete aus. Der umsichtige Mann begann sein Leben in seinem Schlupfwinkel und trank nur das gerettete Wasser.

Einige Zeit später strömte das neue Wasser vom Himmel, und die Bäche und Brunnen füllten sich wieder. Der Mann verließ seine Zuflucht und kehrte zu seinesgleichen zurück. Er entdeckte, daß sie Reden führten und Bewegungen vollzogen, die vollkommen anders und sehr seltsam waren. Sie hatten nicht nur die Warnung vergessen, sondern auch, was geschehen war. Der Mann versuchte, mit ihnen zu sprechen, doch sie hielten ihn für einen Verrückten. Einige brachten ihm Feindseligkeit, andere Mitleid entgegen. Sie verstanden ihn nicht.

Er weigerte sich, das neue Wasser zu trinken, und kehrte zu seinem Schlupfwinkel zurück. Dort trank er nur das gespeicherte Wasser. Doch sehr bald konnte er die Einsamkeit und seine Einzigartigkeit nicht mehr ertragen, denn niemand war wie er. Er kehrte zu den anderen zurück und trank ebenfalls von dem neuen Wasser. Da vergaß er alles, sogar die Stelle, wo er seinen Wasservorrat hatte, und die anderen hielten ihn für einen Verrückten, der durch ein Wunder wieder zur Vernunft gekommen war.

Der Mann ohne Gedächtnis

Zwei koreanische Geschichten stellen uns einen Mann vor, der sein Gedächtnis verloren hat.

Eines Tages sah dieser Mann nach einer langen und mühsamen Wanderung einen Bach. Er zog seine Kleider aus, um im klaren Wasser zu schwimmen, und hängte sie an einen Baum.

Als er vollkommen nackt dem Wasser entstieg, sah er die Kleider und sagte:

»Sieh mal an! Da hat jemand seine Kleider und seinen Hut vergessen! Die ziehe ich mir an!«

Er schlüpfte in die Kleider, setzte den Hut auf, zog die Schuhe an und ging zufrieden davon.

Derselbe Mann setzte seine Reise in Begleitung eines Bonzen fort, den er alle paar Minuten nach seinem Namen und seinem Reiseziel fragte. Der Bonze, der durch die ständige Wiederholung dieser Frage sehr schnell gereizt war, beschloß, die Gedächtnisschwäche des Mannes auf die Spitze zu treiben.

Die Nacht verbrachten sie in einer Herberge im selben Zimmer. Als der Bonze am Morgen sah, daß sein Gefährte noch fest schlief, rasierte er ihm den Kopf und zog ihm eines seiner Gewänder über. Dann verschwand er mit den Kleidern des Mannes.

Dieser erwachte, sah sich im Spiegel und rief aus:

»Ach, das ist ja der Bonze, der gestern abend mit mir hier war. Aber wo bin ich dann? Habe ich mich verloren? Ich muß mich unbedingt wiederfinden.«

Und er machte sich auf die Suche nach sich selbst.

Die Grenzen des Schwachsinns

Nasreddin Hodja – mit ihm wollen wir dieses Kapitel beschließen – trug einen Sack Getreide zur Mühle, um es mahlen zu lassen. Während er darauf wartete, an die Reihe zu kommen, stellte er seinen Sack neben andere Säcke. Und mit halbgeschlossenen Augen tauchte er seine Hand mechanisch in die anderen Säcke, nahm eine Handvoll Getreide heraus und steckte sie in seinen eigenen Sack.

Der Müller überraschte ihn dabei und rief:

»He! Was machst du da?«

»Oh, nichts«, antwortete Nasreddin. »Ich bin halt schwachsinnig. Ich mache immer irgendwas.«

»Wenn du schwachsinnig bist, warum nimmst du nicht Getreide aus deinem Sack und steckst es in die anderen?«

»Weil ich zwar schwachsinnig bin«, sagte Nasreddin, »aber so schwachsinnig nun auch wieder nicht.«

17

Die Zeit ist unser Meister: Kann man mit seinem Meister spielen?

Der Mann, der Wasser holen ging

Wenn die Zeit unser unanfechtbarer Meister ist, dem alles gehorcht, sogar die Steine und die Sterne (und auch die Geschichten), so können wir sie manchmal doch bezwingen, wenn sie sich auf ein sogenanntes Gedankenspiel einläßt.

Hier nun zunächst eine indische Geschichte aus einer Verästelung des Mahâbhârata.

Zwei Männer wanderten durch das Land. Der Ältere sagte zum Jüngeren:

»Ich bin erschöpft. Hol mir ein bißchen Wasser aus dem Brunnen, den ich dort drüben, am Ende des Feldes sehe. Ich warte im Schatten unter den Bäumen auf dich.«

Der Mann ging über das Feld. Am Brunnen angekommen, traf er auf ein junges Mädchen, das Wasser holte. Da er sich von dieser jungen Frau unwiderstehlich angezogen fühlte, richtete er freundlich das Wort an sie und fragte sie nach ihrem Namen. Sie antwortete ihm mit einem Lächeln. Einen Augenblick später schlug er ihr vor, ihr den Wasserkrug ins Dorf zu tragen. Sie nahm das Angebot an. Im Dorf wurde er eingeladen, im Haus des jungen Mädchens zu essen. Er lernte die ganze Familie kennen und hielt am Ende um die Hand des Mädchens an. Und man willigte ein. Nach der Hochzeitsfeier machte er sich daran, auf den Feldern des Dorfes zu arbeiten. Er bekam Kinder und zog sie groß. Eines von ihnen starb an einer Krankheit.

Nacheinander starben auch die Eltern seiner Frau, so daß er zum Oberhaupt der Familie wurde. Sein ältester Sohn heiratete und verließ das Dorf, das er von nun an einmal im Jahr besuchte. Dann bekam seine Frau, deren Haare schon weiß geworden waren, ein unheilbares Fieber und starb.

Er beweinte sie, denn er hatte sie sehr geliebt.

Einige Tage später verwüstete plötzlich eine Überschwemmung das Land. Der Bauer wurde mit den anderen von einem mächtigen Strudel Schlammwasser fortgerissen. Er kämpfte und versuchte die Hand nach den Haaren seines jüngsten Kindes auszustrecken, das vor seinen Augen ertrank. Plötzlich, ohne daß er den Grund dafür hätte angeben können, erinnerte er sich an seinen alten Freund, den Mann, der ihn gebeten hatte, Wasser zu holen.

Und gleich darauf befand er sich auf trockenem Land und überquerte mit einem Krug Wasser in der Hand ein Feld. Er kam zu dem alten Mann zurück, der unter einem Baum döste. Etwas in der wieder rein und leicht gewordenen Luft schien dem Bauer anzudeuten, daß er sich auf der Schwelle des großen Mysteriums von Wischnu befand, des Gottes, der die Welten an ihrem Platz hält.

Der alte Mann wachte auf und sagte zu ihm, während er sich erhob: »Die Sonne steht bereits tief. Du bist lange fortgewesen. Ich wollte dich schon suchen.«

In der sufistischen Tradition findet sich eine Variante dieser indischen Geschichte.

Ein Mann namens Haydar soll in die lange Reihe der Sheikhs aufgenommen werden. Er muß seinem Meister, einem sehr ehrwürdigen Mann, Wasser bringen. Vorsichtig durchquert er mit einem Glas Wasser in der Hand die Menge, verneigt sich vor dem alten Sheikh und streckt ihm das Glas hin. Doch der Alte, der mit lebhaften Bewegungen spricht, stößt gegen das Glas, welches zu Boden fällt und zerbricht.

Genau in diesem Moment fühlt sich Haydar durch die Lüfte getragen und am Rand einer Schlucht abgesetzt. In deren Nähe sieht er eine fremde Stadt und wendet sich dorthin.

Er betritt ein Gasthaus, speist aufs angenehmste, sucht in seinen Taschen nach Geld, um zu bezahlen, und findet es nicht. Schrecklich verwirrt teilt er dem Gastwirt seine Notlage mit, doch der sagt zu ihm:

»Aber hier wird nicht bezahlt! Du mußt nur *Bismillah ir-Rahman in-Rahim* sagen. Das genügt.«

»Bismillah ir-Rahman in-Rahim?«

»Du hast es gesagt.«

Haydar gefällt dieser Brauch, und er bestellt erst einen Kaffee und dann einen zweiten. Um den Kaffee zu bezahlen, reicht es, einen heiligen Vers aufzusagen. Und so geht es weiter. Sein glückliches Los führt ihn zu einem Schneider, bei dem er schöne, neue Kleider mit einem anderen Vers erwirbt (der zugegebenermaßen länger ist als der erste).

»Du bist nicht von hier«, sagt der Schneider zu ihm.

»Nein. Ich bin heute erst angekommen. Mit euren Bräuchen bin ich noch nicht vertraut.«

»Und du hast sicher noch keine Unterkunft?«

»Nein.«

»Ich habe ein kleines Zimmer über dem Laden. Wenn du möchtest, kannst du es haben.«

»Vielen Dank.«

»Schließ vor dem Schlafengehen die Tür, und stelle eine brennende Kerze an dein Fenster. Denn die Frauen kommen in der Nacht hierher, um sich zu nehmen, was sie möchten.«

Haydar tut, wie man ihm geraten hat. In der Nacht

beobachtet er vom Fenster aus, wie die Frauen in das Geschäft des Schneiders kommen und sich bedienen. Eine der Frauen entzückt ihn durch ihre Anmut und Schönheit. Von plötzlicher Liebe ergriffen, findet Haydar keine Sekunde Schlaf. Am nächsten Tag erzählt er dem Schneider von dieser Frau, und dieser sagt zu ihm:

»Aber das ist doch ganz einfach: In der nächsten Nacht zündest du eine zweite Kerze an und reichst sie dieser Frau. Wenn sie sie nimmt, ist das ein gutes Zeichen.«

»Wird sie denn zurückkommen?«

»Sie kommen jede Nacht.«

In der folgenden Nacht nimmt die Frau die brennende Kerze aus Haydars Hand entgegen und zieht sich ohne ein Wort zurück. Am nächsten Tag läßt der oberste Richter Haydar in sein Büro rufen und sagt zu ihm:

»Wenn ich richtig verstanden habe, willst du meine Tochter heiraten?«

»So ist es«, antwortet Haydar, der schon befürchtet hat, wegen irgendeiner Missetat vorgeladen worden zu sein.

»Sie hat eingewilligt. Doch bevor du sie heiratest, mußt du die drei Grundregeln kennenlernen, die das Leben in unserer Stadt ordnen. Erstens darfst du nicht stehlen. Zweitens darfst du nicht lügen. Und drittens darfst du nicht die Frau eines anderen begehren.«

»Ich bin einverstanden«, sagt Haydar, der diese drei Bedingungen sehr vernünftig findet.

Ein prächtiges Hochzeitsfest vereinigt Haydar mit einer wunderbaren, ergebenen und treuen Frau. Eines Tages sieht sie, wie er in die Stadt zurückkommt und einen Apfel ißt, den er auf den Feldern gefunden hat.

»Du hast diesen Apfel gestohlen«, sagt sie zu ihm.

»Der Apfel gehört dem Besitzer des Landstücks, über das du gegangen bist. Ich muß dich verlassen.«

Sie ist nicht umzustimmen, packt ihre Sachen und läßt Haydar mit gebrochenem Herzen zurück. Doch da er neu in der Stadt ist, vergibt ihm sein Schwiegervater. Außerdem handelt es sich nur um ein leichtes Vergehen. Seine Frau kommt zurück, und ihr Leben geht wie gehabt weiter.

Eines frühen Morgens, als der Mann noch im Bett liegt, klopft jemand an seine Tür.

»Hier ist ein Freund, der dich besuchen will«, sagt seine Frau, die schon aufgestanden ist.

Haydar dreht sich schlaftrunken auf die andere Seite und murmelt:

»Sag ihm, ich bin nicht da.«

»Du hast gelogen«, sagt seine Frau.

Und ohne ein weiteres Wort packt sie erneut ihre Sachen und geht zum zweiten Mal.

Haydar findet sich wieder vor seinem Schwiegervater ein, der ihn streng bestrafen und verbannen will. Doch Haydar verteidigt sich beredt und aufrichtig. Ein zweites Mal wird ihm verziehen, ein zweites Mal kehrt seine Frau in sein Haus zurück, und sie nehmen ihr glückliches Leben wieder auf.

Die Jahre vergehen rasch. Seine Frau verliert nach und nach ihre Schönheit. Haydar nimmt die Gewohnheit an, jeden Tag am Fluß spazierenzugehen. Durch die Zweige der Bäume betrachtet er die badenden jungen Mädchen.

Doch jemand sieht ihn dabei und verrät ihn bei seiner Frau. Sie verläßt ihn zum dritten Mal.

Und Haydar wird vor seinen Schwiegervater, den obersten Richter geführt.

»Du hast eine andere Frau begehrt«, sagt dieser zu ihm. »Nach und nach hast du alle drei Regeln unseres

Landes gebrochen. Du wirst verbannt und dieses Mal ohne Gnade.«

Haydar wird von zwei starken Männern gepackt, die ihn bis zu dem Rand des Abgrunds schleppen, wo er vor so langer Zeit gestanden hat.

Sie nehmen ihn bei den Armen und Beinen, schwingen ihn zwei-, dreimal hin und her und werfen ihn dann in die Schlucht.

Einen Moment lang spürt er, wie er in der Luft schwebt.

Dann findet er sich vor dem alten Sheikh wieder, der auf die Glasscherben zeigt und sagt:

»Du willst ein tüchtiger Mann sein und kannst mir noch nicht mal anständig ein Glas Wasser bringen?«

Der lange Gesang des Vogels

Eine alte, christliche Geschichte aus Italien erzählt von einem Mann, der durch einen Wald ging und über das folgende Wort aus den Psalmen nachdachte:

»Tausend Jahre sind vor dir wie der Tag.«

Plötzlich wurde seine Aufmerksamkeit durch den Gesang eines Vogels gefangengenommen, der hoch auf einem Baum saß. Der heilige Mann hob den Kopf und hörte eine Stunde lang vollkommen selbstvergessen dem herrlichen Gesang dieses Vogels zu. Danach sagte er bei sich, daß es nun Zeit sei, zurückzugehen, und machte sich auf den Weg.

Doch als er aus dem Wald kam und durch eine Gegend ging, die ihm eben noch vertraut war, erkannte er nichts mehr wieder. Häuser, in denen man ihn am Morgen noch herzlich empfangen hatte, waren nun, am Nachmittag, nur noch Ruinen, die sich den Brombeersträuchern darboten. Andere Häuser erhoben sich dort, wo am Morgen noch nur Erde und Stein gewesen war. Und die Menschen, denen er begegnete, trugen seltsame Kleider und waren ihm unbekannt.

Der heilige Mann hatte dreihundert Jahre damit verbracht, dem Gesang des Vogels zu lauschen, drei ganze Jahrhunderte. Die Blätter waren dreihundert Mal um ihn herum von den Bäumen gefallen. Dreihundert Mal waren die Bäume wieder ergrünt, doch der Mann sah immer noch aus wie vorher, hatte das Gewicht des Leibes, die Müdigkeit, den Hunger und die Gefräßigkeit der Zeit vergessen. Er war gefangen gewesen in einem unsichtbaren Tropfen dessen, was die Chronisten das Paradies genannt haben, geschützt gegen die Nacht, das Alter und den Tod.

Danach nahm er sein ursprüngliches Leben wieder auf und achtete besonders auf den Gesang der Vögel. Er kam mehrere Male an dieselbe Stelle im Wald zurück. Doch das Phänomen der Selbstvergessenheit – das er nun suchte – ergab sich niemals wieder.

Ein Tag in Los Angeles

In Los Angeles, in Filmkreisen, wo häufig das Geld herrscht – und die Muße, denn jeder ist gerade dabei, »an einem Projekt zu arbeiten« –, sieht ein ganz normaler Tag so aus:

Sie stehen um acht Uhr auf. Nehmen einen Orangensaft und Ihre Vitamine zu sich. Ein halbstündiger Spaziergang mit Ihrem Hund bereitet Sie auf das Frühstück vor. Danach lesen Sie die Zeitungen und Ihre Post. Gegen halb elf geht es das erste Mal in den Pool, Gymnastik, Schwimmen, Sonne und komplette Toilette. Danach kommt das Mittagessen, das man zusammen mit Freunden einnehmen kann.

Nach Mittagessen und Kaffee kommt es nicht selten vor, daß man zu einer privaten Filmvorführung eingeladen ist, eine Besorgung oder Telefonate zu erledigen oder auch eine überzogene Videocassette zurückzubringen hat. Gegen sechzehn Uhr Tennis, Reiten oder Golf. Nach der Rückkehr der zweite Besuch im Pool und die Nachmittagsfitness. Nach diesen sportlichen Ertüchtigungen, der Dusche und der Massage ist es empfehlenswert, ein kleine Siesta zu halten.

Und wenn man aus dieser Siesta erwacht, ist man achtzig Jahre alt.

Das Insekt und die Schnecke

Eine japanische Schnecke kroch langsam einen Kirschbaum hinauf. Es war Februar oder März. Die Schnecke begegnete einem Insekt, das zu ihr sagte:

»Wohin willst du denn? Es ist noch nicht soweit! Es sind noch keine Kirschen auf dem Baum!«

»Wenn ich oben ankomme, werden welche da sein«, antwortete die Schnecke, ohne anzuhalten.

Die Trommel des Diebs

Mitten in der Nacht, erzählt eine persische Geschichte, sah ein Mann, daß ein Dieb auf der anderen Straßenseite in ein Haus einbrechen wollte. Der Mann nahm eine Lampe, richtete sie auf den Dieb und rief:

»Was machst du da?«

Überrascht erstarrte der Dieb und antwortete:

»Ich? Ich spiele Trommel.«

»Was soll das heißen: Du spielst Trommel?«

»Du fragst mich, was ich da mache, und ich antworte dir. Ich sage: Ich spiele Trommel.«

»Aber ich sehe keine Trommel!« sagte der Mann und hob seine Lampe höher. »Und ich höre auch nichts.«

»Du hörst nichts«, sagte der Dieb, »weil es eine besondere Trommel ist. Ich spiele sie jetzt, und du hörst sie morgen früh.«

Der alte Mann und das Kind

Eine der geheimnisvollsten Geschichten aus Afrika erzählt auf wunderbarste Weise über das Wesen der menschlichen Zeit.

Ein Kind verirrte sich eines Tages in einem finsteren Wald, in dem es wilde Tiere gab. Bei Einbruch der Nacht begegnete es einem alten Mann, der sich ebenfalls verirrt zu haben schien und ihm vorschlug, gemeinsam den Weg nach draußen zu suchen. Das Kind, das vor Angst und Erschöpfung zitterte, legte seine Hand in die des alten Mannes. Sie gingen eine Weile, ohne einen Weg aus dem unentwirrbaren Durcheinander von Baumstämmen, Ästen, Schlingpflanzen und hohen Gräsern zu finden. So beschlossen sie – denn beide waren erschöpft – für die Nacht zu rasten. Der alte Mann brachte etwas zu essen herbei und teilte es mit dem Kind. Dann schliefen sie trotz der brüllenden Tiere ein, die sich in der Finsternis auf die Jagd begeben hatten.

Am Morgen, als sie wieder losgingen, fragte der alte Mann das Kind nach dem Namen seines Dorfs. Es ergab sich, daß der alte Mann das Dorf gut kannte.

»Ich komme auch daher«, sagte er.

Der alte Mann hob sein Gesicht zur Sonne, die man durch eine Öffnung der Äste erblicken konnte, und entschied sich für eine Richtung.

Das Kind legte wieder seine Hand in die des alten Mannes und folgte ihm. Es fragte sich, wer dieser Mann wohl sein konnte, der behauptete, aus seinem Dorf zu kommen. Das Kind kannte ihn nicht, und doch schien ihm etwas an seinem Gang, an seinen Bewegungen und sogar am gebrochenen Klang seiner alten Stimme vertraut. Im Verlauf des Tages schien der alte Mann, während sie gingen oder Früchte und rohe Schnecken aßen, das Kind zu beschützen. Er hielt es davon ab, in gefährliche Sümpfe zu gehen, und zog es von einem Baum fort, auf dem eine ziemlich dicke Schlange lag.

Je länger sie gingen, desto stärker empfand das Kind ein seltsames, beklemmendes Gefühl. Der alte Mann sprach nur wenig und wandte ihm selten das Gesicht zu.

»Bist du sicher, daß wir hier richtig sind«, fragte das Kind am Morgen.

Der alte Mann antwortete:

»Aber ja. Ich kann mich nicht irren.«

»Wie kommt es, daß ich dich nicht kenne?« fragte das Kind auch. »Wie heißt du?«

»Du kennst mich«, antwortete der alte Mann. »Du kennst mich, aber du hast mich vergessen.«

Sie gingen den größten Teil des Tages unter beträchtlichen Mühen durch den großen Dschungel. Das Kind fuhr bei jedem Knacken eines Zweiges, bei jedem Schrei eines Vogels, bei jedem Stich eines Insekts zusammen. Doch obwohl der Mann zweifellos wegen seines Alters nur langsam gehen konnte, nahm er dem Kind doch die Angst, hielt die Hand des Kindes immer in der seinen und gab ihm von Zeit zu Zeit etwas zu essen und zu trinken.

»Bist du sicher, daß wir richtig sind?« fragte das Kind gegen Mittag.

»Aber ja. Ich kann mich nicht irren.«

Trotz des beruhigenden Anblicks des Alten, der in der Tat den Weg zu kennen schien (und dennoch, dachte das Kind, hat er nicht gesagt, er hätte sich ebenso wie ich verirrt?), wich das beklemmende Gefühl nicht. Keine der Formen und keiner der Gerüche des Waldes waren dem Kind vertraut. Alles erschien ihm beunruhigend und neu. Selbst die Stunden des Tages erschienen ihm anders als gewöhnlich. Selbst die Erschöpfung, die seinen zarten Körper niederdrückte, erschien ihm wie eine neuartige Erschöpfung, die es bis dahin nicht gekannt hatte.

Als das Kind den Eindruck hatte, der Nachmittag sei schon fortgeschritten – doch hätte es nicht genau sagen können, wie lange es noch bis zum Abend war – fragte es ein drittes Mal:

»Bist du sicher, daß wir richtig sind?«

»Ja, ja«, antwortete der Alte. »Ich kann mich nicht irren.«

Und wie um dem Alten recht zu geben, teilte sich einen Moment später der Wald, und eine Lichtung erschien.

»Da ist das Dorf«, sagte der Alte. »Wir sind angekommen.«

Der alte Mann und das Kind gingen auf die Lichtung, wo sich die Hütten eines Dorfes erhoben. Das Kind erkannte sofort sein Heimatdorf wieder. Es sah, daß die Männer und Frauen den alten Mann grüßten, mit Zurückhaltung zunächst, doch dann mit Freude, wie jemanden, den man lange Zeit nicht gesehen hat, wie einen Freund, den man verloren zu haben glaubte.

Doch seltsam: Niemand schien das Kind wiederzuerkennen, und das Kind selbst erkannte niemanden. Es sah die Hütte, von wo aus es am Vortag aufgebrochen war, es erkannte sie auch wieder, doch konnte es nicht die wiedererkennen, denen sie jetzt gehörte. Was war geschehen? Es versuchte, zwei oder drei Kindern, die ihm über den Weg liefen, eine Frage zu stellen, es wollte fragen, wo seine Mutter, sein Vater, seine ganze Familie seien, doch keiner schien seine Stimme zu hören. Keiner beachtete es. Das Kind versuchte, mit der Hand das Bein einer vorbeigehenden Frau zu berühren, doch das gelang ihm nicht. Seine Hand schien wie durch Luft zu greifen. Als es sich in der Mitte der Lichtung rasch umwandte, sah es, daß sein Körper im Gegensatz zu denen, die sich um ihn herum bewegten, keinen Schatten auf die Erde warf. Ohne zu wissen warum, bekam der Junge es mit der Angst zu tun. Er schrie, doch niemand reagierte. Die meisten Einwohner des Dorfes hatten sich um den alten Mann herum gesetzt und schienen einer Reiseerzählung von ihm zuzuhören. Das Kind stürzte sich in die Mitte der Gruppe, wollte die Erzählung unterbrechen, sich bemerkbar machen – doch rührte er noch nicht mal die milde, friedliche Luft des Abends auf. Er konnte noch nicht mal ein Blatt zum Erzittern bringen oder ein Grasbüschel unter seinen Füßen niedertreten.

Er rannte bis zu dem kleinen Pfuhl, in dem er sich früher immer betrachtet hatte. Er kniete sich hin und neigte sich über das Wasser, doch sah er nichts anderes als das. Der Spiegel, den er so gut kannte, warf sein Spiegelbild nicht mehr zurück.

Da spürte er, wie der alte Mann herankam und sich neben ihn kniete. Er sah das Gesicht des Alten im Wasser auftauchen, genau dort, wo seines hätte erscheinen müssen. Der alte Mann tauchte seine Hände in das Wasser und fuhr damit über sein erschöpftes Gesicht. In diesem Moment kam eine alte Frau, die eine seiner Frauen hätte sein können, zu ihm und begann, ihm die Stirn, die Schultern und den Hals zu waschen.

Das Kind betrachtete diese Szene. Es verspürte ein immer stärkeres Bedürfnis nach Schlaf. Zweifellos, so sagte es sich, während die Schläfrigkeit es immer mehr einhüllte, ist diese Sehnsucht nach Schlaf der langen Wanderung durch den Wald zuzuschreiben. Morgen wird alles klarer für mich sein.

Bevor es sein schwaches, letztes Bewußtsein verlor, hörte es noch, wie die weißhaarige Frau den alten Mann fragte:

»Bist du im Wald jemandem begegnet?«

»Nein«, antwortete der alte Mann. »Nein, ich bin niemandem begegnet.«

Die Visionen des Sultans Mahmud

In den *Geschichten von Tausendundeiner Nacht* wird erzählt, daß der Sultan Mahmud, einer der weisesten Männer, die je über Ägypten geherrscht haben, sich oft von einer grundlosen Traurigkeit überwältigen ließ. Die Welt und sein Leben erschienen ihm dann in den dunkelsten Farben, er beklagte sich über sein Schicksal und ging sogar so weit, den ärmsten seiner Bauern zu beneiden.

Eines traurigen Tages, als er weder etwas essen noch sich um die Angelegenheiten seines Landes kümmern wollte, sondern nur seinen plötzlichen Tod herbeisehnte, kündigte man ihm die Ankunft eines außergewöhnlichen Mannes an, der in dem Ruf stand, der wundersamste Magier und Arzt der Welt zu sein. Müde befahl er, ihn einzulassen, und sah einen hageren Mann, der aus dem weit entfernten Maghreb kam, einen Mann von fast hundert Jahren, der nur mit einem gewaltigen Bart und einem Gurt um die Hüften bedeckt war. Er erinnerte an einen der sehr alten Leiber, die ägyptische Arbeiter manchmal aus Granitgrabstätten holen, an einen sehr alten Leib mit äußerst lebhaften Augen.

Er trat zum Sultan, nahm ihn bei der Hand und führte ihn an eines der vier Fenster des Thronsaals. Diese vier Fenster wiesen in die vier Himmelsrichtungen.

Das erste Fenster wurde geöffnet, und der alte Mann sagte zum Sultan:

»Sieh!«

Der Sultan steckte den Kopf aus dem Fenster und sah eine gewaltige Armee von Reitern, die mit gezogenem Schwert auf die Stadt zukamen. Einige waren schon vom Pferd gestiegen und begannen, unter Kriegsgeschrei die Mauer zu erklimmen.

Der Sultan wurde bleich vor Entsetzen. Da schloß der Mann das Fenster, um es gleich darauf wieder zu öffnen. Die Armee war auf einmal verschwunden. Alles war friedlich.

Dann führte der alte Mann den Sultan zum zweiten Fenster, öffnete es und sagte:

»Sieh!«

Der Sultan blickte aus dem zweiten Fenster und sah, daß die ganze Stadt nur noch ein loderndes Flammenmeer war, überdeckt mit schwarzen Wolken, die das Auge der Sonne verdeckten. Ein heftiger Wind trieb die Flammen sogar zum Palast. Der Sultan schrie auf, und Tränen schossen ihm aus den Augen. Da schloß der alte Mann das Fenster, öffnete es wieder, und der Sultan sah, daß die Stadt sich wie vorher, friedlich und schön, vor ihm ausbreitete.

Als der alte Mann dem Sultan beim dritten Fenster befahl, hinzusehen, erblickte der Sultan eine alles verschlingende Überschwemmung, die über die Stadt hinwegströmte und Stein für Stein mitriß. Beim vierten Fenster sah er an Stelle der grünen Wiesen, die sich normalerweise in dieser Richtung erstreckten, nur noch eine furchtbare Ödnis. Dann verflüchtigten sich die Visionen, und die Ordnung der Dinge schien wieder hergestellt.

Danach nahm der alte Mann den Sultan bei der Hand, führte ihn zu einem kleinen Wasserbecken und befahl ihm, sich darüberzubeugen, um das Wasser zu betrachten. Mit einer groben Bewegung tauchte der Mann aus dem Maghreb den Kopf des Sultans ins Wasser. Plötzlich befand sich der Sultan am Fuße eines Berges bei Bauern, die ihn auslachten und mit dem Finger auf ihn zeigten. Er erklärte ihnen, daß er der Sultan Mahmud sei, beharrte darauf, schrie und stampfte mit dem Fuß, doch die Fellachen hörten nicht auf, ihn aus vollem Halse auszulachen. Der Oberste der Fellachen kam zu ihm, riß ihm die Kleider und die Insignien seiner Macht vom Leib und gab ihm ein einfaches Bauerngewand und eine kleine Kappe. Dann sagte er:

»Wenn du nicht verhungern willst, mußt du arbeiten!«

»Aber ich kann nicht arbeiten!« antwortete Mahmud.

»Dann wirst du uns als Lasttier dienen!«

Sie beluden ihn mit ihrem Werkzeug, und Mahmud folgte ihnen erschöpft ins Dorf, wo eine ganze Traube von Kindern sich über ihn lustig machte. Er verbrachte die Nacht in einem verlassenen Stall, wo man ihm ein Stück hartes Brot und eine Zwiebel zu essen gab.

Als er am nächsten Morgen erwachte, war er ein Esel geworden, ein echter Esel mit Hufen, Schwanz und Ohren. Man legte ihm einen Strick um den Hals, und von nun an zog der in einen Esel verwandelte Sultan Mahmud Tag für Tag den Pflug. Dann drehte er mit verbundenen Augen das Mühlrad und wurde oft genug mit der Peitsche angetrieben. Diese Arbeit verrichtete er unter Beschimpfungen, Entbehrungen und Verachtung fünf Jahre lang.

Dann war er ganz plötzlich wieder ein Mensch und ging auf einer Straße in einer unbekannten Stadt. Ein alter Kaufmann sprach ihn an und bot ihm eine seltsame Arbeit.

»Stell dich an die Tür des Dampfbades. Jede Frau, die hinauskommt, fragst du, ob sie einen Mann hat. Hat sie keinen, heiratest du sie auf der Stelle. Ich werde dich dafür bezahlen. Aber wenn du dich weigerst, die Frau zu heiraten, die keinen Mann hat, dann hast du nichts mehr und wirst aus dieser Stadt gejagt.«

Es stellte sich heraus, daß die Frau, die sich für ledig erklärte, schon sehr alt und schrecklich abstoßend war. Der Sultan Mahmud versuchte, sich aus der Affäre zu ziehen, ging sogar so weit zu rufen, er sei ein Esel. Er wollte seine Ohren, seinen Schwanz und sein Glied zeigen und wiederholte unaufhörlich, er sei ein Esel und eine Frau heirate keinen Esel.

Er bot übermenschliche Kräfte auf, um sich von der Alten zu lösen, die ihn zärtlich umfaßt hatte, und durch diese Anstrengung konnte er am Ende seinen Kopf aus dem Wasserbecken ziehen.

Er fand sich im Thronsaal wieder, mit seinem Wesir und dem alten Zauberer. Eine entzückende Frau bot ihm auf einem Tablett ein kühles Getränk. Sein ganzes gefährliches, langes und peinvolles Abenteuer hatte in nichts anderem bestanden als dem Tauchbad im Wasserbecken. Er war also der Sultan. Wirklich.

Er rieb sich die Augen und blickte sich um.

Da sagte der alte Mann zu ihm:

»Ich bin gekommen, um dir bewußt zu machen, welche Wohltaten sich über deinem Haupt versammelt haben.«

Dann verschwand er ohne ein weiteres Wort.

Der Sultan Mahmud stieg wieder auf seinen Thron, atmete zwei- oder dreimal tief durch und fragte in bestimmtem Ton, welche Angelegenheit als nächste zu entscheiden sei.

Der Kopf und die beiden Frauen

Ein weiteres Beispiel von unserem Spiel mit der Zeit ist uns durch eine Geschichte von den Modoc-Indianern überliefert.

Eine alte Frau, die in den dürftigsten Verhältnissen lebte, schickte ihre zwei Töchter zum großen Häuptling Blaiwas, in der Hoffnung, daß sie bei ihm glücklicher wären. Doch sie empfahl ihnen, den rechten Weg durch den Wald zu nehmen, denn der linke Weg führte in die Höhle des furchterregenden Wus.

Die beiden Mädchen waren leichtsinnig und vergeßlich und ließen sich durch die Schönheit des linken Weges verführen, so daß sie rasch in Wus' furchtbare Hände fielen. Sie verbrachten in einer Schwitzhütte eine Nacht bei ihm. Am nächsten Morgen ließ er sie gehen, doch je weiter sie gingen, desto mehr verwandelten sich ihre schönen Kleider in schmutzige Lumpen und ihre Halsbänder in Ketten aus vertrockneten Pflanzen; der Reiseproviant in ihren Körben verdarb, und sie selbst wurden zu alten, buckligen, abstoßenden Frauen mit weißen Haaren und gelben Zähnen.

So verhext kehrten sie zu Wus zurück.

Als ihre alte Mutter von diesem Unglück erfuhr, öffnete sie ihr heiliges Bündel, um ihre magischen Gesänge anzustimmen. Und der Zauber wirkte auf seltsame Art und Weise.

Wus, der nun zwei Mäuler mehr zu stopfen hatte, brachte von der Jagd einen Hirsch mit nach Hause. Doch war der Hirsch immer schwerer zu tragen. Um sich Erleichterung zu verschaffen, trennte Wus ein

Viertel des Hirschen ab und hängte es an einen Baum. Doch das Wild war immer noch zu schwer. Wus entfernte ein weiteres Viertel, dann noch eins, und schließlich ließ er den Rest ebenfalls liegen.

Doch kam er auch ohne seine Bürde nur sehr mühsam voran. Eine geheimnisvolle Last drückte ihn nieder. Er konnte kaum die Füße heben. Er entledigte sich seiner Kleider, seiner Mokassins, seines Bogens und seiner Pfeile. Aber das erleichterte ihn nicht.

Da riß er sich verzweifelt einen Arm aus und warf ihn fort. Um sich noch mehr zu erleichtern, riß er sich auch den anderen Arm aus. Niedergedrückt von einem unerträglichen Gefühl der Schwere entledigte er sich seiner Beine, seines Bauchs, dann all seiner Rippen und auch seiner Schultern.

Am Ende rollte nur noch sein Kopf zur Hütte, wo für die beiden Schwestern von nun an ein trauriges Leben begann. Der Kopf setzte sich jeden Tag auf die Knie einer der beiden Frauen, während die andere ihm die Kopfhaut kratzen und seine Haare kämmen mußte. Er wollte die beiden Schwestern nie aus den Augen lassen und befahl ihnen, ihm ein Gerüst zu bauen, von wo aus er sie immer beobachten konnte. Die beiden Schwestern mußten ihn sogar zur Jagd begleiten und auf die Spitze eines Baumes ziehen, wo er sich schreiend fallen ließ und das Wild totschlug.

Eines Tages trafen sie im Wald auf Blaiwas. Er erkannte auf der Stelle den Kopf von Wus, der mit wütenden Blicken im Korb umherrollte. Er erkannte unter der äußeren Erscheinung der alten Frauen auch die beiden Schwestern, um deren Existenz er wußte. Sofort baute er eine sehr solide Schwitzhütte, bestückte sie mit heißen Steinen und schloß dort den Kopf von Wus ein, der ein lautes Protestgeschrei anstimmte und drohte, die ganze Welt zu vernichten. Doch Blaiwas verstopfte äußerst sorgfältig die Öffnungen der Schwitzhütte und sagte, die Welt sei nicht geschaffen für Köpfe ohne Leiber. Der überhitzte Kopf flog mit unbezwingbarer Kraft in die Höhe, schlug gegen die Steinwand der Hütte und zersprang in tausend Stücke.

Als Blaiwas die Hütte betrat, entdeckte er den ganzen Leichnam von Wus. Er ließ ihn verbrennen. Als das Feuer den Leichnam auffraß, richteten sich die beiden Frauen nach und nach auf, ihre Haare wurden dunkler, ihre Falten glätteten sich, und ihre Kleider wurden sauber und intakt. Über der Asche von Wus wurden sie die Frauen von Blaiwas.

Die abgetrennte Hand

Manchmal ist der Zeitverzug auf einige Stunden oder auch Minuten beschränkt. Doch mit diesem Zeitverzug spielen die Geschichten gern.

Ein Würdenträger, so erzählt Fariduddin Attar, fing einen Dieb in einer Straße der Stadt und ließ ihm inmitten der Menge die Hand abschlagen.

Der Dieb sagte nichts, schrie auch nicht. Er nahm seine abgetrennte Hand und verschwand. Ein kleines Stück weiter betrat er einen großen Markt, eine Karawanserei. Dort begann er auf einmal zu schreien, mit den Füßen zu stampfen und sich auf der Erde zu rollen.

»Was sollen diese schrecklichen Schreie?« fragte ihn jemand. »Als man dir die Hand abgeschlagen hat, bist du still geblieben. Warum schreist und zappelst du jetzt?«

Der Dieb antwortete:

»Weil mich dort drüben alle für einen Dieb hielten und niemand mich bedauerte. Hier, auf diesem Markt, gibt es mit Sicherheit noch andere Diebe. Es gibt hier höchstwahrscheinlich sogar Männer, denen man die Hand abgeschlagen hat. Diese wissen, was ich leide, und können mich bedauern. Ich schreie für sie.«

18

Wenn nichts ablösbar wäre, läge das Jenseits dann in uns selbst?

Der Faden der Spinne

Die Existenz des Jenseits ist zu allen Zeiten von Geschichten bestätigt und bestritten worden.

Dostojewski und nach ihm Akutagawa Ryûnosuke hat diese alte, indische Geschichte nacherzählt.

Der Buddha Shakyamuni ging eines Tages im Paradies spazieren und beugte sich über den Rand eines Teichs, in dem er die schmerzerfüllten Abgründe der Hölle erblickte. Dort kämpfte ein berühmter Straßenräuber mit den Teufeln. Er hieß Kandata.

Nun wußte der Buddha aber, daß dieser Verbrecher einmal, als er einen Wald durchquerte, eine Spinne verschont hatte, auf die er fast getreten wäre. Wegen dieser einzigen guten Tat beschloß Shakyamuni, von Mitleid ergriffen, dem Verbrecher Gnade zu erweisen. Eine Paradiesspinne sponn in seiner Nähe ruhig an ihrem Netz. Der Buddha nahm den Faden und ließ ihn durch die Öffnung in den höllischen Abgrund gleiten.

Kandata bemerkte den glänzenden Faden und griff nach ihm. Er begann, an diesem Faden zum Licht und Wohlgeruch des Paradieses zu klettern. Das war sehr mühsam. Als Kandata einen Moment lang erschöpft innehielt, um sich auszuruhen, blickte er nach unten.

Und er sah, daß sich Hunderte und Tausende von Verdammten an denselben Faden klammerten und ihm mühsam hinterherkletterten. Erschreckt und wütend rief Kandata ihnen zu, daß dieser Faden ihm gehöre und sie ihn sofort loslassen sollten. Doch kaum hatte er das gerufen, zerriß der Faden.

Kandata fiel mit allen anderen zurück in Dunkelheit und Schmerz.

Shakyamuni aber, der alles beobachtet hatte, nahm seinen geruhsamen Spaziergang über die Wiesen des Paradieses wieder auf.

Das Abbild Gottes

Die Einwohner des türkischen Dorfes Karatepo, welche berühmt waren für ihre Dummheit, hatten noch nie ein Kamel gesehen. Einer der Dorfbewohner, der schöne Wassermelonen angepflanzt hatte, sah eines Tages, wie ein außergewöhnliches, sehr großes, beigefarbenes Tier in seinen Garten eindrang, die Melonen vom Boden aufnahm und fraß.

»Was ist das für ein Tier?« fragte sich der Mann. »Ich weiß nur eine einzige Erklärung: Das ist kein Tier, das ist Gott höchstpersönlich!«

Da warf er sich inmitten seiner verwüsteten Beete nieder und sagte zu dem Kamel, das vollgestopft davontrottete:

»O du beiger Gott mit langem, biegsamem Hals, du hast mir diese Melonen gegeben, und nun hast du sie mir wieder genommen. Was kann ich da tun? Gesegnet sei dein Name!«

Der Gott der Bienen

Ein Mann, so erzählt eine kleine sufistische Geschichte, entdeckte eines Tages zu seiner Freude, daß er die Sprache der Bienen sprechen konnte.

Er näherte sich einer Biene und fragte:

»Habt ihr einen Gott?«

»Selbstverständlich«, sagte die Biene.

»Und wie ist er? Ähnelt er einer Biene?«

»Nicht vollkommen«, antwortete sie. »Wir haben nur einen Stachel. Er hat zwei.«

Das gute Gebet

Als der heilige Nikolaus am Meer entlangging, begegnete er einem Mann, der mit lauter Stimme betete und ausrief:

»Gott, ich flehe dich an, hilf mir nicht! Gott, ich flehe dich an, hilf mir nicht!«

Der heilige Nikolaus blieb stehen und machte den Mann darauf aufmerksam, daß er gegen den gesunden Menschenverstand betete und statt dessen sagen müsse:

»Gott, hilf mir! Gott, hilf mir!«

Der Mann begann sofort, auf diese Weise zu beten. Der heilige Nikolaus setzte sich in ein Boot und fuhr aufs offene Meer hinaus.

Einige Augenblicke später hatte der Mann vergessen, was der heilige Nikolaus ihm empfohlen hatte, und wußte nicht mehr, wie er beten sollte. Er rief nach dem Heiligen, doch der konnte ihn nicht mehr hören. Da zog er seinen Mantel aus, breitete ihn auf der Oberfläche des Meeres aus, setzte sich darauf und fing an, mit seinen Händen zu rudern.

So erreichte er ziemlich rasch das Boot, in dem der heilige Nikolaus saß, und fragte:

»He! Ich habe es vergessen! Wie sollte ich beten?«

»Auf keinen Fall etwas verändern!« antwortete der Heilige.

Himmel und Hölle

Ein alter Chinese äußerte, bevor er starb, einen letzten Wunsch. Er wollte den Himmel und die Hölle sehen. Da er sein Leben in Anstand verbracht hatte, wurde sein Wunsch erhört.

Man führte ihn zunächst in die Hölle. Dort sah er Tische voller köstlicher Speisen, doch die Gäste wirkten ausgehungert und wütend. Sie saßen zwei Meter von den Tischen entfernt und mußten sehr lange Stangen benutzen, so daß es ihnen nicht gelang, etwas in ihren Mund zu bringen. Daher das Leid und die Wut.

Dann brachte man den alten Mann ins Paradies, und dort sah er genau dieselbe Szenerie.

»Ja«, erzählte er bei seiner Rückkehr. »Dieselben Tische, dieselben Speisen, dieselben Stangen. Doch alle Gäste sahen satt und glücklich aus.«

»Warum?« fragte ihn jemand.

»Weil sie sich gegenseitig fütterten.«

Das Lesen und der Himmel

Eine jüdische Geschichte behandelt ebenfalls die Frage des Paradieses.

Ein junger Mann sah einen alten Mann, der sein ganzes Leben dem Lesen gewidmet hatte. Er las ohne Unterlaß, Tag und Nacht, und wenn man ihn nach dem Grund für diese Besessenheit fragte, so antwortete er:

»Ich lese, um eines Tages in den Himmel zu kommen.«

Jahre später, als der alte Mann gestorben und der junge Mann selbst schon gereift war, machte er sich auf die große Suche nach der Wahrheit. Wie es bei dieser Art Reisen üblich ist, durchlief er äußerste Mühen und unfruchtbare, dornige Gegenden. Er traf auf Diebe verschiedenster Couleur (sogar solche, die nur Herzen stahlen), auf Ungeheuer, Abgründe, Rätsel und Versuchungen.

So stark war sein Verlangen nach Wahrheit, daß er alle Hindernisse überwinden und schließlich, auf dem Gipfel eines Berges, zu einer Höhle gelangen konnte, wo die höchste Offenbarung ihn erwartete.

Er trat in die Höhle und sah dort, nicht ohne einige Überraschung, den alten Mann, dessen Ruf auf der Erde mittlerweile die Stufe der Heiligkeit erreicht hatte.

Doch der alte Mann las in dieser Höhle immer noch. Der andere trat respektvoll näher und fragte ihn:

»Ist das hier also der Himmel?«

»Das ist er.«

»Und du liest immer noch?«

»Ja, immer noch.«

»Du hast also dein ganzes irdisches Leben mit Lesen verbracht, um in den Himmel zu kommen, und jetzt, da dein Wunsch erfüllt ist, liest du immer noch?«

»Wie du siehst.«

»Du liest also nur um des Lesens willen?«

»Ja«, sagte da der alte Mann. »Doch hier verstehe ich, was ich lese.«

Der größte Name

Eines Tages fragte ein Mann (so erzählt uns eine Geschichte des Islam) Jesus nach dem größten Namen Gottes.

»Du bist nicht würdig, ihn zu wissen«, antwortete Jesus ihm. »Warum wünschst du dir etwas, mit dem du nicht umgehen kannst?«

Der Mann beharrte so inständig auf seinem Wunsch,

daß Jesus sich schließlich erweichen ließ und ihm den größten Namen Gottes verriet. Der Mann ging strahlend vor Freude davon. Er schritt rasch in die Wüste und sah dort einen Graben voller ausgeblichener Knochen.

Der Mann dachte am Rand des Grabens einen Moment lang nach, dann beschloß, er den größten Namen anzurufen und seinen ersten Versuch zu wagen. Als er den Namen aussprach, verlangte er von Gott, diese Gebeine wieder zum Leben zu erwecken.

Sofort fügten sich die Gebeine zusammen, Fleisch umgab sie, und sie erwachten zum Leben. Doch es stellte sich heraus, daß diese Gebeine einem verhungerten Löwen gehört hatten, der nun den Mann mit einem einzigen Hieb tötete und verschlang.

Danach ließ er die Gebeine des Mannes in dem Graben, der vorher die seinen geborgen hatte.

Die Flußüberquerung

Die Erscheinung des Unmöglichen oder auch des Übernatürlichen kann manchmal sehr schlechte Laune hervorrufen, wie in dieser Anekdote aus dem Zen gezeigt wird.

Ein betagter Mönch traf auf einer Pilgerreise einen jungen Mönch, der denselben Weg hatte wie er. Sie plauderten miteinander und entdeckten eine Menge Gemeinsamkeiten. Also beschlossen sie, gemeinsam ihre heilige Reise fortzusetzen.

Sie kamen zum Ufer eines Flusses. Die Fähre hatte schon abgelegt. Der alte Mönch setzte sich ans Ufer, um auf die Rückkehr der Fähre zu warten. Der wesentlich jüngere Mönch ging einfach weiter. Er lief auf dem Wasser.

Als er in der Mitte des Flusses war, drehte er sich um und rief dem anderen zu:

»Komm! Du kannst es auch! Du mußt nur Vertrauen haben!«

Der alte Mönch schüttelte den Kopf und blieb am Ufer sitzen. Der andere blieb hartnäckig:

»Wenn du Angst hast, helfe ich dir! Komm! Du siehst doch, daß es geht, denn ich kann es ja auch!«

Der alte Mönch schüttelte wieder den Kopf und blieb sitzen, wo er war. Der andere überquerte den Fluß und wartete auf dem gegenüberliegenden Ufer auf seinen Gefährten.

Der alte Mönch überquerte ein wenig später mit der Fähre den Fluß.

»Warum hast du gewartet?« fragte ihn der andere.

»Was hat dir die Eile gebracht?« sagte der alte Mönch. »Wenn ich gewußt hätte, was du für ein Mann bist, hätte ich nie eingewilligt, mit dir diese Pilgerfahrt zu machen!«

Und der alte Mönch wünschte dem anderen eine gute Reise und ging allein davon.

Noch einmal an der Pforte zum Paradies

Es war einmal, so erzählt eine sufistische Geschichte, ein vortrefflicher Mann, der sein ganzes Leben lang die Tugenden kultiviert hatte, die notwendig sind, um in den Himmel zu kommen. Er spendete den Armen, liebte seinen Nächsten, ertrug geduldig alle Unannehmlichkeiten und alterte im Ruf der Weisheit.

Er hatte nur einen Fehler: Er war unaufmerksam. Im Vergleich zu seinen großen Tugenden war diese Unaufmerksamkeit nur nebensächlich. Von Zeit zu Zeit übersah er einen Bettler, der ihm auf seinem Weg die

Hand entgegenstreckte. Einige Male ließen seine persönlichen Sorgen die der anderen vergessen.

Und vor allem schlief er gern. Der Schlaf war seine große Schwäche. Wenn er schlief, gingen bestimmte Möglichkeiten, sein Wissen zu vergrößern, wahre Demut zu zeigen oder seine Tugend zu vervollkommnen, an ihm vorbei, ohne ihn aufzuwecken, und kehrten niemals wieder.

Als er starb und auf dem Weg in den Himmel voranschritt, blieb er einen Moment lang stehen, um sein Gewissen zu überprüfen. Nach einigem Nachdenken beschloß er, daß die großen Pforten sich für ihn öffnen mußten. Seine Verdienste erschienen ihm ausreichend.

Als er ankam, fand er die Pforten geschlossen vor. Eine Stimme sagte zu ihm:

»Sei wachsam. Die Pforten öffnen sich jedes Jahrhundert nur einmal.«

Er setzte sich aufgeregt hin, um zu warten. Doch da er allein war und keine Gelegenheit hatte, seine gute Seele wirken zu lassen und einem Nächsten zu dienen, hatte er große Mühe, seine Aufmerksamkeit aufrechtzuerhalten. Nach einer Weile, die ihm unendlich lang erschien, schwankte sein Kopf und fiel ihm auf die Brust. Für eine Sekunde schlossen sich seine Lider. In diesem winzigen Moment öffneten sich die Himmelspforten. Bevor er noch die Augen wieder vollständig geöffnet hatte, schlossen sie sich erneut und mit einem Knarren, das Tote hätte erwecken können.

Gottes Ordnung

Im Nahen Osten wird überall erzählt, daß Moses eines Tages spazierenging und einen Hirten im Gebet erblickte.

Der Hirte sagte mit lauter Stimme:

»Gott, ich flehe dich an, laß mich deine Kleider ausbessern und deine Schuhe schnüren. Laß mich deine Haare entwirren und deine Ohren säubern. Laß mich vor deiner Türe kehren und im ganzen Haus bis zum letzten Winkel fegen, den Staub und die Flöhe verjagen. Laß mich …«

Moses unterbrach den Hirten und sagte aufgebracht zu ihm:

»Schweig still! Siehst du nicht, welch fürchterliche Gotteslästerung das ist? Schämst du dich nicht, so zu Gott zu sprechen?«

Da hörte man, wie Gott zu Moses sagte:

»Was mischst du dich da ein? Bei mir hat wirklich schon lange niemand mehr Ordnung gemacht!«

Die Allgegenwärtigkeit Wischnus

Recht häufig erschienen in den älteren Geschichten, als der abendländische Dualismus noch nicht aufgetaucht war, die Dinge untrennbar miteinander verbunden. Diese Vorstellung, die auch Interdependenz genannt wird, ist die Grundlage des buddhistischen Denkens. Das betrachtete Objekt kann nicht von dem getrennt werden, der es betrachtet. Zahlreiche anekdotische oder poetische Texte haben ausführlich die Einheit und »Untrennbarkeit« der Welt dargestellt, ein Konzept, das heute in der fortschrittlichsten, radikalsten Wissenschaft grundlegend ist.

Eine indische Geschichte zeigt uns einen Mann, den Schüler eines berühmten Lehrers, der im Wald nach Holz suchte. Da hörte er ein lautes Geräusch und sah, wie ein entfesselter Elefant auf ihn zustürmte, den ein Elefantenführer vergeblich zu bändigen versuchte.

»Rette dich!« schrie der Elefantenführer. »Aus dem Weg! Der Elefant ist verrückt geworden.«

Der Schüler, der gelernt hatte, daß das Göttliche, was Wischnu betrifft, sich in allen Dingen wiederfindet, ließ den Elefanten näher kommen und bewegte sich nicht.

»Aus dem Weg!« schrie der Elefantenführer. »Rette dich! Ich kann den Elefanten nicht bändigen!«

Doch anstatt wegzulaufen, kniete der Mann vor dem wütenden Elefanten nieder. Dieser packte ihn mit seinem Rüssel und warf ihn heftig gegen einen Baum.

Der Mann fiel zerschmettert und blutend auf den Boden. Man brachte ihn ins Krankenhaus. Dort kam ihn sein Guru besuchen und sagte zu ihm:

»Aber warum bist du nicht weggelaufen?«

»Meister, ich habe mich an Euer Wort erinnert, daß Wischnu in allen Dingen ist. Ich habe mich verneigt, um den Gott zu grüßen, der offensichtlich in diesem Elefanten war ...«

»Du Unglücklicher!« sagte der Guru. »Warum hast du nicht auf den Elefantenführer gehört? Wischnu war auch in seiner Stimme!«

Der Stein und der Erdklumpen

Ein Stein und ein Erdklumpen fielen zusammen ins Meer, erzählt eine arabische Geschichte.

Der Stein klagte, als er auf den Meeresboden sank:

»Ich bin versunken! Ich bin verloren! Nur der Meeresgrund wird noch meine Klagen hören!«

Der Erdklumpen löste sich auf. Niemand wußte, was er wurde. Doch es heißt, daß er ohne Worte etwas sagte und daß gewisse, sehr scharfe Ohren folgendes hörten:

»In den beiden Welten bleibt nichts von mir zurück, nicht das kleinste Stück. Man wird meinen Leib nicht mehr sehen, man wird meine Seele nicht mehr sehen. Beide sind ins Meer übergegangen, das doch deutlich sichtbar ist.«

Der gepeinigte Dämon

Eine Geschichte unbekannten Ursprungs, der man jedoch überall begegnet, erzählt, daß ein Dämon einem anderen Dämon begegnete, der sich auf der Erde wälzte und dabei heulte und schrie, als litte er unsagbare Schmerzen.

»Was hast du?« fragte der erste Dämon.

Der andere antwortete schluchzend:

»Ich bin von einem Engel besessen.«

Das Fest der Niederlage

Es ist manchmal schwierig, zwei Vorstellungen zu trennen, die vollkommen gegensätzlich sind. Im Mahâbhârata heißt es, der Sieg sei eine Form der Niederlage. Ein historisches Ereignis scheint dies zu bestätigen.

1389 stand im Kosovo eine schreckliche Schlacht zwischen den Serben, die ihr Land verteidigten, und den türkischen Invasoren bevor, die zahlenmäßig überlegen waren. Zwei Tage vor dieser Schlacht, von der jeder wußte, daß es die entscheidende sein würde, empfing der Fürst Lazar, der Oberkommandierende der serbischen Truppen, eine Botschaft der Heiligen Jungfrau, die ihm von einem Vogel aus Jerusalem überbracht wurde.

Die Botschaft lautete: »Du hast die Wahl zwischen zwei Königreichen, hier und im Jenseits. Welches wählst du?«

Lazar wählte das himmlische Königreich. Daher verlor er in einem Blutbad die Schlacht im Kosovo.

Doch sein spiritueller Sieg war dem Versprechen der Heiligen Jungfrau gemäß gewaltig und dauerhaft, so daß der Tag der Schlacht unter der Besetzung der Ottomanen für alle Serben ein heimlicher Feiertag wurde.

Das Schlachtfeld im Kosovo ist jedes Frühjahr von einem Teppich roter Blumen überzogen. Als 1913 die neue serbische Armee die Ebene überquerte, gingen alle auf Zehenspitzen, um die Toten nicht zu wecken.

Wer ist der Größte?

Eine Geschichte der Inuit hat diese Frage aufs beste beantwortet.

In voller Größe fuhr der Vollmond in seinem Schlitten über den Himmel und prahlte in einer Tour:

»Ich bin der Größte! Ich bin größer noch als die Sonne!«

Ein winzig kleiner See inmitten der Tundra hörte die Prahlerei des Mondes und sagte:

»Du eitler Geck! Sieh mich an, dann merkst du, daß ich der Größte bin!«

Der Mond neigte sich zur Erde und sah im See sein Spiegelbild.

»Ich bin größer als du«, ergänzte der See, »denn du bist in mir, und ich habe noch viel Platz.«

Der Mond und der See stritten sich so heftig, daß sie ein kleines Nagetier weckten, das seinen Winterschlaf hielt. Es kam aus seinem Bau, streckte sich und gähnte so stark, daß sich sein linkes Auge schloß. Mit seinem rechten Auge aber betrachtete es erst den See, dann den Mond und rief:

»In Wirklichkeit ist mein rechtes Auge das Größte, denn es kann gleichzeitig den Mond und den See aufnehmen!«

Eine Eule, die in der Gegend jagte, hörte das Nagetier, stürzte sich darauf und verschlang es.

»Nun sieht man, wer der Größte ist«, sagte sie. »Mein Magen, denn er faßt das Nagetier, sein Auge, den See und den Mond.«

19

Die Wahrheit. Und dann?

Die Wahrheit sagen

Wenn wir die Wahrheit suchen (die laut Victor Hugo am Ende immer unbekannt bleibt), dann weil wir glauben, daß sie existiert. Es handelt sich um einen Glauben, der so anfechtbar ist wie jeder andere auch.

In bestimmten Fällen ist es dennoch unbestreitbar, daß die Wahrheit – oder zumindest eine Teilwahrheit – existiert. Zum Beispiel in der kurzen arabischen Geschichte, in der ein äußerst gereizter Mann zu seiner Frau sagte:

»Ich verstoße dich, wenn du mir nicht die Wahrheit sagst! Hast du etwas aus meiner Tasche gestohlen, ja oder nein?«

Die Frau blickte ihm in die Augen und antwortete:

»Ich habe gestohlen. Ich habe nicht gestohlen.«

Der Mann dachte einen Moment lang nach. Er begriff, daß seine Frau in jedem Fall die Wahrheit gesagt hatte, ganz wie er es verlangt hatte. Da beruhigte er sich.

Das Krokodil und die Wahrheit

René Daumal hat diese indische Geschichte überliefert.

Ein maßloses, monströses Krokodil verschlang alle Menschen, die versuchten, einen Fluß zu überqueren. Das Schicksal hatte es seit seiner Geburt an eine Furt verschlagen, und es erfüllte voller Eifer seine Krokodilsarbeit.

Doch hörte es mit Verbitterung, welch schlechten Ruf es in der Umgegend hatte. Die Vögel und Fische berichteten ihm jedes böse Wort, das man über es sagte. Vor allem sagte man über das Krokodil, daß es nicht die Wahrheit kenne.

Diese üble Nachrede bereitete ihm Kummer und stellte es vor ein Problem. Es dachte, fast vollkommen vom Schlamm bedeckt, lange darüber nach, während immer weniger Menschen an den Fluß kamen. Sie zogen es verständlicherweise vor, den Fluß an einer anderen Stelle zu überqueren.

Eines Tages, es war gerade Mittag, sah es eine strahlend schöne Frau ans Ufer treten, die die Furt überqueren wollte. Sofort sprang das Ungeheuer Schlamm verspritzend aus dem Wasser und stürzte mit aufgerissenem Maul auf die Frau zu. Diese erstarrte und schrie vor Entsetzen auf.

»Kennst du die Wahrheit?« fragte das Krokodil.

»Ja«, sagte sie.

»Gut, wenn du mir die Wahrheit sagst, dann fresse ich dich nicht.«

Die Frau antwortete, fast ohne zu zögern:

»Die Wahrheit ist, daß du mich fressen wirst.«

Da riß das Krokodil die Augen auf und öffnete einen Moment lang sein langes, flaches Maul. Denn wahr ist, daß die Wahrheit, wenn man sie plötzlich hört, uns einen Moment aus der Fassung bringt und für einen offenen Mund und runde Augen sorgt.

Und als das Krokodil seinen Kopf schüttelte und wieder zu sich kam, war die Frau schon am anderen Ufer.

Was weiß ich?

Tchuang-Tseu überliefert uns diesen Dialog:

»Kennen Sie eine Wahrheit, die von allen Lebewesen einmütig bestätigt wird?« fragte man eines Tages einen weisen Chinesen namens Wang Yi.

»Wie könnte ich eine solche Wahrheit kennen?« antwortete der Weise.

»Wissen Sie zumindest, daß Sie sie nicht kennen?«

»Wie könnte ich das wissen?« antwortete Wang Yi.

»Anders gesagt, wissen die Menschen also nichts?«

»Wie könnte ich das wissen?«

Wahrheit und Lüge auf Reisen

Eine Geschichte der Haussa in Afrika erzählt folgendes:

Lüge und Wahrheit, die normalerweise jede für sich reisten, begegneten sich eines Tages und beschlossen, gemeinsam weiterzureisen. Wahrheit hatte sich auf den Weg gemacht, um bei ihren Kunden gewisse Schulden einzuholen. Lüge aber machte ihre übliche Tour und brachte den Bewohnern der Erde Hoffnungen, Illusionen und Enttäuschungen.

Wahrheit legte den Verlauf der Reise fest. Doch wohin die beiden Gefährtinnen auch kamen, sie wurden unfreundlich empfangen: nichts als übellaunige Frauen, Stockschläge und zugeschlagene Türen.

»Wir werden verhungern oder verdursten«, sagte Lüge. »Meiner Meinung nach bist du keine gute Führerin. Laß mich mal die Route bestimmen.«

Wahrheit überließ Lüge also die Führung. Sie kamen in eine Stadt, in der Lüge ein Haus ausmachte, aus dem alte Frauen gebückt und schweigend herauskamen. Sie begriff, daß dort gerade ein Unglück geschehen war. Tatsächlich war der einzige Sohn der Hausherrin am Vortag gestorben. Unter einem Unterstand sah man das frisch ausgehobene Grab. Die anderen Frauen waren zum Kondolieren gekommen.

Lüge setzte eine betrübte Miene auf und ließ sich neben dem Grab nieder.

»Warum klagst du?« fragte sie die Mutter.

»Meine Freundin und ich sind gekommen, um ein totes Kind wieder zum Leben zu erwecken, doch leider ist uns das nicht möglich.«

»Und warum nicht?« fragte die Mutter, die plötzlich von wahnwitziger Hoffnung ergriffen war.

»Weil wir schon seit mehreren Tagen nichts gegessen haben, weißt du. Mein Geist plagt mich und fordert seinen Anteil an meiner Nahrung, sonst werden noch weitere Menschen sterben.«

»Mein Kind ist gestorben!« rief die Frau. »Wenn ich euch eine gute Mahlzeit vorsetze, könnt ihr es dann wieder zum Leben erwecken?«

»Das ist unsere Aufgabe: die Toten zum Leben zu erwecken«, antwortete Lüge (und bedeutete Wahrheit, zu schweigen). »Dazu sind wir gekommen. Doch unser Geist ist äußerst gefräßig. Das ist das ganze Unglück.«

Die Frau beeilte sich, ihnen eine gewaltige Mahlzeit zuzubereiten. Danach, während Lüge und Wahrheit verdauten, erzählte sie ihnen, daß auch der Vater des Königs gestorben war. Aus seinem Palast erklangen die Totengesänge, die man jetzt in der ganzen Stadt hörte.

»Aha«, sagte Lüge. »Der Vater des Königs ist also auch tot ...«

»Kannst du meinen Sohn nun wieder zum Leben erwecken?« fragte die Frau. »Hat dein Geist genug gegessen?«

»Das hat er«, antwortete Lüge. »Führe mich zum Grab und laß dem König ausrichten, daß die Wiederbeleber der Toten in der Stadt sind.«

Man informierte den König, der äußerst überrascht und neugierig war. Mitglieder seines Hofstaats rieten ihm, die Gelegenheit zu nutzen und seinen Vater wieder zum Leben erwecken zu lassen. Lüge ließ verlautbaren, daß sie auch bereit sei, den Vater den Königs wiederzubeleben. Eine ungeheure Aufregung ergriff den Hof.

In der Zwischenzeit hatte man nach den Anweisungen von Lüge eine Einfriedung rund um das Grab des Kindes errichtet. Als sie den Moment für günstig hielt, glitt Lüge vor den Augen eines Großteils der Stadtbevölkerung allein ins Innere der Einfriedung. Von dort hörte man die dumpfen Laute eines Gesprächs mit dem Jenseits, nach dem Lüge wieder herauskam und der Mutter keuchend und schweißnaß verkündete:

»Dein Sohn möchte wohl zurückkommen, er ist da und bereit, aber der Vater des Königs hält ihn an der Hand zurück. Der Vater des Königs sagt, daß das Kind ohne ihn nicht zurückkommen wird. Sag dies dem König. Rasch!«

Man lief zum König, um ihm mitzuteilen, daß sein Vater auf irgendeine Art die Erlaubnis bekommen wollte, auf die Erde zurückzukehren. Doch der König und seine Frau – und das wußte Lüge oder ahnte es zumindest – hatten den Vater des Königs vergiftet und wünschten keinesfalls seine Rückkehr. Im Gegenteil: Sie forderten, daß er bei den Toten bleiben solle, und ließen dies Lüge ausrichten.

Diese ihrerseits teilte der unglücklichen Frau zu ihrem großen Bedauern mit, daß sie angesichts der Halstarrigkeit des Königs darauf verzichten müsse, den Sohn auf die Erde zurückzuholen.

Danach verabschiedete sie sich und ging mit Wahrheit davon. Diese hatte keinen einzigen Gläubiger zur Zahlung veranlassen können. Lüge hingegen hatte einen vollen Magen. Das Leben erschien ihr lang und vielversprechend.

»Wer mit der Lüge kauft, wird mit der Wahrheit bezahlen«, sagte Wahrheit zu ihr.

»Das mag schon sein«, antwortete Lüge.

Nach einigen Tagen trennten sie sich. Und jede ging allein ihres Weges.

Die drei Wahrheiten des Zeisigs

Eine arabische Geschichte läßt, wie es häufig geschieht, ein Tier zu Wort kommen.

Ein Mann fing einen Zeisig, der zu ihm sagte:

»Was willst du mit mir anfangen? Sieh doch meine mageren Beinchen, meinen winzigen Kopf, meinen dünnen Hals. Was kannst du von mir erhoffen? Gib mir die Freiheit zurück, und ich lehre dich drei nützliche Wahrheiten.«

»Drei Wahrheiten?«

»Ja. Hör gut zu. Die erste sage ich dir schon, während du mich noch in der Hand hältst. Die zweite sage ich dir, wenn ich auf einem Baum in Sicherheit bin. Und die dritte sage ich dir, wenn ich den Gipfel dieses Hügels erreicht habe.«

»Einverstanden«, sagte der Mann, der neugierig auf die drei Wahrheiten war. »Sag mir die erste.«

Da sagte der Zeisig zu ihm:

»Wenn du etwas verlierst, und sei es auch so kostbar wie dein Leben, trauere ihm nicht nach, nicht eine einzige Sekunde!«

Getreu seinem Versprechen öffnete der Mann seine

Hand. Der Zeisig setzte sich auf einen Ast und enthüllte dem Mann die zweite Wahrheit.

»Wenn man dir etwas Unsinniges erzählt, dann glaub es unter allen Umständen erst dann, wenn du den Beweis dafür hast!«

Der Vogel flog bis zum Gipfel des Hügels. Der Mann rief ihm zu:

»Und wie lautet die dritte Wahrheit?«

»Sie lautet«, sagte der Vogel zu ihm, »daß ich in meinem Bauch zwei wunderbare Juwelen habe, die je zwanzig Miscal wiegen. Wenn du mich getötet hättest, gehörten sie nun dir.«

Der Mann warf sich zutiefst enttäuscht auf den Boden und biß sich in den Finger, bis er blutete. In diesem Moment hörte er, wie der Vogel lachte. Er erhob sich und fragte ihn nach dem Grund.

»Du bist ein Narr«, sagte der Vogel zu ihm. »Ich habe dir zuerst geraten, niemals um etwas Verlorenes zu trauern. Und du trauerst jetzt diesen Juwelen nach. Dann habe ich dir geraten, niemals etwas Unsinniges zu glauben, unter keinen Umständen. Nun habe ich dir gesagt, daß ich zwei Juwelen in mir habe, die je zwanzig Miscal wiegen, dabei wiege ich insgesamt nicht mehr als zwei Miscal, und du glaubst es doch! Leb wohl, du bist nur ein armer Narr.«

Und der Vogel flog davon, während sich der Mann wieder auf die Erde warf.

Die Ohren von König Midas

Manchmal ist die Wahrheit so übermächtig, daß alle Dinge der Erde sie kennen und wiederholen.

Ein Musikwettbewerb, erzählt Ovid in seinen *Metamorphosen*, brachte Apollo und den Gott Pan in Konkurrenz zueinander. Sie erwählten den Berg Tmolos zum Schiedsrichter, der Apollo den Vorzug gab. Doch König Midas, der sich gern auf den Hängen dieses Berges erging, focht die Entscheidung an. Für ihn machte Pan die bessere Musik.

In einem plötzlichen Wutanfall – der keine Seltenheit war – beschloß Apollo, sich an den Ohren von Midas zu rächen, die so schlecht zugehört hatten. Er verlängerte sie, füllte sie mit langen, grauen Haaren und machte sie beweglich. Es wurden Eselsohren.

Midas versuchte, sie unter einer Tiara aus Purpur zu verbergen. Doch sein Friseur, der die langen Haare des Königs zurechtmachte, wußte alles. Er wußte von der sonderbaren Verwandlung der Ohren. Auf der einen Seite hatte er Angst vor einer schrecklichen Strafe und wagte nicht, von der Mißbildung zu erzählen. Auf der anderen Seite wurde er vom ständigen Verlangen gequält, alles zu verraten, und konnte unmöglich schweigen.

Da grub der Friseur an einem abgelegenen Ort ein Loch in die Erde. Mit leiser Stimme sprach er in das Loch, wie es sich mit den Ohren seines Herrn verhielt, und vertraute so sein Geheimnis der Erde an. Dann verschloß er das Loch sorgfältig, um jede Spur der Worte zu verwischen, die er ausgesprochen hatte. Am Ende ging er erleichtert zum Palast zurück und wahrte von nun an Stillschweigen.

Doch wuchs an dieser Stelle Schilf. Ein Jahr verging. Das Schilf wurde größer und breitete sich aus. Und jedes Mal, wenn der Wind hindurchfuhr, hörte man es murmeln: »Midas, König Midas hat Eselsohren.«

Es gibt auch eine koreanische Version dieser Geschichte. Der Friseur ist dort ein Hutmacher. Er fertigt den Hut für den König, der seine Eselsohren verdecken soll (warum er Eselsohren hat, wird nicht gesagt). Der Hutmacher kann sein Geheimnis ebenfalls nicht für sich behalten, denn er hat sich darüber krankgelacht. Nachdem er der Erde sein Geheimnis anvertraut hat, stirbt er.

Hier ist es Bambus, der auf dem Grab des Geheimnisses wächst. Der koreanische König befiehlt, ihn zu entfernen und statt dessen Bäume dorthin zu pflanzen. Doch die Bäume kennen ebenfalls das Geheimnis der königlichen Ohren und geben es von sich, wenn der Wind sie schüttelt.

Das Buch und der Schlüssel

Kurzer Dialog zwischen zwei Sufis:

»Ich werde *Das Buch der Wahrheit* für hundert Goldstücke verkaufen, und einige Menschen werden sagen: ›Das ist nicht teuer.‹«

»Und ich«, sagt der andere, »werde den Schlüssel liefern, der zum Verständnis des Buches notwendig ist, und einige Menschen werden ihn nicht wollen, selbst wenn er umsonst ist.«

Die echte Blume

Eine arabische oder jüdische Geschichte (denn man erzählt sie sich in beiden Traditionen) zeigt uns eine andere Art und Weise, die Wahrheit in einer künstlichen oder auch virtuellen Welt zu enthüllen.

Als die Königin von Saba den großen Salomon, den sie an Weisheit zu übertreffen suchte, zu Besuch hatte, schlug sie ihm ein Rätselspiel vor. Sie führte ihn in ein Zimmer ihres Palastes, das außergewöhnlich tüchtige Handwerker mit künstlichen Blumen gefüllt hatten. Man hätte es für eine wunderbare Wiese halten können, auf der sich unzählige, duftende Blumen sanft in einer Brise unbekannten Ursprungs wiegten.

»Dies ist mein Rätsel«, sagte die Königin. »Eine einzige dieser Blumen ist echt. Kannst du mir sagen, welche?«

Salomon blickte sich aufmerksam um. Er nahm seine ganze Sinneskraft und Konzentration zusammen. Doch konnte er die echte Blume nicht ausfindig machen. Da er heftig schwitzte, sagte er zur Königin von Saba:

»Hier herrscht eine ungewöhnliche Hitze. Kannst du einem deiner Diener befehlen, ein Fenster zu öffnen?«

Die Königin befahl, ein Fenster zu öffnen.

»Dies ist die echte Blume«, sagte der König einen Moment später.

Er konnte sich nicht irren. Denn eine Biene war durchs Fenster hereingekommen und hatte sich geradewegs auf die einzige echte Blume gesetzt.

Wenn es auch immer schwierig ist, der Salomon zu sein, so die Kommentatoren dieser Geschichte, so ist es noch schwieriger, die Biene zu sein. Doch am schwierigsten ist es, und zwar in jeder Epoche, die Blume zu sein.

Das Geheimnis der Truhe

Nuri Bey, der in Albanien lebte, war ein Mann tiefer Weisheit. Er hatte eine Frau geheiratet, die wesentlich jünger war als er.

Eines Abends, als er viel früher als gewöhnlich nach

Hause zurückkam, sagte ein Diener, ein vertrauenswürdiger Mann, zu ihm:

»Deine Frau benimmt sich heute ziemlich verdächtig. Erlaube mir, dies zu sagen. Sie hat sich mit einer Truhe in ihrem Zimmer eingeschlossen. Diese Truhe ist so groß, daß ein Mensch hineinpassen könnte. Sie gehörte deiner Großmutter, und eigentlich dürften sich nur alte Stickereien in ihr befinden. Aber ich glaube, wenn du sie öffnest, wirst du alles andere als Stickereien darin finden! Deine Frau hat mir nicht erlaubt, die Truhe zu öffnen, dabei bin ich doch der älteste und ergebenste deiner Diener.«

Nuri Bey ging in das Zimmer seiner Frau. Sie saß offensichtlich tieftraurig vor der massiven Truhe.

»Kannst du mir zeigen, was in der Truhe ist?« fragte Nuri Bey.

»Warum willst du das wissen? Wegen der Verdächtigungen deines Dieners? Oder weil du mir nicht mehr vertraust?«

»Wäre es nicht einfacher, sie zu öffnen«, fragte Nuri Bey, »ohne Hintergedanken und ohne Ausflucht?«

»Ich glaube, das ist nicht möglich«, sagte die Frau.

»Ist die Truhe verschlossen?«

»Ja.«

»Wo ist der Schlüssel?«

Die Frau zeigte ihm den Schlüssel, den sie in der Hand hielt, und sagte:

»Schick deinen Diener weg, dann gebe ich dir den Schlüssel.«

Der Diener wurde sogleich fortgeschickt. Die Frau gab ihrem Mann den Schlüssel und verließ das Zimmer. Offensichtlich waren ihr Herz und ihr Geist verwirrt.

Nuri Bey dachte einen Augenblick lang nach.

Als er alle Möglichkeiten in Betracht gezogen hatte,

welche zahlreich waren, ließ er vier Gärtner rufen. Er befahl ihnen, mitten in der Nacht die Truhe zu dem Feld zu bringen, das vom Haus am weitesten entfernt lag, und sie tief zu vergraben. Das taten sie.

Danach wurde nie wieder von der Truhe gesprochen.

Die Lüge der Wahrheit

Eine indische Volksgeschichte erzählt, daß ein junger Prinz durch seine Ländereien ritt, sich in eine junge Bäuerin verliebte und sie sofort um ihre Hand bat.

Doch der Vater der jungen Frau sagte:

»Ich kann dir meine Tochter nicht geben, denn du kennst die Wahrheit nicht. Suche sie, finde sie, komm zurück, und ich gebe dir meine Tochter zur Frau.«

Der Prinz machte sich unverzüglich auf die Suche nach der Wahrheit. Er suchte sie auf den Feldern, in den Wäldern, am Ufer der Flüsse, er suchte sie in Städten und Wüsten. Überall fragte er:

»Habt ihr die Wahrheit gesehen? Kennt ihr sie? Wißt ihr, wo ich sie treffen könnte?«

Doch überall lautete die Antwort, daß die Wahrheit nicht da sei.

Sicher, früher hatte man sie gekannt, sie war in dieser Stadt oder an jenem Fluß vorbeigekommen, doch ohne sich aufzu-halten, ohne lange zu verweilen. Sie war immer rasch wieder aufgebrochen. In welche Richtung? Das wußte man nicht genau. Die Wahrheit war anderswo, weiter weg, immer weiter weg.

»Hier«, sagte man zum Prinzen, »kennt man sie nicht mehr.«

Seine anstrengende Suche dauerte Jahre. Am Ende setzte er sich erschöpft, entmutigt und bereits weißhaarig in der Nähe einer Höhle auf den Gipfel eines Berges.

Er wollte sich einen Moment lang ausruhen und war bereit, seine Suche aufzugeben.

Da hörte er im Innern der Höhle ein Geräusch, eine Art Brummen. Er stand auf und ging mit gezücktem Schwert dorthin, weil er fürchtete, ein wildes Tier, einen Bären etwa, anzutreffen. Er erblickte eine grobe, dunkle Silhouette, die ihm wie eine Frau erschien.

Er betrat die Höhle, in der ein schrecklicher Gestank herrschte. Als sich seine Augen an die Dunkelheit gewöhnt hatten, sah er tatsächlich eine am Boden kauernde, alte, häßliche Frau, die mit Pusteln und Geschwüren, mit Falten und Haaren bedeckt war und fürchterlich stank.

Sie hob ihre trüben Augen zu ihm und fragte, was er wolle.

»Ich suche die Wahrheit«, antwortete er.

»Du hast sie gefunden«, sagte sie.

»Du bist die Wahrheit?«

»Ja.«

»Und wie kann ich da sicher sein?«

Sie lieferte ihm Beweise: wußte zum Beispiel alles von ihm, seinen Namen, sein Alter, seine Suche.

Er fragte sie:

»Bin ich der erste, der dich gefunden hat?«

»Ja, du bist der erste.«

Nach einem Augenblick des Staunens setzte der Prinz wieder an:

»Ich bin glücklich, daß ich dich gefunden habe. Ich werde die Frau heiraten, die ich liebe, falls sie auf mich gewartet hat. Was soll ich den Menschen über dich erzählen?«

»Erzähle ihnen nichts.«

»Aber alle wollen dich kennenlernen! Sie werden

mir Fragen stellen! Ich muß ihnen doch irgend etwas erzählen! Was sage ich ihnen also?«

Da antwortete die abstoßende Frau dem Prinzen:

»Sag ihnen, daß ich jung und schön bin.«

20

Schließlich einige Körnchen Weisheit (vielleicht)

Der verwundete Soldat

Buddha, so wird berichtet, sagte einmal, daß ein von einem Pfeil verletzter Mann als erstes und so schnell wie möglich versorgt werden müßte. Es sei ein Fehler, sich zuerst zu fragen, woher der Pfeil gekommen sei, wer ihn geschossen habe, aus welchem Holz der Pfeil sei und so weiter.

Rumi, der persische Dichter, hat diese Parabel fast Wort für Wort übernommen.

Ein Krieger wurde in einer Schlacht von einem Pfeil getroffen. Man wollte ihm den Pfeil herausziehen und den Mann versorgen, doch er verlangte als erstes zu wissen, wer der Bogenschütze sei, was für ein Mann er sei und wo er gestanden habe, als er zielte. Er wollte ebenfalls die genaue Form seines Bogens wissen und die Sehnenart, die er benutzte. Während er sich bemühte, all diese Informationen zu bekommen, starb er.

Die beiden Sandalen

Eine zeitgenössische Geschichte aus Indien erzählt folgendes:

Ein Mann reist in einem Zug. Der Waggon schwankt von einem plötzlichen Ruck, und der Mann verliert eine seiner Sandalen, die aus dem Zug fällt.

Sofort nimmt er seine zweite Sandale und wirft sie hinterher.

Ein anderer Mann neben ihm wundert sich über diese Aktion. Da sagt der erste Mann zu ihm:

»Ich weiß nicht, was ich mit nur einer Sandale soll. Und wenn jemand die andere findet, die aus dem Zug gefallen ist, ist sie auch zu nichts nütze. Es sei denn, er findet beide.«

Den Geist finden

Einer der berühmtesten *Koans* aus dem Zenbuddhismus ist dieser:

Ein Mönch sucht seinen Meister auf und fragt ihn:

»Ich möchte Frieden für meinen Geist, der unruhig ist und wankelmütig. Ich bitte dich, gib meinem Geist Frieden.«

»Gut«, sagt der Meister zu ihm. »Bring mir deinen Geist her, dann gebe ich ihm Frieden.«

»Aber wenn ich ihn suche«, sagt der Mönch, »dann finde ich ihn nicht.«

»Da haben wir es«, antwortet der Meister. »Ich habe deinem Geist Frieden gegeben.«

Das Geheimnis des Lebens

Noch ein *Koan*.

»Meister«, sagt ein Schüler, »verrate mir das Geheimnis des Lebens.«

»Das kann ich nicht.«

»Warum nicht?«

»Weil es ein Geheimnis ist.«

Gottes Niederlage

Ein sehr berühmter und ehrwürdiger Rabbi verteidigte energisch einen bestimmten Punkt in der jüdischen Doktrin. Er versteifte sich vollkommen darauf, daß seine Interpretation die richtige sei.

Da seine Gegner genauso halsstarrig waren wie er und vor seinen Argumenten die Ohren verschlossen, rief er:

»Wenn das Gesetz so ist, wie ich es lehre, dann soll dieser Baum es bezeugen.«

Sofort wich der Baum, auf den er mit dem Finger wies, hundert Ellen zurück. Doch die Gegner von Rabbi Eliezer sagten:

»Ein Johannisbrotbaum beweist gar nichts.«

»Dann«, sagte er, »soll das Wasser des Kanals es bezeugen, wenn das Gesetz so ist, wie ich es lehre.«

Sofort floß das Wasser des Kanals in die entgegengesetzte Richtung. Doch die unbelehrbaren Gegner von Rabbi Eliezer sagten:

»Das Wasser des Kanals beweist gar nichts.«

Da sagte er:

»Wenn das Gesetz so ist, wie ich es lehre, dann sollen die Mauern dieser Schule es bezeugen!«

Sofort neigten sich die Mauern der Schule so, als wollten sie einfallen. Da wandte sich Rabbi Joshua an die Mauern und sagte bissig zu ihnen:

»Was mischt ihr euch da ein? Was geht euch ein Streitgespräch zwischen Gelehrten an?«

Da blieben die Mauern aus Respekt vor Rabbi Joshua stehen und stürzten nicht ein. Doch aus Respekt vor Rabbi Eliezer richteten sie sich auch nicht wieder auf. Sie blieben geneigt.

In diesem Moment ließ sich eine himmlische Stimme vernehmen und sagte:

»Was geschieht denn hier? Warum greift ihr Rabbi Eliezer an? Das Gesetz ist immer noch so, wie er es sagt!«

Da stellte sich Rabbi Joshua auf die Zehenspitzen und rief zur himmlischen Stimme hinauf:

»Das Gesetz ist nicht mehr im Himmel! Auf dem Berg Sinai ist es uns ein für alle Male in die Hände gelegt worden, und um himmlische Stimmen brauchen wir uns nicht mehr zu kümmern, denn in der Torah, die uns auf dem Berg Sinai gegeben wurde, steht: ›Man wird sich nach der Meinung der Mehrheit richten!‹«

Ein klein wenig später, nach dieser denkwürdigen Szene, in der Rabbi Joshua rundheraus den Wert der Wunder in Abrede gestellt hatte, erschien der Prophet Elia bei Rabbi Nathan, einem weiteren heiligen Mann, der ihn fragte:

»Und was hat Gott dann gemacht?«

»Er lachte«, antwortete Elia. »Er lachte aus vollem Hals und sagte: ›Meine Kinder haben mich besiegt! Meine Kinder haben mich besiegt!‹«

Der beste Rabbi

Drei Juden aus unterschiedlichen Gemeinden rühmten sich der Qualitäten ihrer Rabbis.

Der erste sagte: »Unserer hat einen so starken Glauben und ist von einer solchen Ehrfurcht vor Gott beseelt, daß er Tag und Nacht zittert. Er muß in seinem Bett mit Gurten festgezurrt werden, weil er sonst herausfiele.«

»Unserer«, sagte der zweite Jude, »ist dermaßen heilig, daß Gott unaufhörlich vor ihm zittert, weil er Angst hat, ihm zu mißfallen. Daher übrigens geht es in der letzten Zeit mit der Welt bergab. Gott kann nicht aufhören zu zittern.«

Da ergriff der dritte Jude das Wort und sagte: »Eure beiden Rabbis sind beachtlich, daran zweifle ich nicht. Aber unserer übertrifft sie meiner Meinung nach. Eine lange Zeit hörte er nicht auf zu zittern. Dann hörte eine lange Zeit Gott nicht auf, vor ihm zu zittern. Und danach dachte unser Rabbi ernsthaft nach. Schließlich fragte er Gott: ›Hör mal, warum zittern wir eigentlich?‹«

Die Lösung

Noch ein wichtiger Dialog aus der jüdischen Tradition – mit einem merkwürdigen Anklang an den Zenbuddhismus.

Ein Schüler begibt sich zu einem alten Rabbi und sagt:

»Ich habe nachgedacht und eine Entscheidung gefällt. Ich habe beschlossen zu sterben.«

»Das ist keine Lösung«, sagt der Rabbi zu ihm.

Der junge Mann geht fort, kommt eine Woche später wieder und sagt:

»Du hattest recht. Ich habe nachgedacht und beschlossen zu leben.«

»Das ist keine Lösung«, sagt der Rabbi zu ihm.

»Aber du hast mir doch gesagt, daß Sterben keine Lösung sei! Und jetzt sagst du, Leben sei keine Lösung! Was ist denn die Lösung?«

»Du glaubst also, es gäbe eine Lösung?« sagt der Rabbi zu ihm.

Die Fliegenklatsche

Ein japanischer Meister namens Baso fragte einen anderen Meister namens Hyakujo:

»Welche Wahrheit lehrst du?«

Als einzige Antwort hob Meister Hyakujo seine Fliegenklatsche.

»Und das ist alles?« fragte Baso. »Ist da nicht noch etwas?«

Da senkte Meister Hyakujo seine Fliegenklatsche.

Der weinende Meister

Ein anderer Zenmeister namens Shaku Soen ging jeden Abend in einem nahe gelegenen Dorf spazieren. Einmal hörte er, wie laute Klagen aus einem Haus drangen, und er ging unauffällig hinein. Er sah, daß ein Mann gestorben war. Seine Familie und seine Freunde beweinten ihn.

Er setzte sich dazu und weinte mit den anderen.

Ein alter Mann bemerkte ihn. Erstaunt, einen so berühmten Meister wie ganz gewöhnliche Menschen weinen zu sehen, sagte er:

»Warum weinst du? Ich dachte, daß zumindest du über all diesen Dingen stehen würdest.«

»Gerade weil ich weine, stehe ich über allen Dingen«, antwortete der Meister.

Und weinte weiter.

Jenseits des Denkens

Ein Schüler nahm eine bestimmte Haltung ein, die er bei seinem Meister gesehen hatte, und fragte ihn:

»Meister, an was denkt Ihr, wenn Ihr dies macht?«

»Ich denke«, antwortete der Meister, »an das, was jenseits des Denkens ist.«

»Und wie macht Ihr das?«

»Indem ich nicht denke.«

Der allumfassende Frieden

Eine arabische Geschichte erinnert uns in Form einer Fabel daran, daß die Welt ist, wie sie ist – jedenfalls für den Augenblick.

In *Geschichten von Tausendundeiner Nacht* wird das Abenteuer eines bewundernswerten Hahns berichtet, der *Stimme der Morgenröte* hieß und der ganze Stolz des Hühnerhofs war. Eines Tages hatte er sich unvorsichtigerweise von seinem Hof entfernt und sah einen Fuchs auf sich zulaufen. Sofort schwang sich Stimme der Morgenröte auf eine verfallene Mauer, wo der Fuchs ihn nicht erreichen konnte.

Der Fuch hob seinen Kopf zum Hahn und gab eine seltsame Verlautbarung von sich:

»Wenn du wüßtest, was ich dir sagen soll, würdest du von der Mauer steigen, um meinen Mund zu küssen!«

Der Hahn hütete sich wohl, hinabzusteigen. Er ließ sich noch nicht mal zu einer Antwort herab. Da sagte der Fuchs, der wieder zu Atem gekommen war, daß der Sultan der Tiere, der Löwe, und der Sultan der Vögel, der Adler, auf einer grünen Wiese alle Tiere der Schöpfung um sich versammelt hätten, die Tiger, die Leoparden, die Geier, die Raben, die Antilopen, die Schakale, die Hasen, nicht zu vergessen die Luchse, die Panther, die Schlangen, die Tauben, die Wölfe und alle anderen.

»Durch kaiserliches Dekret«, sagte der Fuchs, »ist beschlossen worden, daß Frieden, Sicherheit und Brüderlichkeit von nun an über die Erde herrschen sollen. Alle alten Feindschaften werden begraben. Alle Anstrengungen werden nun auf das weltumspannende Glück gerichtet.«

Und der Fuchs fügte hinzu:

»Es ist beschlossen worden, daß jeder Zuwiderhandelnde vor das höchste Gericht gebracht wird. Und ich bin zum Herold bestimmt worden, um diese vortreffliche Neuigkeit zu verkünden und alle Widersacher zu melden. Komm also herunter und küsse mich. Sonst fällst du unter die schrecklichen Strafen des neuen Gesetzes, das vor keiner Grausamkeit zurückschreckt, um den universellen Frieden herzustellen. Los, sag etwas, komm!«

Da sah ihn der Hahn das erste Mal an und sagte:

»Ich ehre dich, mein Bruder, in deiner Eigenschaft als Repräsentant des Adlers, unseres Sultans. Wenn ich dir nicht geantwortet habe, dann glaube nicht, daß dies aus Hochmut geschah. Nein! Hundertmal nein! Doch ich war zu verstört über das, was ich da drüben sehe!«

»Was siehst du?« fragte der Fuchs. »Nichts Trauriges, hoffe ich?«

»Nun«, antwortete der Hahn, »mir scheint, ich sähe in einer Staubwolke eine ganze Schar von Jagdfalken, die sich in Windeseile näherten!«

»Falken?« fragte zitternd der Fuchs. »Bist du sicher?«

»Und auf dem Boden«, setzte der Hahn wieder an, »sehe ich etwas sehr Schnelles, Schmales, mit langen Beinen und gekappten Ohren.«

»Doch wohl keinen Windhund?«

»Das wäre gut möglich.«

»Allah schütze uns!« rief der Fuchs. »Ich sehe mich gezwungen, mich von dir zu verabschieden.«

»Wartest du nicht auf den Hund und die Falken?«

»Aber nein!«

»Aber du sagtest doch, daß du als Herold von unseren Herrschern gesandt seist, um uns den universellen Frieden zu verkünden?«

»Das ist wahr!« antwortete der Fuchs. »Doch die

Windhunde und die Falken haben vergessen, zum Kongreß zu kommen!«

Der Fuchs nahm so schnell wie möglich Reißaus. Der Hahn ging, höchst zufrieden über seine List, zum Hühnerstall zurück und erzählte seinen Gefährten von seinem Abenteuer. Alle Tiere gaben auf ihre Weise Laut, um seinen großen Triumph zu feiern. Und sie lebten weiter in den Tag hinein, bald im Frieden, bald im Krieg.

Ein Mann geht durch die Wand

Eine chinesische Geschichte erzählt uns das Gegenteil, was eigentlich dasselbe ist.

Pu Songling erzählt in seinen *Seltsamen Geschichten aus dem Liao Chai*, daß ein Mann mehrere Monate in einem taoistischen Kloster verbrachte, dessen Vorsteher durch Wände gehen konnte, ohne sich zu verletzen. Als der Moment gekommen war, da der Mann, der übrigens Wang hieß, das Kloster verlassen wollte, bat er den Mönch, ihm diese Kunst beizubringen.

»Ich wäre so glücklich«, sagte er zu ihm, »wenn ich durch Wände gehen könnte.«

Der Mönch lächelte und erklärte sich einverstanden. Er brachte Wang eine geheime Formel bei, wies ihn an, diese zu sprechen und in eine Wand einzudringen. Wang zögerte. Der Mönch ermutigte ihn.

»Neig ein wenig den Kopf und geh vorwärts. Zögere nicht.«

Wang nahm ein paar Meter Anlauf, sprach die Formel, senkte den Kopf und schritt ohne Zögern vorwärts. Die Wand schien vor ihm zurückzuweichen, und Wang befand sich, wohlbehalten und verrückt vor Freude, außerhalb des Zimmers. Überschwenglich dankte er dem Mönch, der ihm einige weise Ratschläge mit auf den Weg gab, und kehrte nach Hause zurück.

Kaum war er dort angekommen, konnte er es sich nicht verkneifen, seiner Frau zu verraten, daß er durch Wände gehen konnte. Wie man sich denken kann, weigerte sich seine Frau, dies zu glauben. Also nahm Wang gemäß den Anweisungen des Mönchs Anlauf, sprach die geheime Formel, senkte den Kopf und warf sich gegen eine der Wände seines Hauses. Dieses Mal war der Aufprall hart. Halb besinnungslos fiel Wang zu Boden, während seine Frau in Gelächter ausbrach. Schon bald bildete sich auf seiner Stirn eine riesige Beule, welche seine Frau, die nicht aufhören konnte zu lachen, mit Kompressen versorgte.

Der Erzähler dieser Geschichte fügt hinzu, daß Wang, ähnlich wie tausend andere Menschen, denjenigen verfluchte, der ihm die Kunst, durch Wände zu gehen, beigebracht hatte. So ist es mit allen Tricks – und sogar mit allen Fähigkeiten, die man uns beibringt. Wir nutzen sie, bis eine Wand sich weigert, vor uns zu weichen. Dann, so die Geschichte, sind wir verbittert und wütend. Von Wang wäre es zweifellos am weisesten gewesen, diese Fähigkeit geheimzuhalten und sich für eine besondere Gelegenheit vorzubehalten, anstatt damit anzugeben, um des billigen Vergnügens willen, von anderen bewundert zu werden.

Noch weiser wäre es gewesen, sie niemals und unter keinen Umständen anzuwenden.

Die Abfahrt der Schiffe

Ein Zenmeister zeigte aufs Meer und sagte zu einem seiner Schüler:

»Du sagst, daß der Geist die Materie beherrscht.

Nun gut, dann hindere die Schiffe daran, auszulaufen.«

Der Schüler senkte den Rollvorhang des Fensters, durch das sie blickten.

»Ja«, sagte der Meister lächelnd und hob den Vorhang wieder, »das ist gut, aber du hast deine Hände dabei benutzen müssen.«

Da schloß der Schüler die Augen.

Noch ein Geheimnis der Welt

Ein Schüler fragte seinen chinesischen Meister:

»Was ist das Geheimnis der Welt?«

Der Meister hob langsam seinen Zeigefinger und hielt ihn ausgestreckt vor sich hin.

Am nächsten Tag war der Meister nicht da. Ein Pilger tauchte auf, traf den Schüler an und fragte ihn:

»Was ist das Geheimnis der Welt?«

Da hob der Schüler ebenfalls, wie er es bei seinem Meister gesehen hatte, langsam den Zeigefinger und hielt ihn ausgestreckt vor sich hin.

Der Pilger verschwand.

Als der Meister wiederkam, fragte er den Schüler, was sich in seiner Abwesenheit ereignet hätte.

»Ein Mann ist gekommen. Er hat mich nach dem Geheimnis der Welt gefragt.«

»Und was hast du geantwortet?«

»Ich habe diese Geste gemacht.«

Der Schüler hob langsam den Zeigefinger und hielt ihn ausgestreckt vor sich hin. Sofort griff der Meister nach einem scharfen Schwert und hieb mit einem Schlag den Finger ab.

Der Schüler wich taumelnd zurück und hielt sich die blutende Hand.

Da blickte der Meister den Schüler an, hob langsam seinen Zeigefinger und hielt ihn ausgestreckt vor sich hin.

Die Belohnung

Ein kurzes arabisches Gedicht berichtet, daß ein Regentropfen, als er ins Meer fiel, rief:

»O Meer! So wenig bin ich angesichts deiner Unendlichkeit!«

Dieser Wassertropfen wurde von einer Muschel aufgenommen und gespeist. Er verwandelte sich in eine prächtige Perle, die schließlich an der Krone eines Königs funkelte.

Lebendig, sichtbar, kostbar und einzigartig – weil er sich als Nichts bezeichnet hatte.

Eine Antwort

Ein letzter *Koan*:

»Meister«, fragte ein Schüler, »warum ist Buddha von Westen gekommen?«

Der Meister wies mit der Hand auf einen Pfosten vor der Tür und antwortete:

»Sieh dir diesen Pfosten dort an.«

»Ich verstehe nicht«, sagte der Schüler, als er den Pfosten ansah.

»Ich auch nicht«, sagte der Meister.

21

Das Ende der Geschichten

Das Fruchtfleisch der Geschichten

Geschichten erzählen uns oft auch von Geschichten, wie dieser kurze, sufistische Dialog:

Eines Tages sagte man zu Bahandin Naqshband:

»Du erzählst uns zwar Geschichten, aber nicht, wie man sie entschlüsselt.«

»Was würdest du sagen«, antwortete der Erzähler, »wenn ein Mann dir ein paar Früchte verkaufte, sie dann vor deinen Augen aufäße und dir nur die Schale übrigließe?«

Haben Geschichten einen Sinn?

Ein Mann hörte die Geschichten, die ein weiser Geschichtenerzähler erzählte, und sah, daß sie mal so und mal so ausgelegt wurden. Darüber beklagte er sich: Wozu sollte es dann gut sein, Geschichten zu erzählen?

Der Erzähler antwortete ihm:

»Aber das macht doch gerade ihren Wert aus! Welchen Wert würdest du einer Tasse beimessen, aus der man nur Wasser trinken könnte, oder einem Teller, von dem man nur Fleisch essen könnte? Und ich sage noch mehr, höre gut zu: Eine Tasse und ein Teller haben nur einen begrenzten Inhalt. Was soll man da erst von der Sprache sagen, die uns mit einer Nahrung versorgt, welche weitaus üppiger, reichhaltiger und vielfältiger ist!«

Er schwieg einen Moment und sagte dann:

»Die eigentliche Frage lautet nicht: ›Was ist der Sinn dieser Geschichte? Auf wie viele Arten kann ich sie verstehen? Kann man sie auf einen einzigen Sinn reduzieren?‹ Die Frage lautet: ›Kann die Person, an die ich mich richte, einen Nutzen ziehen aus dem, was ich ihr erzähle?‹«

Für das Erinnern

Rumi schreibt man diese Bemerkung zu:

»Wenn viel Zeit vergangen ist und wir nicht mehr sind, wird man sehen, ob man sich noch an uns erinnert. Die alten Gesetze sind immer noch die stärksten. Habt Vertrauen. Ihr habt viele Geschichten gehört, die mit ›Es war einmal ein Löwe‹ beginnen. Aber habt ihr auch viele Geschichten gehört, die mit ›Es war einmal ein Schakal‹ beginnen?«

Im Angesicht des Meeres

Eine uralte Anekdote aus Persien zeigt uns den Erzähler als einsamen Mann, der auf einem Felsen am Meer steht. Er erzählt ohne Unterbrechung, Geschichte nach Geschichte, und macht nur eine Pause, um von Zeit zu Zeit ein Glas Wasser zu trinken.

Das Meer hört ihm still und gebannt zu.

Und der anonyme Autor fügt hinzu:

»Wer weiß, was das Meer täte, wenn der Erzähler eines Tages schwiege oder zum Schweigen gebracht würde.«

Was nach dem Vergessen bleibt

Eine jüdische Geschichte aus Polen erzählt zum Abschluß dieses:

In einer kleinen Stadt, wo eine Gemeinde von Juden lebte, gab es eine besondere Zeremonie aus uralter Zeit, die alle dreißig Jahre im Wald abgehalten wurde. Ein alter Rabbi, der den Hergang der Zeremonie genau kannte, übertrug ihn vor seinem Tod auf einen anderen Rabbi.

Als die Zeit gekommen war, führte dieser eine kleine Gruppe von Gläubigen in den Wald, an die genannte Stelle, und hielt die Zeremonie genau nach dem Ritual ab. Danach kehrten alle zurück.

Die Jahre gingen ins Land. Als dreißig Jahre später der Zeitpunkt der Zeremonie gekommen war, war der Rabbi ebenfalls gestorben. Von der vorherigen Zeremonie lebten nur noch drei oder vier Gläubige, die mit einigen Neulingen und einem anderen Rabbi in den Wald gingen.

Als sie im Wald angekommen waren, konnten sie sich nicht mehr genau daran erinnern, wo die richtige Stelle war. »Es war auf dieser Lichtung«, sagte einer. »Keinesfalls«, sagte ein anderer, »sie war viel weiter im Wald!« Sie entschieden sich schließlich für eine Stelle, ohne sicher zu sein, daß es auch die richtige war, hielten die Zeremonie nach den Riten ab und kehrten nach Hause zurück.

Dreißig Jahre später lebten nur noch einige Neulinge von damals. Unter der Führung eines neuen Rabbis und in Begleitung einer Gruppe junger Leute gingen sie wieder in den Wald. Dieses Mal konnten sie noch nicht mal eine Lichtung ausmachen. Alles hatte sich verändert, alles in ihren Erinnerungen vermischte sich. Und sogar der Hergang der Zeremonie war ihnen nicht mehr ganz zugänglich. Mußte man zuerst dieses Gebet sprechen? Oder erst das andere? Sie wußten es nicht mehr.

Sie taten ihr Bestes und kehrten ins Dorf zurück.

Dreißig Jahre später wagte sich eine neue Gruppe, geführt von einem neuen Rabbi, in den Wald. Sie hatten von einer wichtigen Zeremonie gehört, die früher dort abgehalten wurde. An welchem Tag? Das wußten sie nicht genau. An welcher Stelle? In welcher Form? Unmöglich, das genau zu sagen.

Der Rabbi und die Gläubigen irrten zwei Stunden im Regen durch den Wald, ohne die Zeremonie abzuhalten, dann kehrten sie nach Hause zurück. Sie fanden sich an der Synagoge ein.

Einer der Gläubigen sagte entmutigt:

»Wir haben alles vergessen. Das nächste Mal wird sich wahrscheinlich keiner mehr die Mühe machen, in den Wald zu gehen.«

»Das stimmt«, sagte der Rabbi, »Wir haben alle Einzelheiten der Zeremonie vergessen. Aber dennoch ist nicht alles verloren. Wir haben trotzdem guten Grund, zufrieden zu sein.«

»Warum sollten wir zufrieden sein?« fragten die Gläubigen.

»Weil wir immer noch die Geschichte erzählen können.«

Inhalt

5 Das Menschliche ist zuweilen allzu menschlich 135

6 Und der Tod ist unsere letzte Rolle 149

7 Wenn die Dinge auch sind, wie sie sind, kann man doch das Wissen wählen: Das ist schwierig. Oder man wählt die Unwissenheit: Das ist noch schwieriger 169

8 Ein guter Lehrer kann brauchbar sein oder auch unbrauchbar 197

9 Der Meister beginnt, indem er sagt, daß wir unsere Begierden bekämpfen müssen: Doch ist das sicher? 235

10 Offensichtlich sind sie zahlreich: die Fallen auf dem Weg der Logik 269

11 Die Gerechtigkeit ist unsere fragwürdige Erfindung 297

12 Die Macht ist vergänglich, also unsicher, also unbeständig, also unzusammenhängend, also umstritten, also vergänglich 323

13 Dennoch muß man wissen, warum die Dinge sind, wie sie sind 359

14 Im allgemeinen kommen die Fragen vor den Antworten 379

15 Das Lachen kann ein Ziel an sich sein 401

16 Wir sollten auch auf die Lehren der Narren (und der Betrunkenen) hören 435

17 Die Zeit ist unser Meister: Kann man mit seinem Meister spielen? 461

18 Wenn nichts ablösbar wäre, läge das Jenseits dann in uns selbst? 483